E・A・ウィルヘルムス＋V・F・レイナ 編著
Evan A. Wilhelms & Valerie F. Reyna

竹村和久＋高橋英彦 監訳

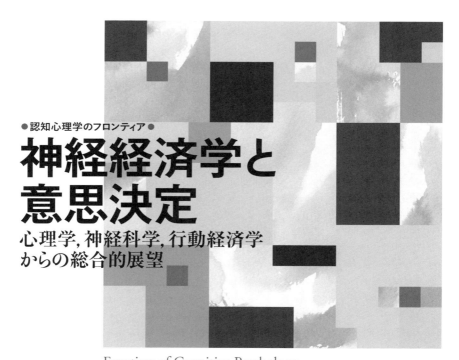

●認知心理学のフロンティア●
神経経済学と意思決定
心理学, 神経科学, 行動経済学
からの総合的展望

Frontiers of Cognitive Psychology
Neuroeconomics, Judgment,
and Decision Making

北大路書房

Frontiers of Cognitive Psychology
NEUROECONOMICS, JUDGMENT, AND DECISION MAKING

edited by Evan A. Wilhelms and Valerie F. Reyna

Copyright © 2015 by Taylor & Francis
All Rights Reserved. Authorized translation from English language edition published by Routledge, an imprint of Taylor & Francis Group LLC.
Japanese translation published by arrangement with Taylor & Francis Group LLC through The English Agency (Japan) Ltd.

神経経済学と意思決定

認知心理学のフロンティア・シリーズ

　本書は，人々が経済的な影響をもたらす判断や意思決定をどのようにそしてなぜ行うのか，その結果は人間の幸福にとってどのようなものであるかを検討し，さらに，社会心理学，発達心理学，認知心理学，神経科学や神経生物学，経済学や経営学といったさまざまな学問分野から得られる最新の研究の総合的な展望を行う。

　本書では，歴史的基礎，認知的整合性と不整合性，ヒューリスティクスとバイアス，神経経済学と神経生物学，発達段階における差異と個人差，意思決定の改善という6つの焦点となる分野がある。全体を通して，著者たちは神経科学からのエビデンスだけでなく伝統的な行動研究からインプリケーションを引き出している。近年，神経科学的な方法は，単に相関的で記述的であることを超えて，理論的な予測と説明へと発展してきており，これによって，本書において展望される経済行動に関して，新しく発見される多くの領域が展開される。最後の部では，この種の研究が，認知的発達，個人差，および意思決定の改善へと応用される。

　本書は，できるだけ広い視点を採用し，行動経済学や関連分野に関心をもつ専門課程の学生や研究者といった幅広い読者層にもわかりやすいことを目指している。想定される読者層には，神経科学者，神経心理学者，臨床医，心理学者（発達，社会，認知），経済学者，およびその他の社会科学者，法学者や刑法学者，公衆衛生および医学の専門家，教育者，エビデンスに基づく術者，および政策立案者も含まれるだろう。

　Evan A. Wilhelms はコーネル大学発達科学部の PhD 候補生であり，Dr. Valerie Reyna の合理的意思決定研究室の研究室リーダーである。彼は，青少年と成人の財政的および健康的な幸福に関する研究を行っており，彼の業績は *Journal of Medicine and Philosophy* と *Virtual Mentor: American Medical Association Journal of Ethics* およびいくつかの編著がある。

　Valerie F. Reyna はコーネル大学発達科学部の教授であり，コーネル大学の磁気共鳴画像施設の共同代表，行動経済学と意思決定研究センターの共同代表，判断と意思決定学会（JDM 学会）の元会長である。彼女の研究は，人間の判断と意思決定，計算能力，量的推論，リスクと不確実性，医療意思決定，社会的判断，および虚偽記憶などを対象としている。

認知心理学のフロンティア

FRONTIERS OF COGNITIVE PSYCHOLOGY

【シリーズ・エディター】
Nelson Cowan, University of Missouri-Columbia
David A. Balota, Washington University in St. Louis

　「認知心理学のフロンティア」（Frontiers of Cognitive Psychology）は，認知心理学書籍の新しいシリーズである。本シリーズは，最新の実証的，理論的そして実践的問題を包括的かつ最新の状態でレビューすることによって，各領域における専門的な研究をまとめることを目的としている。各巻では，認知心理学の従来のコア領域，あるいは将来新しいコア領域として現れてくると考えられる領域に焦点を当てており，発達心理学や神経科学，進化心理学，司法心理学，社会心理学，健康科学などの多分野にわたるさまざまな視点を紹介している。

【シリーズ】

Working Memory : The Connected Intelligence, Tracy Packiam Alloway & Ross G. Alloway（Eds.）（『ワーキングメモリと日常』北大路書房，2015年）

Neuroeconomics, Judgment, and Decision Making, Evan A. Wilhelms & Valerie F. Reyna（Eds.）（本書）

New Methods in Cognitive Psychology, Daniel H. Spieler & Eric Schumacher（Eds.）

Motivation and Cognitive Control, Todd S. Braver（Ed.）（『動機づけと認知コントロール』北大路書房，2018年）

Big Data in Cognitive Science, Michael N. Jones（Ed.）

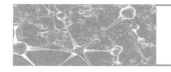
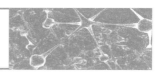

目　次

序章　1

第Ⅰ部　歴史的基盤　9

第1章　熟達者による意思決定：5人のキーとなる心理学者の影響　10

1節　James McKeen Cattell　11
2節　Wilhelm Wundt　12
3節　Edward Titchener　14
4節　Edwin G. Boring　16
5節　一般化された普通の成人の心　17
6節　計量心理分析を用いた伝統的な意思決定研究　19
7節　線形モデルを用いた伝統的な意思決定研究　21
8節　情報の利用に関する仮説　22
9節　ヒューリスティクスとバイアスによる伝統的な意思決定研究　24
10節　Wilhelm Wundt と Ward Edwards　28

第Ⅱ部　認知的一貫性と非一貫性　33

第2章　認知的一貫性：認知的・動機づけ的観点　34

1節　認知的一貫性に関する諸理論　36
　1．認知的一貫性の潮流　36　／　2．自己理論の潮流　38　／　3．意味管理の潮流　40　／　4．個人差の潮流　41
2節　統合的枠組み　41
　1．既存の枠組み　41　／　2．枠組みを拡張する　44
3節　実験結果　50
4節　結論　55

目 次

第3章 感情予想に関する矛盾をはらんだ乖離についてのファジートレース理論による説明　57

1節　ファジートレース理論　59
2節　主旨と発達，熟達化　63
3節　リスクの知覚とリスクテイキング　65
4節　少数の特性から高い正確性を得る　67
5節　ファジートレース理論と感情の記憶　69
6節　幸福度と主観的ウェルビーイングのアセスメント　71
7節　主旨に基づいた感情価の判断　73
8節　逐語的詳細に基づいた正確な判断　74
9節　主旨情報に基づく全般的予測　76
10節　結論　78

第Ⅲ部　ヒューリスティクスとバイアス　81

第4章　ファジートレース理論における直観，干渉，抑制，そして個人差の問題　82

1節　判断，意思決定における干渉　84
　1．干渉の処理　84
2節　主旨に基づいた意思決定　85
3節　個人差と抑制　88
4節　衝動性と直観：異なる概念　91
5節　認知的能力の高さがよい判断・意思決定につながらない場合　92
6節　結論　94

第5章　意思決定前にみられる情報の歪曲　96

1節　経験的証拠　98
2節　情報の歪曲は測定方法によるアーティファクトなのか　102
3節　情報の歪曲は取り除くことができるのか　103
4節　情報の歪曲を示さない人は存在するのだろうか　104
5節　情報の歪曲は何によって引き起こされるのか　104
6節　インプリケーション　106
　1．初頭効果による解釈　106
7節　情報の歪曲の合理性とベイズ推定　107
8節　ヘッドスタートの影響　108

9節　出現した選好に対する関与　110
10節　判断と意思決定の研究パラダイム　111
11節　エピローグ　112
　1．情報の歪曲に関する研究の歴史　112　／　2．実験パラダイム間の対立　113

第6章　精密性効果：精密な数値表現が日常的判断にどのような影響を及ぼすか　115

1節　不一致帰属仮説　118
2節　計算容易性効果　122
　1．不一致帰属の役割　123　／　2．素朴理論の役割　123
3節　精密性効果　125
　1．不一致帰属の役割　126　／　2．素朴理論の役割　126
4節　精密性と信用可能性　128
　1．文脈的手がかりの役割　128
5節　精密性と希少性　129
　1．文脈的手がかりの役割　130
6節　精密性と信頼区間　130
7節　残された課題　131
　1．神経科学の役割　132
8節　結論　133

第Ⅳ部　神経経済学と神経生物学　135

第7章　フレーミング効果の行動的・神経科学的分析による意思決定過程の検討　136

1節　序論　137
　1．課題　138
2節　フレーミングタスク　142
3節　個人差について　144
4節　二重過程理論　145
5節　情動過程とフレーミング効果　147
6節　フレーミング効果とそれ以外の効果における脳代謝レベルでの効果　148
7節　意思決定の新しい理論を検証するための新しい方法　151
8節　特殊な集団におけるフレーミング効果　153
9節　生涯にわたる意思決定　156
10節　高齢の意思決定者におけるフレーミングと課題に関連した違い　157
11節　まとめ，結論と将来の研究　158

第8章 "熱い"認知と二重システム：導入・批判・展望　161

- 1節　温度隠喩　162
- 2節　"熱"から自律神経反応と誘因顕著性へ　164
- 3節　二重過程と二重システムモデル　169
- 4節　展望：さらに優れた疑問の問いかけ　175
- 5節　R3：熟考の再処理と強化モデル　177

第9章 慈善的寄付の基盤となる神経経済学と二重過程モデル　181

- 1節　二重過程の枠組み　183
- 2節　慈善的寄付における，情動と認知の役割について　186
- 3節　命の評価における行動的な偏見　187
- 4節　心理物理的な無感覚　188
- 5節　規模の感受性の鈍麻　189
- 6節　同定可能性　191
- 7節　疑似無効力とプロポーション優越性　191
- 8節　慈善的寄付の神経経済学的視点　192
- 9節　まとめ　197

第V部　発達と個人差　199

第10章　発達におけるリスク志向性：決定方略，感情，制御の変化　200

- 1節　決定方略　202
  - 1．統合的な方略とヒューリスティック　202　／ 2．統合的な決定方略とヒューリスティックの発達プロセス　203　／ 3．意思決定の神経科学　205
- 2節　感情と制御：二重過程モデルによる説明　207
  - 1．文脈　208　／ 2．個人差　210　／ 3．感情と制御：よい意思決定を学習する　211
- 3節　結論　212

第11章　意思決定能力の生涯発達　214

- 1節　意思決定能力の定義　215
  - 1．規範的理論：人はどのように意思決定を行うべきか？　216　／ 2．記述的研究：人はどのようなときに規範的な基準に反する意思決定を行うのか？　218
- 2節　意思決定能力の生涯発達　220

1．青年期と成人期の意思決定能力に関する比較　221　／2．高齢者と若い成人の意思決定能力についての比較　223
　3節　意思決定能力の総合的な尺度の開発とその妥当性の検討　225
　　1．個人差を反映した妥当性のある意思決定能力の尺度の必要性　225　／2．個人差を反映した意思決定能力の尺度の開発と妥当性の検討　226　／3．意思決定能力の要因と結果を考察する枠組み　227
　4節　今後の展望　230

第Ⅵ部　よりよい決定のために　233

第12章　リスクのある意思決定の予測因子：フィッシング攻撃の実例に基づく，判断と意思決定の向上　234

　1節　実証的に支持される知見　238
　2節　考察　245

第13章　シミュレーション結果の経験による判断と意思決定の改善　247

　1節　人の認知処理の長所と短所　249
　2節　判断課題の構造　251
　3節　人と課題とのマッチング：その含意　251
　4節　シミュレーションの経験の検討：研究プログラムの概要　255
　　1．確率判断課題　255　／2．投資　258　／3．競争的行動　260
　5節　考察　262

文献　267
人名索引　316
事項索引　319
監訳者あとがき　325

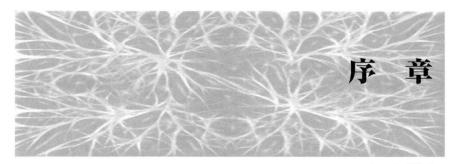

序　章

Evan A. Wilhelms
Valerie F. Reyna

　神経経済学，判断と意思決定は，社会心理学，認知心理学，発達心理学，神経学や神経生物学，および経済学や経営学などのさまざまな学問分野が関連している。本書では，人々がどのように経済的帰結をもたらす判断や意思決定を行うのか，それはなぜなのかを，人間の幸福に対する幅広い影響に関して理解するために，それらすべての学問分野との関係づけがなされている。

　判断，意思決定，およびその他すべての経済行動の原因は脳に求めることもできる。人間の脳の比較的小さな部分—視覚に対する後頭葉，化学感覚に対する嗅葉，聴覚皮質，体性感覚皮質—が，周囲の環境からのインプットをするために働いている。それに対して周囲の環境へのアウトプットを生み出す領域はさらに小さく，前頭葉の運動皮質にほぼ限定されている。その残りの部分で（実際，脳の皮質のほとんどであるが），人間は，感覚からの入力を解釈し，加工し，計算し，選択肢を比較検討し，脅威や危険を考慮し，未来を計画し，行為の方針を選択したうえで，言葉や行動でその行為の方針をとらなければならない。

　心理学者は，他の分野と共同しながら後者のトピックスを研究することで，判断と意思決定に対する規範的アプローチ（人間が何をすべきか），記述的アプローチ（人間が実際に何を行っているか），処方的なアプローチ（人間がすべきことをするためにどのように支援するか）を研究するのである。この研究の最先端にはこれまで神経生物学的研究があり，それによって熟達者たちが人の意思決定における生物学的な要

因(インプットとアウトプットの前述のギャップを埋めるもの)を発見し，推論することができるのである。この比較的新しい研究分野は神経経済学とも呼ばれており，神経生物学的なデータを用いて経済行動や意思決定についての理解を深めている。脳の研究といえば数十年前までは病変のある動物や患者に大きく依存してきたのだが，この分野では，近年，健常者を調査するために発展してきた技術を利用している。

　判断と意思決定についてのこの分野の多くの研究には，数に関する情報，とりわけリスク，確率，金額，その他の属性値などに人がどのように反応するかが含まれている。しかし，人間は数的な処理をすることが顕著に困難であり，熟達者ですら数字に関する判断と意思決定においてはバイアスや誤謬を示す(Reyna, Nelson, Han, & Dieckmann, 2009を参照)。したがって，この分野で行動を研究するときに認められる多くの効果は，ヒューリスティクスとバイアス，すなわち，人が思考において行うショートカットやエラーに関して，記述されてきた。より最近になって，専門的な訓練を受けた人々がより少ない情報に基づいてよりよい決定ができるような，直観的な思考から生ずる利得や利益を研究者たちは強調するようになっている。

　研究者が失敗を強調しようが成功を強調しようが，判断と意思決定の研究は，法律，経営，マーケティング，コンピュータサイエンス，医療など多くの分野での実践を改良するための重要な応用がなされている。政府機関も政策決定をするうえでますます意思決定研究に依存するようになっており，経済界も経営やマーケティング決定するうえでそのような研究にますます依存するようになっている。人がリスクについての数字に関する情報をどのように処理し，その情報に基づいてどのように決定するかを知ることは，患者の健康と幸福のためにも重要であり，その結果患者は十分に情報を与えられ，治療オプションの間で自由に決定ができるかもしれない。主としてそのような実践的な応用に興味をもっている読者は本書がその分野についての幅広い導入をすることに気づくだろう。

　本書の主要な部分は以下の6分野に分けられる。①歴史的な基盤，②認識的な整合性と矛盾，③ヒューリスティクスとバイアス，④神経経済学と神経生物学，⑤発達上の差異および個人差，⑥決定の改善。本書ではこれらのセクションにいくつかの章を割り当てるのであるが，それらの多くはその見出しが示唆するよりも広範であり，他の節の章で扱われるテーマをも含んでいる。

　本書では，筆者らは行動的なエビデンスと神経学的なエビデンスの両方からインプリケーションを引き出している。機能的磁気共鳴画像法のような神経学的方法が，行動についての新しい問題へのドアを開き認知心理学とのつながりを導いた。そのような初期の業績の多くは——特定の決定タスクの間に脳に「点灯しているもの」を示すような——相関的で記述的なものに過ぎなかったが，この分野は，本書で示されているよ

うに，理論的な予測や説明を含むものへと成熟してきた。

　本書は，判断と意思決定学会（the Society for Judgement and Decision Making）の創立者の James Shanteau によって寄稿された1章から始まり，判断と意思決定についての現在の研究パラダイムの創出について歴史的展望を行っている。その際に，彼はその分野へ貢献してきた5人の心理学者，Wilhelm Wundt, James McKeen Cattell, Edward Titchener, Edwin Boring, および Ward Edwards に焦点を当てている。これら領域の熟達者の仕事を例としてあげることで，判断と意思決定の分野がどのようにして現在のパラダイム，方法，理論へと到達したのかをわかりやすく説明する。Shanteau は，一般化された正常成人の精神についての仮定について述べ，さらに，それが，ヒューリスティクスやバイアスの研究といった判断と意思決定の分野にどのように影響してきたかについて述べている。この展望から，彼は，正常な人間の精神について我々がもっているような現在の仮定から，各領域の専門家のような熟達者の集団を研究するのには不十分であると結論づけ，熟達者の研究が今後どのように進むべきかについての検討も行っている。

　次に続く第Ⅱ部では，認知的整合性と不整合性のトピックであり，それは，認知的整合性についての話題を含む Anne-Sophie Chaxel と J. Edward Russo による章で始まる。彼らは，まずバランス理論，適合性理論，対称性理論といった，それに先行するいくつかの主要な理論を含めて，認知的不協和についての重要な研究を論評することからはじめ，ついで，人間が自分の選択において整合的であろうとする目標をどのように設定するか，人間は矛盾や不協和をどのように意識するのか，そして，人は認知的なプロセスによって結果的に整合性をどのように手に入れるのかを記述するための統一的枠組みを提唱する。これらの機序を説明するために，彼らは整合する目標や整合する心的傾向を別個にプライムすべく設計された実験的操作を導入する。たとえば，そのような1つの操作が，最初にある整合性プライムとその結果としての決定作業の間の遅延を喚起し，その結果として認知的整合性という目標が達成されなくなるのである。皮肉なことに，経済学の理論の基本的な前提である整合性への欲望がバイアスとゆがみを作りだすのである。

　Evan A. Wilhelms, Rebecca K. Helm, Roni A. Setton および Valerie F. Reyna による次の章は，記憶，推論，および意思決定の理論としてファジートレース理論を紹介し，人々の将来の幸福への見通しについてのその理論による予想を詳述する。まず，記憶の再現に基づく新しい二重処理理論である，ファジートレース理論の原理を紹介する。この理論は，子どもから大人へと年齢を重ねるにつれ，何らかのバイアスと偽の記憶が増加するという，逆説的な効果を予測する。次に，彼らは，これらの効果へのエビデンスのいくつかを簡潔にレビューした後に，その理論を応用して，人が

どのようにして将来の感情を予想するのかについて予測する。彼らは，ファジートレース理論のこのような新しい展開を支持するエビデンスをレビューしている。特に，彼らは，人々は一般に自分の人生経験の価値（ヴァレンス）に関する主旨（要点）を適切につかむような処理（ひいては判断）をしているが，覚醒の程度や幸福の強度のような細かい判断は逐語的な処理に依存しており，脆弱でエラーが発生しやすいということを示している。それゆえ，彼らは，人々の整合性のない判断は，逐語的解釈や主旨処理が分離するような二重過程から生じ，人々の将来の実際の感情や幸福とは完全に異なった予想を生み出してしまうと考えるのである。

ヒューリスティクスとバイアスについての次の章は Jonathan C. Corbin, Jordana M. Liberali, Valerie F. Reyna, および Priscila G. Brust-Renck によって執筆されているが，直観，抑制，干渉についての簡単な導入的説明から始まる。この章では，ファジートレース理論の観点を適用し，判断と意思決定（確率判断やリスク選択のフレーミング効果に重点をおくが）における変異性が，主旨的または逐語的表象，干渉，抑制，認知能力（たとえば知性や作業記憶容量）における個人差によっていかに説明されるかが検討される。たとえば，連言錯誤は，確率的な出来事の共通部分（すなわち，AとBの両方が生ずる）をそれらの出来事のそれぞれの1つ（すなわち，AかBかのいずれかが生ずる）よりも可能性が高いと判断するときに生じる。この古典的な例が，仮想上の人物リンダが，リンダについてのステレオタイプな描写に基づいて，銀行の窓口係であるよりもフェミニストでかつ銀行の窓口係である可能性のほうが高いと判断してしまうようなリンダ問題である。このようなバイアスの古典的な例を説明したうえで，彼らは記憶の表象と意思決定の理論—とりわけ，ファジートレース理論—がどのようにこれらのバイアスを説明し予測し得るかを検討するために行われた最近の研究も紹介している。この章は，バイアスを補強するような直観と干渉の役割を記述し，そのようなバイアスを回避するうえでの抑制の役割（知能テストや機能性磁気共鳴画像法の研究によって測定される）も取り上げている。最終的に，彼らは，抑制が必ずしもバイアスを回避する役割を果たすわけではないということを示す諸研究を検討し，ファジートレース理論がどのようにその研究知見を説明するかを述べている。

J. Edward Russo は，バイアスについての章のなかで，決定前の情報のゆがみについての研究を要約する。この章では，彼は，選択肢に対するバイアスの効果を説明している。すなわち，そのバイアスの効果として，人々が意思決定の早い段階で選好を（おそらく無意識に）形成し，ついでその最初の選好にそって新しい証拠を解釈することがあげられる。その決定における選択肢について先行する信念が不在の場合ですら，このバイアスは生じ得るのであり，それは他の古典的なバイアス（信念バイアスなど）とは異なる。Russo はこの効果が生ずるエビデンスをレビューしてから，そ

れが測定方法のアーティファクトとなり得るのかどうか，どのような条件の下でその効果が排除され得るのかを検討している。どのようなコンテクストの下でならその効果が「合理的」とみなされるのかを考慮し，このバイアスによって部分的に説明されるかもしれない他の現象を提示することでこの章を終える。

　ヒューリスティクスとバイアスのこの部は Manoj Thomas と Joowon Park による精密性効果（precision effect）紹介で終わる。この章で，彼らは，異常に精密な数—13,000の代わりに13,172.89—がどのようにバイアスを誘発し得るかを論じている。彼らは，不一致帰属モデルと呼ばれる，ヒューリスティクス処理の発生を説明するモデルを提示する。このモデルにおいて，人がキリのいい数字を期待しているのに異常に精密な数字を提示されるときに，処理において不一致が生ずる。彼らは，人間には，判断や決定の文脈についての素朴な素人理論に導かれるように，そのような不一致を決定の文脈の何か目立った要素へと帰属させる傾向があると考える。経営やマーケティングの観点から，Thomas と Park は，信憑性，知覚される希少性，信頼区間に対する精密効果の影響といった数字の精密さについての文献のレビューを行い，このモデルの効果を説明する。彼らは，神経学における最近の研究が精密な数の計算の問題にどのように応用されるか説明し，これらの研究知見を神経学における最近の研究知見と統合させることでこの章を締めくくっている。

　本書の第7章からは神経経済学と神経生物学についての部であり，Irwin P. Levin, Todd McElroy, Gary J. Gaeth, William Hedgcock, Natalie L. Denburg，および Daniel Tranel による章から始まる。この章では，彼らは，リスク選択のフレーミング課題のような，判断と意思決定の文献において共通してよく観察される課題について論じている。この課題においては，数字に対応する情報はその選択が損か得かで記述されるかどうかで異なって取り扱われる。Levin らは，機能的磁気共鳴画像，視線，概日リズム，血糖値の分析のようなさまざまな実験室のテクニックを行う研究を引用しながら，この古典的な効果の神経学的な基礎を紹介する。この研究は，一方が瞬時にして無意識のうちに作用するのに対し，他方がゆっくりと熟慮的に作用するような二重過程理論の文脈で位置づけることもできる。彼らは，リスクをともなう意思決定の背後にある生物学に対してこの研究が何を意味しているのかを要約し，将来の研究に対するインプリケーションを示している。

　第Ⅳ部の2番目の章では，二重過程理論の神経学について，Thomas E. Gladwin と Bernd Figner が執筆している。これらの理論では，上述のように，自動的で無意識的なプロセスを，感情的な衝動性を示唆する「熱い（hot）」と特徴づけ，熟慮的で計算的なプロセスを，冷静な合理性を示唆する「冷たい（cold）」と特徴づけることがある。彼らの章で用いられる用語を明らかにするためにこれらの理論の一部を考察

し,「熱い」と「冷たい」の実行機能を測定するために用いられてきた,コロンビアカード課題などの諸課題をレビューしている。彼らはまた,神経学的および心理学的なエビデンスに基づくこれらの理論の最近の批判をもレビューし,実際に二重過程理論における定義の一致がなく,この2つのプロセスの現在の定義は不十分であると論じている。彼らは,これらの課題への行動を説明するための代替的なモデル—反射に対する再処理・強化モデル—を提示することでこの章を終えている。

神経経済学と神経生物学についての第Ⅳ部の最終章は,Stephan Dickert, Daniel Västfjäll,および Paul Slovic によって,慈善としての寄付についての神経学について執筆されている。人が利他的であるという事実と,その他の行動を説明する自己利益追求の前提（古典的な経済学理論の中心的な前提でもある）とを調和させることは,社会科学分野においてはしばらくの期間困難であった。Dickert らは,人々が他者を助けて慈善行為を行うような状況についての知見をレビューし,この研究を二重過程理論の文脈に位置づけた。とりわけ,信念,計算能力,感情やその他の認知過程における個人差から,人々が多数の人の命よりも少数の人の命により多くの価値があると考える場合のような,人命に関する価値づけにおけるバイアスを取り扱っている。彼らは,そのようなバイアスがなぜ生起するのかについて心理学的および神経経済学的な説明の両方を行っている。

続く第Ⅴ部は,発達や個人差の話題に関するものであり,子どもから大人になる間に生じる決定方略の変化について論じた,Anna C. K. van Duijvenvoorde, Brenda R. J. Jansen, Hilde M. Huizenga による章で始まっている。この章では,発達段階で変化する決定方略（統合的な決定方略とヒューリスティクス的決定方略の両方を含む）の利用や,感情や認知的コントロールが決定に及ぼす影響が主として考察されている。彼らは,発達心理学,判断と意思決定,脳機能画像研究を統合する視点をとっている。彼らは,この章で,方略と認知的コントロールにおける発達的変化を評価するうえで,それらを大脳皮質と皮質下の領域に関連づけ,意思決定における個人差とそれらを特徴づける研究パラダイムを考察している。

この第Ⅴ部の2番目の章は,Wändi Bruine de Bruin, Andrew M. Parker および Baruch Fischhoff によって執筆されており,人の一生を通じた意思決定における発達段階による差異のレビューである。彼らはまず,規範的な基準,信念,価値観,メタ認知の統合に基づいて,意思決定能力（コンピテンス）がいかに定義されるべきかを考察する。ついで,彼らは,青少年と成人,青年と高齢者を比較することで,意思決定能力に対するこれらの基準の一生を通じた発達的差異の知見をレビューする。この知見に基づき,彼らは意思決定能力の個人差尺度を開発し実証したいくつかの研究をレビューしている。全体として,彼らは意思決定する能力に資するスキルを記述し,

年齢とともにそれらのスキルがいかに変わるかを検討して，意思決定の際の支援，訓練，コミュニケーションによって意思決定を改善するための示唆を行っている．

　この本の最後の部は，決定の改善のためにこれまで考察された研究を適用している．この部の最初の章は，Julie S. Downs, Donato Barbagallo, Alessandro Acquisti によって執筆されており，判断と意思決定が情報セキュリティーの文脈でどのように改善され得るかについて書かれている．彼女らは，リスクについての宣言的知識とそれらを評価する方法についての手続き的知識という観点に立って，オンラインで銀行情報を共有するということに関する選択肢をフレーム化している．彼女らは，リスクに対する重大性と感受性などの知覚，行動するためのコスト，および，悪意あるウェブサイトとセンシティブな情報を共有することになるかどうかを予測するためのさまざまな戦略の効果とこれらの知識がどう相互作用するかに関して，1つのモデルを提示する．彼らは，宣言的な知識はどの戦略が最良であるかを特定することと関連しているが，手続き的な知識はリスクを防ぐことの効果を予測すると考えている．

　この第Ⅵ部は Robin M. Hogarth と Emre Soyer の章で終わるが，決定を改善するためのアウトカム（結果）のシミュレーションが記述されている．彼らは，まず，人間の認知システムにおける情報処理をレビューし，人が処理の限界を克服できるようにするメカニズムを強調することから始める．次に，人々が確率判断をするための実験的なパラダイムを用いて，以下の2つの次元の判断タスクを設計する．すなわち，①その課題の構造が個人にとって明らかであるのか，曖昧であるのか，②人々は課題についての情報を，経験を通じて得るのか，記述された事柄によって得るのか．それから，彼らは，これらのパラダイムが古典的な判断タスクから，投資決定，競争に勝つ確率の予測にいたるさまざまな実験的課題にどのように応用されるかをレビューする．彼らは，アウトカムを実験的にシミュレーションすることによってより正確な反応が得られると結論づけている．

　編者らが上記の執筆者たちに依頼した理由は，これらの人々が，各分野で国際的に活躍している著名な研究者であり，幅広いパースペクティブをもっていると考えるからである．本書は，学部生，大学院生，研究者，実務家の情報源となるように意図されており，心理学，経済学，経営学における上級の課程やセミナーにおける中心的なテキストや補助教材として使えるようになっている．

【執筆者ノート】
　この原稿の作成にあたって，アメリカ国立衛生研究所から一部支援を受けている．また，アメリカ国立研究所へは，アメリカ国立がん研究所研究費 R21CA149796，第2著者へのアメリカ国立看護研究所研究費 RO1NR014368-01 の支援を受けている．本稿への問い合わせは下記へ願いたい．Evan A. Wilhelms, Department of Human Development, G77, Martha Van Rensselaer Hall, Cornell University, Ithaca, NY 14853. Email : eaw97@cornell.edu ; 電話 : 440-941-3826.

第 I 部

歷史的基盤

第Ⅰ部 歴史的基盤

第1章
熟達者による意思決定
5人のキーとなる心理学者の影響

James Shanteau
Ward Edwards

　実験心理学の黎明期までさかのぼると，心理学研究は熟達者を対象とした研究を含んでいたことがわかる。各領域の熟達者を実験対象とした研究は，判断と意思決定（judgment and decision making：JDM）研究の歴史においても，その基礎を築いてきた。本章の目的は，各領域の熟達者がどのように扱われてきたかを心理学に関する著述から考察することである。実験心理学の基礎的研究への誤った解釈に導かれた，あまり知られていない歴史的なバイアスへ焦点を当てていくこととなるであろう。

　本章の冒頭では，歴史的に重要な心理学者である，Wilhelm Wundt, James McKeen Cattell, Edward Titchener, Edwin Boring, Ward Edwardsという5人の功績に焦点を当てる。見落とされた前提である――一般化された普通の成人の心（generalized normal adult human mind；以降，GNAHMという略号を用いる）という前提―がどのように歴史から見いだされるか，議論をしていくことになるであろう。本章の結論では，WundtとEdwardsの発想から導かれる視点から，将来の熟達者に関する研究がどのような方向に向かうべきか，議論を行う。

　今日の判断と意思決定研究は，普通の成人の心に関する現象を検討している。普通ということの強調される点は，人の心に関する認識されていない前提，つまり，たいていの人に研究方法や理論が適用可能であるという前提の存在である。しかしながら，外れ値の研究と同じように，熟達者の研究が，人の行動の興味深い側面を明らかにしてきている。本章では，心理学の基礎を作った5人の研究者を対象に，彼らの熟達者

研究に対する見解を考察し，今日の神経経済学，判断と意思決定研究の動向を導いた重要な前提の源泉について洞察を行っていく。

1節　James McKeen Cattell

　特定分野の熟達者の心理プロセスに関する最初の研究は，1886年に James McKeen Cattell によってなされた。Cattell は，博士課程の一時期，実験心理学の創始者として知られる Wilhelm Wundt のもとで学んでいた。Cattell の行った実験の特徴は，'連想時間'（反応時間）を用いて個人差の検討を行ったことにあり，2人の異なった分野の熟達者を観察者に用いた。B氏は，「数学の教員」であり，C氏は，「文学の研究者」であった（Cattell, 1887, p.31）。そのため，異なった分野の熟達者と位置づけることができる。Cattell は，2人の観察者に，同じ質問を行った。ある質問項目は数学に関するもの，ある質問項目は文学に関するもの，そしてその他の項目は，数学と文学に無関連な分野の項目であった。研究における仮説は，「どちらかの観察者（あるいは両者）にとってより親近性の高い事柄は，心に思い浮かぶまでの時間は短いのか」といったことであった（Cattell, 1887, p.71）。

　実験結果では，全体の平均反応時間は，両観察者間に差はみられなかった。Bは，0.42秒，Cは0.44秒であった。しかし，質問項目の種類と観察者の専門領域との間に交互作用が認められた。Cattell の研究結果は2×2（専門領域×質問項目）の実験計画であり，各観察者の専門領域の反応時間は短かったことが示された。Cattell によると，「C氏はB氏同様5＋7＝12についてよく理解していたが，B氏よりも1/10秒思い浮かぶまでに時間を要した。B氏はC氏同様ダンテは詩人であることを知っていたが，C氏よりも1/10秒心に浮かぶまでに時間を要した」。換言すると，専門性が高まることは，単純に正しい回答が得られるだけでなく，回答に到達する時間に影響を与えた。

　もう1つの研究では，Cattell は「判断や意見の表出にかかる時間」（1887, p.69）について検討を行った。その研究に用いられた質問項目は，たとえば，2人の著名人のうち，どちらがより優れているかといった，問いであった。本研究も，専門性と質問内容に関し2×2の要因配置を用いており，専門性のある領域に関する判断や意見の表出が速いことが示された。「著名人のうち，より優れた人を判断するには，その人物たちについて比較を行った経験があれば，最も速くなるはずである」（Cattell, 1887, p.72）と，Cattell は考察を行った。また，Cattell（1887, p.73）はこの研究が緒に就いたばかりであり，実験を重ねることが望ましいと述べていた。

　このように有望なスタートが切られたにもかかわらず，後続する研究はあまり現れ

なかった。熟達化することによって，意思決定のスピードが速まるといった効果に関する重要な疑問は，未だに解消されていない。熟達者を対象とした他の側面に関する意思決定研究も，ほとんど注目をされてこなかった。さらに，理論的な展開も，オリジナルな研究方法の開発もほとんどなされておらず，熟達者の行動の検討は進んでこなかった。本章の1つの目標は，これまでほとんど進んでこなかった理由を解明することである。まず最初に実験心理学の発展における3つの大きな歴史的な図式をみていくことが必要になる[★1]。

2節 Wilhelm Wundt

　Wilhelm Wundt が実験心理学の創始者であるという言説にはほとんど議論の余地はない。「Wundt は創始者である。なぜならば…哲学の問題に対して生理学の実証的方法を導入し，心理学者という新たなアイデンティーを確立したためである（Leahey, 1987, p.182）。Wundt は，『生理心理学原理』（1873）という大きな影響力をもった著書で，新たな科学の一分野としての心理学という，彼のビジョンを示した[★2]。

　Wundt は，心理学の目標を「経験の説明の創出と，経験を客体化させるための技法の開発である」（Blumenthal, 1975, p.1081）と主張した。経験の分析を通じ，記憶から社会心理学における知覚や言語までが検討された。Wundt の研究では，「自己知覚（内的知覚）」の使用を提唱した。内観というレッテルを貼られることが多いが，「Wundt は被験者が内的な経験を記述するといった，質的な内観方法を用いていなかった。…Wundt が行った大多数の研究では，さまざまな洗練された実験装置を用いて客観的測定を行っていた。…それらを用い，Wundt は，客観的測定によって情報処理プロセスや要素について言及していった」（Schultz & Schultz, 1987, pp.65-66）。

　Wundt の研究室では，今日の心理学研究で用いられるような普通の学生とは，はるかにかけ離れた"被験者"を用いていた。高度に訓練された観察者（しばしば，Wundt 自身や彼の学生）を対象に，用心深く統制された感覚刺激を提示して，心的な経験の報告を求めた（Schultz & Schultz, 1987, p.65）。有用な観察データを手に入れるために，Wundt は観察者に対し，厳格な要求を行っていた。その要求とは「その状況の達人となることであり，すべての観察者は何度も繰り返し反応が求められた後に，組織的に実験条件を変化させたのである」（Hothersall, 1984, p.88）。Wundt が議論したように「我々は心について，偶発的な自己観察によって理解することはほとんど不可能である。…本質的に，観察は良設定問題の答えを得ることを目的とし，用心深く統制された条件のもと訓練を積んだ観察者が行っていた」（Wundt, 1904, p.7）。Wundt は自己観察を，「内省は実りのない議論に導くだけでなく，自己欺瞞に陥る」（1904,

p.7）ものと位置づけて，自己観察を用いなかった。それ故に，心理学的洞察は，素人を用いずに，熟達した観察者によって行われるべきだと考えていた。実際に，Wundtは，今日の研究で用いられるような，学生の被験者に対して信頼をおいていなかった[★3]。

Wundtは，彼の心理学派を説明する際に，主意性（voluntarismus）という用語を用いていた。因果関係を理解するために，Wundtは，目的，価値，将来の期待という概念を用いていた。「心理的因果関係の中心的メカニズムは統覚であり，統覚は今日の用語の選択的注意に概ね対応する」（Blumenthal, 1980, p.30）。また，注意は，単なる選択性を超えた意味で用いられていた。「心は，創造的で，動的で，自発的（volitional）な力である…心は，その行為—つまりプロセス—の分析によって理解されなければならない」（Hothersall, 1984, p.89）としていた。さらに，「選択行動は，構成されたものであり…'自発的な行動'の特別なケースである…選択行動は自発性の形成，つまり選択と決定の発達の基盤となる」（Danzinger, 1980b, p.96）。要約すると，Wundtは，選択の動的なプロセス（過程）理論を開発しようとしていた。そしてその理論は，目的，価値，そして将来の見込みに向かう意識的な選択的操作といった概念に基づくというアイデアであった。

Wundtの心理観は，驚くほど今日的であった。Fancher（1979, p.148）が結論づけたように，今日の心理学で扱っている「情報処理や，選択的（不）注意，知覚マスキングなどの認知現象は，Wundtの伝統的心理学と多くの共通性が認められる」。Wundt（1982, p.495）によると，「心理世界の基本的性質は，すべての側面において，プロセスとして捉えられるということであり，受動的ではなく能動的な存在であるという点である」。そのため，Wundtの心理学は，今日の認知心理学研究の多くの視点と親和性が高いと指摘することができる[★4]。

Wundtと関連のあった人々は驚異的な人数に及び，2万4千人以上の学生を教え，186人の博士課程の学生を指導し，その内16人が北米の出身者であった。初期のアメリカの心理学研究室の多くは，Wundtの教え子によって設立されたものであった。「Wundtは第1世代のアメリカの心理学者に対し絶大な影響を与えていた，そのため，今日のアメリカの心理学専攻の学生の大半は歴史的な系譜をたどれば，Wundtにいたると考えられる」（Boring & Boring, 1948）。Ward Edwardsは，Boringの下で学位を得ており，BoringはTitchenerの教え子であり，そして，TitchenerはWundtのもとで学んでいた。換言すれば，Edwardsと手をつなげば，次々と握手の輪が広がり，Wundtと握手をしていることとなる。

3節　Edward Titchener

　アメリカにおける最も著名な Wundt の代弁者は，Edward Titchener であった。Wundt の下で2年間過ごした後，Titchener は Wundt の真の後継者（Wundtian）であると自任し，彼は「無条件で Wundt の心理学を受け入れていた」(Hothersall, 1984, p.103)。「Titchener は，Wundt の忠実な継承者であり，真の伝道者（解説者）であった。彼は Wundt を，自分の心理学の源泉であり，信頼性の源である先達と位置づけた」(Anderson, 1980, p.95)。アメリカの心理学者の多くが，Wundt の著書をドイツ語で読む必要をほとんど感じていなかった。その理由は，彼らが知りたいことすべてが，Titchener によって提供されていたためである（もちろん，学術的なドイツ語はほとんどのアメリカ人には読めなかった）。さらに，英語翻訳書がほとんどなかったうえに，しばしば，間違った翻訳が含まれていた。「英語よりも，ロシア語に―スペイン語にさえも―Wundt の著書はより多く翻訳をされていた点は注目すべきである」(Blumenthal, 1980, p.28)。

　Titchener の心理学の研究方法は，Wundt の用いていた方法の鏡像であると考えられていた―つまり，Titchener を知れば，Wundt を知るということである。しかしながら，

> 近年行われた Wundt の著作に対する研究は，この結論に疑問を投げかけている…証拠が示すことは，［Titchener は］Wundt のポジションを彼自身のポジションとつじつまが合うように変更を加え，心理学の創始者と一致する見解であることを主張することによって，自身の見解に信頼を得ようとしていた，ということである。Titchener は，Wundt の著述の翻訳にあたっても，自身の見解と一致する Wundt の著述を選択的に翻訳を行っていた。…約100年の間，心理学史の記述や，心理学史の教員によって，［Titchener の］主張した方法が承認され，誤った見解がより強く広められることとなった。
> (Schultz & Schultz, 1987, pp.58-59)

　Titchener は，彼の主張である「意識の構成要素の発見」という，システムを心理学と名づけた (Benjamin, 1988, p.209)。「Wundt は意識の要素や内容に関する研究を認めていたが，彼が最も重視していたことは，統覚の原理によってより高次な認知処理プロセスに向けたそれらの統合についてであった (Schultz & Schultz, 1987, p.85)。Wundt は"全体"を強調していたが，Titchener は，―James Mill の見解に依拠し―"部分"に焦点を当てた (Danziger, 1980a)。Wundt は彼の心理学を構成主義と記述したことは一度もない。実際，Wundt の死後，彼の心理学は全体性心理

学（Ganzheit Psychology）あるいは，ホリスティック心理学と呼ばれた。

　Titchener は，被験者を「観察対象であり，対象の性質を客観的に記述するための道具と位置づけていた。被験者は部品であり，取り換え可能な機械に過ぎない」と考えていた（Schultz & Schultz, 1987, p.91）。Titchener は，機械化された観察について次のように語っていた。「心理学で用いられる方法は，物理学で用いられる方法と同様に，厳密に公平であり，先見をもたないものである」（Titchener, 1910, p.23）。彼は，しばしば被験者をリエージェントと呼んだ。「リエージェントとは，一般に受動的な媒介物（passive agent）であり，何らかの反応を喚起させるものという意味で用いられていた」（Schultz & Schultz, 1987, p.91）。

　一方，Wundt の被験者はより能動的な役割を担っていた。Wundt の規則の1つに，高度に訓練された観察者は「その状況の支配者」（Schultz & Schultz, 1987, p.91）にならなければならないとある。有効な内観を得るために，Wundt の被験者は状況をコントロールすることが求められた，一方，Titchener の被験者は受動的な観察者であった★5。

　Titchener（1923）の見解では，行動研究の適切な内容は限定されたものであった。彼の興味は"純粋な心理学"であり，比較心理学，心理テスト，教育心理学，産業心理学，社会心理学は認められなかった。これらの領域では被験者が内観法を用いることが困難であるため，不純な領域であると考えていた。Titchener（1916, p.267）は，「もし動物が思考できれば，彼らは発話できるような音声組織をもつことができたはずである。彼らが話さないからには，彼らは思考しないのである」と議論した。この考え方は Wundt の見解と一線を画しており，Wundt は心理学をより広くとらえていた。

> 心理学的知識の源は，他にも存在する…たとえば，主に言語や神話や習慣のなかに，心的動機の決定的な活動の痕跡をみることができる…それらは普遍的な心理法則に基づいており，それら心理法則に基づいた現象は，特別な心理学的な分野である民族心理学の主題と位置づけることができる。　　　　　　　　　　　　　　　（Wundt, 1904, p.4）

　多くの点において，Titchener は Wundt とは根本的に異なる心理学的見解を提起してきた。Titchener は心理学へ多くの貢献をしたが，彼は Wundt の忠実なスポークスマンではなかった。「もし Titchener の心理学的システムと Wundt の心理学的システムを誰かが比較したとすると，2つの異なった心理的システムとして扱い，確立されるであろう。1つは構成主義と呼ばれ，もう1つはボランタリズム（主意主義）と呼ばれる」（Danzinger, 1980a, pp.73-74）。

第Ⅰ部　歴史的基盤

4節　Edwin G. Boring

　Titchener の33年のキャリアの間に，58人の学生が PhD を得た。1927年に Titchener が亡くなって以降，多くの弟子が重要な地位についていった。Karl M. Dallenbach, Madison Bentley, Margaret Floy Washburn といった3名は今日でも知られているが，Titchener の最も著名であり「最も忠実な弟子」は，Edwin Boring であった (Benjamin, 1988, p.210)。Boring は，ハーバード大学で卓越した経歴を残し，実験心理学の「歴史家」となっていった。

　Boring こそが，アメリカ人の心理学者が Wundt について最も多くを学んだ人物であると考えられている。

> Titchener の残した Wundt のシステムの不正確な伝承は，今日の心理学者に影響を与えた。このことは，Titchener の地位によって…のみならず，彼の学生である E. G. Boring が目に見える形にしたことによる。Titchener の弟子の世代によって，Wundt 主義心理学は，実際よりもより神話的に，そして，真実より伝説的になっていったのである。
> 　　　　　　　　　　　　　　　　　　　　　　　　　（Schultz & Schultz, 1987, p.59）

　Blumenthal (1975) によると，Wundt に関する多くの「神話の出どころ」は，Boring の『実験心理学の歴史』の2つの版 (1929，1950) である[★6]。約70年の間，アメリカ人は，Wundt のストーリーについて，Boring の著述に依拠してきた。しかし，Boring の視点は，Titchener の思想に大きく傾いていた。たとえば，動機システムとしての自発性といった Wundt が興味を示していた点について以下のように述べている。Titchener (1908) は，このテーマをほとんど扱っておらず，「支持するような引用も示さずに，Boring (1950) は，Wundt が能動的な自発性因子の心理的な意義に対して反対していたと述べている」(Benjamin, 1988, p.197)。Mischel (1970) では，実際のところ，自発性は Wundt のアプローチの中心的な位置を占めていたことを議論している。他の例をあげると，Titchener (1921, p.169) は，10巻に及ぶ『民族心理学』を"ある領域のある主題"に対する Wundt の優柔不断さに起因するものと位置づけており，この見解を Boring は反映していた。

　1950年版の Boring の実験心理学の歴史は，心理学の正当性の確立に大きな役割を果たしたと位置づけられる。「心理学が科学としての体面を得ることに渇望していた」(Gillis & Schneider, 1966, p.230) 時期に，同書は出版された。正当性は以下の3つの要素に依拠していた。

1. 科学的伝統は，歴史的にみて Wundt の学術的心理学に遡ることができる，
2. Fisher, Neyman-Pearson, 他の統計学者の（誤った）理解に基づいた統計的解析の強調，
3. 実験群と統制群の比較を含めた「古典的な実験デザイン」の制度化（Gillis & Schneider, 1966）。

同時に，それらは心理学の誕生に関する神話も提供することとなった[★7]。

Hebb（1972, p.291）によると，Boring の実験心理学の歴史1950年版は，「規範的な著書として広く受け入れられ，本書は…Wundt と Titchener の強調といったまったくの過ちを導いた」。Boring の影響によって生まれた Wundt に対する典型的なアメリカ人の見方が，誤っていることは明らかである。Blumenthal（1979, p.40）は，「Wundtは，ほとんどの心理学者が知らない心理学の父である」と結論づけた。Max Wundt（Wundt の息子）は，父の流布された肖像は「戯画に他ならない」と記述していた（Hothersall, 1984, p.99）。

今日でも，Boring の著書は時代の産物と位置づけられている。「Boring の Wundt に関する記述は，大多数のアメリカの心理学者にとって，おそらく最も分かりやすく，かつ最も受容可能な説明であった。彼らにとって，心理学の進歩の道程を正当化する心理学の歴史の首尾一貫した説明として固定化していった」（Blumenthal, 1980, p.40）。実際，Boring の記述は，Wundt の戯画と自分たちのアプローチを対比させて，自分たちの正当化を試みた，他の記述よりは正確ではあった。

5節　一般化された普通の成人の心

Titchener の中心的な思想は，一般化された普通の成人の心（generalized normal adult human mind: GNAHM）を含んでいた。Boring（1929, p.407）によると，「Titchener は，Wundt の主たる関心であった一般化された普通の成人の心に，関心を寄せていた」。後の著述者たちは，この主張を反映させていた。Wundt の「古典的な発想では，心理学の大きな目標は，普通の成人の心を一般化することである」（Helmstadter, 1964, p.4）。そして，「Wundt のように［Titchener は］，"一般化された人の心"に関心を寄せていた…心理学は，多くの情報源から得られた材料を集めることができる。しかし，心理学の目的は一般化された人の心の理解である」（Heidbreder, 1933, p.125-126）。このテーマは，Anastasi（1968），Kendler（1987），Maloney & Ward（1976），Sargent & Stafford（1965），Watson（1968）においても反映されている。

GNAHMの源は何なのだろう。Boring(1929)はWundtを典拠とし，Edwards(1983)はWundtとTitchenerを典拠としている。他では（たとえばFancher, 1979）では，一般的な人の心に関するドイツの知的伝統を典拠としている。本章第1著者が行ったWundtに関する著書およびWundtの著書の検索（たとえば，Rieber, 1980）によれば，どこにもGNAHMに関する記述は認められない。しかし，Wundtは491件の著作を残し，公刊されたページ数は53,735ページに及ぶため（Boring, 1950），このフレーズを用いていないかを明らかにすることは不可能である。しかし，Titchenerがこの概念を繰り返し用いていたことは明らかである。「心理学は…普通の成人の心にかかわるものである」(Titchener, 1916, p.2）。

　典拠が不明確であっても，GNAHMに関する信念は，心理学的研究の規範として広く受け入れられてきた。今日の心理学研究者は，他の選択肢について思い巡らすことがほとんどなくなっている。この暗黙の前提が，さまざまな研究手法のあらゆる側面を色づけていると考えられる。そのため，心理的プロセスの研究に用いられている，方法，分析手続き，理論は，たいていの場合一般化可能であると思われている（つまり，大学生があらゆる行動の調査において適していると考えられている）。それゆえ，GNAHMによって，「典型的な学生」を含む心理現象の調査に基づいた研究パラダイムは導かれてきた。

　結果として，実験心理学は，外れ値である熟達者を対象とした方法と理論を開発してこなかった。一方，熟達化の研究は，全般的にGNAHMの考え方を反映している。学生の被験者を特徴づける行動が熟達者研究の出発点とされている。この方略によって明らかにされる点もあるが，熟達者の行動の興味深い点が見落とされることがしばしば起こる★8。

　結果として，特定分野の熟達者を研究するための個別の研究パラダイムは開発されてこなかった。理論と方法は学生を対象とした研究から借りてきている。そのため，これらのパラダイムがしばしば熟達者研究に適していないために，熟達者以外の研究ほど，熟達者研究が進歩しないといったことを招いていることは驚くに値しない。

　実際のところ，熟達者研究に用いられている方法とアプローチは，他の目的のために開発されたパラダイムから借用されたものであることがほとんどである。判断と意思決定の領域においては，熟達者の心に関する概念はほとんど開発されてこなかった。つまり，熟達化に関する研究は，典型的なGNAHMの行動を研究するためにデザインされたアプローチを用いて検討されてきたことになる。

　それゆえ，熟達者研究の結論が，熟達者以外の研究と類似していることは驚くに値しない。GNAHM研究の視点からみると，オリジナルに開発されたパラダイムが熟達者の行動の検討に用いられたことがないためであることは言うまでもない。以下に

示すように，熟達化を洞察するために他の研究目的のために開発されたアプローチを適用することは可能である。カギとなるのは，アプローチ自体ではない。どちらかというと，研究者のアプローチの利用法による—ある状況において適切な利用がなされたとしても，他の状況では不適切な利用となることがあるためである（Shanteau, 1977）。

議論を続ける前に，「熟達者」の定義を行う必要がある。Shanteau（1992a）では，熟達者は，特定の領域においてトップになるような人々をさし，つまり，彼らの行う仕事が最善であるということである。たいていの場合，特定の領域の熟達者は，定式化された訓練と，仕事上の経験の両者の組み合わせによって知識を獲得している。しかし，どのようにこの2つの知識が組み合わされ，課題との間に交互作用が生まれるのか，といった問題は未だ明らかにされていない（Lopesとの私信による，1997）。

6節　計量心理分析を用いた伝統的な意思決定研究

1950年代と1960年代には，特定の領域の熟達者に関する組織的研究，臨床心理学者を対象とした心理測定の妥当性と信頼性の検討がスタートした。たとえば，Goldberg（1959）は，22人の被験者（4人の臨床家と，10人の学生インターン，そして，8人の初心者の被験者）を対象に30個のベンダー・ゲシュタルトテストのプロトコル（大脳皮質の損傷に対する検査）を用いて検討した。すべてのグループにおいて，正確性／妥当性は65～70％であった。また，50％がチャンスレートであった。

信頼性の分析を行ったOskamp（1962）では，臨床家においては，同一対象における繰り返し判断間の相関は0.44であった。Oskamp（1965）は，臨床心理学者の確信度は，より多くの情報が存在するときに，上昇したと報告した。確信度は，情報量が上昇するほどに，33，39，46，56％と上昇していった。一方，正確性は，20％がチャンスレートであり，26，23，28，28％と変化しなかった。さらに，臨床家と学生との間に差は認められなかった。これらの計量心理学的方法を用いた研究から，以下が結論づけられた。

1．臨床家の判断は，正確性と一貫性を欠いている。
2．より多くの情報を得ると確信度は上昇するが，正確性は上昇しない。
3．臨床家と初心者の間にほとんど差はみられない。（Goldberg, 1968）

同様な妥当性と信頼性に関する結果が他の専門領域においても得られてきた。たとえば，医師（Einhorn, 1974），仮釈放係将校（Carroll & Payne, 1976），裁判官（Ebbesen

& Konecni, 1975）を対象とした検討がなされた。また，関連する研究が示してきたことは，経験が必ずしも判断力に結びついていないことであり（Meehl, 1954），熟達者の判断成績が初心者とほとんど変わらないことである。したがって，これらサイコメトリック研究は，普遍的な GNAHM の結果を支持した。熟達者と初心者は同様に能力不足である。

　Einhorn（1974）は，信頼性が専門性の必要条件と指摘している。信頼性の定義は，2つある。1つは，判断内の相関に関するもので（内的一貫性や信頼性としても知られている），つまり，同じ事例について判断すれば，熟達者は同じ判断を行うということである。もう1つは，判断間の相関で（被験者間の信頼性や安定性としても知られている），異なる熟達者間において同じケースについて同じ判断にいたることをさす★9。

　経験的には，同じ事例に対する同一熟達者の繰り返し判断は，0.4～0.5の範囲の相関係数を示すと報告されてきた。内的一貫性については同様の傾向が，異なる種類の熟達者，たとえば穀物の等級判断の有資格者でもみられた。

　この種の結果から，GNAHM の結論として導かれるのは，熟達者は信頼性が低いということである。しかし，熟達した監査人に対し行われた同様の分析では，相関はかなり高かった。たとえば，Ashton（1974）では，内部統制を含む32の事例での2度の提示間の相関係数は0.8を超えていたことが観察された。課題と実験者に違いがあるとはいえ，0.8～0.9という相関を示したこの結果は驚くべきことである。

　家畜の品質鑑定においても内的一貫性のレベルについて驚くべき報告がなされている。Phelps（1977）において示された，豚の品質鑑定のトップ4人が示した，相関係数は0.95～0.97であった。他の家畜に対する相関係数の平均値は，0.8～1.00（完全に一致）に近い値であった。このことから，家畜の品質鑑定に関しては，とても高い被験者内の信頼性が示された。

　Stewart, Roebber, & Bosart（1997）の研究では，天気予報官を対象に検討を行い，最も高い水準の内的一貫性が得られている。天気予報官は，24時間内の気温の予想において，ほぼ完全な信頼性を示した。それゆえに，天気予報に関しては，内的一貫性はほぼ完ぺきであるといえる。

　内的一貫性のほかに，Einhorn（1974）は熟達者は互いに認め合うべきであると議論した。被験者間の判断の信頼性（合意性）についての推定値である被験者間の判断間の相関係数は，株式仲介人（Slovic, 1969）と臨床心理学者（Goldberg & Werts, 1966）では0.40未満であった。病理学者を対象とした Einhorn（1974）では，やや高い値をしていた。Phelps（1977）では，家畜判定においては，驚くべき内的一貫性を示していたが，被験者間の判断間の相関係数は，0.50程度であった。これらの数値は，

複数の熟達の程度と領域を通して，GNAHM の論拠となる中程度の判断間の一致を支持しているといえる。

しかし，監査の熟達者は，被験者間の判断間の相関についてかなり高い結果を示している。Kida（1980）では，27人の監査法人のパートナーに，5つの会計比率に基づいた40社のプロフィールを判断してもらったところ，判断間の相関係数は0.76であった。Ashton（1974）では，内部統制の判断強度について，同様な結果がみられており，Libby, Artman, & Willingham（1985）では，内部統制の信頼性の判断について同様の報告がなされていた。

監査人の間の信頼性は，経験の関数として増加することが観察された。監査上の重要性の判断を扱った Krogstad, Ettenson, & Shanteau（1984）では，11人の会計を学んでいる学生，10人の（中程度の専門性を有する）監査法人のシニアスタッフと10人の監査法人のパートナーを対象に信頼性の検討を行い，相関係数の平均は，0.66から0.76そして0.83へと規則的な増加がみられた。同様な結果が，異なる経験レベルをもつ監査法人のパートナーにおいてみられたことが Messier（1983）によっても報告された。天気予報官たちについて最も高いレベルの信頼性が観察された。Stewart et al.（1997）は，被験者間判断の一貫性は，24時間の気温の予測においてみられており，ほぼ1.0であったことを報告している。また，24時間の降水確率の予測においてはやや低かった[★10]。

最も高い，被験者内，被験者間相関を示したのは，監査人と特に天気予報官であった。そのため，熟達者の判断が低い信頼性を示すことを予測する GNAHM とは矛盾した結果であったことは，明らかである。

7節　線形モデルを用いた伝統的な意思決定研究

1950年代に，判断のモデル作成のために線形回帰法を用いた研究が始まった（Hammond, 1955; Hoffman, 1960）[★11]。初期の多くの研究では，心理学者によるミネソタ多面人格目録（MMPI）を用いて診断を目的としたモデル作成を含んでいた。臨床家が主張したところによると，MMPI の11個の尺度の適切な使用のためには，特別な訓練と経験が必要であり，（重みづけた得点の合計といった）単純な線形モデルでは，診断過程の豊富な情報をとらえることはできない，ということであった。これらの主張は，一連の研究によって検討され，以下のような結果が示された。

1．経験豊富な臨床家の判断は，大学卒業後の学生とほとんど変わらない（Oskamp, 1967）。

2. 線形回帰分析を用いた統計的な診断成績は，臨床家の診断成績を上回った（Goldberg, 1969）。
3. 臨床家自身の判断結果を用いて作成された回帰モデルによる診断は，臨床家の診断成績を上回った（Goldberg, 1970）。
4. 臨床家の診断成績は，11個の尺度得点の等荷重加算モデルと同様であった（Dawes & Corrigan, 1974）。

この研究は，熟達者の能力への厳しい見方を示した同様の研究を喚起した。

　常識的に考えて，熟達者のもつより多くの知識が，彼らの判断モデルに反映されているはずである。しかし，研究が示すところは，熟達者の線形モデルは比較的少数の情報に基づいていた。多くの手がかりが提示されていたにもかかわらずである。Hoffman, Slovic, & Rorer（1968）は，放射線科医師が2～6個の手がかりを使用しているという判断のモデルを提案している（Einhorn, 1974も参照）。Ebbesen & Konecni（1975）は，弁護側にとって裁判での判断がたった1個から3個の手がかりによってモデル化できると報告した。Slovic（1969）では，株のブローカーの判断は，6～7個の手がかりでモデル化可能と報告した。これらの研究は，おのおののケースにおいて熟達者は付加的な情報が存在しているにもかかわらず，驚くほど少ない手がかりに基づいて判断を行っていることを示している。これらから，熟達者は重要な決定を行う際にすべての関連情報に十分な注意を向けてはいないことが示唆された。もしそうであるならば，熟達者の意思決定はしばしば，真剣味に欠けると思われるのも無理もないことである（Dawes, 1988）。

　伝統的な研究から得られるすべての証拠から明らかなように，熟達者と非熟達者の線形モデルは，少数の重要な予測の手がかりを用いていた点が類似していた。「人の判断の研究において頑健な発見は，組織的にすべての変数を用いているというわけではなく，比較的少数の手がかりを用いている点である」（Reilly & Doherty, 1989, p.123）。熟達者はより多くの情報を用いるといった予測は確認されないため，熟達者は限界のある意思決定者であるという GNAHM の結論が導かれる。

8節　情報の利用に関する仮説

　一般の人々に比べ，熟達者がより多くの情報に接触できることは，了解可能である。この仮定から，意思決定と判断の研究者は，熟達するほど，より多くの手がかりを用いた線形モデルの当てはまりがよくなることを予測した。さらに，熟達者のモデルは，普通の成人のモデルよりも多くの変数を含むはずであると予測したのである。

Shanteau (1992b) の提案した情報利用仮説 (Information-Use Hypothesis) は，この予測に基づいている。

　GNAHMに依拠したこの予測は正しいのだろうか。先行研究をざっと調べたところ，一部は支持されている。熟達者のモデルでは，しばしば比較的多くの変数が用いられてきた。たとえば，家畜の判断では8～11個の変数が有意であることが報告されてきた (Phelps & Shanteau, 1978)。しかし，他の研究では，農業の専門知識が比較的少ない変数で記述できることが報告された (Trumbo, Adams, Milner, & Schipper, 1962)。

　この表面上の矛盾に関する1つの説明は，関連情報と非関連情報の区別といった点である。これまでの研究では，熟達者の用いた変数の関連性について評価されていない。しかし，関連しない情報を無視することは，予測に用いる変数がより少数になったとしても，まさに熟達者が行うべきことである。そのため，情報利用仮説は，熟達者が最も関連したり診断に有効である情報によってのみ影響を受けることを示すように，修正を行う必要がある。

　この修正された情報利用仮説を支持する研究として，監査人を対象とした研究をあげることができる。Ettenson, Shanteau, & Krogstad (1987) は，提案された精算処理に関する判断に関し，11人の投資マネージャーと11人の会計学の学生を比較した。重回帰分析の結果，マネージャーでは2.8個（8個中）の有意な手がかりが示され，学生では2.6個の手がかりが示された。分析結果から，同じ数の手がかりが認められたが，手がかりに対する重みづけのパターンに大きな違いがみられた。熟達した投資家では，1つの手がかりにほとんどの重みづけがなされ，他の手がかりにはあまり重みづけられていなかった。学生では，さまざまな手がかりに分散されており，同程度の重みづけがなされていた。学生は，ある1つの手がかりが他の手がかりよりもはるかに重要であることに気がつかなかった。重要視された手がかりの数には，熟達者と初心者で差がみられなかったが，重要な手がかりを同定する能力に違いがみられたのである。

　Bamber, Tubbs, Gaeth, & Ramsey (1991) では，94人の実務経験のある監査人と97人の実務経験の乏しい監査人を比較した。両グループは2つの監査事例について，2つの付加的な情報を与えられたうえで，再吟味することが求められた。2つの情報の内，1つは本件と関係のある情報であり，もう1つは無関連な情報であった。両グループともに関連する情報が与えられた場合には，監査の適切な修正がなされた。しかし，実務経験の乏しい監査人は，無関連な情報によっても監査の訂正がなされていた，一方，実務経験の豊富な監査人の判断は，無関連な情報によって判断が変更されることはほとんどみられなかった。

　監査人や他の熟達者を対象とした研究結果から，一貫していえることは，初心者の判断はしばしば熟達者同様の数の（あるいはより多くの）手がかりによって形づくら

れることが示された。これらの知見は情報利用仮説，つまり，熟達者のほうが非熟達者よりも，より多くの情報を用いるといった仮説を支持するものではない。しかし，熟達者は，使用する情報の種類にこそ違いが見えるのだ。どの情報が診断に用いることができ，どの情報を用いることができないのかを区別する能力こそが熟達者と初心者の異なる点である。非熟達者は無関連情報と関連情報を分離させる能力が欠けている。熟達者と初心者の違いは，使用する情報の種類であり，数ではないのである (Jacavone & Dostal, 1992)。

これまでの意思決定研究は，情報の関連性が文脈に依存することを見逃してきた。ある文脈では，診断に関連があるが，異なる文脈では診断と無関係なことがある。経験値の高い意思決定者は，その状況において何が関連があるか（何が関連がないか）を決定することができる。これこそが熟達者と認められるゆえんであり，他の人々（研究者も含む）にとっては，何が行われているのかを理解することが難しい点である。このように，特定の文脈において必要な情報を評価する能力が，熟達者にとって重要な能力と考えられる。

9節　ヒューリスティクスとバイアスによる伝統的な意思決定研究

1970年代に入ると，TverskyとKahnemanにより新たな研究パラダイムが開発され，意思決定研究領域を席巻した。彼らは，人はヒューリスティクス・ルールを用いることによって，確率判断の認知的な煩雑さを低減させていると主張した。一般に，ヒューリスティクスは非常に利便性が高いが，ヒューリスティクスを用いることによって，深刻であり，かつ系統的なエラー（バイアス）を導くことがある (Tversky & Kahneman, 1974, p.1124)。代表性ヒューリスティックが一例であるが，さまざまなヒューリスティクスにおいて，規範的あるいは正答から導かれる行動と異なる行動傾向を人が示すことがさまざまな実験で示されてきた。たとえば，学生を被験者に用いた実験では，基礎比率（base rate；事前確率ともいう）や事前に提示された情報を無視するといった傾向が示されることを報告した。

ヒューリスティクスとバイアス研究に用いられてきた方法は，主に大学生を対象に文章で表現された統計的な内容の質問項目を提示するといった方法であった。たとえば，著名な「タクシー問題」では，事前確率と尤度比が言語表現によって与えられている (Kahneman & Tversky, 1972)。正答は，ベイズの定理から導かれる。事後確率の推定から，人は基礎比率無視を行っていることを示した。

同様の発見が，他の言語表現で提示された問題でも認められた。たとえば，「法律

家－エンジニア問題」について考えてみよう。「ディックは30歳。結婚はしているが子どもはいない。高い能力とモチベーションに富み，自分の専門分野での成功が見込まれている。彼は同僚からも好かれている」。問題文は，ディックの職業に関してあまり関係のないようにデザインされていた。ディックの職業はエンジニアか弁護士であるか，その確率を問われると，たいていの学生は0.5であると判断した。この判断傾向は，エンジニアの確率が全体で0.7である，あるいは0.3であることが示された場合にも変わらなかった。換言すれば，学生は基礎比率無視を行ったのである。

　Tversky & Kahneman (1974) では，ヒューリスティクスとバイアスは普遍的な認知幻想 (illusion) であることが議論され，「熟達者にとっても一般の人々が受ける認知幻想の影響を受けるといった証拠が多く提示されてきた」(Kahneman, 1991, p.1165)。同様に，Tverskyは以下のように述べている (Gardner, 1985, p.60よりの引用)。「普通の成人が陥りがちな単純なエラーが存在するときはいつでも，熟達者でも陥るようなやや複雑な形式の問題が存在する」。したがってKahnemanとTverskyは，ヒューリスティクスの使用による偏りのある行動は，学生にも熟達者にも認められたというGNAHMに基づく結論を導き出した[★12]。

　GNAHMによる，熟達者が学生と同様に基礎比率を無視するという主張は正しいのであろうか。この疑問に関しては，監査人を対象に多くの研究がなされている。法律家－エンジニア問題のバリエーションを用いて，Joyce & Biddle (1981) では，132人の監査人を対象に，経営者による不正の判断における基礎比率情報が十分に活用されていないことが報告された。しかし，彼らは熟達した監査人が学生よりも優れた回答を行ったことを報告している。Holt (1987) が結論づけたところによると，基礎比率の誤用ではなく，言語表現の問題によって，Joyce & Biddleの結論が導かれたとした。

　課題への親密度が，基礎比率を用いることに影響を与えるのだろうか。Kida(1984) は，73人の監査人と役員に対し，「たいていの監査人は基礎比率と［案件独自の］指標となるデータに注意を向けていた」と評価した (Smith & Kida, 1991, p.475)。そして以下の推測を行った。「監査人の行動は，経験の少ない学生の行動よりも，規範的な原則にかなり一致している。このように監査人が基礎比率により多くの注意を払う傾向は，主に，提示される課題の彼らにとっての親密度の高さによるものと推測される」(Smith & Kida, 1991, p.480)。

　熟達者のヒューリスティクスの使用について検討するために，Shanteau (1989) は監査人を対象とした20件の研究をレヴューした。これらの研究では，TverskyとKahnemanが提起したヒューリスティクスの内1つ以上を検討していた。全般的に，驚くほど規範的な結果が認められていた。以下の例について考えてみよう。Bamber

(1983)では，監査法人のマネージャーは情報の信頼性に敏感なだけでなく，すべての情報を吟味して課題を行っていたことが報告された。Kinney & Uecker（1982）では，2つの実験においてアンカリング（係留）と調整ヒューリスティックに反する結果が得られた。Biddle & Joyce（1982）では，利用可能性ヒューリスティックによる予測に一致する効果は認められなかった。Gibbins（1977）では，40%の監査人の反応は代表性ヒューリスティックと一致する傾向を示したが，ほぼ半数では規範的な回答であり，残りは回答に矛盾がみられていた。Waller & Felix（1987）とAbdolmohammadi & Wright（1987）においても，同様の結果が報告された。

　これらの結果にもかかわらず，多くの研究者は，やはり，ヒューリスティクスの存在を強調した。Biddle & Joyce（1982）は，アンカリングと調整ヒューリスティックを示せなかったときに，「それでも未だ同定できないヒューリスティクスが働いている」（p.189）と結論づけている。同様にAshton（1983, p.35）では，「ヒューリスティクスの領域ではさまざまな結果が生まれているが，これらの結果が示すことは，監査人はしばしば提示された情報の意味を理解することが困難な場合があることである」と述べている。よく用いられるヒューリスティクスを監査人が用いていない可能性については，明らかに検討をされてこなかったのである。

　上記に示したように，監査人（そして他の領域）においては，バイアスが認められたか否かが，研究の成否を決める傾向がある。愚かな意思決定行動を強調する「バイアス」が，心理学研究には存在する（Christensen-Szalanski & Beach, 1984）。Shanteau（1989, p.170）は，「ヒューリスティクスとバイアス研究は…監査人の研究に対して限定された関連しか見いだせていない」と結論づけている。

　Smith & Kida（1991）は，会計と監査を対象とした25件のヒューリスティクス・バイアス研究を検討し，KahnemanとTverskyが提案したおのおののヒューリスティクスについて考察を行った。たとえば，アンカリングと調整に関しては，親密度が低く，学生に提示されるような問題においては，監査人においても効果が認められたと結論づけている。「しかし，実験課題が典型的な監査の判断とより類似してきた場合，つまり，［熟達した］被験者にとってより親密度が高い問題になると，アンカリングの効果はほとんどみられなくなったり，有意に効果が低下する」（Smith & Kida, 1991, p.477）と結論づけている。

　監査人を対象とした代表性ヒューリスティックを検討した研究をみてみよう。Smith & Kidaは，以下のように報告している。「抽象的で親密度の低い課題を実施するよう［会計監査の］学生に依頼した実験では，ヒューリスティクスの先行研究を強く支持する結果が得られている。一方，経験値の高い監査人を対象に親密度が高く，仕事に関連した課題を用いた実験の結果では，経験の浅い学生のとる行動よりも規範

的な原則に近い回答を行ったことを報告している」(1991, p.480)。

Smith & Kida は,「他の研究でみられたようなバイアスは,熟達した監査人の判断においては認められたとはいえない」(1991, p.485) と結論づけた。Smith & Kida (1991) と Shanteau (1989) の2件のレヴューから,学生を対象としたヒューリスティクスとバイアス研究にみられた効果は,必ずしも監査の熟達者には適用できないことは明らかである。

同様の結論は,他の領域の研究からも導くことができる。たとえば,Schwartz & Griffin (1986, p.82) では,医学的な判断において,ヒューリスティクスの使用は限定的であると報告している。「意思決定ヒューリスティクスは心理学の実験室で生み出されたものであり,[医療] 診療所で生み出されたものではない」。他の研究者も同様の結論を導き出している (Anderson, 1986; Cohen, 1981; Edwards, 1983; Edwards & von Winterfeldt, 1986; Gigerenzer & Hoffrage, 1995; Jungermann, 1983; Shanteau, 1978; Wallsten, 1983; Wright, 1984)。Smith & Kida(1991, p.486) は以下のように結論づけている。

> 特定のヒューリスティクスの使用やバイアスは,研究対象となる意思決定者,実施される課題,そして両者の関係に依存する…したがって,学生が一般的な課題を用いて行った,限定された条件でのヒューリスティクス研究の知見を,熟達者の意思決定の文脈にまで一般化することはできない。

しかし,必ずしもすべての熟達者がヒューリスティクスに免疫があるわけではない。自分の専門分野に対しては確固とした知識を有していても,ある領域の熟達者は,意思決定に向けて適切に知識を生かすことができないようである。初心者である学生のように,多くの熟達者においても確率判断課題は困難であることが示されている。Slovic & Monahan (1995) は,医療専門家(熟達者)と初心者の被験者の両者において,患者の危険性を確率的に評価する際に,尺度の形式によっては不適切な影響を受けることを報告した。

熟達者がよりよいパフォーマンスを示す条件を決定するためには,明らかに,さらなる検討が必要である。1つの可能性としてあげられるのは (Slovic との私信による,1997),熟達者が繰り返し行われる課題においてよい成績を収めているのは,―たとえば,天気予報や会計監査にみられたように―高度に質の高いフィードバックを受けているからである。一方,臨床心理学や法判断にみられるように,フィードバックの質が低い場合には,熟達者の確率の予測の成績は低下する。このような違いを説明するために,課題の性質について評価する方法を開発することが必要なのは明らかである。

10節　Wilhelm Wundt と Ward Edwards

　熟達化と判断と意思決定研究の今後の方向性について考察をすすめよう。この問いに対して，まずは1世紀前のWundtの研究を検討し，その後 Ward Edwards のアイデアへと検討をすすめていくこととする。

　Wundt が訓練された被験者を用いることを強調したことを記憶にとどめておくことは価値がある。Wundt は初心者の被験者の行動についてはまったく興味がなかった。今日では，このようなやり方は極端な立場に位置づけられるが，一方，利点も存在する。ある課題について最大限の洞察を得るためには，その課題に最も精通している人とともに作業をする必要がある。このことが意味するところは，意思決定研究に用いられる多くの課題にとって最も経験のある個人，つまり熟達者とともに研究を遂行することを意味している。

　Wundt の用いた方法は，洗練された実験装置を含む統制された条件下で実施された内的知覚の客観的測定を含んでいた。今日でも，我々のゴールは Wundt 同様に，客観的測定を使用して意識過程について推論することである。Wundt が強調したように，統覚や選択的注意を検討することは，どのようにして熟達者が優れたパフォーマンスを示すことができるのかを説明するために適切であるように思われる。近年では，多くの研究者は，その領域の熟達者が関連情報に注意を向けられるという能力に優れていると結論づけるようになった（Benner, Tanner, & Chesla, 1996 ; Ettenson, Shanteau, & Krogstad, 1987 ; Jacavone & Dostal, 1992 ; Mosier, 1997 ; Phelps & Shanteau, 1978 ; Schwartz & Griffin, 1986 ; Shanteau, 1992b）。将来の研究における目標の1つは，熟達者が必要な情報と他の情報を区別するプロセスについて理解し，そのプロセスを向上させる方法を発見することである。

　判断と意思決定研究に関して，先に示した重要性について，Edwards は最初に述べた人物である。1983年，彼は意思決定研究が GNAHM の思想に大きく依拠している現状に危機感を覚えた。Edwards によると，「他の領域同様に，すべての人の心が"一般的な普通の成人"の心を代表しているかのように」研究者は研究を遂行していると危惧している。このように，

> 動機づけが低い被験者を用いた研究や，熟達者以外を被験者に用いた研究は，心理学研究の伝統となってきた。…私はこの流れの研究に反対であり，これまで私も従事してきたが，1960年代初期に開始した私自身の役割にも後悔している。…停止を求める時が来た。
> (1983, p.508)

Edwardsは，2つのメッセージを提示している。「1つは，心理学者がEgon Brunswik（1955）の主張に注意を払えていない点である。Egon Brunswik（1955）の主張は，研究室での研究の知見を一般化するときには，課題がどの程度…一般化される対象の文脈に類似していて代表しているかについて…考慮すべきであるということであった」(1983, p.509)。このことは，Wundtの心理的関連性の法則―すべての心的事象の重要性は，文脈に依存している―と類似している。要約すると，意思決定は文脈に依存して検討されなければならないということである。

Edwardsの2つ目のメッセージは，

> 熟達者は実際には確率を用いて診断や問題解決をかなりうまく行っている。2つのグループの研究がこのことを示している。1つ目は天気予報官に関する研究グループである。…2つ目のグループは，物理学者であり，彼らにとってなじみのある確率的推論課題であれば，かなりよい成績を残しているといえよう。　　　　　　　　(1983, p.511)

Edwardsは，3つの結論を導き出した。

> 1つ目は実践的な問題についてであり，確率的な課題に対する人の極端な未熟さに対して，人の処理容量の限界を用いて説明することを拒否することである。…道具の利用や熟達化することによって，そのような課題をよりうまくこなせるようになることが明らかであるためである。2つ目の結論は，「一般化された普通の成人の心」は，人の知的な能力に向かう研究にとって，単に間違った目標であることである。我々は，道具によって助けられ，熟達者によっても助けられるといったように，人の心は変わり得ることを理解しなければならない。　　　　　　　　　　　　(1983, p.511)

そして彼の最後の結論は次のようなものである。

> 我々は，知的課題について分類をしていかざるをえない。無数のタイプの熟達者と無数のタイプの課題のなかで，どのように理路整然とした分類を作成するのかといったことが，大きな問題である…どのような人々が，そしてどのような課題が，我々の注目に値するのか検討していかなければならない。　　　　　　　　　　　　(1983, p.512)

これらの議論は，これからも判断と意思決定研究において取り組むべき問題を提起している。

【謝辞】
　本章で述べられた研究は，1992年にWard Edwards（1927-2005）の提案に基づき構想されたもの

第Ⅰ部 歴史的基盤

である。彼が亡くなる前に，これらのアイデアが育成されるよう細部にわたる貴重な示唆を与えてくれた。したがって，実際の意味においても，本稿は，意思決定研究全般，特に熟達者に関する理解を推し進めた Ward Edwards の功績によるものである。

しかしながら，第1著者と Edwards との交流は，本書の企画からかなり遡ることとなる。我々の最初の出会いは，第1著者がミシガン大学のポスドクのときであった。アナーバー（Ann Arbor）に到着して間もなく，Edwards は発表の機会を設けてくれ，第1著者は確率更新に関する研究を発表した。研究結果は，典型的なベイズの定理から予測される結果に反して，現在の確率と事前確率の平均を求めていることを示していた。Edwards は，この研究結果の意味を最初に把握した人物であり，平均化と一致するベイズの新たなバージョンをその時示してくれた。

この例は，Edwards の 3 つの優れた資質の証左となる。第1に，彼は常に判断と意思決定の若き研究者を熱心に励ましてくれる存在であった。第2に，彼は新たなアイデアや研究の方向性に理解を示し，奨励した。そして，第3に，彼はより深い考察を導く思慮深い再解釈を提示してくれる存在であった。

【執筆者ノート】
本研究の一部は，科学研究費（Grant 96-12126 from the National Science Foundation）によって助成された。また第1著者は，the Institute for Social and Behavioral Research at Kansas State University の援助を受け，第2著者は the Social Science Research Institute at University of Southern California の援助を受けた。Paul Slovic と Lola Lopes からいただいた我々の原稿に対するコメントへ特別な謝意を表する。そして，Gerd Gigerenzer と Franz Samelson からいただいた Wilhelm Wundt に対する多くの心理学者の抱く誤解に関する洞察についても感謝の意を示す。

第1著者は特に Kansas State 大学の Franz Samelson 名誉教授に特別に感謝をしている。彼は本章のもととなる多くの資料を提供してくれ，James McKeen Cattell の初期の仕事に対するキーとなる洞察を示してくれた。

【原注】
★1 Cattell は，心理学の歴史において興味深い役割を担っている。Wundt のもとで研究を終えた後，彼はイギリスにわたり，個人の能力に関する研究の創始者にあたる Francis Galton（Charles Darwin の半いとこ）のもとを訪れている。Cattell はもともと Wundt の行っていた GNAHM の行動の研究を継承しようと考えていたところを，Galton が個人差研究をするように説得を試みたように思われることが多い。しかし，実際のところは，最初の節で示したように，ドイツで Wundt の学生であった当時から Cattell（1885）はすでに個人差に興味をもっていた（Sokal, 1981）。そして，注目すべきことに，Wundt の他の弟子たちも，さまざまな分野で華々しい経歴を積んでいったのである。精神病理学や古典的条件づけ，知覚，幼児心理学，生理学，応用心理学，言語心理学，比較心理学，統計学，教育学，社会心理学といった領域である。これらの領域は，Wundt の強調した知覚やセンセーションとは異なっている。Murphy（1929, p.173）が指摘するように，「Wundt の弟子たちは，独創的で，どちらかというと独立した，自分で想像したテーマに基づき研究を遂行していった」のである。このようにして，自分自身の目的に向かって研究していくという Wundt の弟子たちの伝統に則り，Cattell も生涯にわたり個人差について追究していったのである。

★2 19世紀半ばまでに，生理学的な（phsysiologischen（physiological））という形容詞は，「実験的」という意味に用いられていた。そのため，生理学的教育法（physiological pedagogy），生理学的美学（physiological aesthetics），生理学的心理学（physiological psychology）の意味については議論がある。Wundt は，Müller や Helmholtz といった生理学者の研究方法に刺激を受けた。しかし，「Wundt は，心理学は生理プロセスについて言及する必要のない独立した科学であり…したがって，彼の心理学は現代の生理学的心理学とは異なる科学である」（Watson, 1979, p.131）。

★3 Gigerenzer が指摘しているように（私信による，1994），Wundt の研究で用いられた「被験者」は，博士号取得者または大学教授たちであった。「長きにわたる Wundt 派の伝統によれば，被験者は熟達者でなければならない」。そのため，実際に熟達者を被験者に用いた最初の研究者は Wundt となる。しかし，特定の領域の知識をもつ熟達者を被験者に用いた最初の実

験を行ったのはCattellである。一方，Wundtは，知覚のような基本的な心理的プロセスの洞察を得るために被験者が経験を積むことを要請したのである。

★4　Wundtの長いアカデミック・キャリアは，3つの時期に分けることができる。1860年代から1870年代では，知覚の他に，注意，学習，記憶，反応時間，心的連想について研究を行った。これらの研究に基づき，心理学史上最も重要な本と位置づけられる，*Grundzüge der Physiologischen Psychologie*（*Principles of Physiological Psychology*）が2巻本として1873年と1874年に出版された（Schultz, 1969, p.45）。1880年代はWundtの中期にあたり，哲学的な心理学に重きをおいた時期であり，*Logic*，*Ethic*，そして*System of Philosophy*という著作を行った。1890年台は，Wundtの最後のプロジェクトとなる，社会心理学を創始した時期である。彼は10巻からなる*Völkerpsychologie*（*Ethnic Psychology*）を著作した。本書は，言語，芸術，神話，社会習慣，法律，道徳，そして文化の研究をカバーしている。そのため，Wundtの実像は，アメリカの心理学の学生が教えられた典型的な，狭い領域の研究者ではなく，はるかに広範囲にわたる研究を行っていたのである。

★5　Titchenerを，Wundtに関する多くの神話の発信源と認めることができる。Tichenerは，十分に配慮した内観法を推奨した。「Tichenerの学生が彼らの意識体験を正確に記述できように，彼は"厳格な内観法を用いた労働"と呼ばれるような厳しいトレーニングを学生に課した。ある内観は正しいと定義され，ある内観は誤りであると定義された。最終的な判断を行う権威としてTichenerは君臨した」（Hothersall, 1984, p.105）。Tichenerは，多くの普通のトレーニングされていない（あるいは一般常識として）観察者は，「役立たず」であるとし，彼らは「いつも不正確」であり，たいていの場合，彼が呼ぶところの刺激のエラー——対象の観察によって心的プロセスが混乱をきたすこと——を含んでいると考えていた。

　　Titchenerは，自身の用いた研究法はWundtに由来するとしていたが，「Titchenerの用いた内観法は，Wundtの用いていたものとまったく異なっていた。…Titchenerは，内観の行為中に，被験者の心的活動に関する詳細にわたる質的で主観的な報告を求めていた」（Schultz & Schultz, 1987, p.90）。一方，Wundtが信頼していたのは，実験室の機材であり，反応時間のように，客観的で量的な測定に彼の注意は向けられていた。Wundtは彼の手法を自己観察（selbst-beobachtungあるいは"self-observation"）と呼んでいた。この用語は，「内観法」と翻訳されることが多いが，ふさわしくない用語が選択されたといわざるを得ない。なぜならば，その含意は，実体をともなわない推論のタイプをさす用語であり，Wundtが実際に意味していたこととかけ離れている（Hothersall, 1984, p.88）。彼は，内観を「意味のない議論や下劣な自己欺瞞を導く瞑想的な媒介物である」（Wundt, 1904, p.7）として退けている。

★6　心理学の歴史家であるSamelson（1974）が指摘するように，社会科学者たちが「神話の起源」を創造して今日の地位を正当化することは，目に見えない歴史の流れを生み，作られた神話が潮流を形作っていく。明らかに，心理学は，これらの神話の発展と信仰に抵抗力をもたなかった。

★7　Gigerenzer（1993）が指摘するように，心理学者は統計学者の議論を誤って解釈してきた（たとえば，帰無仮説と有意性検討の今日の展開）。

★8　Cronbach（1960）が指摘したように，「科学的心理学の2つの規律」に行動研究の潮流は分かれた。1つ目は，実験の統制に焦点を当てた実験室実験の潮流であり，「Wundtの伝統に」基づいた一般法則の探究を目指した。2つ目は個人差に着目した研究であり，「Galtonの伝統」に依拠して，対象となるグループ内での行動のバリエーションの検討を行った。両陣営の研究者にとって，おのおのの歴史的な正当性となるような断裂をみることができる。以下にKelly（1967, pp.87-88）から，断裂に関する議論を抜粋する。

　　初期の実験心理学的研究は，主に変数間の厳密な関連を記述することによって，一般法則の発見に向けた研究を行った。…一般法則に関する初期の研究では，すべての人にとって真である変数間の関連の探索が行われていた。被験者間の個人差が実験結果に示された場合には，本質的な興味のある現象として扱われず，エラーとして扱われていた。今日でも，広く用いられている統計的手法——分散分析——は，真の差異が被験者グループ間にみられるかを平均値の差を用いて検討しており，おのおののグループ構成員間の個人差については見逃している。

一方で，イギリスの Galton とアメリカの James McKeen Cattell に先導された他の心理学者グループは，個人差の種類とその範囲や，個人差の起源，個人差間の関連といった検討を成し遂げていった。不幸にも，2つの心理学者のグループは，互いにほとんどコミュニケーションをとらず，おのおのが自分たちの理論を発展させていった。

しかし，両アプローチは，GNAHM の議論において，基本的には受け入れられた。実験的な研究は，平均的な反応に焦点を当て，外れ値は平均から削除されていた。一方，個人の変動に敏感な個人差研究では，得点の分散に焦点を当て，正規分布が行動のモデルにおいて強調された。おのおのの方法で，実験的研究そして個人差研究は被験者の性質について検討を行っている。この区分のなかで，熟達者研究の明確な居場所は存在しない。

★9　正答がほとんど存在しない領域であるため，妥当性（正確性）に関する疑問はほとんど示されず，考慮されることはなかった。実際のところ，熟達者が標準的な基準や他の絶対的な参照点を用いて課題を解くことは，ほとんどない。現実的には，我々は正答をもたないために，熟達者を信頼することがしばしばある（Gigerenzer & Goldstein, 1996；Shanteau, 1992a）。

★10　理論的には，個人間の判断の相関が，個人内の判断の相関を上回ることはない。しかしながら，結果の丸めの誤差によって，個人間の相関が個人内の判断の相関をやや上回ることがある。

★11　熟達者の判断の最初の回帰分析によって示された結果は，Hughes (1917) の収集したトウモロコシの格付け判断のデータを Wallace (1923) が再分析したものである。先駆的なパス解析を用い，Wallace は熟達者が主に穂の長さによって判断しており，しかし，粒重が産出量の予測に最も適していたことを示した。歴史的には先駆的な研究であったものの，熟達者に対する線形モデルを用いた研究の応用は，その後なされなかった。

★12　熟達化にとっては，基礎比率あるいは以前の情報が非常に重視されていることは注目されるべきであろう。熟達者が，基礎比率を無視することは重大な過失である。目の前のケースに固有な情報のみに集中することは，過去に得た知識や経験を使用せずに意思決定を行うことに等しい。この矛盾は，熟達者の最も基本的な性質の1つである。先行経験の利用は，熟達化の要素と定義される。実際，「専門家（expert）」と「経験（experience）」は，同じラテン語をルーツにもつ。つまり，熟達者が基礎比率を無視する場合には，彼らの能力に疑問を呈するだけの十分な理由となるのである。

第 II 部

認知的一貫性と非一貫性

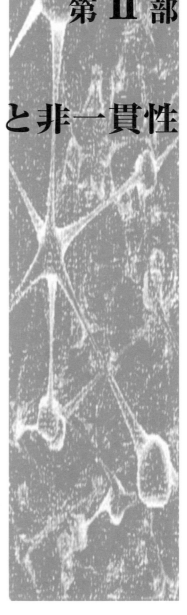

第 2 章

認知的一貫性
認知的・動機づけ的観点

Anne-Sophie Chaxel
J. Edward Russo

　認知的一貫性に関する諸理論は半世紀以上前に登場した。今なお，それらの変種や，それらに関係する論争が数多く生み出されている。過去の研究は，どのような環境において認知的非一貫性が発生し，どのようにして人々がそれを解消するかに焦点を当てたものであった。本章ではまず認知的不協和理論の先駆的パラダイムと，そこから生まれた主要な諸理論について概観する。次に，これらの知見を1つの枠組みに統合することを試みる。本章はこの枠組みに基礎をおきつつも，この枠組みを拡大するために，社会心理学および認知心理学における新しい理論的・方法論的知見を活用する。本章の主張は，認知的一貫性とは人々にとっての目標や望ましい結果であり得るし，同時に，その目標を達成するための認知的手続きでもあり得るというものである。一貫性が達成されるためには，情報単位を矛盾のない解釈へと再構築しなければならないのであるが，そのためには，認知的手続きが同時並行的に働かねばならない。このような認知的一貫性の二重性を理解するために，認知的一貫性を目標としてプライムする実験方法と，認知的手続きとしてプライムする実験方法を提示した。これらのプライミングが効果的であることは，語彙判断課題においても，自己報告においても確認された。実験では，目標としてのプライミングと認知的手続きとしてのプライミングが分離されていることを確認するために，プライミング操作の後に遅延が挿入された。その結果，一貫性が目標としてプライムされた場合，遅延によって指標とする反応の増大がみられたが，一貫性が認知的手続きとしてプライムされた場合は，その反応の減少がみられた。また，実験では，意思決定前の情報歪曲と選択的知覚の発生が確認され，これらによって2つの手法の有効性が示された。

第2章 認知的一貫性

　人々は根本的に，自分の周囲の環境を首尾一貫したものとして理解したがっている。こう言ったとき反論する人は少ないだろう。もし環境に対する理解が首尾一貫していない場合，その人はいくらか不快を感じるかもしれない。あるいは場合によっては，それは憂慮すべき深刻なものであると感じられるかもしれない。大昔の人々が生存していくためには，周囲の環境を一貫性のあるものとして理解することは決定的に重要なことであったに違いない。意思決定や判断のような，我々が今日直面する知的課題においても，新しい情報と既知の情報の間に一貫性を見つけることは，それらの情報をうまく統合するために必要不可欠であるように思われる（Nickerson, 2008; Thagard, 2006）。

　一貫性理論は，人の認知的システムの内部に，複数のシステムあるいは信念のネットワークが存在すると仮定しており，それらが相互に作用し合うと考える。複数の信念は相互に補完的であるときもあるし（たとえば，「私は銃の規制に賛成だ」という信念と，「合衆国憲法修正第2条[*1]はより消極的に解釈されるべきだ」という信念），互いに葛藤する場合もある（たとえば，「私は銃の規制に賛成だ」という信念と，「銃は自衛に必要だ」という信念）。葛藤がある場合には，認知的な不安定性が生起する。この不安定性は不快感をもたらすと考えられており，その不快感が，信念の片方あるいは両方を修正するよう人を駆り立てる。これにより，システム内部の失われた認知的バランスがいくらか回復する。

　認知的一貫性理論は1950年代に現れ，少なくともその名前のままで，20年間にわたって注目を浴びた。しかしながらその後，一貫性に関連した論文の発表件数は急激に減少した。1983年には，Abelson は「認知的一貫性はいったいどうなったのか（Whatever Became of Cognitive Consistency?）」という標題の論文を書いたほどだ。しかしながら，この落ち込みは研究の焦点の変化によって生じた現象であり，見かけだけのものであった。「認知的一貫性」という現象が他の観点から解釈され，「不協和」「均衡」「統一性」などの新たなラベルを与えられたために，「認知的一貫性」という用語はほとんど消滅したのである。

　この章の最初の目的は，それら個々のラベルに焦点を当てることではなく，認知的一貫性理論についての統合的な概観を提示することである。我々の概念化作業は，信念間の非一貫性の原因，その結果，およびそれらに関わる調整変数を明らかにするだけではなく，非一貫性の知覚に関わる過程をも明らかにする。我々の第2の目的は，さまざまな一貫性理論がもつ多様性と豊かさにもかかわらず，これらの理論が満足のいく検証方法をもっていなかったという認識から発するものである。この目的の下に，我々は2つのプライミング手法を提起する。これらは認知的一貫性の役割を検証することを可能にしてくれる。我々はこれらの手法を実験的に検証するとともに，これら

の手法を,期待による知覚歪曲現象に適用することによって,有効性を示す。

1節　認知的一貫性に関する諸理論

　認知的一貫性に関するすべての理論にとって,共通の祖先はゲシュタルト理論である(Wertheimer, 1922, 1923)。ゲシュタルト理論は,全体性についての機能原則に基礎をおいた知覚単位の形成に関する理論であるともいえるし,個々の要素が統一された全体を形成することに関する理論であるともいえるだろう。もし個々の要素が統一された全体を形成しないのであれば,たとえそれが単一の,まれな,あるいは不測の要素に起因するものであったとしても,その要素に対する注意が自動的に発生し,能動的な認識過程が開始される。これに類似して,認知的一貫性理論は,複数の信念がダイナミックに相互作用する1つのシステムを仮定する。そして,このシステムにおける複数の信念は首尾一貫していなければならない。不協和をもたらすような信念は不快感を引き起こし,人はその不快感を減少させようとする。

　認知的一貫性に関わる研究には,4つの主要な研究の潮流がある。だが,信念システムが本来的に一貫性を求めているという先駆的アイデアは,それら4つの潮流において常に共有されていた。それら4つを年代順に並べると,認知的一貫性,自己理論(self-theory),意味維持(meaning maintenance),個人差(individual differences)となる。これら4つの理論的パースペクティブは,どのようなときに非一貫性が発生し,それを人々がどのように扱うかを理解することに焦点を当てている。それぞれの潮流の主要な特徴を概観したあと,我々は認知的一貫性にかかわる過程に焦点を当てた,新たな統合的枠組みを提示する。

◆ 1．認知的一貫性の潮流

　この潮流における主要な研究は,バランス理論(Heider, 1946, 1958),適合性理論(Osgood & Tannenbaum, 1955),対称性理論(Newcomb, 1953)および認知的不協和理論(Festinger, 1957, 1964)である。バランス理論,適合性理論,および対称性理論は,すべて人々の間における好き嫌いの構造に着目した理論である。これらの理論は,人々が対人関係に関する葛藤や相反する感情を避ける傾向をもっていることを示したものである。どの理論においても,一貫性は個人が探し求める好ましい帰結であるとみなされる。

　Heiderのバランス理論(Heider, 1946, 1958)は,人物であるpとo,および彼らが関心をもつ社会的実体としての対象xから構成されるシステムを想定し,この内

部の潜在的な関係性について記述する。このシステムにおけるp, o, xの間の感情的関係が均衡している場合に、それら3要素は一貫しているとみなされる（①pはoが好きで、oはxが好きで、pはxが好き。②pはoが嫌いで、pはxが嫌いで、oはxが好き。③pはoが嫌いで、pはxが好きで、oはxが嫌い。④pはoが好きで、pはxが嫌いで、oはxが嫌い）。逆に、これらの均衡した関係性のなかのどれかが反転することにより均衡が失われた状態が、非一貫性の状態である。非一貫性の状態になると緊張が発生し、pは感情的均衡を回復する必要に駆られ、oもしくはxへの態度を変えねばならなくなる。

この先駆的アイデアはOsgood & Tannenbaum（1955）の適合性理論とNewcomb（1953）の対称性理論によってさらに豊かなものになった。Osgood & Tannenbaumの関心領域は説得とコミュニケーションであった。彼らの理論のなかで、Heiderの3要素（p, o, x）に対応するのは、聴衆、メッセージの源泉、そして概念（concept）の3つである。そのメカニズムはHeiderの理論と同様で、ある聴衆が存在していて、その聴衆がメッセージの源泉と概念に対して一貫しない好みをもっている場合（たとえば、メッセージの源泉である伝え手を好んでいるにもかかわらず、そのメッセージ自体を嫌っている場合）、彼は均衡を回復するように駆り立てられる。この適合性理論は、以下の2つの点でバランス理論を改良したものになっている。第1に、Heiderの理論では3要素間の関係は好きか嫌いかに限定されていたが、適合性理論ではxとoに対するpの態度がSD法尺度によって測定される。第2に、バランスを回復させる際には、Heiderの理論とは異なり、oに対する態度とxに対する態度の両方が変容する。

さらにNewcomb（1953）は、oとxに対してpが態度を変容させる際に、その変容の大きさがoに対するpの態度に依存すると考えた。つまりNewcombの考えでは、人物pと人物oは、xに対する彼らの態度が互いに類似したものになるように、互いにコミュニケーションし合うのである。それゆえ、人物oと人物pの間の人間的結合が強いものであればあるほど、社会システム内部において一貫性を回復させようとする力がより強くなると予測される。

最後に、この潮流における最も有名な理論は、認知的不協和に関するFestinger（1957）の理論である。Festingerのアイデアによれば、人が互いに矛盾する2つの認知を抱いたとき、不協和という不快な状態が発生する。このアイデアは以下の4つのパラダイムを用いて説明される。第1は自由選択パラダイム（free-choice paradigm）である（たとえば、Brehm, 1956）。このパラダイムでは、ある意思決定において、選ばれなかった選択肢がもつ肯定的な側面と、選ばれた選択肢がもつ否定的な側面が、その意思決定に関わる不協和を形成する。意思決定を行うと、人は自分

が選んだ選択肢に対してコミットメントをもつことになるが，このことが，不協和要素を減らして，不快を低減させるように人を駆り立てるのである。第2は信念反証パラダイム（belief-disconfirmation paradigm）である。このパラダイムは，ある集団が何らかの信念をもっていたが，その信念が外的な出来事によって反証された場合に，（特に転向者において）発生する態度変容を扱う（たとえば，Festinger, Riecken, & Schachter, 1956）。第3は労力正当化パラダイム（effort-justification paradigm）である（たとえば，Aronson & Mills, 1959）。このパラダイムでは，課題に投入された労力と，その結果との間に不協和が発生する。その場合，投入した労力を，その結果と釣り合わせるために，人は結果に対する態度を変容させる。たとえば，あるグループに入会するために厳しい参入儀礼を通過しなければならなかったが，いざ入会してみると，そのグループでの活動が退屈なものであることが判明したとする。その場合，人は投入した労力とその結果を釣り合わせるために，そのグループへの態度を本来よりも好ましいものとみなすようになる。第4は誘導された服従パラダイム（induced-compliance paradigm）である（たとえば，Festinger & Carlsmith, 1959）。このパラダイムでは，実験参加者は自分の態度を偽ってふるまうように依頼されるのであるが（たとえば，自分の態度とは逆の小論文を書く），これによって，そのふるまいに一致する方向に彼らの態度が変容してしまうのである。

　Heider, Newcomb, Osgood, およびTannenbaum の理論は，感情的・社会的表象のみに焦点を絞ったものであったが，Festinger はそれを広げ，認知的表象をも理論のなかに収めた。Festinger においては，不協和は人物と対象と信念の間の感情的一貫性として理解されるばかりではなく，個人内にある複数の信念間の葛藤からも生じるのである。この認知的不協和こそが支配的な理論となり，すべての派生理論の母体となったのである。

◆ 2．自己理論の潮流

　1970年代初期に認知的一貫性理論に関する論文が発表されなくなったことについてはすでに述べたが，その理由は，認知的一貫性が自己概念（self-concept）の観点から解釈されるようになっていたからである。この自己理論の潮流には5つの理論があり，それらはすべてFestinger の理論を修正することによって誕生したものである。それら5つの理論はすべて，以下の2つの問いに焦点を当てている。第1の問いは，認知的不協和とは，動機づけ状態，すなわち「目標達成に向かう力」なのか，あるいはそうではないのかという問いである（Liberman & Dar, 2009, p.278）。第2の問いは，不協和を経験する際に，自己信念（self-beliefs）がどのような役割を果たすかと

いう問いである。

　5つの理論のうち，次の2つは，不協和における動機づけ的な要素とは無関係のものである。まず，自己知覚理論（Bem, 1967）によると，人は自分の行動から自分の態度を推測すると考えられており，また，その推測された態度は柔軟であるとされる。言い換えると，人が自分の従来の態度と異なる行動をとってしまった場合，その人の態度は変容してしまうのだが，それはその人が不協和による不快に駆り立てられて一貫性を求めたからではなく，その人が自分の行動に基づいて自分の態度を調整したからであるということになる。次に，印象管理理論（Tedeschi, Schlenker, & Bonoma, 1971）によると，認知的不協和に関する実験の参加者たちは，不協和を経験することもなければ実際に態度を変容させることもないと考えられている。むしろ彼らは，首尾一貫した人物だと思われたいだけなのである。これらの2つの説明はいずれもFestingerの実験結果を根底から再解釈するものであり，また，認知的不協和を動機づけ状態とみなすことを拒否している。しかしながら，覚醒が非一貫性の発生と行動的帰結の間の関係性を媒介することについての説明に問題があるため，彼らの理論はあまり受け入れられていない（Croyle & Cooper, 1983; Elliot & Devine, 1994; Zanna & Cooper, 1974）。

　自己理論の潮流における5つの理論のうちの残りの3つは，Festinger（1957）による認知的不協和理論の再解釈のなかでは，それほど急進的なものではない。Aronson（1968）による自己一貫性（self-consistency）という説によれば，人は自分自身に関する概念に一致するように考えたり，ふるまったりする。人々の最も重要な目標は，自己に関する強固な信念と，新たな情報との間に，認知的・感情的な一貫性をもたらすことである。この考えに基づいて，さらにAronson（1968）が強調するところによると，人は自らが安定しており，有能で，しかも道徳的であるとする自己概念をもっているが，何らかの非一貫性がこの自己概念に疑問を突きつけるときに，認知的不協和はより発生しやすくなるという。このAronsonの理論に続いたのが，Cooper & Fazio（1984）のニュールック理論と，Steele（1988）の自己確証（self-affirmation）理論である。ニュールック理論によれば，ある行動が，社会的規範の侵犯を表象し，嫌悪すべき結果をもたらすようなものであるとき，不協和が発生するという。認知的不協和に関する研究において古典的な命じられた服従パラダイム（instructed compliance paradigm）では，実験参加者はサクラに対して嘘をつかねばならない（実際には退屈な課題であったにもかかわらず，その課題は面白かったと伝えねばならない）。この状況において，認知的不協和理論の基本的立場から見れば，参加者は自分の行動（「課題は面白かった」と言う）と信念（実際には課題が退屈だったことをよく知っている）の間に不協和を経験することになる。これに対してニュールック理論

では，実験参加者は，サクラを騙したことに対して個人的な責任を感じたために，不協和が発生したのだと考えるのである。最後に，自己確証理論によると，不一致な行動は自己価値（self-worth）の感覚を脅かす。そのため，不協和を経験したときには，自己の存在価値に注意を向けたり，自分に有利な社会比較を行うなどのやり方を通じて，自己の肯定的な側面に注目し，これによって自分の完全さ（integrity）の感覚を回復させるように動機づけられる。上記の退屈な課題を用いた実験では，嘘をつくことは参加者の完全さの感覚を脅かすので，彼らは自尊心を回復させるための何らかの補償的な行為に及びやすくなる。

さらに研究者らは，自己に関する信念が，どのようにして自己の思考と行動に関する自己期待（self-expectation）を発生させるかに注目するようになった。というのも，その期待が実際の自己の状態との間に葛藤を引き起こす可能性があるからである（Thibodeau & Aronson, 1992）。Stone & Cooper（2001）は，不協和の経験において期待が中心的役割を果たすことについて強調した。彼らは，自己一貫性理論と，ニュールック理論と，自己確証理論を統合するための，自己期待に関する枠組みを提示しようとした。彼らの主張によれば，人が誰かの前で行動し，その行動を自己基準に照らして評価するときに，不協和が発生する。これらの基準は個人的である場合もあるし（自己一貫性理論と自己確証理論における自己信念），社会規範的である場合もある（ニュールック理論）。

◆ 3．意味管理の潮流

期待が裏切られることによって，そこで知覚された何らかのミスマッチを修正する力（motivational force）が生まれるという説が，Heine, Proulx, & Vohs（2006）によって再解釈された。この潮流は，「なぜ我々は複数の対象を関連づけたり，対象を自己に関連づけたりするのか」という問いと，「なぜ我々は内的に一貫した心的表象を保ち続けるのか」という問いを強調している。

Heine et al.（2006）は，意味の管理に着目した新たな一貫性モデルを提起した。このモデルでは，人は有意味かつ予測可能な世界を好み，期待すると考えられている。また，このモデルにおいて人がもつ心的表象は，思考要素同士が期待どおりの関係性によって結ばれることから構成されており，そのような心的表象は世界に意味をもたらすことができるとされている。また，意味が脅かされたとき，人はそれを修復しようとする。したがって，期待と経験の間に非一貫性が発生するなどのやり方で，あるべき関係性に疑問が突きつけられると，意味が脅かされることとなり，人は意味を回復させるために，「流動的補償（fluid compensation）」と呼ばれる意味の再確証プロ

セスを開始する（McGregor, Zanna, Holmes, & Spencer, 2001 ; Steele, 1988）。このモデルは認知的一貫性理論および自己理論と同様の基礎に基づくが，駆動力としての意味管理というアイデアを用いる点において異なるものである。

◆ 4．個人差の潮流

　認知的一貫性に関する4つの潮流のうちの最後の1つは，個人差に着目したものである。人は，互いに一致しない信念・感情・行動をなんとかして仲裁しようとするが，仲裁を求める傾向の強さには個人差があるのだろうか。また，その個人差は測定可能なのだろうか。

　認知的非一貫性を嫌う傾向の個人差を測定しようとする初期の試みとして，Cialdini, Trost, & Newsom（1995）による一貫性要求（need for consistency : NfC）尺度がある。この尺度は主に社会現象に対して適用される。たとえば，ある人が強い一貫性要求をもっている場合，その人は過去の行動と現在の選択の間に一貫性を保とうとする傾向が強いので，その結果として，現在よりも過去に注目しがちになる（Cialdini et al., 1995）。他にも，一貫性要求が強い場合，法を犯した人に対して罰を課したがる傾向をより強く示すとの報告もある（たとえば，Nail, Bedell, & Little, 2003）。すなわち，何らかの判断を行う際に，一貫性要求の強い人は，そうではない人に比べて，先行的な変数（事前の期待，事前の関与，事前の選択など）に対して強い重みづけを与える傾向がある。

2節　統合的枠組み

◆ 1．既存の枠組み

　すでに述べたように，初期の認知的一貫性理論が消滅したようにみえた原因は，理論が複数の潮流へと分散して進化したためであった。それぞれの潮流は個別の文脈に注目しており，それゆえ，認知的一貫性における個別的な特徴に注目しているといえるであろう。ここで我々は，それら複数の潮流を，図2-1の枠組みに統合したいと思う。

　太字で書かれた「非一貫性エピソード」，その結果としての「知覚された不協和」，およびそれに続く反応である「態度／行動的反応」は，不協和理論における3つの基本要素である。さらに，認知的一貫性以降の3つの研究潮流のなかから，我々は4つの調整変数を取り上げた（Baron & Kenny, 1986）。これら4つの調整変数は，最初

第Ⅱ部 認知的一貫性と非一貫性

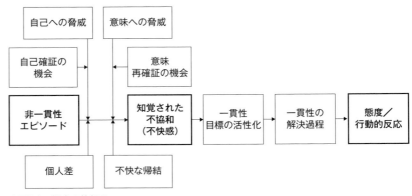

●図2-1 概念の枠組み

の原因（非一貫性エピソード）と，その直後の結果（不協和の知覚）の間の関係の強度に影響を及ぼす。

　これらの調整変数のなかで一番わかりやすいものは，Cialdini（1995）が着目した個人差であろう。非一貫性を強く嫌う人ほど，その非一貫性による不協和を経験しやすい。

　第2の調整変数はニュールック理論が注目する不快な帰結である。不快な帰結の存在は，認知的不協和理論の予測力を高める傾向を示すことが報告されているものの，常にそうであるというわけではない（Aronson, Fried, & Stone, 1991；Fried & Aronson, 1995；Stone, Aronson, Crain, Winslow, & Fried, 1994）。そのため，我々の枠組みにおいては，知覚された不協和がもたらす効果における調整変数として位置づけている。

　第3の調整変数は自己一貫性理論が注目する自己への脅威である。この理論はFestingerの実験結果に対する競合的な説明であると理解されることが多く，認知的不協和理論をほぼ代替している[★1]。

　しかしながらAronsonは，人が不協和を経験するためには自己への脅威が不可欠であると言っているのではない。ただ，認知的不協和理論の予測力が自己への脅威によってより高まると主張しているのである。Aronsonは，「何らかの2つの認知がただ存在するときよりも，自己に関する認知と行動が自己概念（self-concept）に疑問を突きつけるときにこそ，不協和は最も強く，明瞭になる」と述べる（Aronson, 1992, p.305）。つまり，自己への脅威は不協和を経験するために不可欠ではないものの，非一貫性エピソードの生起に続いて知覚される不協和を強めるのである。ということは，これもまた調整変数と呼ぶべきである。さらに，自己理論に注目したStone & Cooper

（2001）が論じたように，自己確証の機会が明らかに与えられている場合（自分自身の中核的な価値を再確証するなど），知覚された不協和に対する自己への脅威の影響力は弱くなる。したがって，自己確証の機会は，自己への脅威と知覚された不協和の関係性に対して，調整変数となる。

第4の，すなわち最後の調整変数は，意味への脅威である。しかしながら，Heine et al.（2006）は不協和理論に関して何も語ってはいないので，これを我々の枠組みに含めるのは，ちょっとした冒険かもしれない。ここでの問題は，意味が脅威にさらされたときのみ非一貫性が引き起こされるのか（不可欠の条件），あるいは意味が脅威にさらされたときには非一貫性がより強く引き起こされるのか（調整変数）という点である。もし意味の混乱が不協和を知覚するにあたって不可欠の条件であるとするならば，ただ2つの認知要素が単純に不釣り合いなだけで意味を直接的に脅かさないようなタイプの非一貫性は，非一貫性としての資格を失ってしまうことになる（例：「私は喫煙者だ」という認知と，「喫煙はがんの原因だ」という認知）。ここでは，意味への脅威を引き起こす期待と経験はいずれも，不快感の強さに影響を及ぼす認知的要素であり得ると考えることが，より公平かつ慎重な立場のように思われる。ゆえに我々は意味への脅威を，非一貫性エピソードと不快感の間の調整変数として位置づけた。

1992年に，Aronson（p.307）は以下のように述べている。

> 過去数年間に，あまりにも多くの小理論が誕生した…それぞれの理論には見るべきところがあり，認知と動機づけを結びつけるための興味深い試みである。だが，それらの理論が取り扱う範囲はいずれも限定されている。私が思うには，それらの理論すべてを，一般的な不協和理論としてまとめるのは，それほど大変なことではないだろう。

このAronsonの見解に一致して，我々が提起する枠組みでは，単一の直接的効果（非一貫性エピソード）が認知的不協和を発生させると主張しているのであるが，これは初期の認知的一貫性理論と同様である。しかしながら我々は，認知的不協和の強さはどのような種類の認知要素が葛藤を起こしているかによって変わると考えている。葛藤を起こす認知的要素とは，態度，行動，信念（特に自己信念（self-beliefs）と期待），体験などさまざまである。人の自己価値の感覚が損なわれたり，不快な社会的帰結が引き起こされたり，意味の感覚が脅威にさらされたりすることは，不協和の感覚を強める。

さてここで，我々の枠組みを拡張する作業に戻りたい。一貫性は，態度，信念，および行動に対して影響を及ぼすが，この過程についてより詳しく説明することにより，

我々の基本的枠組みを拡張することができるだろう。この過程は適切な理論を形成するにあたって重要であるのみならず，理論を新しいやり方でテストするための実験パラダイムを見いだすことにもつながる。

◆ 2．枠組みを拡張する

　研究者らは50年間にわたって，不協和が発生する条件と，不協和が増大する条件と，さらにはその結果として態度変容が発生する条件を特定しようとしてきた。本項では，今までほとんど注目されてこなかった3つの問いを取り上げたい。第1は，認知的一貫性の代替的概念はどのようなものかという問いである。第2は，認知的一貫性は情報処理に対してどのような影響を及ぼすのかという問いである。第3は，人がどれくらい強く一貫性を求めているかを測定したり，操作したりする方法があるかという問いである。これらの問いに答えるために，我々はすでに紹介した概念的枠組みを拡張し，ある顕在的過程を追加したいと考えている。我々は，これらの3つの問いに対して命題形式での回答を与えることによって，この概念的枠組みをどのように拡張すべきかを示す。

　まず我々は，認知的一貫性という概念は，認知的目標かもしれないと考える（命題1）。次に，認知に対する認知的一貫性の影響とは，内的な一貫性状態を回復させるために設計された，特定の認知的手続きやマインドセットを始動させることであると主張する（命題2）。最後に我々は，認知的一貫性の程度を強める方法と，測定する方法を提案する（命題3）。

命題1：認知的一貫性は目標である　これまで概観したすべての理論において，非一貫性は一貫性を回復させようとする傾向を生むと考えられている。Tannenbaum（1968, p.344）は，「ある程度までの一貫性と均衡は…続いて発生する物事を予測し適応するのと同様に，労力を節約し，経済性を確保するにあたって不可欠である」と述べた。この言葉から我々は，一貫性とは望ましい最終状態であり，すなわち目標に相当するものであると推測できる。非一貫性が検出されたときには，認知的一貫性を強めるための認知的活動が開始されるが，どの程度までの認知的一貫性が必要なのかについては，状況によっても個人によっても異なる。

　過去10年以上の研究において，目標の性質とふるまいについて，多くの知見が得られている（たとえば，Ferguson & Porter, 2009；Foster, Liberman, & Friedman, 2007）。目標とは記憶内に表象される認知的構成体であり，行為を動機づけ，また方向づける。目標の定義については議論の余地があるが，ここでは一般的な見解である，

「望ましい終局状態についての認知的表象であり，評価・情動・行動に影響を及ぼすもの」（Fishbach & Ferguson, 2007, p.491）とする定義を採用する。一貫性が抽象的な目標である場合とそうでない場合とがあるように，それぞれの終局状態には抽象的なものもあれば具体的なものもあり，目標にはそれら終局状態に関する情報が含まれている。また，目標には，人を終局状態へと運ぶためのさまざまな行動，計画，対象が含まれている。たとえば，達成目標には，試験でよい成績をとるための試験勉強の計画のような，文脈に固有の行動が含まれている。同様に，認知的一貫性目標にも，一貫性をうまく達成するための認知的手続きが含まれている。

命題2：一貫性目標は，一貫性を達成するための認知的手続きもしくはマインドセットと連合している　ここで紹介した研究の潮流はすべて，非一貫性がどのように発生し，人々がそこからどのように回復するかを理解することに焦点を当てている。だが1960年代の初期には，これとは異なる認知心理学の潮流が存在しており，そこでの焦点は，一貫性がどのようにして認知システムを左右するのかという問題であった。1968年に McGuire が述べたように，認知的一貫性理論に関する研究は一貫性を終局状態とみなすばかりで，思考過程を明らかにしてくれるものだとは（McGuire の見解に反して）みなさなかったのである。このような傾向は研究内容の相違によるものというよりは，最も注目すべきトピックが何であるかについての見解の相違によって生まれたのである。McGuire は以下のように語っている。

> 一貫性理論に関する多くの研究がとった方向に対して，私は明らかに失望しているし，残念に感じている。もし私が，人々の一貫性を求める傾向を当然のこととみなし，それゆえ，認知システムを理解するための方法として認知的一貫性を研究していたとしたら，それ以降の研究は認知システムについて取り扱っただろうし，さらには一貫性への要求がなぜ存在するのかという問いに挑戦することも可能だっただろう。だが一貫性に関する実際の研究の潮流は，認知構造に関する問題から焦点を外してしまっている。
> 　　　　　　　　　　　　　　　　　　　　　　　　　　　（McGuire, 1968, p.141）

　McGuire の取り組んだテーマは，その後，一貫性に動機づけられた制約充足（constraint satisfaction）のメカニズムの研究に貢献するものとなった（たとえば，Read & Miller, 1994；Shultz & Lepper, 1996；Simon & Holyoak, 2002；Spellman, Ullman, & Holyoak, 1993；Thagard, 1989）。これらのモデルは，非一貫性を解消するために，信念システムが新しい情報によってどのように修正されるかを論じている。一貫性に動機づけられた制約充足の理論において，一貫性は望ましい終局状態であるばかりではない。むしろ一貫性は認知システムの性質をさしており，そちら

のほうが重視されているのだ。その認知システムは，我々の現時点での思考を組織化し，新しく入力される情報を処理する。つまり，認知的一貫性目標は，できる限り確実に非一貫性を除去し，信念体系を一貫させるための，ある認知的手続きと結びついたものとみなされるのである。このような概念化は，認知的手続きとしてのマインドセットや，行為の順序としてのマインドセットの概念に類似している[★2]（レビューとしてWyer & Xu, 2010）。

　マインドセットとは，ある目標と連合した認知的・行動的手続きのことである。たとえば，Xu & Wyer（2008）による比較マインドセットとは，対象同士を比較するという目標に結びついた認知的手続きのことをさす。マインドセットの特徴は，ひとたび活性化してしまうと，領域に関係なく，またその目標が活性化しているかいないかに関係なく，使用されてしまうという点である。Xu & Wyer（2008）によると，実験参加者に動物同士を比較する課題を課すと，それによって対象同士を比較するという認知的活動が自動的に始まってしまうので，その直後の商品選択の課題を遂行しやすくなる。これと同様に，我々の考えでは，一貫性目標は，ばらばらの要素を結合して首尾一貫した全体性を形成するという認知的手続きあるいはマインドセットと結びついている。さらに，ひとたびそのマインドセットが活性化すると，短時間であればその活性化状態が持続するため，もともとの目標の活性化とは無関係に，別の領域の対象にもそのマインドセットが適用されやすくなる。

　命題1と2は，一貫性理論が動機づけと認知の2側面にまたがることをほのめかしている。非一貫性によって目標が活性化し，これによって一貫性を回復させようとする動機づけ要素が発生すると，その要素は記憶に貯蔵された過程を直接的に駆動し（マインドセットの活性化），その働きによって，非一貫性を引き起こしている諸要素同士が仲裁される。マインドセットが活動することによって，態度および行動の変容が引き起こされる。もしかすると，この変化は，一貫性を回復するという目標を達成するにあたって，十分なものではないかもしれない。だが，その目標の活性化状態は維持され続け，その目標が達成されるか破棄されるまでの間，さらなる認知的活動を引き起こし続ける。

　これら2つの命題は，目標およびマインドセットの間の関係性をどのように理解するかという問題を提起している。マインドセットとは，目標を達成するために，目標によって活性化される手続きである。目標が頻繁に活性化するとき，目標とそれに関係したマインドセットとの連合は強化されていく。すると，この目標－マインドセット間の連合は双方向的なものとなり，これによって，マインドセットの活性化によって目標もまた活性化するようになる（Wyer & Xu, 2010）。以上のような記述は認知的一貫性の領域においては未検証であるものの，いくらかの説得力はある。しかしな

がらやはり，ここで述べた一貫性に関する目標とマインドセットの関係については，実験的に検証されるべきである。

命題3：一貫性の程度を変化させることは可能であり，測定することも可能である
この3番目の命題は方法論に関わるものである。新しい方法とは，それ以前には不可能であったテストを可能にしてくれるが，我々がここで紹介するものも，まさにそのような方法である。もちろん我々は，研究に対する方法論の影響力を過信するつもりはない。すでに引用したように，Greenwald & Ronis（1978, p.56）は，認知的不協和に関する研究が遺憾ながら「自己」の潮流に閉じ込められていると述べている。彼らの記述はさらに以下のように続いている。「自我に関連した認知的処理は，観察が比較的容易であり，不協和理論を自分の方向にねじ曲げてしまったように思われる。もし，もともとの意味での不協和の体系を明らかにするための，もっと正確な方法を作り上げることにその労力を割いていたならば，不協和に関するもっと多くの根拠が得られていただろう」。だが幸運なことに，現在の我々の手には数十年前にはなかった方法がある。

◆**（1）一貫性を目標としてプライムする**
　目標活性化の方法として最も一般的なのは，何らかの形の意味的プライミングを使用することである。目標に関連した語を実験参加者に見せることによって，その目標に適合した行動を発生させることができる。たとえば，達成に関係した語を混ぜたバラバラの単語群を用意し，参加者がそれを並べ替えてひとつの文章を作成するという課題を行うと，達成に関係した概念が活性化し，これによって行動に変化が発生する（Fishbach & Ferguson, 2007）。このような方法は一貫性に関する研究においても成果を上げている（Russo, Carlson, Meloy, & Yong, 2008）。もっと正確にいうと，一貫性に関連した概念（"一致"や"適合"など）を閾下でプライムされた参加者らは，その直後の無関係の課題において情報処理のやり方における変化を示したのである。しかしながら近年では，意味的プライミングによって，動機づけ状態を常に変化させられるわけではないとの報告もある（Sela & Shiv, 2009）。残念ながら，意味的プライミングは，標的とする目標に連合した意味的ネットワークのみをプライムし，その目標を追究するための真の動機づけをプライムしないことがあるからである。
　動機づけ状態を確実にプライムするには，現実の状態と望ましい状態の差異をプライムしなければならない（Miller, Galanter, & Pribram, 1960；Sela & Shiv, 2009；Zeigarnik, 1967）。そのような差異を刺激する行動的課題は，その差異を縮めるという目標をプライムすることができる。つまり我々には，目標に関する意味的プライミ

ングではなく，行動的プライミングが必要なのである。だがこれは，認知的不協和に関するすべての研究において実際に行われていることでもある。たとえば，自分の態度に反する小論文を書くという誘導された服従パラダイムの実験に参加している参加者は，行動によって非一貫性状態を自ら作り出しているのであり，これによって参加者は一貫性を回復するよう動機づけられる。

もし目標を達成しようとする動機づけがうまくプライムされれば，それによって発生する目標活性化は，遅延によって目標達成が妨げられるときに，より強力なものとなる（Bargh, Gollwitzer, Lee-Chai, Barndollar, & Troetschel, 2001；Fishbach & Ferguson, 2009；Förster et al., 2007）。

> （目標が）活性化すると，その目標が達成されるまでは，それを達成しようとする労力が投入され続ける。（中略）対照的に，ただの意味的プライミングの場合は，（中略）その活性化はすぐに失われてしまい，知覚や判断などの課題において，関連する知識が活性化されていることの兆候は小さくなる。　　　（Fishbach & Ferguson, 2009, p.493）

そういうわけなので，目標が確実に活性化しているかテストするためには，プライミングの直後だけではなく，数分間の遅延後にも，テストを実施する必要がある。目標が活性化していると確認するためには，直後よりも遅延後において，より強い活性化が認められねばならない。

このように，目標活性化に関する現在の研究は遅延条件を含めることの必要性を認識しているが，それよりずっと前に，Walster & Berscheid（1968）が，『認知的一貫性理論の原典（Theories of Cognitive Consistency: A Sourcebook）』にて1つの章を丸々割いて，認知的一貫性における時間の効果について語っている。彼らは，実験操作と従属変数測定の間に遅延を挟むことによって，データの分散が減少することに注目した。

> 不協和を操作した後，遅延を挟んでから不協和低減を測定するというやり方は，不協和に関する多くの研究に用いられている。多くの研究は，そのような遅延によってモデルの予測力が増大することを明らかにしている。時間そのものは一貫性理論における独立変数ではないし，遅延もまた理論上不可欠というわけではない。だが実際には，そのような遅延はしばしば重要なのである。　　　（Walster & Berscheid, 1968, p.599）

WalsterとBerscheidは，我々が目標活性化における遅延の重要性について知るよりもずっと前から，目標としての不協和について理解していたし，遅延が実験操作の効果を強めることも知っていたようなのである。

◆(2) 一貫性をマインドセットとしてプライムする

　実験場面において，マインドセットとして一貫性を活性化するためには，一貫性をもたらしてくれる何らかの手続きを何度も反復させるような実験課題を用意しなければならない（Wyer & Xu, 2010）。そのような課題をさらに反復すれば，一貫性をもたらすための過程はさらに強く働くようになるだろう。よって，その課題の直後に，その課題とは無関係でありながら，一貫性マインドセット（あるいは認知的手続き）を適用することによって完遂できる課題を提示すれば，その第2の課題における成績は向上するであろう。プライミング操作のなかでも効果のありそうなものは，アナグラム課題である。この課題では，参加者は語を作るために文字を並べ替える作業を反復しなければならず（たとえば EBLTA を並べ替えて TABLE とする），そのため参加者は一貫性をもたらすための過程に関与することになり，これが一貫性を得るためのより一般的な手続きを活性化することになる。具体的にいうと，バラバラの文字を一貫した文字列に再構築するというアナグラム課題によって，認知的再構築過程が活性化し，この認知的再構築過程は，首尾一貫したやり方で情報を処理する過程を活性化させる。つまり，アナグラム課題の目的は，認知的一貫性そのものを活性化するわけではないが，そのかわりに，バラバラの要素（それが文字であれ情報単位であれ）を新たな解釈へと組織化するための認知的再構築過程を活性化するのである。

　目標の活性化には時間的パターンが存在することについてすでに論じたが，マインドセットの活性化にも時間的パターンが存在する。だがそのパターンは目標活性化のそれとは異なっている。具体的にいうと，数分間の遅延により，マインドセット活性化の低減が生じる可能性が高いのだが，どのくらい低減するかは不明である。そのため，もし一貫性がマインドセットであり，その活性化を2度測定するのであれば，遅延後の測定では測定値の減少がみられるはずである。ところが，すでに述べたように，一貫性が動機づけ状態として（たとえば目標として）プライムされた場合は，遅延後に測定値の増大がみられるはずなのである。すなわち，遅延後の測定において，測定値が増大するか減少するかによって，目標活性化とマインドセット活性化を区別することが可能なのである。

◆(3) 一貫性の活性化水準を測定する

　我々は進歩したプライミング手法を使用できるが，それに加えて，我々は2つの手法を使用する。その1つは，一貫性が本当にプライムされているか確認するための手法であり，これには反応潜時測定を用いる（Abad, Noguera, & Ortells, 2003 ; de Groot, 1985 ; Neely, 1991）。もう1つはその活性化水準の時間的変化を追跡する手法であり，これには Carlson et al.（2014）の直接評価法を使用する。

反応時間の使用方法であるが，参加者が，目標に関連しない中性的な語よりも，目標に関連した語に対して，より速く反応できれば，プライミングが効果的であったことを意味する。この手法は目標に連合した概念のネットワークを利用したものである。目標がプライムされると，目標に関する全体的なネットワークが活性化し，それによって目標に密接に関連した語に対するすばやい反応が可能となる。

これに対してCarlsonの手法は，参加者が連続尺度の上で目標活性化の水準を報告するというものである（0：まったく活性化していない～100：最大限に活性化している）。実験においては，別の課題を遂行している途中で，この報告課題が何度か挿入される。Carlsonらによれば，この手法が効果的であるためには，オンラインでの測定（別の課題の終了後ではなく，最中に実施する）と，連続尺度の使用（活性化があるかないかの2択ではなく）が必要である（Carlson et al., 2012）。

3節　実験結果

認知的一貫性が，目標（動機づけ状態）としてプライム可能であり，また，マインドセット（認知的手続き）としてもプライム可能であるとの我々の主張をテストするために，我々は4つの実験を実施した。さらに，それらすべての研究において，時間的パターンのテストを行った。すなわち，目標活性化が生じた場合は遅延後に測定値が増大し，マインドセット活性化が生じた場合は遅延後に測定値が減少するというパターンが実際に得られるかテストしたのである。これら4つの研究はすべて同じ2要因計画であった。すなわち，プライミング手法に3水準を設定し（目標活性化条件・マインドセット活性化条件・無活性化条件），遅延に2水準を設定した（遅延あり・遅延なし）。これらの研究間で異なっていたのは参加者が従事する主要課題であり，すなわち認知的一貫性をプライムされることによって影響を受けると想定された課題であった。最初の3つの実験において2つのプライミング手法の有効性を確認し，最後の実験では，よく知られた現象に対してそれらを適用可能か調べた。

一貫性を目標としてプライムするために，本研究が試行錯誤の末にたどり着いたやり方は，参加者に対して問いを提示し，そのなかで，2つの一貫しない事実の解決を求めるというものである。たとえば，「我々は証券トレーダーが儲け過ぎだと非難するが，フットボール選手や映画スターの給与を非難しないのはなぜか」といったような問いである。ここで十分に満足できるような答えを返すことができないのであれば，そのことが一貫性目標を活性化することになる。つまり，一貫性目標が達成されていないからこそ，その目標は次の課題の間もずっと活性化したままになるのである（Förster et al., 2007；Zeigarnik, 1967）。

これに対して，一貫性をマインドセットとして活性化するための課題として必要なのは，参加者を，毎回同じ手続きで解決できるような非一貫性に何度も直面させる課題である。そのような課題として我々が最終的に採用したのは一連のアナグラム課題であり，それぞれの課題ではバラバラの文字を並べ替えて一般的な単語を完成させねばならない（たとえばRACHIを並べ替えてCHAIR）。アナグラムの難易度は事前テストによって調整されており，ほぼすべての参加者が簡単に正解にたどり着けるようになっている。正解にいたるまでの詳細な過程は個々のアナグラムごとに異なるが，どれもおおむね同じ方略が通用する。たとえば，Yを末尾にもっていくとか，CとHは隣り合わせに配置してみるとかである（Novick & Sherman, 2003）。

　我々は，以上の2種類のプライミング課題に加えて，数分間の遅延を作り出すためのフィラー課題を決定しなければならなかった。実験1，3，4では，参加者は5分間の無声映画（チャーリー・チャップリンの「The Kid」の一部）を見た。実験2では，参加者は「あなたが先週経験した興味深い出来事を書きなさい。ただし，あなたが経験したことを，読者がそのまま追体験できるように文章を作りなさい」という教示を与えられ，文章を書かねばならなかった。

　実験1では単語呼称を実施し，その際に反応時間を測定した。参加者は一連の語をできるだけすばやく，声を出して読むように指示された。ここでの反応時間は，これらの語と連合している概念の接近可能性を反映する。用いられた語は，一貫性に関係した語と，それとは無関係の中性語であった。前者に属する語は，「同意(agreement)」「統一（coherence）」「両立（compatible）」「適合（congruence）」「一致（consistent）」「合致(fitting)」の6語であった。後者に属する語は，「上方（above）」「採集（collection）」「深化（deepen）」「台所（kitchen）」「克服（overcome）」「土台（underline）」の6語であった。

　実験2では，一貫性目標の活性化を直接的に測定するために，先に述べたCarlson et al. (2013) による方法を用いた。参加者が従事する課題はCarlson et al. (2013) と同様に，2つの製品から1つを選択するものであった。参加者は製品の特徴を読むよう指示され，そのうえで，どちらの製品が現時点でより好ましく感じられるかを報告し，また，さきほど読んだ製品特徴に関する情報を評価するよう求められた。この選択課題の最中に，参加者は2度にわたって選択作業を中断し，一貫性目標の活性化水準と，他の3つのディストラクタとなる目標の活性化水準を報告しなければならなかった。

　実験3では2つのプライミング手法の有効性をテストするために，一貫性目標によって左右されることがすでに明らかになっている現象を利用した。その現象とは，2肢選択課題における情報歪曲である（Russo, Carlson, Meloy, & Yong, 2008）。情

報歪曲とは，形成されつつある好みや信念を守るために，新たな情報に対する評価に偏りをもたせることである（Russo & Chaxel, 2010; Russo, Medvec, & Meloy, 1996）。より詳しくいうと，選択プロセスにおいて，1つの選択肢が暫定的に有利になると，人は新たに入力されてくる情報を，この選択肢を支持するものとして解釈しやすくなる。もし我々の方法によって一貫性がうまくプライムされれば，この情報歪曲の効果はより強くなるはずである。

実験4は，目標活性化とマインドセット活性化を，知覚における期待の効果，あるいは選択的知覚と呼ばれる現象に適用した。この現象は，部分的には，認知的一貫性によって引き起こされると考えられている（Coppin, Delplanque, Cayeux, Porcherot, & Sander, 2010; Klaaren, Hodges, & Wilson, 1994）。参加者は，公開前の4つの映画のタイトル，主演俳優，あらすじを提示された。これらの情報をふまえたうえで，参加者は，自分がこの後，それぞれの映画の予告編をどの程度好むようになるかを，0（全然好きではない）から100（とても好きである）までの尺度上で予想して回答した。さらに，実際にこれらの映画の予告編を視聴し終えた後に，実際に予告編をどの程度好きになったかを，同じ0から100までの尺度上で回答した。ここで，予想して回答した好意度評定値と，実際に視聴した後の好意度評定値の差の絶対値が小さければ小さいほど，一貫性効果が強く働いていると推測することができる。

我々は，4つの実験のすべてにおいて，統制条件と，各手法におけるより強力なほうの条件との間に，有意差が得られると予測する。具体的にいうと，統制条件と遅延つき目標活性化条件の間と，さらには統制条件と遅延なしマインドセット活性化条件の間に有意差が得られるであろう。さらに，遅延に対する反応において差異が発生すると予測する。具体的には，目標活性化条件では遅延によって従属変数が増大し，マインドセット活性化条件では遅延によって従属変数が減少するであろう。4つの実験から得たデータを図2-2に示した。

実験1の要因計画は，一貫性に関連した語と無関連な語に対する参加者内での反応時間の差を従属変数とする，プライム（目標・マインドセット・統制条件）×遅延（あり・なし）の2要因計画である。図2-2左上では，Y軸の値が小さければ小さいほど，効果が強大であることを意味する。第1に，我々の予測に一致して，遅延あり目標活性化条件（遅延あり目標活性化条件：$M = 22.6$ ms，遅延あり統制条件：$M = 107.7$ ms，$t(52) = 3.21$, $p < .01$）と，遅延なしマインドセット活性化条件（遅延なしマインドセット活性化条件：$M = -25.7$ ms，遅延なし統制条件：$M = 87.5$ ms，$t(52) = -4.08$, $p < .01$, いずれも片側検定）[★3]の2条件において，最大の効果が得られた。第2の予測は目標活性化条件における遅延による従属変数の増大と，マインドセット活性化条件における遅延による従属変数の減少である。図2-2左上の平均値はこの予測

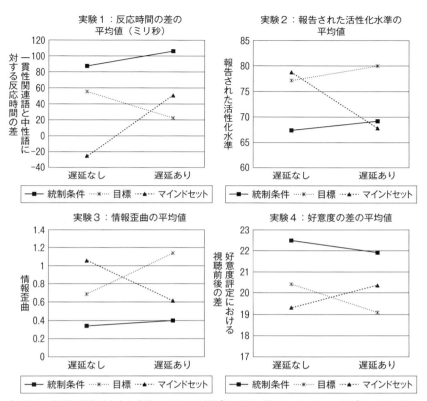

図2-2 遅延あり条件となし条件における目標プライミングとマインドセットプライミングの効果

に一致したものであった。そこで，4個の測定値間の交互作用を，Ott & Longnecker (2001) の片側検定によって計算したところ，その効果は有意であることがわかった（$F(1, 32) = 6.26$, $p < .05$, 片側検定）。以上のように，一貫性に関連した語の利用可能性の相対的な高さを指標とすることによって，認知的一貫性が目標およびマインドセットとして活性化していたことが確認され，さらにはそれらを分かつ時間的パターンも予測どおりであった。

実験2の結果は実験1と同様であった。遅延あり目標活性化条件において参加者が報告した活性化水準の大きさは，その統制条件のそれに比べて，大きかった（遅延あり目標活性化条件：$M = 80.0$，遅延あり統制条件：$M = 68.9$, $t(57) = 1.78$, $p < .05$）。同様に，遅延なしマインドセット活性化条件において参加者が報告した活性化水準の大きさは，その統制条件のそれに比べて大きかった（遅延なしマインドセット活性化条件：$M = 78.7$，遅延なし統制条件：$M = 66.2$, $t(60) = 1.90$, $p < .05$）。さらに，

遅延が目標活性化条件の活性化水準を増大させ，マインドセット活性化条件の活性化水準を減少させる交互作用効果も有意であった（$F(1, 117) = 2.93$, $p < .05$）。

実験3では従属変数として情報歪曲の程度を測定したが，ここでも実験1・2と同様の結果が得られた。すなわち，問いを用いた課題によって一貫性が目標としてプライムされ，かつ遅延が挿入された条件は，遅延あり統制条件よりも有意に大きい情報歪曲を示し（遅延あり目標活性化条件：$M = 1.15$，遅延あり統制条件：$M = 0.40$，$t(38) = 2.27$, $p < .05$），またアナグラムを用いた課題によって一貫性がマインドセットとしてプライムされ，かつ遅延が挿入されなかった条件は，遅延なし統制条件よりも有意に大きい情報歪曲を示した（遅延なしマインドセット活性化条件：$M = 1.05$，遅延なし統制条件：$M = 0.33$，$t(38) = 2.19$, $p < .05$）。目標活性化条件における効果が遅延によって増大し，マインドセット活性化条件における効果が遅延によって減少することに関する交互作用効果も有意であった（$F(1, 136) = 4.30$, $p < .05$）。

最後に，実験4では，選択的知覚の原因としての認知的一貫性をテストするために，これまでと同様の3（プライム：目標・マインドセット・統制）× 2（遅延：あり・なし）の要因計画による実験を実施した。ここでも，実験1から3と同じパターンの結果を得た。映画の視聴前に予想された好意度得点と，視聴後の好意度得点の間の差は，問いによって一貫性目標が活性化されており，かつ遅延のある条件において，統制条件のそれより有意に小さかった（遅延あり目標活性化条件：$M = 19.1$，遅延あり統制条件：$M = 21.9$，$t(158) = 1.66$, $p < .05$）。同様に，マインドセットとしての一貫性がアナグラム課題によって活性化された条件で，かつ遅延のない条件は，統制条件に比べて有意に小さい差得点を示した（遅延なしマインドセット活性化条件：$M = 19.4$，遅延なし統制条件：$M = 22.5$，$t(158) = 1.83$, $p < .05$）。実験1から3においてみられた時間的パターンと一致する結果がこの実験でも得られた。やはり，遅延は目標活性化を強化してくれるが，他方でアナグラム課題によるマインドセットとしての一貫性プライミングの力を減じてしまうのである。だがこの交互作用効果は，本実験においては統計的に有意ではなかった（$F(1, 316) = 0.95$, $p > .15$）。ここで有意な交互作用効果が得られなかった理由については，以下のような推測が可能である。参加者は，4つの映画をすべて見終えてからそれらを評定した。この課題順序のために，プライムの後に，本来の5分間の遅延に加えて，さらに3分間ほどの追加的な遅延が生じてしまったのかもしれない。すなわち，本来の計画では，遅延なし条件での遅延は0分，遅延あり条件での遅延は5分であったのだが，この実験では，実際には，遅延なし条件での遅延が3分，遅延あり条件での遅延が8分になってしまっていたのかもしれない。このような事態が，遅延の有無の要因の効果を弱めてしまった可能性がある。

4節　結論

　Russo et al.（2008）は，認知的一貫性を意味的構成概念としてプライムすることが可能であることを示した。これに対して本章の主張は，動機づけ状態（目標）としての一貫性も，手続き（マインドセット）としての一貫性も，いずれも概念化可能であり，またプライム可能であるというものであった。つまり我々は今や，認知的一貫性を活性化させるにあたって2つの方法をもっているということである。今後はそれらの方法を用いることによって，ある効果が認知的一貫性によって引き起こされるという仮説をテストすることもできるであろうし，また，従来は認知的一貫性と無関連であると考えられていた現象や効果を発見するのにも貢献できるであろう。さらに本研究は，方法論に起因するアーチファクト（Chen & Risen, 2010）のみによって説明できない認知的不協和を示すことに貢献している。

　だがもっと重要なことは，本研究の提示した方法が，認知的一貫性そのものをより厳密に説明していることであろう。認知的一貫性とは常に目標なのであろうか。あるいは，認知的一貫性という目標を達成する過程が何度も繰り返されることによって，認知的一貫性と目標が強く連合するようになったときだけ，認知的一貫性はマインドセットになるのだろうか。認知的一貫性は信念システムの構造的特徴であると考えるべきなのだろうか。認知的一貫性は信念間の一貫性の程度のことなのだろうか。

　人が認知的一貫性を求める傾向によって，他にどのような現象が説明されるのだろうか。我々の見解では，認知的一貫性は異なる信念同士を仲裁させる力である。一貫性が何かによって活性化させられると，この力も強化される。ゆえに，認知的一貫性を求めることによって引き起こされる現象とは，既存の信念が新しい情報に直面するときに発生するものであろうと考えられる。そのような現象として，もちろんこれは推測に過ぎないが，対応バイアス（Gilbert & Malone, 1995），授かり効果（Kahneman, Knetsch, & Thaler, 1990），先行信念効果（Lord, Ross, & Lepper, 1979）などがあげられるかもしれない。我々は，現状では推測に過ぎないものが，新たなプライミング手法によって実験的に理解されるようになることを望んでいる。

【原注】
★1　Greenwald & Ronis（1978, p.56）は，不協和理論が"進化"することによって，自己脅威（self-threat）に関する研究へと発展していったと考えたのだが，以下に引用するように，それに対して疑念を呈してもいる。「おそらくこの進化過程の唯一の被害者は，実質的に廃棄されてしまったもともとの不協和理論であろう。だが，それは悪いことだったのだろうか。不協和の研究に取り組んだ人々は，もともとの理論の一部を棄ててしまったが，それは彼らの実験が偶然にも，不協和の低減の代わりに，あるいは不協和の低減に加えて，自己防衛的な認知

的処理の問題に手を伸ばしてしまったからではないだろうか。自我に関連した認知的処理は，観察が比較的容易であり，理論を自分の方向にねじ曲げてしまったかもしれない」。
- ★2 他の種類のマインドセットについては Wyer & Xu (2010) のレビューを参照されたい。
- ★3 すべての統計的仮説検定は片側にて実施した。

【訳注】
- ☆1 「規律ある民兵は自由な国家の安全保障にとって必要であるから，人民が武器を保持し，携帯する権利を侵してはならない」という条項。

第3章
感情予想に関する矛盾をはらんだ乖離についてのファジートレース理論による説明

Evan A. Wilhelms
Rebecca K. Helm
Roni A. Setton
Valerie F. Reyna

　人々はしばしば主観的ウェルビーイングについての予想に基づいて意思決定を行う。たとえば，将来におけるいろいろな結果に対して，その時どのように感じるだろうか，という具合にである。本章では，意思決定についての二重過程モデルである，ファジートレース理論の原理について簡単に紹介を行いつつ，神経科学での研究成果との統合を試みる。これにより，主観的ウェルビーイングについての評価がどう貯蔵されているかという点について，主旨（gist；要点）と逐語（verbatim）表象という観点から検討していく。ファジートレース理論では，人々が簡易な主旨情報に基づいた意思決定を行うことを仮定する。この理論に従えば主観的ウェルビーイングについても，逐語情報による判断を求められない限り，人々は一般にカテゴリカルな主旨表象に基づいて感情予想を行う，ということになる。つまり，感情価や個々の感情状態といった，たいていは主旨表象に基づく意味ある情報に頼るのが，通常の処理方式ということである。こうした主旨表象に頼ることが一般に，感情価の正確な予測に役立つと考えられる。また，覚醒度や幸福度の強さといったより詳細な情報を想起・予測する，といった判断については，推論の影響を受けることによって，不正確なものになると考えられる。

　人々はしばしば，選択の結果に対してどのような感情を抱くか，ということに基づいて重要な決定を行う。こうした決定は賭博での選択や（Mellers & McGraw, 2001），安全ではない性交渉についてのリスク評価（Richard, Van der Plight, & De Vries, 1996），商品のブランド選択（Rosenzweig & Gilovich, 2012；Shiv & Huber, 2000）

にまで及ぶ。どのような進路にするか，誰と結婚するか，どこに住むか，といった人生の選択についても，感情的反応に対する予想に影響されることだろう。また，そうした予測の正確さが，個人の幸福のあり方に多大な影響を及ぼしうるのである（Wilson & Gilbert, 2003）。加えて，主観的ウェルビーイングに関する指標から身体的な健康や寿命，といった幸福に関する客観的指標が予測可能だということも示されている（Diener, 2000）。となると，我々を幸せにし将来の生活に満足を与えるものが何であるかを正確に判断できることは有意義であるといえる。また，そうした判断がどのような理由でしばしば不正確になってしまうかを理解することも有意義であろう。

　感情予想，つまり将来における自らの感情（状態）を予測することがどのような役割を果たしているのか。近年，複数の異なった意思決定研究の文脈でこの点が検討されている。たとえば，ギャンブル課題における損失回避傾向についてだが，人々は負けたときの損失によってどのような気分になるかということを，それに見合った利得が得られる場合よりも過大に評価している。実際は，賭けに負けた際の損失が与えるインパクトは事前の予想よりもずっと少ないということが見いだされている（Kermer, Driver-Linn, Wilson, & Gilbert, 2006）。さらに，感情予想と神経生物学的機構との結びつきを示す研究もある。たとえば実験参加者に将来の出来事についてどの程度楽しめそうかを尋ねてみる。その際に脳機能画像を撮ると，腹内側前頭前野（ventromedial prefrontal cortex: vmPFC）の活性度が，現在の出来事の楽しさを評価する場合と比べて低下していることが示されている（Mitchell, Schirmer, Ames, & Gilbert, 2011）。この部位は自分自身について考えることや内観と関わっている。ということは，人々は自分自身に関することでも，将来感じるであろう気持ちについてはあまり事前の想定をしないのかもしれない。さらに，時間価値割引，つまり将来における大きな報酬よりも我慢せずすぐに手に入る少ない報酬のほうを選んでしまう傾向についても，vmPFCの活性化の減少度から予測することができたのである。

　本章では，記憶と記憶表象に基づく推論に関する理論であるファジートレース理論（fuzzy-trace theory: FTT）について紹介していく。まず，この理論の基本的原理を紹介し，推論における誤りや，一見矛盾しているような現象についていくつか検討していく。こうしたなかには，たとえば発達逆転，つまり認知課題の遂行に関して成人よりも子どものほうが優れた成績を示す現象が含まれる。それらをふまえ，人々がいかにして過去に感じた気持ちを想起し，現在の感情状態を判断し，将来の感情を予想するかという点についての，FTTによる説明原理を検討する。そして，FTTの説明原理を感情予想に関する研究成果に適用し，矛盾しているような事柄についてもこの理論によって説明可能であることを示していく。

第3章　感情予想に関する矛盾をはらんだ乖離についてのファジートレース理論による説明

1節　ファジートレース理論

　まずFTTの基礎的な原理を紹介する。FTTの原理とそれらを支持する根拠となる研究例をまとめたものが表3-1である。

　FTTは記憶と推論に関する理論であり，我々が意思決定を行う際にどのような情報を表象，検索，そして処理するか，ということに関する研究が基礎となっている（Reyna, 2012）。FTTでは，貯蔵されている知識についての心的表象が2種類あることを想定する。その1番目は漠然として質的な主旨（gist）表象であり，問題や状況に関する正味の部分の意味をとらえたものである。2番目は逐語（verbatim）表象である。これは正確な数値的情報や言い回しといった表層的で詳細な部分についての表象である（Reyna & Brainerd, 2011）。例をあげよう。乳がん発症についての生涯リスクが22.2%だと告げられた49歳女性は，おそらく22.2%という逐語的な数値とともに「これは本当にまずい」「リスクが高い」といった主旨となる情報を符号化することだろう（Reyna, 2008）。重要な点として，主旨は単独のものではなく，常に入力情報から階層的に抽出され符号化される，ということである。こうした主旨情報の階層は，カテゴリカルであったり順序的であったりと，その精度に関して異なるものである。たとえば「青い壺には当たりが入っている」「青い壺には赤い壺よりも当たりが入っている」「青い壺には，赤い壺よりも20〜30は多く当たりが入っているが，正確な数はわからない」といった具合である（Rivers, Reyna, & Mills, 2008）。

　FTTによると新たな情報を学習する際には，言葉や数や文章，そして出来事についての逐語表象とそれらの主旨表象とが同時に，別々のものとして符号化される（Reyna & Kiernan, 1994）。つまり「スパニエル」「シカゴ」といった実際に耳にした言葉をそのまま逐語表象として貯蔵し，また，過去の経験や知識に基づいて「犬」「都市」といった正味の意味を抽出した主旨表象としても貯蔵することになる。こうして貯蔵された主旨や逐語表象は，独立に検索されることになるのである（Brainerd & Reyna, 2004；Reyna, 2005）。情報が独立に貯蔵そして検索される，という考えを支持する証拠として，逐語表象と主旨表象が関与する課題成績の乖離がある。こうした経験的な研究例には，数を正確に思い出すことができても，「その数が大きなものであるか」「ペアになった2つの数のうち，どちらのほうが小さいか」といった主旨による判断の正確さにはつながらないことを示したものや，逐語的な記憶の正確さを向上させるような操作が，主旨の記憶については有効でないといったものがあげられる（Brainerd & Gordon, 1994；Reyna & Brainerd, 1995）。

　主旨情報の処理で重要なのは「意味」である。定義として示したとおり，主旨に基

● 表3-1　FTTの原理を支持する証拠事例

原理	刺激	課題
1 主旨および逐語表象が独立に符号化・貯蔵・検索される。	「農夫のブラウンは牛8頭，羊7頭，豚4頭，馬2頭を所有している」といった数値的情報。	動物の数を逐語的に再生させる，相対的な多さを判断させる。
2 ファジーな処理に対する選好（推論・判断・意思決定において，通常は主旨に基づく処理あるいは直観に頼る）。	環境問題に関する4種の解決策。ポジティブフレーム（人や動物の生命や森林が守られる）およびネガティブフレーム（生命や森林が損なわれる）。	それぞれの課題タイプにおいて参加者は確実な策かリスクのともなう策かを選択。「タイプ4課題」は古典的なフレーミング課題（「タイプ1課題」）と同じだが，否定的な内容は提示されなかった。通常，タイプ1課題の場合，利得フレームにおけるリスクをともなう策は次のようになる「魚の放流が実行されると，1/3の確率で12種すべてが助かるが，2/3の確率でいずれも助からない」。タイプ4課題ではこうなる。「魚の放流が実行されると，1/3の確率で12種すべてが助かる」。
3 主旨に合致する妨害刺激による虚記憶が発達につれ増加。	DRM（Deese-Roediger-McDermott）課題での意味的関連語のリスト。	DRM課題についての55の先行研究について，参加者が提示リストの単語をどのくらい多く再生するかあるいは再認を求められているのかを精査した。
4 体験が増すほど主旨に基づく処理に頼るようになる。	循環器リスクの程度が3段階に分かれた9名の（架空）患者についての，9種の意思決定課題文。	参加者は，不安定狭心症についてのガイドラインに従って患者に対応することが求められた。それぞれの患者について，リスクもしくは確率あるいはトリアージの判断を行うことが求められた。
5 意思決定における発達逆転現象。	2種の刺激セットに分割された，60の意思決定問題で人命その他の価値判断を含むもの。被験者1名につき30問（15問ずつで利得フレーム，損失フレーム）。刺激文は3種の条件で設定された。①完全（通常のフレーミング課題と同様，②「全て失う」可能性は提示しない，③全て失う可能性のみを提示。	現実場面での選好はどうなるかという基準で，確実策かリスクをともなう策かを選択することが求められた。

第3章　感情予想に関する矛盾をはらんだ乖離についてのファジートレース理論による説明

得られた知見	出典
子どもの場合，逐語的数値情報が想起可能であったとしても，主旨的判断（最も多い／少ない，あるいはどちらが多いか）には貢献しなかった。また逐語的記憶を向上させるような実験操作は，主旨記憶に対しては有効ではなかった。主旨記憶を補強するような追加情報を与えた場合，逐語記憶が損なわれた。	Brainerd & Gordon（1994）
タイプ1とタイプ4課題は同一となるべきだが，フレーミング効果が見られたのはタイプ1課題の場合のみだった。ファジーな処理が好まれたことを示唆する。タイプ1課題では，利得フレームの場合は助かる魚もある vs 助かる魚もあるかもしれないがすべてを失う，というようにとらえ，損失フレームでは，助からない魚もある vs 助かる魚があるか助からない魚はない，というようにとらえる。このことが，利得フレームでは確実策を，損失フレームではリスクをともなう策を選択するように促す。一方，タイプ4課題では利得フレームの場合，助かる魚もある vs 助かる魚もある，ということになり，損失フレームでは助からない魚もある vs 助からない魚もある，という具合になるのである。	Kühberger & Tanner（2010）
参加者は提示リストに関連した単語を誤って想起した。55のうち53の研究では，発達につれ虚再生，虚再認が増えていった。	Brainerd, Reyna, & Zember（2011）
医学生と比較して医師たちはより少数の特徴のみに基づいた判断を行った。また医師による判断は外部的基準に基づきリスクの程度を区分することに関して優れていた。その一方，ガイドライン内の基準を外れることは多かった。医師たちは少数の特徴に基づきより的確，全か無というような基準で診断選択肢の決定を行った。	Reyna & Lloyd（2006）
大学生と比較して情報機関の職員はより大きな意思決定バイアスを示した。表面的な言い回しの違いによって等価な結果である場合でも異なる判断を行った。一般の社会人被験者は大学生と情報機関職員の中間となる判断傾向を示した。	Reyna, Chick, Corbin, & Hsia（2013）

づく表象は，情報の正味の意味を抽出したものだからである。逐語的な記憶によって記憶項目についての，特定的で鮮明な回想が得られることになる。一方，類似感といった特定的ではないようなものは主旨の記憶によりもたらされる（Reyna, Mills, Estrada, & Brainerd, 2007）。特定の事実についての記憶は，どちらの種類の情報が検索されるかに依存するのである。記憶違いは，主旨表象に頼る場合に増加するであろうし，逆に逐語表象により減少するであろう。たとえば実験参加者に「病気」「病院」「看護師」といった単語を提示する。「医療関連」といった主旨表象に頼って想起する参加者は誤って「医師」という単語が提示されたと再認することであろう。一方，こうした単語を逐語表象つまりそのまま丸暗記式でおぼえた参加者は，「医師」という単語を誤再認することはあまりないと考えられる（Brainerd & Reyna, 2005）。主旨記憶に対して繰り返し記憶手がかりが発せられる，というような条件では，主旨記憶の検索により誤って項目特異的な回想感が鮮明に発生すると予測されるが，この現象はファントム回想として知られている。したがって逐語記憶に基づく場合，符号化時の刺激と同一の情報については提示されたと判断し，一方，意味が一致しているだけの主旨情報については提示されなかったと判断する，ということになる（Reyna & Kiernan, 1995）。しかし，主旨記憶のほうがより永続的である。そしてこのことがより大きな干渉効果をもたらすことになる。そこで，時間が経過すると提示された刺激だけではなく，意味的に合致した主旨項目についても，その単語が提示されたと判断してしまうのである（Reyna & Kiernan, 1994, 1995）。

　こうした記憶（あるいは心的表象）は，意思決定や推論といった情報処理の際には常に活用される。FTT の理論的仮定では，成人はさまざまな課題を実行する際にファジーな処理のほうを好む。つまり成人の場合でも，情報は逐語，主旨両方の表象として符号化されるが，意思決定や推論の際には，最もシンプルな主旨情報が活用される，ということである。これに対し子どもや青年の場合，状況に対する主旨に関して成熟した理解が不足しがちであり，また，主旨から逐語にいたる階層の末端である，より詳細な情報のほうに注目しがちであるといえる。意思決定において未熟な処理を行うということは，限定された状況にしか当てはまらない得失や利得を考えすぎる数学問題での計算の仕方に類似している（Wilhelms & Reyna, 2013）。子ども，青年，成人に対して行われた実験室での研究では，こうした発達パターンがみられることが確認されている（たとえば Reyna & Ellis, 1994；Reyna, Estrada, DeMarinis, Myers, Stanisz, & Mills, 2011；Reyna & Farley, 2006）。

　通常，発達が進み多くの経験を積むにつれ，個人の意思決定は逐語的な詳細情報ではなく主旨，つまり情報の意味に基づくことが中心となり（Reyna & Brainerd, 2011），主旨情報の階層のなかでも最も粗い情報レベルに対する選好が強くなる。つまり成人

の場合は，主旨のなかでもよりカテゴリカルで粗いレベルの情報に基づいて判断を行い，そのレベルで解が求められない場合のみ，より詳細なレベルの情報を用いるのである（Reyna, 2012）。

主旨に基づいた処理は，字義どおりではなく意味に基づいたものであるという点でより洗練されており，ある状況に対する成熟した理解により，よりよい意思決定が可能になる。それに対し，青年でみられるような逐語情報に基づく判断は，リスクをともなうものである（Reyna & Farley, 2006）。たとえば，青年はHIV感染のリスクを冒すような判断を行いがちである。これは感染確率が低いためである。一方，成人の場合は「危険なことである」という主旨に基づいた判断を行うため，感染確率という数値的な情報に基づくよりも，よりカテゴリカルな，リスクに近づかない，という判断をただちに行うことであろう。医師を対象にした意思決定研究例においても，専門領域に関する判断については専門的知識が豊富な心臓専門医のほうがそうでない人よりも，情報のうち少数の側面のみに注目し質的な判断を行う，という結果が得られている。この場合，主旨表象に基づいた判断のため，リスクを見分ける，ということに関してより的確な判断であった（Reyna & Lloyd, 2006）。

2節　主旨と発達，熟達化

ファジートレース理論を感情状態やそれらに対する判断や予想，そして主観的ウェルビーイングに関する予測について適用する前に，他の判断に関してFTTの原理によってどのように説明されるかを確認していく。FTTでは，主旨よりも逐語情報に基づく処理のほうが容易で，発達的にみて早い時期にみられることを予測する。そこで，まず青年と成人との判断の相違を示すことにより，主旨に基づいた判断がどのような結果をもたらし，それが逐語情報に基づく判断とどのように異なるかを説明していく。主旨と逐語処理の発達パターンに関する証拠について議論しながら，こうした発達パターンが主観的ウェルビーイング（subjective well-being：SWB）についても当てはまることを確認していく。

推論における判断バイアスは年齢を重ねるにつれて増していく。発達逆転と呼ばれるこの現象は，逐語的および主旨的処理が独立そして並行的に行われるというFTTの理論的仮定から説明可能である。こうした推論における発達逆転現象には，フレーミングバイアス（つまりギャンブル課題などにおいて，言い回しによって選好に非一貫性が生じること），代表性ヒューリスティック（つまり推論の過誤を引き起こすような心的ショートカット），虚記憶といった例があげられる（たとえばBrainerd, Reyna, & Zember, 2011；Reyna & Brainerd, 1994）。

成長し歳を重ね経験を積むにつれ，青年も主旨に基づく処理の割合が増え，逆に逐語情報に頼ることは少なくなる。つまり主旨—逐語にわたる情報レベルの連続体のうち，カテゴリカルなほうへと徐々に移行し，ファジーな処理を好むようになるのである。青年の段階から成人期にかけての，こうした発達的移行は神経レベルにおける発達差と並行的である。軸索の髄鞘化に随伴して，結合強度が弱い，あるいは使われていないシナプスの「枝刈り」によって起こる灰白質の減少が幼少期から青年期にかけてみられるが，このことにより情報の転送に関して高速・効率化が促される（Chick & Reyna, 2012；Giedd et al., 2012）。髄鞘形成が進み，前頭前野と頭頂，皮質下，連合野といった長距離の結合が発達することで（Asato, Terwilliger, Woo, & Luna, 2010；Klingberg et al., 1999；Mukherjee & McKinstry, 2006），情報の統合度合いもまた促される（Chick & Reyna, 2012；Reyna & Brainerd, 2011）。しかし，こうした発達は必ずしも，記憶や推論に関する実験課題の成績を向上させるものではない。それどころか，年とともに主旨に頼る処理の度合いが進むにつれ，DRM（Deese-Roediger-McDermott）課題や（Brainerd, Reyna, & Zember, 2011），フレーミング課題（Reyna, Chick, Corbin, & Hsia, 2013）などでみられるような，意味処理に基づいた記憶や推論の過誤を引き起こしやすくなる。こうした「知的」な過誤はFTTが予測するような主旨処理への発達的移行の証拠となる。発達逆転現象が，なぜそのように呼ばれるかというと，通常は発達とともに判断の正確さが増すものだと考えられてきたからだ。しかしそれが本当に「逆転」だということになると，潜在的に破局的な事態を招くリスクの防護，といった研究の文脈で示されてきたとおり，ファジーな処理に対する選好が全般にみて有利な結果をもたらす，ということとは相容れない（たとえば，Mills, Reyna, & Estrada, 2008）。

　逐語中心処理から主旨中心処理への発達的移行は，ここまで述べてきた発達逆転現象だけではなく，状況に対する成熟した理解のために必要な洗練された処理，ということについてもうまく説明してくれる。すでに示したとおり，神経ネットワークの成熟は情報の統合化を推し進めるものであるが，このことにより，少数で高度な側面の情報のみを（より短時間で）処理することが可能になる。そしてこれが，青年期から成人期に移行するにつれ全体的によい意思決定が可能になる理由である（Reyna, Chapman, Dougherty, & Confrey, 2012）。

　脳機能イメージングの研究からは，青年は意思決定に際してより熟慮する傾向がある，という証拠があげられている。たとえば「髪の毛に火をつけるのはよい考えであるかを決める」といった，最終的には否定されるような，リスクをともなう意思決定課題に対して，青年は成人と比較して判断に余計に時間がかかる（Baird & Fugelsang, 2004；Reyna & Farley, 2006）。このような課題に対して，青年の実験参加者は，髪

の毛に火をつけることに対しては「ノー」，サラダを食べることに関しては「イエス」という具合に，最終的には安全かつ健全な回答を行うが，脳機能画像データからは，青年によるそうした判断時に関与するのは，前頭前野などの熟考と関連する領域である。一方，成人については，この種の判断は，より素早く行われ，またその際には心的イメージと関わる紡錘状回や，「内臓反応」と関わる島（インスラ）の活動が確認されるのである。こうした結果は，FTTによる理論的予測と整合的である。つまり青年は意思決定の際に成人とは異なり，質的・意味的表象よりも，より量的で逐語的な表象に頼りがちだということだ。

3節　リスクの知覚とリスクテイキング

　公衆衛生の分野，たとえば，性行為の開始年齢と経験人数といった事柄に対するリスクテイキングの研究においても，FTTの原理を適用し，青年のリスク知覚やリスクテイキングのあり方を検討した例がある。たとえば，個人的リスクについての評定値と自己報告によるリスクテイキングとの関係は，質問文の言い回しを変える実験手続きによって逆転させることができた。これは言い回しの違いが逐語あるいは主旨処理を促す，というFTTの予測どおりである。すなわちFTTの原理に従えば，回答者に対しリスクの大きさを，極めて具体的に数値で評定させるような質問項目の場合は，リスクテイキングの事例に関して逐語的な記憶を引き起こし，一方，「高リスク」「低リスク」のように大まかでカテゴリカルな反応を求める場合は，主旨を呼び起こすということである。実験の結果，数値評定課題の場合はリスク知覚とリスクテイキングとの間に正の相関が，カテゴリカルな評定の場合は負の相関が確認された（たとえば Mills et al., 2008; Reyna et al., 2011）。

　こうした研究からも，FTTの予測どおり青年は，主旨表象よりも逐語表象に基づいて考慮することによりリスクをともなう意思決定やリスク評価を行いがちだということが示唆される。このように，成人と青年とでは判断の仕方が異なるが，これは逐語処理と主旨処理との違いによるものであり，また，この相違からSWB判断のあり方についても理論的予測を導くことができる。特に，質問文のわずかな相違によって異なった表象が呼び出され，それが正反対の判断の違いを生むこと，また，主旨表象に基づく判断のほうが，現実的によい結果をもたらすこと，といったことを支持する証拠があげられている。これら2つの効果はいずれも，SWB判断について検討する際にも関与してくるのである。

　逐語的な処理と比べると，主旨に基づく処理はリスクをとるということに関して防護的な効果があるといえるかもしれない。主旨に基づく処理に頼る場合，「予防具な

しのセックスは AIDS のリスクがある」といった，単純で正味の部分だけが抽出された意味に基づいて個人での意思決定が行われることになるだろう。その結果として「リスクを避ける」「やって後悔よりも安全を」といった単純な価値判断や原則を採用することになるのである。これに対して逐語的で数量的思考では，リスクと利得とのトレードオフを検討することになり，その結果はしばしばリスクをとることにつながる。というのは，リスクをともなう行動は，その多くは利得が大きくリスクは少ないものだからである。たとえば，予防具なしの性行為を 1 度行うだけで HIV に感染するリスクは，予想される利得を考えると低いものであり，とりわけ，そうした行為を何度も繰り返す場合のリスクの大きさと比較する場合，1 度きりの行為は低リスク，ということになるだろう（Mills, Reyna, & Estrada, 2008）。一方，HIV 感染リスクについての主旨は「ひどい」ということになるだろう。そこで，予防具なしでの性行為は避けられるということになる。

　フレーミング課題においては，青年は逆フレーミング効果，たとえば賭けにおいて金額が大きいといったような獲得し得る報酬が大きな状況ほど，利得フレームにおけるリスク選好行動を志向するようになるのである（Reyna et al., 2011）。青年は報酬の大きさに対して敏感である，ということは青年は意思決定時に「ひどいリスク」といったカテゴリカルな原則ではなく量的な情報を考慮する，という FTT による予測を支持するものである。

　発達関係の研究によると，報酬メカニズムと認知的制御のメカニズムとでは，発達の度合いに相違があることが指摘されている。具体的には，腹側線条体のドーパミン経路は動機づけや報酬のあり方に応じて活性化するが，この部位は認知的制御や抑制に関わる前頭前野よりも早い時期，つまり青年期と成人前期に達する以前から発達することが示されている（Somerville, Jones, & Casey, 2010）。腹側線条体内でも側坐核は，報酬の大きさに比例して反応することが示されており，これは成人でも同様であるが，青年では特に報酬の大きさに敏感である（Chick & Reyna, 2012）。報酬系の発達に対して認知的制御系の発達が遅れるということが，リスクテイキングを促していると考えられる（Reyna & Brainerd, 2011）。刺激希求（Romer, 2003；Steinberg et al., 2008）や時間価値割引の大きさ（Green et al., 1996；Reyna & Farley, 2006）は青年期に頂点に達するということも，この仮説を裏づけるものとなるだろう。前頭部と皮質下報酬系とを結びつける灰白質は青年期に増大するが，このことによって，リスクをとる行動に対処するための抑制と自己制御の発達が促進される（Casey et al., 2008；Galvan et al., 2007）と考えられる。FTT はこうした研究成果と整合的であり，またすでに述べたシナプスの枝刈りや髄鞘形成に基礎づけられる主旨処理の発達に関して，より詳細な予測が可能である。成熟した大人がリスクをとりたがらない

のは，自己制御がより発達しているからだけではなく，リスクをともなう状況を主旨として直観的に把握し効率的にシンプルなリスク回避策を検索できるからである。またこのことが自己制御をいっそう促進するのである。

　意思決定や行動の意図に関する研究からも，主旨に基づく処理による防護的な効果や全般的なリスク回避効果を確認できる（Reyna & Farley, 2006）。たとえば，すでに触れたとおり，リスク知覚に関する尺度で質問文を変えたり（特定的もしくは全般的），求める反応の詳細さを変化させてみる（逐語もしくは主旨）。リスクについてカテゴリカルに考えさせたり「リスクを避ける」といった選択肢を設けてみる場合，リスクテイキングの度合いが減じられた。「性行為のリスクは小，中，大のどれか？」といった大まかなものと比較すると，「来月にどのくらい妊娠する／させる可能性があると思いますか」といった，より逐語的判断が求められるような質問に対する判断は，よりリスクをともなう行動と関連していた（Mills, Reyna, & Estrada, 2008）。「リスクは多いよりも少ないほうがよい」といった相対的な原則ではなく「リスクなしがよい」といった，カテゴリカルで絶対的な原則を後押しすることにより，より低リスク志向の行動意図に結びつくのである。たとえば，絶対原則を後押しする場合と比べ，相対原則のほうを後押しすると，青年は2倍近く（61% 対 30%），性的に積極的になるのである（Mills, Reyna, & Estrada, 2008）。さらに，青年を対象にしたフレーミング課題研究においては主旨思考に関する指標から，現実場面でのリスクのある行動をとるか，または，その意図があるかを一貫して予測できるのである（Reyna, Estrada et al., 2011）。つまり，主旨に基づく思考は健康的，防護的な思考や行動につながる，ということである。ただし，リスクをとることがその人の意見の主旨を反映しているような場合は，主旨処理による場合のほうが高リスクに結びつくこともある。

4節　少数の特性から高い正確性を得る

　ある状況では，判断に際して少数の特性に基づいた主旨処理を行うことがより正確な意思決定につながる。FTT はこのように予測する。つまり逐語的な詳細情報を連ねるよりも，より簡潔な主旨表象のほうが正確な場合があるということである。後にみるように，生活に対する満足度といった全般的なウェルビーイングに関する判断については特にこうした逆説的なケースが該当するだろう。詳細が省かれた情報から，専門家等がどのように意思決定を行うかを検討することで，SWB のような全般的な予想や判断に関して FTT がどのような予測を行うかを明らかにすることができるだろう。

　FTT に従うと，人々が知識を蓄えるにつれ，情報処理のあり方はより主旨中心な

ものになるということになる。意思決定の際にどのような情報を無視すればよいかをわきまえるのには経験が必要である。そして，経験に乏しい人が意思決定に際しすべてについて検討しようとするのに対し，経験豊富な人はより少数の側面の情報のみに基づいて意思決定を行う。この原則は，Reyna & Lloyd（2006）が行った研究で確かめられている。この研究では，不安定狭心症に関する専門的判断の熟達の仕方についてどのような幅がみられるかを比較検討したものである。対象は医学生，家庭医，救急医，内科医，心臓外科医，そして著名な心臓外科医たちであり，医学生を含め全員が不安定狭心症に関する意思決定について教育を受けた者たちであった。調査結果では，リスク知覚とリスク許容に関する知識のあり方に相違がみられ，それは意思決定のあり方の相違を予測するものであった。つまりより知識のある人のほうが確実に高リスク患者と低リスク患者を判別できたのである。そして，知識水準の高い人のほうが少数の情報，もっというとリスクに関する単独の情報のみに基づいて，より明確に判別を行ったのである。それに対して知識水準が高くない人は，リスクに関してより多くの情報を考慮し，その結果も中程度のケアを要する，といったどっちつかずな判断をしがちであった。こうした結果は，専門家がより少数の情報に基づきより明確な判断を行うということを裏づけるものである。同様の結果は，救急救命判断に際してのプロトコルからの逸脱に関する研究からも確認できる（Lazar, 2012）。より高度な訓練を受け経験を積んだ救急救命士のほうが救急プロトコルについて詳細な知識があったにもかかわらず，基本的な訓練しか受けていない救急士よりもプロトコルからの逸脱が多くみられたのである。とりわけ救急シナリオが（症候の表面的な特徴とは反対に）大筋でプロトコルから逸脱することが望ましい場合に，この傾向が顕著であった。FTTの原理どおり，経験を積んだ救命救急士たちは，逐語的知識は明らかに有していたが，経験の少ない救命士たちと比較してより主旨による処理に頼ったのである。

　意思決定時における熟考についての研究からも，主旨ベースの処理のほうがより正確な意思決定につながる，という証拠が得られている。たとえば，ある状況下では意識的な熟慮がないほうがより正確な意思決定ができるという研究がある（Dijksterhuis, Bos, Nordgren, & van Baaren, 2006）。実験において，参加者は自動車についての情報を読むことが求められた。記された情報では，それぞれの自動車について4もしくは12の特徴があり，これは認知的負荷の程度がどの程度の効果をもつかを検討するためであった。他の自動車の25%，50%と比較して，最もよい自動車は75%の特徴がよいものであった。実験参加者の半数は，4分間の制限時間内に，最もよい自動車がどれであるかを検討するよう求められた。残り半数の実験参加者は同じ時間内で別の推論課題を行った後，最もよい自動車を選択するよう求められた。より高い認知的負

荷である．12の特徴で記述された自動車について選択を行う際，推論課題のほうの参加者は，自動車の詳細な情報に関しての逐語的記憶がわずかであった。そこで主旨による処理に頼らざるを得なかったのである。主旨処理によって選択した参加者は，時間をかけて詳細に検討した参加者よりも有意に最良の自動車を選択したのである（Dijksterhuis, Bos, Nordgren, & van Baaren, 2006；Fukukura, Ferguson, & Fujita, 2013も参照）。つまり，逐語的な情報に基づいて詳細な検討を行うことが意思決定に際して有害に働いたのである。これは細かな情報の記憶により推論課題成績の低下が起こった，FTTに関する初期の研究例でもみられたことである（たとえばReyna & Brainerd, 1995を参照）。

以上の例から，発達逆転のような現象も引き起こすとはいえ，主旨に頼った処理は次の2点に関してよりこなれた意思決定につながるといえる。まず，リスクテイキングに関して防護的な効果がある。リスクと利得とをトレード・オフの関係でとらえるのではなく，カテゴリカルな原則に基づいてリスク回避を促すのである。2つ目に，少数の情報に基づいた正確な意思決定を促すという点である。こうした効果がみられるのは，主旨処理では情報のなかでも最も重要なものに焦点が当たり，無視してもかまわないような余分な情報は無視されるからである。

5節　ファジートレース理論と感情の記憶

ここまでで示してきたとおりFTTでは，判断は記憶表象のあり方に左右され，成人の意思決定においては主旨表象に頼ったものとなる。このことはSWBについての判断にも当てはまるものである。現在の感情やウェルビーイング，過去の出来事に対する感情の記憶，そして将来の出来事についての感情やウェルビーイングについての予測，こうしたことがSWBにおいて判断対象になると思われる。将来の出来事を想定する場合と，過去の出来事を想起するときでは同じ神経回路網が活性化するという研究もあり（Schacter, Addis, & Buckner, 2008；Wilson & Gilbert, 2003），将来についての予想は類似の過去経験の記憶に左右される傾向にある。感情状態についての将来予想や過去の記憶が正確なものであるかを予測するためには，こうしたことがどのように主旨および逐語情報の記憶表象として貯蔵されているかを検討することが重要である。

感情経験をどのように表すかということについては，感情価と覚醒度の区分が有用である。感情価とはポジティブまたはネガティブ（もしくは良い，悪い）といった感情に対する評価のことであり，覚醒度とは感情の強さを示すものである。記憶された主旨表象の階層性は概ね，カテゴリカル，順序的，そしてより詳細な逐語表象という

ように，測定における尺度水準の階層と平行的であることを考えると，ある経験についての感情価の記憶は全か無かというような最もシンプルでカテゴリカルな主旨表象として貯蔵されていると考えられる（Rivers, Reyna, & Mills, 2008）。そして感情価の記憶がカテゴリカルなものであり，FTTが考えるように直観というものが主旨ベースの処理に基づくものである以上，感情価の記憶に基づいて直観的な判断がなされるということになる。FTTに基づくこの仮説は神経科学からの証拠事例によっても支持されている。つまり（隣接した側頭葉内側部ではなく）扁桃体の損傷によって刺激の主旨を記録することに関して障害が発生したが，詳細情報の記憶は保たれていたのである（Adolphs, Tranel, & Buchanan, 2005）。また，ポジティブな感情価の記憶が持続することにより，ごく短時間のみ提示された刺激に対する選好判断が増したという証拠や，感情価に対する長期的な記憶のあり方から，それが主旨として保持されている証拠もある（Monahan, Murphy, & Zajonc, 2000；Zajonc, 2001）。ある経験や刺激の主旨表象として貯蔵されている感情価は，それらの意味の中心をなす（Osgood, Suci, & Tannenbaum, 1957）。こうした感情価の記憶状態が経験に関する他の判断にも影響を与えるのである。

　それに対して覚醒度の状態は，経験に関する感情価の記憶とは異なった情報として記憶されると考えられ，経験中の情報がどのように符号化されるかということに関して影響を与えると思われる（Rivers, Reyna, & Mills, 2008）。たとえば，ネガティブな感情価をもつ覚醒度は，主旨情報の記憶を促進する一方，刺激の視覚的な詳細についての記憶を弱めることと関係があった（Adolphs, Denburg, & Tranel, 2001）。この効果に関連するのはまたしても扁桃体である。右半球のみで発生した扁桃体の損傷では，詳細情報の記憶と覚醒度との間に関連性は見いだせなかったのである。しかし，若い成人においては，ネガティブな覚醒度により主旨の記憶が促進されるが，同時に刺激の主旨に大きく関連する詳細情報の記憶についても促進がみられ，重要でない詳細情報の記憶については促進効果が得られなかった（Kensinger, Garoff-Eaton, & Schacter, 2006）。右半球側の扁桃体は視覚的詳細情報の記憶とも関連していた（Kensinger, Garoff-Eaton, & Schacter, 2007）。こうした効果が示すのは，一般に覚醒度の水準によって感情的経験の主旨やそれに深く関連した詳細情報の処理が促され，記憶にとどまり続けるということである。

　以上のことからFTTでは，感情的経験についての感情価は，「ポジティブかネガティブか」「良いか悪いか」といったカテゴリカルな主旨表象として記銘，保持され，その後の判断や意思決定に影響されると予測する。一方，記銘時における感情的経験についての覚醒度は，経験に関する主旨をより強調し周辺情報を軽視する役割を果たすことになり，結果として主旨の記憶が促進されることになるのである。覚醒度のこ

うした役割は，ストレスや情動といった要因に対して逐語的記憶が干渉されやすいということからもうかがえる（Rivers et al., 2008）。我々がいかに多くの判断場面において主旨に頼っているかということを考えると，過去や将来についてのウェルビーイングに関する判断もまた同様であろう。Wilson & Gilbert（2003）が記しているように，将来の経験に関する感情的な判断を行う場合は，過去に経験した感情をもとにしているのである。であれば，記憶表象のあり方が判断や予想にどう影響しているかを検討するために，SWBや感情予想に関する研究においてどのように判断が扱われているかを簡単にまとめておくことが重要であろう。

6節　幸福度と主観的ウェルビーイングのアセスメント

多くの側面からSWBを検討することが可能である。たとえば，シンプルな定義としては，一時的な経験としてのポジティブ感情や幸福度，というものがある（Wilson & Gilbert, 2003）。こうした一時的状態については，ネガティブ感情と比較してポジティブ感情をどのくらい多く経験しているか，といった形でデータを得ることができる（Diener, 2000）。SWBには生活満足度といったより全般的な要素もあり，こうした側面は，生活に関する全般的な判断や，仕事や家庭といった特定の領域に関する全般的な判断として定義づけることができる。

SWBや感情予想に関する研究では，しばしば自己評価尺度などが用いられている。こうした尺度のなかには，PANAS（Positive And Negative Affect Schedule）（Watson, Clark, & Tellegen, 1988）といった多くの質問項目で構成されるものもあるが，感情予想に関する近年の研究では，多くの場合は幸福度を単独の質問で尋ねる形式が用いられる（Wilson & Gilbert, 2003）。たとえば，現在あるいは最近どのくらい幸せであるか，というような質問形式であったり，日々の活動をどのように行っているかに答えてもらうといった調査方法である。測定する幸福度についてもその細かさはさまざまである。「生活全般について，どの程度満足しているか」というような質問については，「十分満足している」から「とてもひどい」までの7段階で満足度が測定されてきた（Andrews & Withey, 1976）。一方，最近の研究では「今どのくらい幸せに感じるか」というような一時的な幸福度をその場で答えさせる質問項目に関して1から100の連続的な数値で程度を答えさせている（Killingsworth & Gilbert, 2010）。

ウェルビーイングと幸福度についての判断をどのようにして尺度化するかということは，個人が情緒的反応をどのように思い出し，将来の出来事に対する情緒的反応をどのように予想しているか，こうした点を説明・予測するためには重要なことである。

FTTでは，ある課題を行うために必要な表象の（主旨か逐語かといった）詳細さが，課題への回答形式に影響されることを予測する（Mills, Reyna, & Estrada, 2008）。つまり，質問に対する回答形式によって主旨もしくは逐語表象のどちらかが活性化されるのである。たとえばいずれを好むかを選択する，というようなカテゴリカルな反応形式の場合はシンプルな主旨の表象が活性化され，逆に好みのものにいくら支払うことができるかといった具体的な数値つまり値段を答えさせるような質問では逐語情報の表象が活性化される，ということである。FTTによるこうした理論的予測は，選好の度合いもしくは好みの程度と数値の大きさの関係を逆転させると選好判断が変化する，といった研究からも支持されると考えられる（Fischer & Hawkins, 1993）。また，反応形式の相違によって選好逆転現象が発生することも，この予測を裏づけるものである（Reyna & Brainerd, 2011）。FTTではまた，課題を遂行するために必要な表象を最小限で済ませることも予測する。したがって，ある課題を遂行するために必要なのが，ポジティブかネガティブかといった感情価についての判断であったり，ある体験が幸せであったか悲しかったかを思い出すことであったりというようなカテゴリカルな場合は，シンプルな主旨表象が用いられることになる。逆に覚醒度の大きさを評定したり，過去の幸せな体験について，強度や持続期間を具体的に思い出すことが求められる場合は，より特定的な表象が必要になる。すでに述べたとおり，こうした特定的で逐語的な表象は時間経過により干渉を受けるので，課題実行時に必要でありながらそうした逐語表象が得られない場合，主旨に基づいて反応を再構成することになるだろう。

SWBの記憶が正確かということに関して，FTTはここまでで説明してきた原理に基づいて予測を行うことになる。感情価に関する判断や個別的な感情状態といった，感情についてのカテゴリカルな内容は主旨表象であり，時間経過に対して頑健であるといえる。また，将来の出来事に関する予想と過去の出来事の記憶とが同じ神経回路網に依拠したものである（Schacter et al., 2012）ということをふまえると，感情についての主旨表象をもとにして将来のウェルビーイングや幸福度についての予想が行われると考えられる。こうした予想が正確であるかは，質問に対する反応形式に依存することになる。もしも体験についての感情価や個別的な感情状態を思い出したり予想することが求められるような課題の場合，予想は概ね正確であろう。主旨表象は時間経過に対し頑健であると考えられるからである。例外があるとすれば，判断のもととなるような体験がない場合だろう。一方，幸福度についての数値評定のように特定の値が求められるような課題の場合は，時間経過に干渉される逐語表象が活性化されることになる。となれば，特定の刺激や出来事の感情に関して，その想起や現在の評価，そして将来予想，これらの一致度は低くなるということになる。現時点での評定

を基準ということにすると,過去や将来に対する判断は不正確なものになるということになるのである。現時点での感情的反応とは異なり,全般的なウェルビーイングについての判断は時間経過に対して頑健な主旨表象に基づくものであり,その結果として,将来予想や記憶は逐語的な詳細情報のせいで誤ったものに誘導されがちになると考えられる。これまでに感情予想について FTT を適用した説明例はないが,ここまで述べてきた理論的予測を支持する証拠となるような研究例があり,それらをこれから検討していくことにする。

7節　主旨に基づいた感情価の判断

　感情予想に関する既存の研究では,得られた証拠について,反応形式によって異なった記憶表象が呼び起こされるという点からは検討されておらず,矛盾したような知見もある。しかし得られた証拠を,主旨か逐語のどちらが活性化されているか,という点から解釈することによって,我々がどのように判断したり予想したりするかを説明したり,SWB の判断についての予測を立てることができるだろう。これまでの研究からは,特別な課題指示がなければ,我々は主旨に基づいて感情を予想するだろう。この点については概ね支持できる証拠がある。なので,実験参加者は感情価や特定のカテゴリーの感情を予想するということに関しては概ね正確であるといえる。しかし,感情の強度や覚醒度といった逐語的判断に関する実験参加者の予測はあまり正確でないようである。

　感情価の予測についての正確さを示す研究がある（Wilson, Wheatley, Kurtz, Dunn, & Gilbert, 2002）。この研究では実験参加者に,デートを楽しむゲームで勝った時あるいは負けた時にどのように感じるであろうかを予測させてみた。コンピュータ予測による,デートの相手が見つかる期待値（1.5％から98.5％）が参加者に示され,ゲームに勝ったあるいは負けた場合にどのような気分になるかを予想するように求められた。期待値の大きさによってどのくらい良いもしくは悪いかということに関しては幅があったものの,参加者は一様に,感じるであろう気持ちがポジティブであるかネガティブであるかを正確に予測した。将来の感情価を予測する際に誤りが起こるとしたらそれは関連する過去の経験がない場合であろう。たとえば今までに食べたことがないものを食べようとする子どものようなケースである（Wilson & Gilbert, 2003）。つまり,将来に当てはめることができるような過去経験についての主旨表象がないということである（Schacter, Addis, & Buckner, 2008）。こうした例があるものの一般的にみて我々は将来の感情状態について,感情価（ポジティブあるいはネガティブ）のようなカテゴリカルな判断を正確に行うといってよいだろう。

また，感情価の他にも，カテゴリカルな感情状態についても正確に予測することができるといえそうである。このことを示した Robinson & Clore（2011）による研究では，実験参加者を予想群と体験群とに分けた。予想群の参加者は何枚かの写真についてそれぞれ書かれた短文を読み，実際に写真を見た場合にどのような気持ち（怒り，幸せ，困惑など）になるかを評定した。一方，体験群の参加者は実際に写真を見たうえで，感情に関する同様の評定を行った。両群の評定の平均は高い一致度を示した。つまり，予測された感情状態と実際とは同様のパターンを示していたということになる。予測が正確ではなかったのは，予想群の参加者で評定において一般的信念が反映された場合であり，感情強度の評定がその典型であった。このことも主旨に基づいて判断が行われるとする FTT の理論的予測を支持するものである。

　ここまで見てきたとおり，将来の経験についての感情価とカテゴリカルな感情状態については，過去の経験の主旨に基づいて正確に予想できるようである。しかし皮肉にも，詳細なレベルでの予想はさほど正確であるとはいえない。このことは後に記すことにする。ある状況を個人的に経験したことがなく，したがってその記憶がないというように，関連する知識がない場合は，予想の正確さは落ちてしまうのである。

8節　逐語的詳細に基づいた正確な判断

　より詳細に予想するよう求められるほど，感情予想の誤りも増えていく。幸福度や覚醒度に関して，そのレベルや強度を詳細に報告するよう求められる場合，逐語表象が用いられることになるが，それは時間経過による干渉の度合いもまた大きくなるということである。将来のある時点での幸福度の強さといった，特定の逐語表象を欠く場合，それを予想するには主旨に頼ることになり，その場合，課題の指示や質問に基づいて描かれる「出来事のあり方」が問題となるだろう。結果として，幸福度についての過去回想，現在の幸福度についての評定値，将来の幸福度についての予測，これらの一致度は低くなってしまうだろう。現在を基準にすると，過去の回想や将来予想は相対的に不正確になってしまうということになる。将来の感情を予測する際，その状況に応じた逐語的手がかりが与えられる場合，こうした誤りは減らすことができる。

　この効果を示した研究が報告されている（Wilson, Wheatley, Meyers, Gilbert, & Axsom, 2000）。実験参加者が所属するフットボールチームが試合に勝つあるいは負けるとどのくらい幸せな気分になるかを予想してもらうというものである。参加者たちは試合後に感じるであろう幸福度を，1から9までの連続的な数値で評定するよう求められた。このうち半数の参加者は予想に先立って日誌をつけ，その際に，試合の翌日からどのくらいの時間で何をすることになるのか（たとえば勉強，友達とのつき

あい，など）を記すように求められた。試合に勝ったほうのチームに属する参加者は，各人それぞれの基準レベルと比較してより強い幸福度を予測していたし，逆に負けチームの参加者が予測した幸福度は低かった。こうした例はウェルビーイングに関してカテゴリカルではなく量的な予想を求められると，その正確さが落ちてしまうことを示すものである。出来事のあるべき方向性たとえば「試合に勝ったらどうなるのか」といった主旨となる期待に基づいて感情状態の予想が行われているように思われる。ところが，参加者に対して幸福度だけではなく，ゲーム後の日常活動のいろいろに関してどのくらいの時間を費やすことになるかを数値で判断してもらった場合，この効果はみられなかったのである。試合に勝った翌日からの幸福度についての報告は，実際の経験についての逐語情報の記憶が中心になっているようである。つまり試合後の出来事に関しての逐語的手がかりが与えられる場合，経験した幸福度に関する予測は，より正確になるようだ。

　別の研究でも同様の効果，つまり感情状態の強度予想に関しては期待されるよりも強いものとなったことが確認されており，感情の予想が，出来事のあるべき方向性といった主旨に基づくものであることをうかがわせる。そうした研究例の1つが，アメリカ大統領選挙の結果に関するものである（Wilson, Meyers, & Gilbert, 2002）。この研究に参加した民主党支持者は，選挙の3か月前，ビル・クリントンが勝つとどのくらい幸せな気分になるか予想するよう求められた。クリントン氏が再選を果たした1996年の選挙の直後，彼らはどのくらい幸せであるか報告するように求められ，さらにその3か月後に，選挙直後の幸福度を思い出すよう求められた。その結果，選挙直後に得られた実際のものと比較して事前の予想のほうがはるかに幸福度が高かった。ここまで紹介してきた研究と同じ判断バイアスがみられたのである。また，3か月後の回想の場合でも実際より高い幸福度であった。選挙前の予想に戻ったことになる。この幸福度の変化は事前の場合でも事後の場合でもともに，主旨に頼った判断の結果であるといえよう。支持する候補者が当選（することになる，あるいは，した）場合の幸福度について尋ねられる場合，強いポジティブ感での回答が得られる。これは聞かれていることが，回答者が出来事に対して抱いている主旨つまり出来事に関するあるべき姿に合致しているからである。しかし，選挙に勝利した当日の報告は実際に体験したことについての逐語的な記憶に基づくものであった。したがって全体的な幸福度の強さはその後のポジティブな出来事による影響をあまり受けなかったのである。

　現在のものではない出来事についての感情的体験の強さを過大評価してしまうといった，幸福度についての予測や判断はインパクトバイアスと呼ばれる（Wilson & Gilbert, 2013）。言い換えると，インパクトバイアスとはある出来事が感情状態にどのように影響するかということに関しての，持続時間や強度の面での過大評価である。

このバイアスは，豊富な文脈的な詳細やそれにともなう感情体験なしに感情についての判断を行うために生じると考えられる（Robinson & Clore, 2002）。その結果として，遠い将来についての予想は単純でカテゴリカル，つまり主旨に基づくものとなる。一方，少し先のことについては実際の体験から得られた詳細情報が活用しやすい（Liberman, Sagristano, & Trope, 2002）。FTT の予測では，詳細情報は長期間にわたっては貯蔵されず，それゆえ将来や過去のウェルビーイングを判断したり推定する際の文脈情報としては用いられない。ここまででみてきた証拠からこの理論的予測は支持されているといえよう。

9節　主旨情報に基づく全般的予測

今この瞬間の刺激や文脈に対する感情的反応とは異なり，生活全般についての幸福度や満足度といった全般的なウェルビーイングについての判断は，長期にわたって貯蔵活用される主旨に基づくところが大きい。そこで，全般的なウェルビーイングの予想が正確であるかに関しては，異なったパターンが考えられる。将来の予想であっても過去の記憶であっても，感情価の場合と同じく全般的なウェルビーイングについての判断は符号化された主旨に基づいて行われる。「このところ全般的にみて幸せですか？」。このような質問の下で行われる判断は，それが現時点のものであってもやはり主旨が活用されるだろう。FTT によると，この質問の仕方自体が主旨表象を呼び起こすことになるからである。したがって主旨に頼ったこうした判断は正確なものとなる。将来についての予想の場合でも最近の経験や記憶に基づいた同じ表象によって判断されることになるからである。そこでこれまでに見てきた研究例とは異なり，過去の経験の詳細な部分に焦点を当てる質問をすると，人の予想をミスリードすることができるということになる。この理論的予測はいくつかの研究によって支持される。

そうしたものの1つに，寮の居室割り当ての抽選でどのくらい全般的に幸せに感じるかを大学生に尋ねたものがある（Dunn, Wilson, & Gilbert, 2003）。この抽選に際しては，ルームメイトやブロックメイト（抽選に一緒に参加する学生たち）の組み合わせといった対人面での要素はどのような抽選結果であっても一定になるよう配慮された。抽選に参加した学生たちは，部屋の大きさや寮の立地条件よりも，対人面での要素のほうが全般的な幸福度を左右するであろうことを認識していた。そしてこの認識は正しく，幸福度は立地などの物理的特徴とは関係がなく，対人面での要素のあり方と相関していたのである。この点で実験参加者はどのような主旨が全般的なウェルビーイングと結びつくか正しく把握していたということになる。割り当てられた居室の物理的な特徴の相違は全般的な幸福度に対してわずかな影響しかもたらさなかった

が，この点に絞って幸福度を尋ねた場合，参加者たちは幸福度を過大に評価したのである。居室に関する質問によって検討ポイントがより詳細な部分に向けられたこと，つまりルームメイトがどのようにウェルビーイングに影響するかといった主旨から逸らされたことによって，重要でない逐語的情報に注意が向けられたのである。また，最も望ましいと評定していた居室に割り当てられなかった学生は，事前の想定よりも幸せだと答え，一番望みの居室に割り当てられた学生は，事前よりも幸福感が得られなかったと回答した。2つ目の実験では質問の順序を替え，予想を行う前にどのような要素が幸福度に影響しそうであるかを尋ねた。順序を入れ替えたことによって，判断はより正確になった。寮の立地といった相対的に見て重要ではない情報ではなく，誰と一緒になるかという対人的要素についてのプライミングがあったため，実験参加者はどのような要素が全般的な幸福度を規定するかといった主旨による理解が得られていたからである。

　その他の多くの研究でも，主旨ではなく逐語情報に対し詳細に注意を払うことで判断に悪影響がでることが示されている（Fukukura, Ferguson, & Fujita, 2013）。たとえばすでに見た自動車選択の実験（Dijksterhuis, Bos, Nordgren, & van Baaren, 2006）では，4分間にわたって自動車の詳細情報を検討する条件か，アナグラム完成課題を実行し詳細情報を検討できないようにする条件であり，結果は，詳細情報を検討しない場合によい車が選択された。携帯電話の選択実験でも同様に（Fukukura, Ferguson, & Fujita, 2013）「どのように」あるいは「なぜ」携帯電話を購入するかを3分間で書くというように，具体的もしくは抽象的な解釈レベルでの課題実施が求められた。この手続きは（課題）解釈のレベルを操作するのには標準的なものである。この操作により詳細さのレベルもまたコントロールされることになる。つまり「なぜ」よりも「どのようにして」について書くほうがより詳細な情報が含まれることになる。これまでの理解では，この実験的な操作は解釈レベルを操作しているということになる。つまり詳細情報の検討は低次の解釈レベルであり，「なぜか」を記すのは高次の解釈レベルで抽象化されている，ということである。「なぜ」携帯電話を購入するかを記した実験参加者は，「どのように」を記した実験参加者と比較して，客観的に望ましいとされる特性が多い電話を選択した。しかし，こうした解釈レベルの効果は携帯電話の特性に関する主旨の記憶という点からも理解可能である。すなわち「なぜ」を記した実験参加者は，携帯電話についてのさまざまな特性について，詳細な情報は必要はなく，どれが一番よいかといった主旨を思い出しやすい課題だったことにより，よい電話を選択できた，というのである。このことは，解釈レベルそのものというよりも，選択肢に関する主旨表象を活用することが最も満足度の高い選択肢を選ぶことにつながる，ということを示しているといえる。

第Ⅱ部　認知的一貫性と非一貫性

　最近行われた研究で，逐語的詳細に注意が向けられない場合は，SWBについてもやはり影響があることが示されている。Hsee, Zhang, Cai, & Zang（2013）では，収益（この場合はチョコレート）が大きい場合は，実際に食べることができるよりも，より多くの報酬を得ようとする「過剰収益」について取り上げている。獲得可能な収益に上限を設定する場合，実験参加者は得られた結果に対してより幸せだと答えた。実際のところ，幸福度の評定結果と収益量との相関はマイナスだったのである。制限が設けられたことで逐語的で量的情報である収益量について注意が向かなくなった。このために全般的に高いウェルビーイングが得られた。実験結果はこのように解釈可能である。

　SWBの評価尺度に関して，生活満足度といった全般的なものと，日常の幸福度といったより刹那的なものとでは異なった記憶表象に基づくという考えに従うと，これらの幸福度指標は異なった説明変数と関連している，ということが予測される。生活満足度と日常の幸福度との間に相関関係があることを考えると，この予測は直観に反し矛盾しているようにみえる。しかしたとえば，145,000名余りを対象とした全国規模の調査では，生活全般に対する満足度は収入や教育レベルと関連し，一方日常の幸福度はケアのあり方や孤独，健康，喫煙習慣といった要素で予測できることが示された（Kahneman & Deaton, 2010）。この調査結果では生活満足度と日常の幸福度との間には概ね正の相関がみられた。調査への回答に際し主旨，逐語それぞれの記憶表象が異なって活性化すると考える場合，変数によっては正の相関が発生し，また逆に別の変数では負の相関が発生することになるだろう。たとえば，買い物をたくさんすることで支出が多くなるということは日常の幸福度を増しはするだろうが，生活全般の満足度についてはマイナスに働くだろう。生活全般に対する満足度は主旨表象，ある特定の瞬間での幸福度は逐語表象というように，SWBの判断をその元となる表象によって区分することで，幸福度指標に関してより多くの異なった結果を説明することができるようになるのである。

10節　結論

　本章ではFTTの理論的枠組みについて検討し，この理論によって判断や意思決定に関する多くの研究での実験結果について，記憶表象の相違という点で説明可能であるか検討してきた。そして幸福度や生活満足度といった主観的ウェルビーイングに関する判断のあり方が選択行動をどう左右するかという点について，FTTの原理に従い予測を行った。またこうした理論的予測を支持する経験的証拠についても検討を行った。理論そして経験的証拠の両面から，全般的なウェルビーイングについての判

断は主旨表象に基づくものであるという仮説は支持されているといえる。したがって，我々は主旨表象を活用することで，判断や予想がより正確に行えるようになると考えられる。一方，感情の強度のような具体的な評定については，感情が生起する文脈についての逐語表象がもとになっていると考えられる。時間経過による干渉の影響を受けやすいため逐語的詳細情報の記憶は正確さを欠き，ある特定の瞬間での幸福度についての評定結果の記憶もまた不正確になるだろう。幸福度に関する将来予想は記憶に基づいて行われるが，体験についての逐語的な詳細情報に欠けるために，不正確なものになると考えられる。

　これまでの感情予想研究では，こうした結果を解釈レベル理論の観点で説明してきた（Wilson & Gilbert, 2003）。解釈レベル理論では，近い将来と遠い将来とで選好に相違がみられることを，具体的な詳細情報のレベルの違いとして説明する（Liberman, Sagristano, & Trope, 2002；Trope & Liberman, 2003）。しかしながら解釈レベル理論では，詳細情報に欠ける高次の解釈レベルに基づく予想のほうがかえって正確なものとなることが理論的に予測できない。この点において解釈レベル理論は，これまでに検討してきたようないくつかの現象，たとえば詳細情報がないほうがよい自動車や電話を選択できる，といった事柄を説明・予測することが難しいのである。一方，ここまでで述べてきたとおりFTTでは，判断に影響する詳細さまたは抽象度のレベルを主旨となる記憶表象の違いとして説明する。たとえば携帯電話の購入にあたり「なぜ」に注目することで情報が組織だった主旨表象としてまとまり，その結果としてよい意思決定が可能になるのである。FTTを援用することで，現実社会でのさまざまな判断についても多くを予測することができるようになる。たとえば，ある特定の瞬間での幸福度のような刹那的表象ではなく，生活全般に対する満足度や幸福度といった全般的な表象により注目することで，健康，教育，経済状態といったより客観的に定義できる結果がどのように改善されるかを予測できるようになるのではないだろうか。

　主旨に基づいた全般的なウェルビーイングについての表象は，よりシンプルな心的過程にも影響を与えているかもしれない。我々は，現在の身のまわりの環境に対して注意を向けることに多くの時間を費やさない。ウェルビーイングについての報告を検討した近年の研究では，500名中46.9％の報告のなかにマインドワンダリングについての記述が含まれていた（Killingsworth & Gilbert, 2010）。このことは，現在行っている活動の詳細に注意を向けるよりもはるかに多くの時間が，過去の思い出にふけったり将来について夢想したりすることにあてられていることを示すものである。日々の暮らしのなかで多く目を向けるのが，体験していることの逐語的な詳細ではなく，全般的な幸福度や生活満足度のもととなるような主旨のほうであるのならば，特

定レベルの幸福度の強さを判断することよりも長期的に記憶されている主旨のほうにより注目を向けるほうが，将来どのような選択をしていくかを考えることにとって重要なのではないだろうか。Daniel Kahneman は将来の幸福について予想するということに関してこのように述べている。「人生において，今この瞬間に考えていることよりも重要なことはない」(Kahneman, 2011, p.402)。そのとおりかもしれない。今この瞬間の幸福度の強さを尋ねるというのは筋の悪い質問の仕方である。よくこなれた主旨としての，長い目でみた幸福度のほうこそが，ウェルビーイングについての問いかけとしては，最終的により重要なのであろう (Kahneman, 2011, p.402)。

【執筆者ノート】
　本章の執筆にあたっては Reyna に対しての NIH (National Institutes of Health) による研究助成を受けた。本章内容の執筆者がその文責を負うものとし，NIH の公式見解ではないことを記す。

第III部

ヒューリスティクスとバイアス

第4章 ファジートレース理論における直観,干渉,抑制,そして個人差の問題

Jonathan C. Corbin
Jordana M. Liberali
Valerie F. Reyna
Priscila G. Brust-Renck

　ファジートレース理論によると,判断や意思決定の際には2種類の記憶表象が用いられることになる。1つは詳細で特定的な逐語表象であり,もう1つは意味や直観が関わる主旨表象である。ファジートレース理論では情報処理過程に関わる第3の要素として,モニタリングと抑制を仮定する。この要素によって,課題の干渉がある状態においてより優れた意思決定が可能になるのである。本章ではまず判断と意思決定における干渉と直観の役割について概観する。とりわけ注目するのは出力干渉(つまり逐語的情報による干渉)と主旨表象からの干渉,つまり統計的な情報ではなく直観的なステレオタイプの影響である。次に,よくみられる判断ならびに意思決定バイアスを避けるために抑制メカニズムがどのような働きをするかを検討する。特に発達心理学やワーキングメモリ等の個人差,そして神経経済学といった領域に注目し,これらの領域の結果をまとめていく。最後に本章では抑制メカニズムによっても判断や意思決定バイアスを防げない条件についても議論していくことにする。

　判断や意思決定についての研究では,人間は合理的であるという仮定に疑問を投げかけるような系統的なバイアスに注目してきた。しかし,こうした判断ならびに意思決定におけるバイアスがどの程度みられるかは個人によって異なるものである(たとえば Bruine de Bruin, Parker, & Fischhoff, 2007; Stanovich & West, 2008)。そこで本章では,記憶や意思決定そして神経経済学の理論であり,これまでに意思決定に関する多くの現象を説明してきたファジートレース理論(fuzzy-trace theory: FTT)(Reyna & Brainerd, 2011; Reyna & Zayas, 2014)に沿って判断や意思決

における個人差について迫っていく。さらに本章では，個人差に注目し，バイアス回避の際に抑制がどのような役割を果たすかを説明していく。

このためにまず，FTTに従って判断や意思決定の役割を検討する（理論の簡単な紹介については第3章を参照）。この章で特に注目するのは主旨つまり意味的内容のある直観であり（Reyna, 2012），これは直観といっても刺激と反応のペアをも含むような無意味な連想関係（たとえばRobinson & Roediger, 1997）とは一線を画すものである。FTTによると刺激は複数の異なった記憶表象として同時に符号化されるが，その幅は具体的で特定的な逐語的なものから，質的な主旨までにわたる（Reyna, 2012）。ある日の降水確率を例にとろう。逐語表象としての降水確率は20％，100分の20，5分の1といった正確な数量ということになるだろう。主旨表象はというと「降水確率は低い」「今日は雨は降らないだろう」といった質的な区分としての表象である。逐語表象は具体的であり，降水確率10％と40％の差は35％と65％の差に等しい，といったものである。一方，主旨表象は文脈や意味的区分によるものである。たとえば，降水確率が10％，40％はともに「雨は降りそうにない」ということであり，降水確率35％と65％の間には，家に傘を「置いていく」ことと「持って出かける」という相違がある。

さらに，主旨表象は干渉に強く，逐語表象は弱い（Brainerd, Aydin, & Reyna, 2012；Gorfein & MacLeod, 2007；Reyna, Mills, Estrada, & Brainerd, 2006）。たとえば，降水確率は20％だと聞いた直後に電話番号を覚えることになったとすると，時間が経つほど20％を思い出すのが難しくなる。しかし降水確率が低いということを思い出すのは難しくないだろう。主旨表象は意味に関わり逐語表象よりも記憶が持続するということであれば，判断においてよく用いられるのは主旨表象のほうである。

そこで，課題の干渉によって判断や意思決定にどのようなバイアスが生じるのかに注目した研究をみていくことにする。とりわけ判断バイアス（Reyna, 1995；Wolfe & Reyna, 2010）に対し出力干渉（複数の心的操作が必要な課題，Dempster, 2002；Reyna, 1995）がどのような役割を果たすのかを検討する。また課題遂行には不適切な主旨が思い出されることによって適切な逐語表象（あるいは他の主旨表象）がどのように干渉されるかについても検討を進めていく（Reyna, Chick, Corbin, & Hsia, 2013；Wolfe & Reyna, 2010）。

FTTは2種類の記憶表象による処理という仮定に加えて，第3の理論的要請として抑制メカニズムを想定している。この働きにより意思決定にバイアスを与えかねない主旨情報を抑制する能力の個人差を説明することが可能になるのである（Reyna, 1995；Reyna & Brainerd, 1995）。主旨に頼ることによるバイアスには理論的に予測可能なものもあるが（Reyna et al., 2013），認知的能力を測る多くの指標でさまざ

なバイアスについてまとめて予測できることが示されている（Del Missier, Mäntylä, Hansson, & Bruine de Bruin, 2013；Stanovich & West, 1998；Toplak et al., 2013）。こうした個人差を検討する研究の成果は神経経済学（Reyna, 2004）や，発達研究の点からも支持されるものである（Reyna, Estrada, DeMarinis, Myers, Stanisz, & Mills, 2011）。

　本章の終わりでは，意思決定におけるバイアスのもととなるような主旨を抑制する能力の限界点についても議論を進めていくことにしよう。多くの判断意思決定課題は主旨と逐語どちらの表象を用いるかによって相異なる結果になるよう設定されているので，結果から推論規則を推測することができる（それゆえ干渉を抑え込む抑制機構が重要になるのである，Toplak et al., 2013）。抑制機構は干渉を抑え込むのに役立つが，問題の種類によっては適切な推論規則を適用する助けにはならないこともあり，その場合は直観的な判断規則と規範的な判断規則との対比関係が成立しなくなる（Stanovich & West, 2008）。

1節　判断，意思決定における干渉

1．干渉の処理

　主旨と比較すると逐語表象はより干渉の影響を受けやすい（Brainerd, Aydin, & Reyna, 2012）。そこで詳細さが求められるような判断や意思決定は処理干渉にさらされるとその影響が出てくる（Wolfe & Reyna, 2010）。確率判断の場合，分子ばかりを重視し分母を無視する比率バイアスあるいは数量効果と呼ばれるバイアスが生じる（Reyna & Brainerd, 2008）。次のような課題でこの効果を確認することができる。碁石の入った容器が2つ渡される。一方の容器には1個の黒石と9個の白石，もう片方には10個の黒石と90個の白石が入っている。黒石を引き当てたら報酬がもらえるというときにどちらの容器を選ぶだろうか，これが求められる判断である。どちらの容器も黒石と白石の比率は1：9でまったく等しい。しかし成人はたいてい，入っている黒石の数が多い，つまり分母となる数字が大きい，後者の容器を選択するのである（Pacini & Epstein, 1999；Reyna & Brainerd, 2008）。この課題例は，どちらを選択しても比率は等しいので判断の誤りを示したものとはいえないが，分子となる数値だけに目がゆき分母部分を無視するのは，時として判断の誤りを呼び込む。たとえば少数ながらも成人のなかにはこの種の課題で誤った容器，つまり比率としては少ないものの分子の数値自体は大きいほうの容器を選択する。10％の比率である黒石1・白石9の容器ではなく，8％の比率である黒石8・白石92の容器を選択する，という具合

である(Denes-Raj & Epstein, 1994; Kirkpatrick & Epstein, 1992; Pacini & Epstein, 1999; Reyna & Brainerd, 1994; Stanovich & West, 2008)。

　こうした誤りをおかす成人は少数派である。しかし確率判断課題において正しい解にいたるために必要な心的ステップが多い，つまり出力干渉の量が増えるほど判断の誤りも多くみられるようになる。日常でもみられる条件付き確率課題の例に，病気にかかっている確率を判断するというものがある。たとえば罹患率が10%の病気があり，また，この病気に対する検査では，罹患していれば80%の確率で陽性判定，罹患していない場合は80%の確率で陰性判定になるとしよう。さて，検査結果が陽性であったときに実際に罹患している確率を判断する場合，70%と30%とではどちらが近いだろうか。30%と答えるべきところを医師を含む多くの人は誤って70%のほうが近いという回答を選択してしまうのである(Reyna, 2004; Reyna & Adam, 2003)。こうしたタイプの問題では，個々の判断カテゴリー（つまり真の陽性，真の陰性，そして偽陽性と偽陰性）は全体の基礎比率（つまり10%）をふまえたうえで決定されなければならないが，多くは全体の基礎比率を考慮せず，適切な分母を無視してしまうのである。こうした例とは逆に，各クラスへの包含関係を気にすることが干渉効果をもたらし，判断が誤りやすくなる場合もある。2×2分割表に各クラスへの包含関係を明示したものを提示することでクラス所属の重複に関する混同状態を取り除くと，課題成績は大幅に向上する (Wolfe & Reyna, 2010)。このことは，判断ミスが知識の欠如ではなく，単に各クラスへの所属関係を覚えておくことができないために起こるのだ，という予測を支持するものである。ただし，記憶容量が少ないこと自体は判断ミスの原因とは考えられない (Reyna & Brainerd, 2008)。

2節　主旨に基づいた意思決定

　逐語的情報の記憶は干渉の影響を受けやすいとなると，多くの判断や意思決定が主旨に基づいたものであるのは驚くべきことではない。また課題が主旨表象の検索を促すようなものである場合，意思決定は詳細な逐語表象ではなく容易に検索できる主旨を活用して行われることになるだろう。

　干渉処理が必要で，かつ干渉のもとが主旨であるような確率判断における判断の誤りとして詳しく研究されているのが連言錯誤で，これはTversky & Kahneman (1983) により「リンダ問題」と名づけられている。連言錯誤とは，2つの事象が単独でそれぞれ発生する確率よりも2つ同時に発生する確率のほうが高いと判断される誤りである。「リンダ問題」において実験参加者はリンダと呼ばれる女性についての短い記述を読むことになるが，その内容は大学時代に哲学専攻で，社会正義の問題に

関心を抱いていたといったフェミニストのステレオタイプを強く連想させるものである。リンダについての記述を読んだ後に「リンダは銀行員である」「リンダはフェミニストの銀行員である」のどちらのほうがもっともらしいかを判断するのが課題内容である。この問題に対してはほとんどの参加者が，単なる銀行員ではなく「フェミニストの銀行員」のほうがもっともらしいと判断する，つまり連言錯誤を起こすことになるのである。

　ここまで見てきた判断の誤りと同様，FTTでは連言錯誤を「分子のみへの注目」として解釈する。つまり「フェミニストである銀行員」に注目し，分母すなわちより大きなクラスである「銀行員」を無視してしまうために起こる誤りということである。より適切な分母である「銀行員」にはフェミストもそうではない人も含まれることになる（Reyna & Brainerd, 2008；Wolfe & Reyna, 2010）。さらに，リンダ問題では，彼女をフェミニストとして描き出すステレオタイプという訴求力のある主旨がある。そこでリンダについての主旨情報は，袋小路に誘い込むかのようにして連言事象のほうがもっともらしいという判断を導くのである。

　はっきりとした主旨表象があったり，FTTの枠組みで理解できるような推論規則の呼び出しに失敗したりすると，リンダ問題のようなクラス包含エラーは抗いがたく起こりやすくなる（Reyna, 1991, 2008；Reyna & Mills, 2007）。ビジュアル面もしくは感情面ではっきりと詳細である場合やストーリーがある場合，また，リンダの人物記述のように適切なデータというよりも余計な情報に注目させるようなステレオタイプだったりする場合，とりわけクラス包含エラーが生じやすくなるのである（Reyna, 1991；Reyna & Brainerd, 2008）。

　このことを確認するために適した例が選言錯誤である（Brainerd, Reyna, & Aydin, 2010；Sloman, Rottenstreich, Wisniewski, Hadjichristidis, & Fox, 2004）。次のことを仮定する。

　H_a：ある人が来年，知り合いに殺される。
　H_s：ある人が来年，見知らぬ人に殺される。
　H_aまたはH_s：ある人が来年，知り合いまたは見知らぬ人に殺される。

ある人が来年，知り合いか見知らぬ人に殺される確率$P(H_a$または$H_s)$は明らかに，知り合いに殺される確率$P(H_a)$，見知らぬ人に殺される確率$P(H_s)$のそれぞれよりも大きいか等しい，つまり$P(H_a) \leq (P(H_a$または$H_s)) \geq P(H_s)$ということにしかならない。

　この例の場合に選言錯誤とは，選言事象の発生確率$P(H_a$または$H_s)$のほうを，

第 4 章　ファジートレース理論における直観，干渉，抑制，そして個人差の問題

個別事象の発生確率よりも少なく考えてしまう誤りであり，式で表すと $P(H_a) > P(H_a$ または $H_s) < P(H_s)$ ということになる。2つの個別事象よりも，それらの選言事象の確率の方を低く見積もる選言錯誤は，劣加法性つまり加法的であるはずなのにそうならないという誤りの一種である。より一般的に論理もしくは確率論の記法で表すと次のようになる。

$P(A) \geq P(B)$ であるようなすべての $P(A)$ と $P(B)$ について
$0 \leq P(A) \leq 1.0$
$0 \leq P(B) \leq 1.0$
$0 \leq P(A \wedge B) \leq P(B)$
$P(A) \leq P(A \vee B) \geq P(A) + P(B) - P(A \wedge B)$。

これ以外のすべての反応は古典的確率論およびサポート理論の公理の1つである内的一貫性の仮定に違反するものである（Tversky & Koehler, 1994）。

ここまでで例にあげた判断の錯誤は出力干渉および誤解を招くような主旨によって引き起こされるが，このことはリスク下での意思決定の領域にも拡張できる。その例が，リスク選択でのフレーミング効果である。フレーミング効果が起きると，利得が強調されるフレームでは損失回避傾向が，損失を強調するフレームではリスク志向が誘発されるのである（たとえば Levin, Schneider, & Gaeth, 1998；Reyna, 2012）。フレーミング効果の古典的な例であるアジア疾病問題では（Tversky & Kahneman, 1986），ある病気により600名が死にいたるリスクがあることを告げられ，対処するために次のとおり，AB の選択肢のどちらか，あるいは CD の選択肢のどちらかをそれぞれ選ぶことになる。

選択肢 A：確実に200人が助かる。
選択肢 B：1/3の確率で600人が助かり，2/3の確率で誰も助からない。
選択肢 C：確実に400人が死ぬ。
選択肢 D：1/3の確率で誰も死なず，2/3の確率で600人が死ぬ。

以上において，AB の選択肢は利得フレームつまり「助かる」が強調され，一方 CD では損失フレームつまり「死ぬ」が強調されているのである。どちらのフレームの場合でも選択の結果は A＝C，B＝D と同じになるが，利得を強調するフレームの場合は確実ということになる選択肢 A が，損失を強調するフレームではリスクをとることになる選択肢 D がより選ばれるのである。フレームによってリスク選好に変化が

生じるのは期待効用理論の基本的な公理に違反する。つまり記述の不変性（選択肢が客観的に同じである場合，表面的には異なる記述であっても選好は一貫したものでなければならない）が破られるのである（Tversky & Kahneman, 1986）。

　フレーミング効果をFTTで解釈すると，効果が発生する原因はカテゴリカルな主旨表象を比較するため，ということになる。つまり利得フレームでの表現の場合，確実な選択肢である「何人かが助かる」と，リスクのある選択肢「何人かは助かる，もしくは，誰も助からない」との比較ということになり，前者が選択されるのである。この比較はアドホックなものではない。FTTの理論的仮定に従うと，順序関係のようなより詳細な表象（Mills, Reyna, & Estrada, 2008）よりも先に，最もシンプルな表象を活用することになるのである。損失フレームの場合も同様で，「（確実に）何人かが死ぬ」のと比較すれば，リスクのある選択肢である「何人かは死ぬ，もしくは，誰も死なない」ほうが選ばれることになる（たとえばKühberger & Tanner, 2010；Reyna & Brainerd, 1995）。さらに，期待値が等しい（600人の1/3が助かる＝200人が助かる，もしくは600人の2/3が死ぬ＝400人が死ぬ）ということもあるが，逐語情報を利用する場合は選択が無差別に行われ，FTTはこのことも予測する。これまでの研究では一貫して，主旨と逐語の両面でFTTの説明どおりの結果となっている。すなわちフレーミング課題文での主旨が「（質的に）いくつか」と「ゼロ」との比較（たとえば「200人助かるか，2/3の確率で誰も助からない」）という形で強調されている場合は，より大きなフレーミング効果が確認されているのである（Kühberger & Tanner, 2010；Reyna & Brainerd, 1991；Reyna et al., 2013）。さらに「200名助かる」と「1/3の確率で600人が助かる」のように「ゼロ」との比較がなく逐語情報が強調されるような場合は，選択が無差別になった。したがって，カテゴリカルな主旨同士の区分をなくしてしまうと，逐語情報に基づいた判断が促されることになる。

3節　個人差と抑制

　ここまでは，ある種の判断，意思決定における主旨の役割について見てきた。特に主旨に頼ることで確率判断の誤りが起きたり，干渉状態を処理し誤解を招きやすい主旨によって意思決定の一貫性が損なわれるような例を中心に検討してきた。本節ではFTTが描き出す第3の処理過程である抑制機構について詳しくみていくことにする。とりわけ焦点を当てるのは，干渉状態を抑制し適切な記憶表象や推論規則を検索して判断や意思決定における誤りを抑制する能力が個人によって系統的に異なることを示した研究である。意思決定における抑制機構の役割を多くの角度から検討していくこ

とになるが，取り上げる研究例には発達面での個人差や，知能やワーキングメモリ容量といった認知的能力の個人差（Dempster, 1992；Dempster & Corkhill, 1999），そして脳神経イメージングを扱ったものなどがあげられる。

　ファジートレース理論では，干渉状態の処理にうまく耐えられる人は確率判断課題において誤った判断はあまり行わないと予測する。比率バイアス課題の場合，分子部分のみの比較だけで判断し，分母を無視するといった事態に陥らないようにするためには，抑制メカニズムが必要である。比率バイアス（あるいは数量効果）の冒しやすさに関していうと，Stanovich & West（2008）はSAT（米国大学進学適性試験）で測定される認知的能力が高い成人はこのバイアスをあまり示さないことを見いだした。さらに，小学2年生から中学3年生までの児童生徒を対象とした発達研究においてToplak, West, & Stanovich（2013）は，学年が上がるにつれて比率バイアスが減っていくことを示した。年齢に応じたバイアスの減少効果は認知的能力の指標（Wechsler Abbreviated Scales of Intelligence：WASI）（Wechsler, 1999）のスコアによって十分に説明されるものである。これらの結果はFTTによる理論的予測を支持するものであり，年齢とともに判断成績が向上するのは，年齢が進むにつれ優勢反応を抑制できるようになるからであるといえる（Reyna, 2004；Reyna & Mills, 2007）。

　比率バイアスにおける個人差についてのこうした結果は，連言錯誤についてもまったく同じように当てはまると思われる。両種のバイアスともに干渉状態の処理が必要となる課題においてみられるからである。しかしながら連言錯誤に関しては，少々ようすが複雑である。一般的に，連言錯誤に関する課題ではそれらしく誤解を招きやすい主旨が含まれることになる。たとえばすでに論じたリンダ問題においてはリンダをフェミニストだと思わせるようなステレオタイプ的記述が含まれていた。しかしそれだけではなく，連言錯誤の課題にはさらに異なったレベルでの干渉状況が加わるのである。それは，FTTが予測するように，主旨処理への依存度である。たしかに干渉状態の処理を行うのは年をとるにつれ上達していく。しかし一方で，主旨の記憶つまり断片的な情報をつなぎ合わせて一貫した推論が可能になるような意味のある情報としての記憶を作り上げる能力もまた，年齢とともに向上していくのである（Reyna, 2013）。それゆえFTTの予測では，リンダ問題のようなタイプの課題については，年齢が上がるほど連言錯誤は増えていくということになる。

　実際，ステレオタイプ的な記述を含むような連言錯誤課題では，年齢に応じて錯誤が増えることを示した研究も多いのである（Davidson, 1995；Jacobs & Potenza, 1991）。しかしながら，たとえばリンダ問題で彼女の人物像を中立的に示すといったように，それらしい主旨は含まないような連言錯誤の問題設定では，年齢とともに正しい推論結果を示すようになるのである（De Neys & Vanderputte, 2011；

Klaczynski, 2001；Kokis, Macpherson, Toplak, West, & Stanovich, 2002，しかし Reyna & Brainerd, 2008ではこの課題に関して気をつけるべき重要点を示している）。そしてこの場合もやはり発達のパターンと認知的能力の指標とは関連づけられていた（Toplak et al., 2013）。

　成人を対象とした研究でも，ステレオタイプのような誤解を招きやすい主旨を含む連言錯誤の課題において，確率判断の際に最初の判断を抑制する，たとえばよく考え直すように促したりする実験操作を行うと，やはり誤りは減少した（Brainerd & Reyna, 1990, 1995；Reyna & Brainerd, 1995）。またやはり成人の場合であっても，認知的能力が高い場合ほど，連言錯誤はみられにくくなっていった（Liberali et al., 2012；Stanovich & West, 2008）。したがって，干渉状態の解消が必要であったりそれらしい主旨が含まれるような課題であったりする場合でも，個人によっては適切な推論規則（すなわち上位クラスよりもその部分集合である下位クラスのほうが大きな確率にあることはあり得ないという原則）を思い出し，これに違反するような反応を抑制することはできるのである。

　ここまで，干渉状況の解消や主旨に由来する干渉状態において抑制がどのように判断を改善させるかを検討してきた。リスク下での意思決定に関する研究でも同様の例を確認することができ，それはリスク選択でのフレーミング効果に関して被験者間と被験者内での課題デザインでの結果を比較する研究である。ここまで論じてきたとおり，フレーミング効果が生じるのは，詳細な逐語表象ではなくカテゴリカルな主旨に頼るためである。被験者内デザインによってフレーミング効果を検討する研究では，判断を行う実験参加者は利得フレームと損失フレームの両方でそれぞれ判断を行うことになる。この課題デザインでの興味のポイントは，本来は等価である 2 種のフレームの下での判断において選好の逆転がみられるか，ということである。もしも参加者が同じ問題に取り組んでいるのだということに気がつき（すなわち600名のなかで200名が助かることと400名が死ぬことは，フレームは異なっても問題として等価であると認識し），また，同じ推論規則を呼び出しているのであれば，記述がどのようであろうとも選好のあり方は一貫したものになる，つまり記述的不変性がある，ということになるはずである。

　成人での個人差に注目した研究では，認知的能力が高い人はそうでない人と比べて被験者内デザインでの判断で，誤りを犯すことが少ないという結果が得られているが，これはおそらく最初に経験した課題を思い出しやすいからだと考えられる（Bruine de Bruin et al., 2007；Del Missier et al., 2013；Parker & Fischhoff, 2005；Reyna, Lloyd, & Brainerd, 2003；Stanovich & West, 1998, 1999）。

　近年の神経科学や神経経済学の研究成果でもやはり，干渉関連の判断ミスを避ける

抑制メカニズムが果たす役割が確認されている（Reyna & Huettel, 2014）。たとえば，De Ney, Vartanian, & Goel（2008）はステレオタイプ的情報と統計的情報が競合するような確率判断を含む基礎比率課題を実験参加者に課した。こうした課題は，Tversky & Kahneman（1973）による古典的な基礎比率課題をもとに考案されたものである。古典的基礎比率課題ではある人物が法律家であるかエンジニアであるかを判断するよう求められるが，その人物は法律家70名，エンジニア30名からなるグループの一員である。同時にその人物についての記述はエンジニアのステレオタイプに合致するものである（Adam & Reyna, 2005；Reyna & Adam, 2003）。FTTでは基礎比率課題での誤りと連言錯誤とは同様のプロセスに基づくと考える。つまり両種の間違いともに分母の大きさを無視することによってステレオタイプ（主旨）に惑わされるということである（Reyna, 2004；Reyna & Mills, 2007）。De Neys et al.（2008）の実験結果では，判断の際に主旨表象に惑わされず基礎比率である法律家70名とエンジニア30名という統計情報を考慮する場合，右外側前頭前野（right lateral prefrontal cortex：rlPFC）がより活性化されることが確認された。この部位は抑制に関与していると目されている（Aron, Robbins, & Poldrack, 2004を参照）。また右外側前頭前野の活性化によりフレーミング効果が少なくなる（De Martino, Kumaran, Seymour, & Dolan, 2006；Zheng, Wang, & Zhu, 2010）。このことも，一貫した判断を行いフレーミング効果が減少するのは，抑制メカニズムによるものだという理論的予測を支持するものである。

4節　衝動性と直観：異なる概念

これまでのところ，本章では主旨表象によってバイアスのかかった意思決定が促進されるということに注目してきた。しかしながらFTTの理論的仮定では，発達につれ主旨による処理が優位になり（Reyna, 2012），またこのことにより逐語表象による処理と比較してリスク下での意思決定において優れた意思決定につながるのである（Reyna & Farley, 2006；Reyna et al., 2011）。提示された情報は主旨によって結びつき背景知識と合わさることにより意味のある（そして容易に思い出される）表象となるのである。典型的な連言錯誤課題では，こうした情報の結びつき方が「リンダはフェミニスト」といったステレオタイプを招きはする。だが医療の専門的判断に関しては個々の症状のもつ意味合いを統合するというように，優れた診断結果をももたらすのだ（Reyna & Lloyd, 2006）。

　記憶表象と衝動性を区別しているのは，FTTの重要なポイントである（Reyna, 2013）。衝動的に逐語的記憶に頼ってしまう例は次のような問題で見ることができる。

「5分間で5台の機械を使って，5つの品物ができる。では，100台の機械で100個の品物を作るのに何分間必要であるか」。この問題に関しては誤って100分間だと答えがちだ（Frederick, 2005）。所要時間と品物の個数との関係を考慮せず考えなしに逐語的に対応をさせてしまうためである（Liberali, Furlan, Reyna, Stein, & Pardo, 2012）。連言錯誤に関する正しい推論規則を思い出させるようなアナロジーを用いることで成績が向上することを示した研究があり，このことは主旨表象と衝動性とが乖離していることを示す一例であろう。たとえば銀行員とフェミニストの銀行員のような，集合と部分集合の関係がある連言問題の記述について，野球ファンと左利きの野球ファンの例をあげてみるといったことは正しい推論規則を検索するのに役立ち，連言錯誤の回避につながるだろう（Wolfe & Reyna, 2010）。それに対して，先に論じたような2×2分割表のやり方はこうしたアナロジーよりも，より効果がある。なぜならばアナロジーは主に表象レベルで効果があり意味的錯誤を減らすが，前者は抑制すべきクラス包含干渉を減らすからだ。「銀行員とそうでない人」「フェミニストとそうでない人」というカテゴリーが示された2×2分割表を利用することで，それぞれのクラス所属を重複させてしまうという干渉状態を減らすことができるのである（Reyna & Brainerd, 2008を参照）。

5節　認知的能力の高さがよい判断・意思決定につながらない場合

　ここまで我々は，個人差研究や神経科学で得られた知見に基づいて，判断や意思決定における干渉，またバイアス回避における抑制の役割を示してきた。取り上げてきた現象に共通するのは，いずれの場合における判断や意思決定においても，規範的な正しさよりも直観に頼って回答するということである。比率バイアス問題では，分母を含めた比率の比較を行うべきところで分子の大きさのみを比較するという形で誤りが起こっていた。連言錯誤と基礎比率錯誤はともに，分母の無視という点で比率バイアスに類似する。しかし比率バイアスの場合とは異なり顕著な主旨を含むため，正確な判断をさらに誤らせることになってしまう。フレーミング課題では，利得フレームと損失フレームは等価でありどちらのフレームでの設問でも一貫した答えが必要なところを，カテゴリカルな主旨に頼ってしまうのであろう。

　抑制の作用によって干渉に対抗し，適切な推論原則を思い起こしてバイアスを回避することができるようになるのである。直観を抑制できずにバイアスを示してしまう人であっても，この種の問題が提示されている際に，コンフリクトが発生しているということには少なくとも（無意識的には）気がついている，という証拠もある（De

Neys, 2012)。こうした意思決定において抑制の働きは大きな位置を占めるものの，直観と規範的な推論規則との間に明確なコンフリクトがない場合には，抑制の働きははっきりしない（De Neys, Vartanian, & Goel, 2008；Handley, Capon, Beveridge, Dennis, & Evans, 2004）。

　認知的能力と優れた判断と意思決定との間にみられる上記のようなパターンを取り除くには，被験者間計画で行った課題と被験者内計画で行った課題での反応を比較すればよい。連言課題の場合，「フェミストの銀行員」といった連言事象の起こりやすさを判断するだけでよい参加者の反応と，上位クラスつまり「銀行員」であるかを判断するだけでよい参加者の反応を比較すると，前者の条件のほうが起こりやすさを高く評定する。実際，認知的能力とバイアスの間との先の関係性は，被験者間計画で課題を行うと消失するのである（Stanovich & West, 2008）。

　リスク選択のフレーミング課題においても，同様の効果が確認されている。フレーミング課題が被験者間計画で実施される場合，フレーム間で判断を一致させようとする必要がなくなるので，主旨に基づいて決定することができる。FTTによれば，被験者間計画でのフレーミング効果は，より優れた処理の指標となるのである。つまり，「総計600名について，200名が助かるか，1／3の確率で全員助かり2／3の確率で誰も助からない」を選択するといったフレーミング課題が単独で提示される場合，逐語的数値情報は役に立たない。それに対して，この1度きりの判断状況では「何人かは助かる」対「助からない」といったカテゴリカルな主旨は判断の助けとなるのである。これと反対なのが被験者内計画での課題実施であり，利得，損失それぞれのフレームでの判断があり，また，判断の一貫性が求められる。FTTが予測するとおり，得られたデータからは被験者間計画で課題を実施すると認知的能力の高さとフレーミング効果の大きさの関係が消失することを示している（Corbin, McElory, & Black, 2010；Stanovich & West, 2008）。やはり，何らかの関係がある場合は，認知的能力が低い場合よりも高い場合のほうが，フレーミング効果の出方が大きい（つまりより主旨に頼った判断を示唆）という結果を示しているのである（Reyna et al., 2011, 2013）。以上の例から，フレーミング課題が被験者間計画で実施される場合と被験者内計画で実施される場合とでは，異なった判断メカニズムが働いていると考えられる。

　神経科学の研究でも，判断課題において直観と統計的情報とのコンフリクトを検出する際に前部帯状皮質（anterior cingulate cortex：ACC）が働くことを示している。先にあげたDe Neys et al.（2008）の研究では基礎比率課題で直観と統計的情報との間にコンフリクトがない条件も設けられた。結果は，ACCの活性化がみられたのは，コンフリクトのある基礎比率課題の場合だけであった。しかしながら，コンフリクト状況の検出と抑制とは区別する必要がある。エラーが回避されるためには抑制が

必要だが，基礎比率を無視している場合でも ACC の活性化が確認されているからである。フレーミング課題においてもやはり，コンフリクトの検出と ACC の活動が関連していることが示されている。フレーミング効果の削減にともなって ACC が活性化するのである。ただし，このことを示した研究ではコンフリクト状況のモニタリングと抑制とが明確に分離されてはいなかった（De Martino et al., 2006; Zheng et al., 2010）。

6節　結論

　本章では判断と意思決定に関して，記憶，干渉，抑制といった働きに焦点を当てつつ，FTT がどのように現象を説明・予測できるか概観してきた（関連研究については第3章を参照のこと）。基本的な処理過程に依拠しつつ，FTT によって多くのバイアスが知識の欠如ではなく干渉を原因として発生することが説明できた。さらに，干渉に対処するための抑制機構の働きについて検討し，多くの研究領域から得られた証拠が抑制機構の働きを支持していることを示してきた。また，記憶表象と衝動性との区分についても示してきた。たとえば手がかりとなる主旨が，適切な統計的情報とコンフリクトを起こすステレオタイプのように，干渉の原因となることを示した。しかしまた同時に，アナロジーとして活用されるような主旨が適切な推論規則を呼び起こし，抑制効果を発揮することも確認してきた。また，被験者内ではなく被験者間計画としてフレーミング課題を提示することで，直観的な主旨と規範的な推論規則との間のコンフリクトを感じさせないようにする，このような，上手く抑制できない状況での意思決定のあり方についても記してきた。

　ファジートレース理論は基礎的な記憶過程から判断・意思決定にいたる多くの研究領域に広く適用可能な理論的枠組みである（Reyna, 2012; Reyna & Brainerd, 1995）。主旨および逐語情報の記憶，干渉，抑制といった基礎的な理論的仮定をもとに，ある種の判断や意思決定がなぜ歪んでしまうのか，どのような場合にバイアスがかかるのか，そしてどのように判断・意思決定を改善できるのかを説明してきた。本章で示してきたとおり FTT の枠組みは，行動経済学や神経科学の分野に対しても重要な位置を占めるものである。我々の記憶や認知的能力や抑制の働きがどのように，そしてどのような状況下で意思決定に関わり働くか，そして，その際にどのような神経学的過程が関与するか，こうした点についての理解を進めるために FTT の理論的枠組みが役割を果たすことができるのである。

第 4 章　ファジートレース理論における直観，干渉，抑制，そして個人差の問題

【執筆者ノート】
　本章の執筆にあたっては Reyna に対しての NIH による研究助成を受けた。本章内容については，執筆者がその文責を負うものとし，NIH の公式見解ではないことを記す。

第5章 意思決定前にみられる情報の歪曲

J. Edward Russo

　意思決定前にみられる情報の歪曲の現象は，決定前に決定者がその時点で魅力度において優越しているとみなしている選択肢に関する新たな情報を獲得した際に生じる。このような歪曲は長い間存在しないものとして考えられてきた。なぜなら，最終的な決定が行われるまで，決定者はどの選択肢を支持すべきかわからないはずだ，と考えられていたからである。しかし，意思決定過程において，ある選択肢への暫定的な選好が出現すると，その時点で優越した選択肢は決定前の情報の歪曲を引き起こすものであると認識される。経験的な証拠は，このバイアスがその選択肢に関する事前の信念（belief）がなくても存在しうることを示しており，信念バイアスといった古くから知られる現象とは区別されている。決定前の情報の歪曲は，少なくとも選択プロセス全体を追跡する，選好の段階的発生（evolution-of-preference）の実験パラダイムを用いたときには観察されており，会計監査官，起業家，陪審員候補者，医師などの多くの意思決定においてみられてきた。ある選択肢に対してはじめから優位な状況（ヘッドスタート）を与えることによって，決定前の情報の歪曲が生じ，最終的な選択を操作できる場合がある。決定前の情報の歪曲は，正しく情報の評価を行った際に金銭的報酬を与えた場合でも十分に取り除くことができなかったが，選択以前にその選択肢の属性について知っていた場合，選択肢を継時提示ではなく同時提示した場合，メンバー間での選好が対立した集団意思決定の場合において取り除くことができた。このバイアスは，その時点での暫定的な選好に一致するように新しい情報をとらえようとする，認知的一貫性によって引き起こされるものであると考えられている。

　本章では，意思決定前にみられる情報の歪曲（predecisional distortion of information）

として知られる，意思決定の過程でその時点で優越した選択を支持するような，評価のバイアスに焦点を当てる。意思決定においては，魅力度においてその時点で（あるいは暫定的に）すべての選択肢のなかで優れている選択肢を支持するように，新しい情報を解釈する傾向がみられる。この現象は，「刑事裁判における陪審員の有罪，無罪の判断傾向」や「市民が死刑制度に賛成か反対かどちらの立場か」といったような，先行する信念（prior belief）によって生じる親近性バイアス（familiar bias）とは区別されるべきである。事前の選好をもたない場合であっても，新しい情報が現れると同時に優越した選択肢を支持するように歪められる。本章の目的は，決定前の情報の歪曲に関する研究結果を整理すること，そしてそれらの結果を認知心理学の視点から解釈することである。

　意思決定において，その時点で優越した選択肢の情報に対する評価のバイアス，すなわち決定前の情報の歪曲は，長い間存在しないと考えられてきた。その理由は，意思決定が行われる前の段階では，決定者はどの選択肢を支持するかということを知り得ないと考えられていたからである。その一方で，意思決定を行った後に，自分が選んだ選択肢を好むような決定後のバイアスが存在していることは広く認められていた。たとえば，自分が選んだ選択肢に関するよい情報を検索するようなバイアスが存在することが知られている。しかし，決定が行われる前にはこのようなバイアスは存在しないと考えられていた。Frey（1986, p.44）は「決定を行う前に選択肢の情報を検索したり評価する場面においては，相対的にバイアスが少ないはずである」[★1]という研究者の合意があることを伝えている。このように，ほとんどの研究者は意思決定の過程において好ましい選択肢を支持するような情報の歪曲は存在しないと考えていた。

　しかし，意思決定の過程では選好がまったく存在していないのに，決定の瞬間に突然，確かな選好が現れるとは考えにくく，選好が徐々に現れると考えるほうが自然なように思われる。別の言い方をすると，新しい情報が手に入ると，選好を特定するため，もしくは選好の存在を明らかにするためにその情報が用いられる。新たに出現した選好は一時的なものであり，関与（commitment）の度合いによって変化する。関与が拡大している段階では，選好はある選択肢に対する偏りを表すラベルのようなものかもしれない。意思決定の過程で一時的で変化しうる選好が出現する，そして関与が低いレベルから高いレベルへと変化していく。最も高いレベルの関与は決定そのものととらえることができる。Russo & Carlson（2002, p.371）は，意思決定とは選択の行為そのもの，そしてその行為への関与を表すものであると定義している。つまり，選好は弱くて暫定的ものから強いものへと変化していくものであり，関与のレベルもそれに応じて変化していき，最終的な決定へとつながる。

　暫定的な弱いバイアスであっても，一方の選択肢に評価のバイアスが存在すること

が，決定前の情報の歪曲が生じる必要条件となる。そのバイアスによって，新しい情報の評価をどの方向に歪めるかが決まるのである。評価のバイアスが生じる前（つまり，新しい情報をどちらに歪めるかについての情報がない状況）では情報の歪曲は存在し得ないが，一度バイアスが出現すると，歪曲は一般的には生じるものであると考えられている。

1節　経験的証拠

　情報の歪曲が生じるものであるとすると，どのようにその存在を示すことができるだろうか。ここでは，選択プロセスをたどる，選好の段階的発生(stepwise evolution of preference)として知られる手法に焦点を当てる（Meloy & Russo, 2004；Russo, Medvec, & Meloy, 1996）。広く認知されている別の方法としては，活性化拡散モデル（spreading activation and connectionist models）の理論に関連したものが存在するが（たとえば，Glöckner & Betsch, 2008；Holyoak & Simon, 1999；Read & Simon, 2012），ここでは説明は省略する。

　選好の段階的発生の手続きに話を戻し，2つの冬物のコート間での2選択肢選択を考えてみる。選択肢には，素材，暖かさ，防水性，精巧さといった属性があり，これらの属性は文章によって説明される。たとえば防水性については次のように説明されていた。

> コートHはPureforce®の外層シールドを備えており，雨や雪の侵入を防ぎ，特に強風のときに機能を発揮します。Pureforce®シールドは現在流通している他のアウターレイヤーに比べて通気性はよくないものの，しっかりした作りであり，最も防水性に優れています。コートRは2層構造のMonsoon™皮膜を利用したHydrobloc®を採用しており，最も防水性が高い新しい素材で設計されています。この2層構造のレイヤーは，水滴の侵入を防ぎつつ通気性を保てるような綿密な作りになっています。

　意思決定過程を分析するため，実験参加者は各属性に関する説明を読むごとに，選択過程を分析するために以下の2つの設問に回答することが求められた。1つ目に，1から9までの9件法の尺度によってどちらの選択肢が相対的に好ましいかを主観的に判断することが求められた。そこでは，両端がそれぞれ「コートHを非常に気に入った」から「コートRを非常に気に入った」とラベルが付けられており，中央の5が「どちらのコートも気に入らない」ことを表していた。この数字による評定はその属性に対する評価を反映したものであり，言い換えれば，その属性の情報から意思決定者が，ある選択肢を他方の選択肢と比べて相対的にどの程度好んだか，という主観的な判断を表している。統制群では，2つの選択肢間で同程度の評価が行われ，選

好のバイアスのない状態，すなわち，その属性の評定が中央値（5）の付近になるよう調整された。

　2つ目の反応として，実験参加者はどちらの選択肢がどれほど優越しているかを評価することを求められた。「確実にコートHを選ぶ」から「確実にコートRを選ぶ」と両端にラベル付けされた尺度において，スライダーを使って回答を行った。このスライダーの方向によって，どちらの選択肢が優越しているかを特定し，中央からの距離は相対的な優越の度合いを表す（Chaxel, Russo, & Kerimi, 2013）。この反応は競馬のレースにたとえることもできる。実験参加者はどちらの競争馬（コート）がレース（最終的な決定）において優越しているかを答えることが求められる。つまり，実験参加者はその時点で優越しているとみられる"競争馬"が，"すべての情報をみた後で"，レースで勝つ見込みの大きさを回答した。この手続きは，優越した選択肢を特定すること，そしてその優越の度合いを評価したことになる（Russo, Meloy, & Medvec, 1998）。

　このバイアス，情報の歪曲の大きさを計算するために，以下の2つの過程追跡反応が用いられる。1つ目に，意思決定者が判断した属性の評価値を，バイアスを受けていない統制群における同じ属性の評価値と比較する。優越した選択肢に向いていれば2つの値の差は正の値となり，劣った選択肢に向いていれば負の値となる。たとえば1から9の9件法において，もし6という回答が得られた場合は，中央値（バイアスのない統制群の評価値）からの差は，コートRが勝っていれば＋1，コートHが勝っていれば－1となる。測定された歪曲の大きさをさまざまな研究間で比較できるように，測定されうる歪曲の最大値をもとにパーセント表記が用いられる。先程の9件法の例では，歪曲の大きさは中央値（5）からの距離にあたるため，最大で4となる。もし平均の評定値が5.5となった場合，歪曲の大きさは0.5となり，これをパーセントで表現すると12.5％ということになる。

　表5-1は，選好の段階的発生の手法を用いた研究での情報の歪曲の大きさの結果をまとめたものである。つまり，新たに出現した選好によってのみ情報の歪曲が生じるという最も単純なケースである。事前に選好がある状況，すなわちヘッドスタートの影響がみられるものはこの表から除外している。歪曲の大きさは5％から40％までと差がみられるが，いずれも情報の歪曲の存在を裏づけるものである。また，情報の歪曲は2つの選択肢の場合のみならず，単一の選択肢の評価においても生じることや（Bond, Carlson, Meloy, Russo, & Tanner, 2007），選択肢が多い状況（6つの選択肢）でもみられることも報告されている（Blanchard, Carlson, & Meloy, 2014）。

　この表には掲載していないが，次の2つの結果も情報の歪曲の存在を裏づけている。1つ目に，この情報の歪曲の大きさは出現した選好の強度に応じて変化していること

表5-1　情報の歪曲について選好の段階的発生の手法を用いた研究結果

著者	発表年	実験参加者の種類	実験参加者数	選択肢	歪曲の大きさ(%)	p値	備考
Russo, Medvec, & Meloy	1996	学生	58	レストラン	17.0	0.05	1つ目の属性の評価のみ。優越選択肢は決定と関係ない"ヘッドスタート"に基づく
				宿屋	10.3	0.10	
Russo, Meloy, & Medvec	1998	学生	16-18	バックパック	19.0	0.001	
				スポーツクラブ	22.2	0.001	
				レストラン	33.0	0.001	
				ランニングシューズ	12.7	0.01	
Meloy	2000	学生	34	レストラン	8.0	0.05	実験参加者数はおおよそのもの
Russo, Meloy, & Wilks	2000	学生	70	ドライクリーニング剤	25.2	0.001	
		会計検査官	90	ドライクリーニング剤	17.8	0.001	
				レストラン	17.8	0.001	個人的な食事ではなく，ビジネスディナー。
				クライアント	15.5	0.001	
		販売代理人	76	ドライクリーニング剤	22.8	0.001	
				レストラン	34.2	0.001	個人的な食事ではなく，ビジネスディナー。
				クライアント	20.0	0.001	
Cralson & Russo	2001	学生	126	民事事件	14.8	0.001	
			122	刑事事件	23.2	0.001	
		陪審員候補者	148	民事事件	31.0	0.001	
Meloy & Russo	2004	学生	32	新婚旅行先と大学のコース	23.0	0.01	
			32	大学のコースと従業員	40.0		p値は報告されていない。歪曲の大きさは一部の統制条件のデータである。
Carlson & Pearo	2004	学生	85	バックパック	15.2		p値は報告されていないが，私信によって確認された。
		大学院生と大学職員	117	ワイン	8.8		p値は報告されていないが，私信によって確認された。
Meloy, Russo, & Miller	2006	学生	42	レストランとリゾート地	10.0		p値は報告されていない。歪曲の大きさは一部の統制条件のデータである。
				奨学金候補者	5.0		p値は報告されていない。歪曲の大きさは一部の統制条件のデータである。
		学生	42	奨学金候補者	6.8		p値は報告されていない。歪曲の大きさは一部の統制条件のデータである。
Russo, Carlson, Meloy, & Yong	2008	学生	44	レストラン	13.2	0.01	
				パスタソース	16.2	0.001	
Russo & Chaxel	2010	学生		リゾート地	11.7		p値は報告されていない。歪曲の大きさは一部の統制条件のデータである。
Russo & Yong	2011	学生	191	ホテルへの投資と自動車の安全性	12.8	0.001	2つの選択肢間の選択と単一での評価を合わせている。情報の歪曲は言語データと数字のデータを組み合わせている。
Boyle, Hanlon, & Russo	2012	学生	42	ベンチャー投資	33.2	0.001	

である。歪曲の大きさは，すべての情報を見た後で，その時点で優越した選択肢が最終的に選択される尤度により測定されるものであり，その時点での優越選択肢に対する関与の線形関数によって表される（たとえば Carlson & Russo, 2001；Kostopoulou, Russo, Keenan, Delaney, & Douiri, 2012；Russo, Meloy, & Medvec, 1998）。すなわち，出現した選好への関与が高ければ高いほど，その後の情報に対する歪曲はより大きなものとなる。2つ目に，決定者自身が歪曲に気づいていないことである（たとえば，Russo, Carlson, & Meloy, 2006；Russo, Meloy, & Wilks, 2000；Russo & Yong, 2011）。歪曲を自覚しているか報告を求めた研究において，自己報告の内容と測定された歪曲の大きさの間には，常に相関がみられなかった。これが情報の歪曲の存在を裏づけている大きな理由の1つである。もし，意思決定者が評価のバイアスを自覚しているとしたら，彼らはそのバイアスを取り除こうとするのではないだろうか。しかし実際は，意思決定者は単にその選択肢が優越しているという理由だけで，その時点で優越した選択肢を支持し，自分自身を納得させていたのである。

　事前の選好をもっていたと思われるために表5-1から除外した実験から，以下の3つのことが明らかになっている。1つ目に，DeKayの研究グループは，ギャンブル課題のように獲得金額と確率のような明確な数値が与えられ，一方の選択肢を支持することが困難な場合でも，意思決定者はその値を歪めてしまったことを報告している（DeKay, Patino-Echeverri, & Fischbeck, 2009；DeKay, Stone, & Miller, 2011；DeKay, Stone, & Sorenson, 2012；Miller, DeKay, Stone, & Sorenson, 2013）。2つ目に，DeKayらの研究は，リスクに関する意思決定の文脈においても情報の歪曲が生じることを示しており，選好に関する意思決定以外にもみられることを報告している。Russo & Yong（2011）は数字によって属性値を提示した場合の歪曲の大きさ（最大で13％）が，その数字を文章で提示した場合の歪曲の大きさ（12.5％）より低くはないことを示しており，上の2つの結果を裏づけている。3つ目に，DeKay et al.（2011, 2012）と Miller et al.（2013）の研究では，はじめの選好が最終的な選択に影響を与える過程で情報の歪曲が媒介していることを示している。つまり，媒介分析によると，選ばれた選択肢への歪曲の大きさと，選択した選択肢への選好の強度は直接対応していた。このように情報の歪曲が媒介しているということは，Boyle, Russo, & Kim（2014）が行ったアメリカと韓国の起業家の意思決定の研究においてもみられている。

2節　情報の歪曲は測定方法によるアーティファクトなのか

　選好の段階的発生の手続きでは，意思決定プロセスのなかで複数回，その時点で優越した選択肢を特定することが求められる。この優越選択肢を特定し，報告させること自体が，その優越への気づきを促し，その結果として情報の歪曲を生じさせているのではないか，という疑問が生じる。そこで，Russo et al.（1998）はその時点での優越選択肢を特定させることをやめて，優越選択肢の特定によって生じる要求効果（demand effect）について検討を行った。優越選択肢を特定する手続きをやめることによって，表5-1に掲載された4つの刺激カテゴリの歪曲の大きさの平均値は22.2％から10.5％に減少した。つまり，測定された歪曲の大きさが半分以下に減少した。しかし，この減少は優越した選択肢を報告させなかったことのみが原因とは限らない。実験参加者による報告がないため，実験者がすべての属性の評価値をもとに優越した選択肢を推測する必要があった。たとえば，もし決定者がはじめの3つの属性に対して1から9の9件法において，6，6，5と評価したとすると，コートRに対する累積の選好は＋2となる（中央値の5を基準とし，＋1が2つあるため）。もしこの3つの属性について6，3，5と評定がつけられた場合は，累積の選好は－1となる。しかし後者の場合には，2つ目の属性を評価した段階で，その後に選好の逆転がみられるとどれだけ確信をもつことができるだろうか。ここであげた例では，2つ目の属性を評価した時点で選好を特定することは難しく，属性の数が増えるほどより困難になる。さらに中央値からの距離により累積の選好を計算する方法は，すべての属性の重要度が等しいことが前提となるが，実際の意思決定場面においてそうであるとは考えにくい。その結果として，実験者が推測した優越選択肢が，実際の優越選択肢と異なってしまう場合がある。このように，観察された歪曲の減少は，優越した選択肢の顕在的な報告を要求する（それにより関与が強まる）ことによるアーティファクトの可能性と，実験者が優越選択肢を正確に特定できないことによって歪曲の大きさの計算に誤差が生じたことによる可能性が考えられる。歪曲の減少に関与したと思われるこれらの2つの要因を分離することは困難であるが，優越した選択肢を顕在的に報告させた手続きにおいては，情報の歪曲の存在は確かなものであった。

　Russo et al.（1998）が行った，優越した選択肢の報告によって生じる要求効果の影響を調べようとする試みの1つの限界は，この要求効果が実際の選択に与える影響の大きさを測定する方法がないことである。もし要求効果が存在すれば，選択過程の途中での反応（優越選択肢の報告）を求めないことによって要求効果を取り除くこと

は，最終的な選択結果にも有意な影響を与えるに違いない。Carlson, Meloy, & Russo (2006) はまさにこのことについて検討を行っている。彼らは，一方の条件では選択過程における反応をすべて取り除き，取り除かなかった場合と比較して最終的な選択に差がみられるか分析を行った。その結果，2つの手続きの間で差はみられなかった。このことから，要求効果はまったく存在しない，もしくは存在するとしても選択に影響を与えるレベルではないと報告している。Miller et al. (2013) と Russo & Chaxel (2010) の研究においても，選択過程での反応が最終的な選択に影響を与えなかったと報告されている。選択過程において反応を求めることによって要求効果が生じているのかという問いは，未解決な問題である。しかし，これまでの研究結果から考えられることは，要求効果は存在しているが，最終的な選択に大きな影響を与えるほどのものではない，ということである。

3節　情報の歪曲は取り除くことができるのか

　情報の歪曲を取り除くことは簡単なことではないが，ある条件下では情報の歪曲は生じないことが示されている。正確な選択を行った場合に金銭的報酬を与えた場合にも，歪曲を減らすことはできなかった (Meloy, Russo, & Miller, 2006)。さらに各属性の評価を対象に金銭的報酬を与えた場合にも歪曲は減らなかった。意思決定者に決定についての説明を求めることは，販売代理人の歪曲を減らしたが，会計監査官の歪曲を減らすことはできなかった (Russo et al., 2000)。会計監査官は，常に説明を求められているかのようにふるまった。Meloy & Russo (2004) は，2つの選択肢から好ましい選択肢を選ぶのではなく，2つのうち好ましくない選択肢を除外する手続きに変えることによって，歪曲が大幅に減少することを示している (実験1で53%，実験2aで61%減少した)。この結果は，より劣った選択肢を除外するネガティブな選択と，より優れた選択肢を選ぶポジティブな選択のプロセスが異なることを示している。2つの魅力的でない選択肢から劣った方を除外する場面で生じる歪曲の大きさは，2つの魅力的な選択肢からよいものを選択する場合と同程度であった。

　2つの選択肢間の選択場面において，次の2つのケースで情報の歪曲を取り除くことができると報告されている。1つ目に，意思決定者が選択の以前に属性の値についての知識をもっている場合である (Carlson & Pearo, 2004)。この場合，歪曲の大きさは限りなく0に近づいた。さらに彼らの研究では，事前にその値を知っていた属性のみで歪曲の減少がみられ，初めてその情報を知った属性では歪曲は減少しないことを示している。2つ目に，情報を継時的に提示するのではなく，同時に提示した場合に情報の歪曲を取り除くことができる (Carlson et al., 2006)。各属性の情報を継時

的に提示した場合には，その時点での優越選択肢が次の属性の情報に対する歪曲を生じさせるが，一方の選択肢のすべての属性の情報を同時に提示し，次に他方の選択肢のすべての属性の情報を同時に提示した場合，情報の歪曲の発生を抑えることができた。

情報の歪曲を取り除くことができる別の状況として，集団意思決定を行う場合があげられる。集団意思決定において，対立する事前の選好をもった4人のグループにおいては，対立が存在しているために情報の歪曲が起こらなかった（Boyle, Hanlon, & Russo, 2012）。ある選択肢に対する暫定的な選好に関して4人の合意が得られるとすぐに，情報の歪曲が出現して増大し，個人で同じ課題を行った場合（33.2%）よりも有意に高いレベル（49.9%）で歪曲が生じた。集団の意思決定場面において情報の歪曲が減少することは意味のあることであるが，残念ながら，個人の意思決定では集団での意思決定のように対立する状況を作る方法はないだろう。

4節　情報の歪曲を示さない人は存在するのだろうか

一部の集団では歪曲を示さないことが報告されている。Kostopoulou et al.（2012）は，医師を対象に研究を行った。102人の医師のうち，15人は平均の歪曲の大きさが1%未満と非常に低く，それまでに得られた情報から導いた診断結果の確信度と，新たな症状の情報に対する歪曲の大きさは，傾きが0に等しい線形関係を示しており，歪曲を示さなかった。この15人の医師がなぜ歪曲を示さなかったのかについては明らかにされていない。歪曲を示さなかった15人は，歪曲を示した他の医師と比較して経験が豊富であったが，有意なレベルではなかった（すべての医師のうち，10年以上の経験があった医師の歪曲の大きさは10.4%であり，経験が少ない医師の15.6%よりも有意に低い値であった）。一部の医師や，それ以外の特定の人々が情報の歪曲を生じさせない理由については，今後も分析を行っていく必要がある。しかし一部の専門家が情報の歪曲を示さなかったことは，興味深い結果である。

5節　情報の歪曲は何によって引き起こされるのか

情報の歪曲の原因として考えられるのは，優越している選択肢を支持したいという欲求である。決定後に自分が選んだ選択肢を支持する情報の探索を行う，決定後のバイアスが存在することが知られている（Fischer & Greitemeyer, 2010 ; Hart, Albarracin, Eagly, Brechan, Lindberg, & Merrill, 2009）。決定前の情報の歪曲は，自分が選んだ選択肢を守ろうとする決定後のバイアスが，決定前にみられたものでは

ないかと考えることができる．しかし，決定前のバイアスは決定者自身が歪曲について気づいていない，という点が異なるかもしれない．もし決定者が歪曲の存在にまったく気がついていないとしたら，優越した選択肢を支持するために情報の歪曲が生じる，という説明は不自然なものだろう．さらにいえば，もし歪曲について気づいていれば，その歪曲を避けようとするのではないだろうか（Chaxel, Russo, & Kerimi, 2013）[★2]．つまり，我々は情報の歪曲の原因となる優越選択肢を支持する顕在的な欲求を排除しようとするのではないだろうか．

　情報の歪曲を引き起こす1つの要因は，認知的一貫性（cognitive consistency）であると考えられている．認知的一貫性とは，2つの信念を互いに一致させようとする欲求である．情報の歪曲においては，1つ目の信念は，ある選択肢が他の選択肢よりも好ましいという，暫定的な選好である．Russo, Carlson, Meloy, & Yong（2008）は認知的一貫性を活性化させると，それに応じて歪曲が増大することを発見した．さらに，意思決定者に認知的一貫性の活性化のレベルを報告してもらった際，認知的一貫性の活性化レベルと歪曲の大きさの間には相関がみられた．これらの結果は，信念間の一貫性が情報の歪曲を生じさせる1つの要因であることを示している．しかし認知的一貫性は1つの要因にすぎず，他の要因も情報の歪曲の出現やその大きさに影響を与えている可能性がある．

　認知的一貫性は一般的な目標とは異なり，過程的目標（process goal）である（van Osselaer et al., 2005）．過程的目標は，過程の結果として生み出される，より一般的な結果的目標（outcome goal）と対比されるものである．意思決定においては，典型的な結果的目標は選択肢のさまざまな側面を表したものであり，たとえば自動車において燃費がよいこと，食事においてカロリーが低いこと，そして投稿した研究論文がより評価を受けることなどがあげられる．これらの結果的目標は，さまざまな選択肢が存在していることと同じように，多種多様なものが考えられる．過程的目標の種類はそれよりはるかに少ないものであるが，意思決定課題やそれ以外の認知課題においても広く適用される．たとえば，意思決定における過程的目標は，認知的努力（effort）を最小化すること，あるいは不快感を避けることなどがあげられ，これらの過程的目標は意思決定以外の課題においても頻繁にみられる．

　認知的一貫性は，過程的目標であるために，望ましい結果によって動機づけられるものではなく，結果的目標の影響をあまり受けない（Kunda, 1990）．認知的一貫性は，どちらか一方の信念が，他方の信念と一致するように変化すると考えるのではなく，単に2つの信念が互いに一貫するように働くと考える．情報の歪曲が生じることによって，実際には劣っている選択肢を優越選択肢とみなしてしまうことがある．このように，認知的一貫性の説明によると，新しい情報を今現在の優越選択肢を支持す

る方向に評価のバイアスを生じさせる場合もあるが，暫定的な優越選択肢を変えてしまうこともある。バイアスの方向が最終的な結果と無関係であることから，結果的目標のみに焦点を当てた場合，意思決定の過程に存在する情報の歪曲が取り上げられることはない。情報の歪曲は優越した選択肢を支持する方向に生じるものであるが，認知的一貫性，すなわち結果的目標とは独立した過程的目標によって引き起こされるということを強調しておきたい。情報の歪曲は，その時点で優越した選択肢と新しい情報の間に存在する2つの信念の対立によって生じた信念間の不一致を反映したものである。そして多くの場合は，その時点で優越した選択肢のほうが強い影響力をもつが，常にそうであるとは限らない。

6節　インプリケーション

◆1．初頭効果による解釈

　決定前の情報の歪曲は初頭効果（primacy effect）の1つの形であると考えられるが，一般的に知られた初頭効果とは少し異なるものである（Bond et al., 2007）。初頭効果は通常，重要度（ウエイト）の変化によって解釈されている。たとえば，2人の就職希望者を比較する場面において，初頭効果によると，「過去の実績」の情報を最初に知った場合，後で知った場合よりも「過去の実績」の重要度が決定において，より高くなると考える。また，初頭効果は与えられた属性への評価が，その提示順序の影響を受けると考えることもできるだろう。たとえば，もし2つ目の属性が「転職歴」であれば，「転職歴」の評価は「過去の実績」の評価に対応して変化する可能性がある。「過去の実績」の評価が高かった場合には，転職が多いことは肯定的にとらえられるが，「過去の実績」の評価が低かった場合には，転職が多いことはそれぞれの職場で十分に経験を積めていないのではないかと否定的にとらえられることもある。この場合，「転職歴」に関する評価は「過去の実績」の関数として変化するものであり，その属性の重要度自体が変化したと考えることができる。このような議論は，人の印象形成の研究などにおいて初頭効果や文脈効果としてさまざまな議論がこれまで繰り広げられてきた（Anderson, 1971, 1973；Hamilton & Zanna, 1974）。

　決定前の情報の歪曲の文脈では，初頭効果は属性の評定値の変化によって説明される。このとき，2つの属性間で交互作用はたしかに存在しており，「過去の実績」は「転職歴」の評価に影響を与えている。情報の歪曲は受け取る情報の評価の一時的な変化であり，その変化は優越した選択肢のみによって引き起こされるものである。もし他方の選択肢が優越していた場合には，次の属性の評価は反対の方向に歪曲する可

能性もあり，その場合は異なった交互作用を示すだろう。

　初頭効果が重要度の変化によって生じていると解釈される1つの理由は，属性に対する評定値よりも重要度のほうが変化しやすいと考えられているからである。初頭効果を考える際には，「転職歴」そのものへの評価が変化したと考えるよりも，求職者に求める「転職歴」の重要度が変化したと考えるほうがより自然だと思われるからである。もっとも，その属性を最初に見たか，2番目に見たか，という理由だけで，「転職歴」の評価を変えるとは通常考えにくいだろう。

　情報の歪曲に関するいくつかの研究では，属性を評価する際の実験参加者の思考過程を明らかにするために言語プロトコルデータを用いている。Russo らの研究グループは，属性値が明確に比較可能な数値で表されている場合であっても情報の歪曲が生じてしまうことを示し，その原因を調べた。たとえば2つのレストランの選択をする場面において，あるガイドブックでは食事に関する評価は7段階でレストランKは5.1，レストランTでは5.3の評価がつけられている。このガイドブックの評価ではレストランTのほうが評価は高いが，一部の実験参加者は「そのガイドブックはレストランTに都合がよく書かれている」と言い出した。彼らには，その時点で優越している選択肢を支持している自覚があった。しかし，レストランKのほうが優越していると考えていた場合には，その情報の不当性を訴えたのである。さらに「ほとんど差がないじゃないか」や「その程度の差なら問題じゃない」といったことを口にしたのである。このように，これらの実験参加者は優越している選択肢を支持しない情報が出てくると，その情報を退けようとしたのである。言語プロトコルの分析によって，重要度の変化が明らかになることもある。たとえば，もしその時点で劣っているレストランのほうが，駐車場が利用しやすかったり，より近所にあった場合でも，参加者はこれらの属性について「そんなことは重要なことじゃない」といって気にしなかったのである。このように，属性の評価値が数字によって明示されている場合でも，評価のバイアスを正当化する方法を探そうとする。このような評価の変化は，意思決定研究において繰り返しみられてきた（たとえば，Wallsten, 1981; Svenson, 1992 も参照）。しかしながら，重要度の変化についてさらに検討したり，モデル化を行った研究は残念ながら見当たらない。

7節　情報の歪曲の合理性とベイズ推定

　決定前の情報の歪曲が生じることは合理的といえるのだろうか。この問題に答える1つの方法は，選好を尤度というベイズ推定の枠組みで考えることである。尤度のベイズ推定では，事前確率（ある事象が生じると考えられる程度）は観察されたデータ

によって事後確率に更新される。ベイズ推定を行ううえでは，事前確率と観察されるデータが互いに独立であることが必要条件となる。選好についてベイズ推定を用いると，次のように考えることができる。すでに存在している事前の選好（その時点での優越選択肢）が，新しい情報（ベイズ情報）によって更新される。ベイズ推定の枠組みを選好に用いる場合，情報の歪曲は事前の選好と新しい情報の間の独立性を満たさないため，原則に反している。この独立性の違反は，新しい情報の評価が，事前の選好の影響を受けることによって生じる，初頭効果の一種である，意味の変容（change-of-meaning）効果としてすでに知られている。興味深いことに，この独立性の違反はBoulding, Kalra, & Staelin（1999）によっても発見されている。彼らが行ったモデリングでは，事前経験と実際の経験の効果が合成され，顧客の全体的な満足度に影響を与えることが示されている。

合理性の問題に話を戻すと，部分的（local）もしくは短絡的（myopic）な合理性と，全体的（overall）な合理性を区別しておく必要がある。情報の歪曲の合理性について議論を行う場合，それは部分的なレベルの合理性である。2つの選択肢間の相対的な選好に関する新しい情報の影響力を評価する場合，利用可能なすべての情報を使用することが合理的である。ここには，その時点での選好も含まれている。新しい属性の情報の評価にその時点での選好を用いることは，部分的には合理的であると考えられるかもしれない。もちろん，この部分的な合理性は，最終的には劣った選択肢を選択してしまう可能性もあることから，常に全体的な合理性を満たすとは限らない（Russo et al., 2006）。さらに情報の順序を誰かに操作されることによって，その操作者にとって望ましい選択肢を選ぶように選択が誘導されてしまう危険性もある（Russo & Chaxel, 2010）。このように，最終的に劣った選択肢を選んでしまった場合，情報の歪曲が存在することは合理的とはいえない。しかし，新しい情報を評価するという場面においては，部分的な合理性を示すものであるかもしれない。

8節 ヘッドスタートの影響

決定前の情報の歪曲は暫定的な選好が最終的な決定に影響を与えることから，一種の優位性の形であると考えることができる。もし，一方の選択肢のはじめに触れた属性の情報が優れていた場合，その選択肢はその時点で優越選択肢となるだろう。その後に確認する属性の情報は，多くの場合に優越選択肢を支持するように歪められ，さらには，その属性を中立的な順番で見たときよりもその選択肢を選ぶ割合が有意に上昇する可能性がある。このように，提示する情報の順序を操作することによって情報の歪曲が生じ，最終的な選択にも影響を与えると考えられる。

Carlson et al.（2006）の実験では，6つの属性をもつ2つの選択肢間の意思決定において，1つ目の属性か4つ目の属性のいずれかに一方の選択肢が優越している情報を与えられた。6つのすべての属性を総合的にとらえると，2つの選択肢は同程度であった（つまり，一方の選択肢は1つ目の属性が優越しており，他方の選択肢は4つ目の属性が同程度に優越していた）。実験の結果では，1つ目の属性が優越した選択肢が70％の割合で選択された。さらにCarlson et al.（2006）が行った実験では，全体的には劣った選択肢であっても，1つ目の属性にその選択肢が優越した情報を提示することによって，選択割合が16％から30％に上昇した。また，Russo et al.（2006）は同様の手続きを用いて，意思決定者自身が劣った選択肢であると認めていた選択肢であっても，最も好ましい属性を最初に提示することによって選択割合がチャンスレベルより高い値（62％）に上昇したことを報告している。その後のCarlson, Meloy, & Miller（2013）の研究では，意思決定者がはじめの属性において優越していた選択肢を選択しなかった場合であっても，その選択肢に対するわずかな選好は保持されており，中立的な条件で行われたベースラインよりも高い割合で選択されたことが報告されている（Carlson, Meloy, & Lieb, 2009も参照）。

　提示する選択肢の順序を操作することによって最終的な決定が操作できることを示したが，ヘッドスタートを与えることによっても決定を操作できることが示されている。Russo et al.（1996）はレストランやホテルの選択において，選択基準とは本来無関係と考えられるが，一方の選択肢を有利にさせる情報を与えた。たとえば，2選択肢のホテルの選択において，一方のホテルのオーナーはすべての宿泊施設が予約でいっぱいであったある週末に，実験参加者の両親が宿を確保するときに便宜を図ってくれた（Russo et al., 1996, p.104）。決定に関する情報が2つの選択肢間で中立な場合であっても，便宜を図ってくれたと伝えられた選択肢は80％の割合で選択された。Russo & Chaxel（2010）が行った実験では，2つのビーチリゾートの意思決定において，それぞれを紹介した2つのコマーシャルを用いた。どちらのコマーシャルも受賞歴があったが，一方のコマーシャルの内容は，よりリゾートを連想させるものであり，より有利な状況（ヘッドスタート）を生むものであった。コマーシャルにおいて好まれたリゾートは，2つのリゾートを比較した属性の情報が同等な場合であっても68％の割合で選択された。さらに，実験参加者はコマーシャルが選択に直接的な影響を与えたことは自覚していたが，コマーシャルが属性の評価を歪めていたという間接的な影響については気づいていなかった。

　これらの研究で示されたヘッドスタートの影響は，一方の選択肢が優越している場面において，初頭効果が生じていたことを示すものである。ヘッドスタートの影響は医師の診断（Kostopoulou et al., 2012），仮説の同定（Jahn & Braatz, 2012；Whitman

& Woodward, 2011)．そして一般的な問題解決のタスクでも現れることが報告されている。

9節　出現した選好に対する関与

　決定前の情報の歪曲に関する一連の研究の結果から導き出せる1つのことは，その時点での優越選択肢への確信（confidence）が，新たな情報に対する歪曲の大きさに系統的に影響を与えることである。もし優越選択肢への確信を，その選択肢への関与の大きさとして考えると，関与が大きいことは情報の歪曲が大きいことを意味する。関与が影響を与えているかどうかは，属性の説明を変えずに，優越した選択肢への関与を拡大することによって確認することができる。Polman & Russo（2012）は優越選択肢の回答方法を操作することによって，その効果を検討した。統制条件では，優越した選択肢を示すボックスにチェックを入れることを求め，高関与条件では10秒ほどかけて2センチ四方の四角形を塗りつぶすことを求めた。その結果，高関与条件において有意に大きい歪曲を示した。また，別の実験操作として，実験参加者にそれまでに見た情報を参照することを許可したが，この場合においても歪曲の大きさは関与の増加にともない増加した。これらの実験結果から Miller et al.（2013, p.672）は，実験参加者にその時点で優越した選択肢へのバイアスを認識させることは，その後に与えられる情報の歪曲を増加させる，と述べている。

　優越した選択肢への関与の大きさは，情報の探索の仕方にも影響を与えている可能性がある。たとえば，その時点での選好を支持するような情報を好んで探索することがある。これは決定前の評価のバイアスといえるものであり，つまり決定前の情報の歪曲だと考えることができる。このような探索のバイアスがあることは，いくつかの文献によって報告されている（たとえば，Fischer, Lea, Kastenmuller, Greitemeyer, Fischer, & Frey, 2011；Fraser-Mackenzie & Dror, 2009；Young, Tiedens, Jung, & Tsai, 2011）。その一方，少なくとも2つの研究においてそのような探索バイアスがみられないことが報告されている（Carlson & Guha, 2011；Chaxel et al., 2013）。これらの結果の違いは，関与によって説明できるものなのであろうか。決定前の情報の探索においてバイアスがみられるとき，実験参加者は暫定的な選択を行うことが求められる。その後の情報が与えられたときにそのバイアスは完全に逆転してしまう場合もある。しかし，関与が十分に大きければ，その時点の選好を支持するような動機づけが働くのではないだろうか（Fischer & Greitemeyer, 2010）。この問いに対する1つの実験的なアプローチは，優越した選択肢を報告する際に，高い関与を必要としないような手続きを用いることである。関与が小さければ，確認のための探索バイア

スが減少すると考えられるからである。Carlson & Guha（2011）は，2つのバックパックの選択において競馬のメタファーを用いていた。このメタファーは，その時点で報告してもらう選好が，その後の展開によって逆転する可能性があることを示しており，メタファーを用いない場合よりも関与が小さくなると考えられる。さらにChaxel et al.（2013）の研究では，意思決定者に「非常に好ましい」というラベルが両端に付けられた尺度上で，スライダーを用いて回答することを求め，スライダーが中央からどちら側に寄っているかによって，どちらの選択肢が優越しているかを検討した。Carlson & Guha（2011）とChaxel et al.（2013）はどちらも，決定前に探索バイアスがみられないことを示した。その時点で優越した選択肢を直接的に表現する方法と，競馬のメタファーやスライダーによる直接的でない方法との比較において結果が異なることは，関与の大きさの違いによって生じたものであると解釈するのが妥当だと思われる。

10節　判断と意思決定の研究パラダイム

　判断と意思決定の研究は経済と統計学の合理的な基準としてこれまで展開してきた。合理性からの逸脱のパラダイムが意思決定の主流を占めており，過去40年以上にわたって業績をあげてきた。しかしながら，あまり認識されていないが，この合理性からの逸脱のパラダイムは入力と出力の関係性を示すデータのみが用いられており，意思決定の途中の過程が無視されてきた。しかし近年の意思決定研究においては，入力と出力のデータを分析するだけではなく，その過程を明らかにすることが重要であると考えられるようになっている（Schulte-Mecklenbeck, Kuehberger, & Ranyard, 2011）。意思決定過程を分析する手法として，言語プロトコル（Ericsson & Moxley, 2011；Russo & Dosher, 1983）や，時系列の注視データ（Russo, 2011）を用いたもの，パネルの開閉によって選択肢の情報を確認する方法（Willemsen & Johnson, 2011）などが用いられてきた。より一般的に意思決定過程を反映した，より一般的なデータとしては，選好の段階的発生の手続きのように各属性をみた後に反応を求める方法や，Carlson, Tanner, Meloy, & Russo（2012）が用いた，目標の活性化のレベルを"オンライン"で報告してもらう方法がある（Russo et al., 2008も参照）。

　決定前の情報の歪曲に関連した研究は，明らかに意思決定の過程に焦点を当てたものであり，意思決定過程を慎重に扱うことが重要であると示している（Johnson, Schulte-Mecklenbeck, & Willemsen, 2008）。これまでの研究から，意思決定過程のなかで選好が変化していくこと（Lichtenstein & Slovic, 2006；Payne, Bettman, & Johnson, 1993），競合した目標に対する活動を含むさまざまな変化が生じること（た

とえば，Carlson et al., 2013），さらにポジティブとネガティブ双方への感情の変化を含むこと（たとえば，Luce, Bettman, & Payne, 1997）が示されている。意思決定過程全体を考えるということは，オール・オア・ナッシングの考えではなく，意思決定の行為をより複雑なものととらえることを意味する。つまり，最終的な決定が行われるまでそこには選好が一切存在していないと考えるのではなく，選好は意思決定の過程で出現するものであると考える。このような背景をふまえ，Keren & Schul (2009) はより複雑であり，より連続的な行動の観点から「二重過程理論（two-system theories）」に反した議論を展開している。

11節　エピローグ

◆ 1．情報の歪曲に関する研究の歴史

　本書の読者のなかには，決定前の情報の歪曲の発見にいたるまでの過程に興味をもっている人もいるだろう。決定前の情報の歪曲の最初の研究にあたる，Russo et al. (1996) の目的は，一方の選択肢に対する関与が決定の基準とは無関係な情報によって生み出されたときに，新しい情報に対する決定後の歪曲が起こるのかどうかを検討することであった。彼らの実験では，2つのレストランでの選択場面において，一方はレストランのオーナーはチャリティー抽選会において無料で食事の招待を行っており，ヘッドスタートが存在していた。このヘッドスタートは，レストランでの食事の内容とは独立していると考えられる。しかし，実験の結果，ヘッドスタートははじめの属性の評価に影響を与えることが示された。この結果は，ヘッドスタートがないことを除いてすべて同じ条件であった統制群の結果と比較された。なお，2つ目の属性の評価に与える影響については，ヘッドスタートと1つ目の属性の両方の評価の影響を受けていると思われたため，1つ目の属性のみに焦点を当てていた。

　実験の結果，意思決定とは本来無関係であるヘッドスタートが1つ目の属性の評価に影響を与えることが示され，この研究の当初の目的は無事に達成された。しかし統制群について考えたとき，実験群において1つ目の属性の評価がヘッドスタートによって影響を受けたことと同様に，統制群における2つ目の属性の評価は，1つ目の属性を見た後でどちらの選択肢が優越しているかによって影響を受けているのではないかと考えられた。実際にデータを分析すると，予想通り2つ目の属性の評価にバイアスがみられたのである。つまり，ヘッドスタートもしくはそれまでの属性によって特定された優越した選択肢は，次の情報の評価にも強い影響力をもっていたのである。これが，決定前にみられる情報の歪曲である。このように，Russo et al. (1996, p.106)

第5章 意思決定前にみられる情報の歪曲

の研究のなかで決定前の情報の歪曲が偶然発見されたわけであるが，もともと彼らは決定前に情報の歪曲が存在しているとは思っていなかったのである。

2．実験パラダイム間の対立

　これまで述べてきたとおり，決定前の情報の歪曲の研究は，ほとんどの意思決定研究において用いられてきた入力と出力のみに焦点を当てる研究パラダイムとは対極に位置している。入力−出力パラダイムが主流であった意思決定研究の査読者たちが，このパラダイムの崩壊にふれたときにどのような反応をしたのだろうか。決定前の情報の歪曲に関する2つ目の研究であり，最も重要な論文でもある Russo et al. (1998) は投稿した際に，3人の査読者は「特に目新しい発見はない」という見解で一致し，リジェクトの提案がなされた。査読者はそれぞれ，決定前の情報の歪曲は入力−出力パラダイムで説明できるものであり，すでに明らかになっている現象を，単に違う言葉で説明しただけのものに過ぎないと主張していた。そこには認知的不協和 (cognitive dissonance)，確証バイアス (confirmation bias)，要求バイアス (desirability bias)，ハロー効果 (halo effect)，そして先行信念効果 (prior belief effect) などがあげられていた。決定前の情報の歪曲の研究を入力−出力パラダイムでとらえると，たしかにこれらの現象と似たものであり，同じものとしてとらえることは，もっともである。査読者の提案はリジェクトで一致したが，編集者は，類似した概念がいくつも存在していることに注意を払うべきであると考え，決定前の情報の歪曲の新規性は何かについて説明する機会を与えてくれた。この説明が十分なものであると判断され採択されたのであるが，既存のパラダイムとは異なるパラダイムを用いた挑戦であった。

【執筆者ノート】
　本章の執筆にあたって，Kurt Carlson, Michael DeKay, Sophie Chaxel, Meg Meloy, David Weiss, Catherine Wiggins の助言をいただいた。ここに感謝を記す。

【原注】
★1　初期の研究者たちは決定前の情報の歪曲の存在を認識していた。投票行動の分析を行った，Lazarsfeld, Berelson, & Gaudet (1944) は「人々は自分自身の好みやバイアスをふまえて政治的な情報を選択している」(pp.79-80) と述べている。どの候補者に投票するかまだ決めていない人であっても，まだ顕在的ではない政治的特徴に合致する宣伝活動に参加していた。彼らの初期の研究は情報探索に限定されたものであり，その情報の解釈や評価を顕在的に示したものではなかったが，決定前の情報の歪曲の存在を認めるものであった。このような歪曲の容認は，十数年後には心理学の領域から完全になくなっていたように思われる（たとえば，Festinger, 1957, 1964）。
★2　意思決定者が，劣っている選択肢を支持する情報を意図的に探索しないようにしていたわけ

113

ではない。むしろ多くの場合において抜け目なく探索していたのである。しかし，一方の選択肢を好む（あるいは嫌う）ような情報探索が意識的で方略的であっても，決定前の情報の歪曲は無意識的であり，情報の評価の過程で意図せずに存在しているのである。Chaxel et al. (2013) は，優越した選択肢を支持しない情報の探索は一般的に受け入れられるものであるが，この歪曲は一般的には受け入れがたいものであると述べている。

第6章

精密性効果
精密な数値表現が日常的判断にどのような影響を及ぼすか

Manoj Thomas
Joowon Park

　人々は数字の意味を考えるうえでしばしばヒューリスティクス（簡便法）による判断を拠りどころとするため，数的判断は必ずしも演算規則や数学的な論理に基づいて行われるわけではない。この章では，あまり見かけないような精密な数字やぴったり整った数値がヒューリスティクス処理の引き金となる可能性について議論し，ヒューリスティクスによる情報処理の性質を表現するために，不一致帰属モデルを提案する。帰属が不一致にいたる過程は，次の3つの前提条件（公理）に従う。第1に，あまりなじみのない数値は不一致処理の原因となることである。人々は，数値を計算する際にどの程度容易あるいは困難かについてある期待をもつ。そして，通常あまり見かけないような四捨五入されて丸められた数値や精密な数値は，期待していたよりも計算処理を容易にあるいは困難にすることである。第2に，不一致処理が生じたとき，人はこの不一致を顕著な要因（salient factor）が原因で起きたのだと考えることである。第3に，帰属過程は，人々のもつ素朴理論（naive theory）と判断の周辺にある外的手がかりにより支配されることである。本稿で提案する不一致帰属モデルを支持する精密な数的表現に関するいくつかの実証研究についてレビューする。

　判断と意思決定の研究者間で，人々は数字についてどのように考えるかといった数的認知に関する関心は，ここ何年かで顕著な高まりを見せてきた（Bagchi & Davis, 2012；Coulter & Norberg, 2009；Denes-Raj & Epstein, 1994；Janiszewski & Uy, 2008；Monga & Bagchi, 2012；Pelham, Sumarta, & Myaskovsky, 1994；Peters et al., 2006；Pope & Simonsohn, 2011；Thomas & Morwitz., 2005, 2009；

Thomas, Simon, & Kadiyali, 2010；Yaniv & Foster, 1997；Zhang & Schwarz, 2012)。たとえば，研究者は，比率バイアス (Denes-Raj & Epstein, 1994)，桁数効果 (the numerosity effect) (Pelham, Sumarta, & Myaskovsky, 1994)，左端桁アンカリング（係留）効果 (the left-digit anchoring effect) (Thomas & Morwitz, 2005) といったいくつかの興味深い数的認知の効果の性質を明らかにしてきた。数的認知への関心の高まりには2つの理由がある。第1に，数値判断においてヒューリスティクスとバイアスの特徴を明らかにすることは，数的判断がいたる所で行われるため，多くの重要な意味をもつからである。つまり，人々は数値情報を毎日使っており，時には受け手となったり送り手となったりする。数値判断においてヒューリスティクスとバイアスの特徴を明らかにすることは，日常のコミュニケーションにおける数値情報の利用を，少なくともある程度まで，よりいっそう効果的にしてくれるだろう。第2に，さらに重要なことであるが，数的判断は無意識のシステム1の処理とより熟慮のシステム2の処理の相互作用を研究するうえで，有力な道筋を提供することである (Kahneman & Frederick, 2002)。数的判断の場合，演算規則や数学的な論理に基づいた正しい答えが必ずと言ってよいほど存在する。さらにいえば，人々はたいていの場合，この正しい答えを知っており，この正しい答えから日々の判断をシステマティックに導き出している。したがって，数的判断のバイアスは知識や知性の欠如のために起こると考えることはできない。実際に，最近の研究 (Peters et al., 2006) では，高度に数学的知識のある人々はフレーミング効果の影響を受けにくいにもかかわらず，数的判断をするときには不適切な（不合理な），感情的思考の影響を受けやすい傾向が指摘されてきた。人々がなぜこれらの正しい答えから逸脱してしまうのかを調べることは，無意識に関連した処理と主観的な印象が頭の中で我々が行っている意識下の判断と意思決定をどのように形成するのかについての新たな知見を提供する。

　本章では，新たな数的認知効果，すなわちここ最近明らかになった「精密な数値の効果」について焦点を当てる。複数桁の数字は，精密な，あるいは細かな数値として，あるいは四捨五入による丸められた数値として表現される。精密な数値や四捨五入により丸められた数値は人々の直観的判断にどのような影響を与えるか？　たとえば，食品雑貨を扱うスーパーにおいて消費者が，以下の表に示すような，2つの割引表示のどちらがより魅力的であるかを評価する状況を考えてみてほしい。

製品A	製品B
通常価格　　：3.97ドル	通常価格　　：4.00ドル
セール価格：2.89ドル	セール価格：3.00ドル

この消費者は，2つの割引のうちどちらをより好意的に評価するだろうか？　そのような数値情報を提供する送り手にとってもこの精密な数値の効果は関連している。というのは受け手から最もよい反応を引き出すように数値情報の提示の方法を決めなければならないからである。たとえば，家の持ち主が家を売りに出すときに，380,000ドルか385,875ドルの2つの表示価格のどちらかを決めなければならないような状況であり，購入の見込みのある人に受け入れられやすい価格がどちらかということを決めなければならない状況である。医療過誤の補償を求める原告が1,000,000ドルあるいは1,135,300ドルのどちらがより正当な金額と認められやすく，どちらを主張するべきかという状況があるかもしれない。一見したところでは，これらの判断はかなり簡単なように見えるかもしれない。最初の例では，製品Aが1.08ドル（38％）の割引額であるのに対して，製品Bの割引はたったの1.00ドル（33％）の割引額である。2番目の例では，家の表示価格を380,000ドルにすることは，もう1つの価格（385,875ドル）が高く，またそれゆえに値下げ交渉のきっかけを与えやすいという理由で，より好ましい反応を引き出すことができそうである。同様に，3番目の例では，1,000,000ドルという主張のほうが金額がもう一方よりも低いという理由でより正当な金額であると認められやすそうである。

　しかしながら，最近の実験的研究の示すところでは，以上のような単純で素朴な予測は正しいとはいえないかもしれない。前述したように，数的判断は必ずしも演算規則や数学的論理に基づいて行われるわけではない。人々は，数値を理解するためにしばしばヒューリスティクスによる推論を行う。この章では，通常ではあまり見かけないような厳密な（細かい）数値やぴったり整った数値などの数的な精密さが，ヒューリスティクスによる処理の引き金となること，そしてヒューリスティクスによる処理を特徴づけることについて議論する。数的精密性は，ヒューリスティクスによる処理の引き金となる。なぜなら，数的精密性は，2つの数値の比較をしたり2つの数値間の違いについての計算処理をしなければならず，認知的処理が困難だからである。人々が数的判断における手がかりとして計算の困難度を使用してきたこと，すなわち計算困難度が高まれば高まるほど2つの数値間の知覚差が小さくなることを，研究者はしばしば明らかにしてきた（Thomas & Morwitz, 2009）。もし計算困難度が数的差異の認知の程度を低めるのであれば，製品Aの割引額（3.97−2.89）は，製品Bの割引額（4.00−3.00）に比べて，前者がより困難な計算であるという理由で，割引額が誤って小さく判断されてしまうかもしれない。同様の知見は，あまり見かけないような精密な数値やぴったり整った数値は，数値の大きさや信ぴょう性についてヒューリスティクスによる推論を行うきっかけとなる可能性があることを示してきた（Huang & Zhang, 2013 ; Janiszewski & Uy, 2008 ; Pope & Simonsohn, 2011 ; Thomas,

Simon, & Kadiyali, 2010 ; Zhang & Schwarz, 2012, 2013)。あまり見かけないような精密な数値やぴったり整った数値は，たとえば「この価格は安い」あるいは「この価格の値下げ交渉は難しそうだ」といった推論を引き起こすことになるかもしれない。そのような推論は低めの整った表示価格（たとえば380,000ドル）よりも高めで精密な表示価格（たとえば385,850ドル）のほうを書い手は受け入れようとするかもしれない（Janiszewski & Uy, 2008 ; Thomas, Simon, & Kadiyali, 2010）。

　我々は，数的精密性が直観的判断に与える影響を簡潔に説明する不一致帰属仮説（Whittlesea & Williams, 2000）を提案する。その仮説の主旨は，直観的な数的判断は不一致処理により引き起こされたヒューリスティック帰属の影響を受けるということである。人々は自らが行う計算の質を監視しており，期待した質からかけ離れたときはその差異や不一致は帰属処理を引き起こす。違った言い方をすれば，計算処理の不一致は人々に，どうしてその計算が一致しないのかと考えさせるのである。その結果としての帰属処理はときには演算規則に従わないような推論を導いてしまうのである。

　以下の節では，まず，数的判断の文脈で不一致帰属の枠組みを説明する。そして次に数的判断において不一致を引き起こすいくつかの要因をレビューする。また，解決されていない問題を特定し，この分野で議論されている問題を解決するための将来の研究のための道筋を示すこととする。計算処理の不一致は意識的な注意から外れたところにあり，たとえ人々が意識していたとしても，自己申告による測定方法では不一致処理の小さな変化を十分に敏感にとらえることはできないかもしれない。そのため，数的判断に基づいた不一致処理の役割を調べるために脳画像研究がとても有益であることを議論する。

1節　不一致帰属仮説

　不一致帰属仮説は，もともと Whittlesea & Williams（2000, 2001a, 2001b）によって親近感を引き起こすメカニズムを説明するために提唱されたものである。伝統的には，親近感は記憶にある描写が活性化されることによって生じると信じられてきた。この説明については，もし顔に覚え（なじみ）があるということは，それはおそらく知覚者の記憶のなかで活性化された画像に一致したからである。この代表性あるいは内容重視の説明（representation -or content-based account）は，親近性判断において主観的な経験が役割を果たしていることを認めるものではなかった。Whitteleseaと共著者たちは，計算と推論の質に関する主観的な感覚はそのような親近感の判断において重要な役割を果たす感覚からなっていると主張した。彼らは，親近感と記憶の

代表性間の関連性が計算処理の一貫性に関する無意識の帰属を媒介として，間接的につながっていると仮定して議論した。彼らの主張は以下のとおりであった。

> 人々はさまざまな種類の刺激（たとえば，綴りの正しさ，意味論的，文脈的特性）を1元的構成概念に統合し，その処理に首尾一貫した評価を行う。この評価は，結果として以下の3つの認知の1つになる。すなわち，①首尾一貫した処理，②チグハグな矛盾した要素を含む処理，そして③処理のいくつかの側面は他と驚くほど一致しないような処理である。
> (Whittlesea & Williams, 2000, p.548)

この不一致の感覚は，帰属処理を親近感のある，あるいは親近感のないものに導くきっかけとなる。

　帰属が不一致となる一例を図示して，Whittleseaらは，強い親近感は既知の刺激によって引き出されることはほとんどないことを指摘した。たとえば，配偶者や友人が強い親近感を引き出すことはめったにない。親近感は遠い昔の誰かや赤の他人と思いがけず出くわしたときにはっきり表れる。そのような場合，顔の特徴の情報処理は容易であるが，なぜ親近感が生じたのかわからないような場合である（この人とは顔なじみのように見えるが，彼と会ったことを思い出すことができない）。すなわち，そこには処理の容易さに関する期待と経験間で不一致がある。この主観的な経験に関する期待からの説明できないような乖離のことを，Whittleseaらは処理の不一致と名づけた。文脈のなかで入手可能な手がかりに依存して，この処理の不一致は正しくあるいは間違って，たとえば，かつて出会ったことがある（おそらく私は先週のパーティーでこの人に会った），容姿の類似性（おそらくこの人は私のクラスメートの兄弟だろう），あるいは有名人（おそらくこの人は著名な映画俳優である，Jacoby et al., 1989の錯誤帰属の例を参照）といったような顕著な判断変数に帰属する。

　本章では，不一致帰属処理が日々の数的判断に影響を及ぼしうることを示す。人々が複数桁の数値に遭遇した時に，彼らはその数値の桁の位置で価値の大きさを評価するだけでなく，その複数桁の数値計算の心的処理がいつもと違って容易か困難かといった計算処理の質を調べることによっても評価する。もしも計算処理がいつもと違って難しいあるいは容易に見えるとき，そして，もし予想していたものからの乖離が驚くべきものであるならば，結果として行われる不一致処理は帰属処理の引き金となるだろう。その不一致処理は，その人に期待に反するような説明を求めることを促すのである。その結果，計算容易性効果（Thomas & Morwitz, 2009），精密性効果（Thomas, Simon, & Kadiyali, 2010）のようなバイアスが生じるのである。数的判断の不一致帰属モデルの想定された概念モデルは図6-1のとおりである。図6-1からもわ

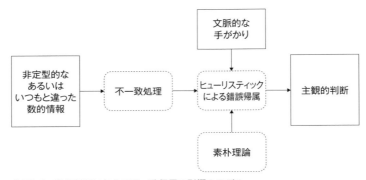

●図6-1　数的判断に与える不一致帰属の影響のモデル
注）点線は内的処理を表している。

かるように不一致帰属の過程は3つの性質の異なった前提の上に成り立っている。

　前提1：いつもと違う数値は不一致処理を引き起こす。不一致帰属効果が起きるためには，まずその人が，期待と実際に体験している処理間で違い（不一致）があることに気がつかなければならない。モデルでは，脳が意思決定をするために数値情報を処理している間，もう一方の脳では，実際に体験している計算処理が期待していたものとかけ離れたものかどうかを評価することで，認知的処理の一貫性についてモニタリングしていると仮定している[★1]。この前提のなかには，脳が日常的文脈のなかで数的処理の難易について期待をもつという暗黙の仮定がある。我々が通常考えている以上に脳の処理が洗練されたものとしているが，この仮定は非現実的であるとはいえない。何人かの研究者はメタ認知モニタリングが日常的な判断や意思決定の根本にあるといった議論を行ってきた（Bless & Forgas, 2000；Kelley & Jacoby, 1998；Schwarz, 2004；Whittlesea, 1993）。メタ認知モニタリングは注意と処理資源の割り当てを要求するために，そして認知的戦略の切り替えのために必要とされる。継続的で途切れのないメタ認知モニタリングは通常の情報様式と計算処理の質に関する期待をもたらす。脳は異なった判断の文脈において直面する数的情報の性質への期待を学習する。ガソリンスタンドでは，1ガロン（たとえば3.84ドル）の価格として精密なあるいはきっかりの3桁の数値がみられることを期待する。対照的に，家の購入においては，しばしば千の位あたりで四捨五入された6桁の数値（たとえば365,000ドル）がみられることが期待される。これらの期待への逸脱が不一致の認識へと導くのである。

　前提2：人々は不一致処理を1つの重要な要因と（誤って）考える。モデルでは不一致が帰属処理の引き金を引く，すなわち知性が不一致の説明を引き起こそうと

すると仮定する。処理の不一致が帰属処理を引き起こすという仮説を正当化する理由は2つある。第1に，内在的な判断をしている間，意識はすべての目立った情報の意味をできる限り見いだそうとする（Marcel, 1983；Whittlesea, 2000）。処理の不一致とは手元にある判断課題についての情報になるので，不一致の原因を理解することはさらなる情報化された判断を促進する傾向にある。第2に，あまり見かけない数値の符号化が困難なこと（たとえば385,873ドルの値段がつけられた家）によって，あるいは暗算（3.86－2.97）が困難なことによって不一致が引き起こされたとき，不安感が生じる。そのような実例では，不一致処理はその判断の不確かさが示されることによって確信は崩壊する。この認知的システムは，そのようなネガティブな気持ちをごまかすことによって，ネガティブな感覚を減じようと生得的に動機づけられたものである（Kahneman & Tversky, 1982；Wilson & Gilbert, 2008）。不一致処理をある資源に起因するものと考えることはネガティブな気持ちをごまかすことであり，不確実性を減じることである。ここで注目すべきは，"ごまかし"や帰属化は不一致処理を減じるただ1つの方法ではないということである。たとえば，人々はときには認知の方法を変えることで不一致処理を減じることもある。計算処理の困難さは実験参加者に異なった刺激の手がかりへのウエイト配分を変えるように誘導する可能性があることが示されてきた。具体的にいえば，処理の困難さは刺激のなかでも診断的手がかりに，人々が重きを置くように誘導することがある（Alter, Oppenheimer, Epley, & Eyre, 2007；Bagchi & Davis, 2012）。

前提3：不一致処理の（誤った）帰属は，素朴理論と文脈的手がかりによって導出されたものである。最終的には，このモデルが帰属処理がヒューリスティクスの性質にあること，すなわち，素朴理論や手がかりが歪んだ判断を導いてしまいかねないときでさえも，活性化された素朴理論と文脈的手がかりの影響を受けやすいことを仮定している。たとえば，いつもと違って精密なあるいはきっかりの価格の大きさを判断するとき，精密な値はいつもなら小さな値でよく使われていると思っている人は，高いほうの精密な価格（385,663ドル）が四捨五入された価格（385,000ドル）よりも低い価格として判断する傾向にある（Thomas, Simon, & Kadiyali, 2010）。反対に，キャビアの貴重さについて評価している人は，あまり見かけないような精密な（細かな）パックサイズ（1.97オンス）は通常のパックサイズ（2オンス）のキャビアよりも，より貴重でより高価なものと推測するかもしれない（Huang & Zhang, 2013）。その帰属を採用した素朴理論が理路整然とした理性的信念である必要はない，すなわち，これら素朴理論は人々の意識のなかに無意識に形成された連想物の可能性があるということを明らかにすることが重要である。

第Ⅲ部　ヒューリスティクスとバイアス

　不一致帰属仮説の基本的な前提について議論したので，今度は日常的な数値判断における不一致帰属効果のいくつかの例に注目してみる。

2節　計算容易性効果

　数的判断における処理の流暢性の役割を最初に実験的証拠で示したのは Thomas & Morwitz（2009）であった。彼らは，2つの数値の差を計算させた時の容易性は，2つの数値の差異の知覚に影響を及ぼし得ることを提唱した。たとえ数値の差が同じような時でさえ，計算がより簡単な差（たとえば5.00－4.00）は計算が難しい差（たとえば4.97－3.96）よりも差が大きいと判断されることを明らかにした。

　彼らの研究の1つでは，実験参加者は，実験者によって選ばれた大型小売店で特売になっている24製品の割引額を消費者はどのように評価しているかを調べるための研究であると告げられた。実験参加者は一度に1組の価格，すなわち通常価格とセール価格をパソコンスクリーン上に見た。これらの価格は，さまざまな割引の大きさであった。実験参加者は2つの価格の差を，1（小さい）から11（大きい）と両極の意味づけられた SD（セマンティックディファレンシャル）尺度上に評価した。実験参加者に気づかれないように，価格は計算容易性に基づいて変えられた。大きさ判断の計算の困難さの効果を調べるために，研究者は3つの異なる価格ペア，すなわち計算容易条件，計算困難・割引額高条件，計算困難・割引額低条件を用いた。計算容易条件（たとえば，通常価格4.00ドル－セール価格3.00ドル＝割引額1.00ドル）は，1つの桁のみに数字をもつものであり，割引計算が比較的容易である。計算困難・割引額高条件（たとえば，通常価格4.97ドル－セール価格3.96ドル＝割引額1.01ドル）は，対応する同等レベルの容易条件の計算に加えて，名目上大きな割引額をもつものであり，割引計算は比較的困難であった。著者らは，容易条件と困難・割引額高条件に関心をもっていたが，困難条件の割引額が高くても低くても容易条件と同じような確率をもつかを確かめるために，困難・割引額低条件（たとえば，通常価格4.96ドル－セール価格3.97ドル＝割引額0.99ドル）も加えた。

　結果は，一貫して彼らの予測どおりであった。実験参加者は，割引額の計算容易条件（たとえば，通常価格4.00ドル－セール価格3.00ドル＝割引額1.00ドル）のほうが，困難・割引額低条件（たとえば，通常価格4.96ドル－セール価格3.97ドル＝割引額0.99ドル）と同じように，困難・割引額高条件（たとえば，通常価格4.97ドル－セール価格3.96ドル＝割引額1.01ドル）と比べても割引額が高いと誤って判断した。さらに，媒介分析により判断のバイアスの大きさは計算容易性を媒介して行われることを確かめた。計算における反応時間は，大きさ判断における計算の複雑性効果を媒介してい

た。

　Bagchi & Davis（2012）は，計算容易性は，消費者が消費の文脈において異なったタイプの数的情報の統合の仕方にどのように影響を及ぼし得るかを示唆した。具体的にいうと，計算が困難であるときは消費者は異なるタイプの数的情報は統合しないこと，そして彼らの評価は最も目立った数的情報にアンカリングされる傾向があることを明らかにした。

1．不一致帰属の役割

　すでに述べたように，不一致帰属仮説の鍵となる思想は，主観的判断に影響を与える流暢さそのものではなく，この効果を引き起こす期待した流暢さと経験した流暢さ間の不一致である。この主張を検討するために，1つの研究では，調査実施主体が期待した流暢性と経験した流暢性間の不一致を操作した（詳細は Thomas & Morwitz, 2009, p.88参照）。実際にはこの操作は，かなり単純なものであった。対になった価格に直面する前は，実験参加者は，容易あるいは困難と表示された2つの言葉の内の1つが表示されたスクリーンをみた。実験参加者に示されたこれら2つの言葉は，引き続いてスクリーンに出てくる計算の容易あるいは難しい計算に先だって示された。実験参加者に前もって示された時は，計算容易性は大きさの主観的判断に影響を与えなかった。この実験が明らかに示したことは，流暢性ということではなくて，計算容易性効果を引き起こす流暢性あるいは不一致の意外あるいは予期しない性質である。

2．素朴理論の役割

　図6-1に示したとおり，処理の困難度の信号的変数に関する素朴理論もまた，ヒューリスティックによる帰属において重要な役割を演じる。Thomas & Morwitz（2009）は，目立った文脈の手がかりがないような状況において，主観的経験は処理の困難度と大きさの弁別性間の関連性に関する素朴理論を使って間違った帰属になることを仮定した。素朴理論は，2変数あるいはそれ以上の変数間の関連性に関する明示的あるいは潜在的信念である。人の心は，興味の変数間の相関関係について絶えず自動的で労することなく注意を払う直観的統計家である。2変数の関連性のパターンが一度わかりさえすれば，予測変数を使って基準変数に関するヒューリスティック推論による関連性に頼る。

　Thomas & Morwitz は，計算容易性効果に影響を及ぼす以下の素朴理論を提唱した。2つの数値の大きさが近ければ近いほど，それらの違いが小さければ小さいほど，

2数値間の違いについての判断の困難度は増大する。脳はこの関連性を日常の経験から学習する。通常は、70W（ワット）と80Wの電球の違いは、30Wと120Wの電球の違いを見極めるよりも難しいということである。同様に、2つの重さや2つの音の違いを見極める時に、2つが互いに類似しているほうが類似していないときよりも難しい。数的判断の研究では、数的刺激を用いて類似物の大きさと計算の流暢性間の関連生を明らかにしてきた。光や重量などと同じように、2つの数値を比較するときには2つの数値が尺度上でかけ離れたものよりは近いもののほうが難しい。たとえば、人は6が5よりも大きいことを識別するのに、9が5よりも大きいことを識別するよりも数ミリ秒の時間を多く要する（Moyer & Landauer, 1967）。この効果は、距離の効果（distance effect）として知られており、とても頑健であり、いくつかの文献で示されてきた（Dehaene, 1997）。大きさの違いの弁別可能性と処理の流暢性間の関連性の普遍性と頑健性のために、人の心は、大きさ判断に関する低い弁別可能性で計算処理の困難度を関連づけて学習する。

　Thomas & Morwitz（2009）は、計算容易性効果における素朴理論の役割を2通りの方法で検討した。第1に、強制選択のパラダイムを用いて、実験参加者の心の中にある素朴理論の存在を評価した。彼らは数人の大学生に以下の強制選択式質問へ答えるようにさせた。

　　XとYの価格差はとても小さい。MとNの価格差はとても大きい。どちらの判断のほうがあなたにとって容易ですか？
　　　1．XとYの価格差間が小さいか大きいかの判断
　　　2．MとNの価格差間が小さいか大きいかの判断

77％の回答者（N＝56）が2番目の選択肢を選んだことから、処理の困難度が大きくなれば大きさを比較するのは難しくなることを示す信号になるという素朴理論の存在が示唆された[2]。

　続いて、彼らは、計算容易性効果を抑制することができる実験状況により素朴理論を操作することができるかどうか検証した。彼らの実験の1つ（実験3）において、彼らは、実験参加者に、表向きはその課題に慣れさせるためにデザインされた16試行を導入した。実験参加者には気づかれないように、これらの16試行が計算困難度と2つの数値の差の大きさの関連性を操作するために計画された。これら16試行の半数は計算が困難なもので、残りの半数は計算の容易な試行であった。これら16試行のなかで使用された刺激は、この実験内では2条件の違いに関するものであった。差が小さくて容易な条件（差小容易条件）では、割引額が小さいときは計算容易と関連づけら

れた。差が大きくて容易な条件（差大容易条件），すなわち割引額が大きいときは計算容易と関連づけられ，逆の関連性をもつものであった。この関連性は計算容易性効果が抑制された試行を通じて実験室で作成された。数値間の差が小さいほうが計算が容易であることを学習した実験参加者は，より容易な割引額を大きいと間違って判断することはなかった。

3節　精密性効果

　計算容易性効果において，不一致処理は計算が驚くべきほど，あるいは思いのほか複雑である場合に引き起こされた。数的判断において処理の不一致がさらに頻繁に起きるのは通常あまり見かけないような精密なあるいはキッチリ整った数値である。たとえば，不動産市場で家を購入しようと家の価格を評価している買い手は，千の位近くで四捨五入された表示価格を期待しがちである。そこでもし買い手が＄353,567といった値段のついた家を見かけたときに，その買い手はその数値情報のいくばくかの不一致に気がつく傾向にある。

　Thomas et al. (2010) は，不動産市場において精密なあるいはキッチリ整った数値が主観的な評価にどのような影響を及ぼすかについて調べた。彼らは住宅購入判断において重要な変数の1つが，表示された価格の大きさにあると仮定した。もし，潜在的な消費者が表示された価格が高すぎると感じたら，その家についてより多くの交渉を行う傾向にあるだろう。反対に，値段が低いと判断した場合は交渉しようとすることは少なくなるだろう。精密な表示価格や丸められた表示価格が大きさの判断にどのような影響を及ぼす可能性があるだろうか？　Thomas et al. (2010) は，普段見かけないような精密な価格は価格の大きさ判断においての推論の引き金になることを議論した。一般的に人々は数値の大きさが小さいときは精密な数値を使い，数値が大きいときは四捨五入して丸められた数値を使用する傾向にあるので，買い手は精密な価格を相対的に小さな数値に帰属させようとする傾向にある。

　一連の実験のなかで，Thomas et al. は，実験参加者にいくつかの家の表示価格の大きさを単一の主観的尺度上に評価させた。それぞれの家に対して，半数の実験参加者には四捨五入した価格（たとえば390,000ドル）を提示し，他の半数の実験参加者には精密な価格（たとえば391,534ドル）を提示した。精密な価格は，比較対象の四捨五入した価格に比べて少し高めであった。しかしながら，不一致帰属モデルで予測されたように，実験参加者は四捨五入した価格よりも精密な価格を低いといった逆説的な判断を下した。さらに重要なことは，著者たちは現実の不動産取引における交渉に表示価格の精密性がどのような影響を及ぼすかを明らかにしたことである。彼らは，

ニューヨークのロングアイランドと南フロリダにおける，15,000件以上の不動産取引を分析して，売り手が精密な表示価格を用いたときは買い手は交渉の機会を減少させる傾向にあることについて明らかにした。Janiszewski & Uy（2008）は，同様の結果について報告しているが，彼らはこの効果をアンカリング（係留）と調整により説明した。

1．不一致帰属の役割

　不一致帰属モデルは，購入者に精密な価格の大きさを過小評価させる原因となる異常な数値配列による驚くほどの困難度によって生じる，不確実な感覚や自信崩壊を仮定している（この点に関するもう少し詳細な議論は，導入部分で記述した不一致帰属モデルの前提 2 を参照）。この仮定は，もしも不確実性感がいくらかでも減少すれば，通常見かけないような精密な価格の大きさはもはや過小評価されることはないことを意味している。この予測を検証するために，Thomas et al.（2010）は，彼らの実験の 1 つで，不確実性感を直接操作した。この実験では，半数の実験参加者が無作為に不確実・低確信条件に割り当てられ，彼らは「もしあなたに不動産取引の経験があるならこの課題は問題なく遂行できるだろう。不動産取引経験のない学部学生はたいてい不動産価格を正確に評価することはできないことが観測されてきた」と聞かされた。もう一方の半数の実験参加者は，確実・高確信条件に割り当てられ，「この課題を問題なく遂行するために不動産取引の経験は必要ない。不動産取引経験がない学部学生でさえも，たいてい，不動産価格を正確に評価することができることが観測されてきた」と聞かされた。不一致帰属モデルにより予測されたとおり，この操作は価格の精密性効果を抑制した。不確実・低確信条件に割り当てられた実験参加者だけが誤って，精密な価格（391,534ドル）をその四捨五入した価格（390,000ドル）よりも低いと判断した。確実・高確信条件に割り当てられた実験参加者の大きさ判断は価格の精密性による影響はみられなかった。

2．素朴理論の役割

　大きさの判断に及ぼす価格の精密性効果は，精密さ（あるいは四捨五入）と数的大きさ間に心的関係があるとの前提に立ったものである。たしかに，そのような関連性が生態学的基盤には多少あるであろう。数の分布に関する研究は，話し言葉と書き言葉でのコミュニケーションにおいて，大きな数の場合は四捨五入が，厳密な（exact）あるいは精密な数値よりも一般によく使われることが明らかにされてきた。ガソリン

の価格についていえば，人は最後の桁のセントまで精密に（たとえば3.84ドル）なりがちであるが，車の価格に言及するときは千の位に近いところで四捨五入（たとえば，30,000ドル）しがちである。Dehaene & Mehler (1992) は，日常のコミュニケーションで使われる小さな数値（たとえば，1, 2, 3, 4, 5, ..., 9）は四捨五入されないけれども，大きな数値（たとえば，10, 20, ..., 100, 200）は10の倍数付近でしばしば四捨五入されることを指摘した。言い方を変えると，大きくて精密な数値（たとえば，101, 102, 103, ..., 1011, 1012, 1013）は，日常的な会話では相対的にそれほど頻繁に用いられるわけではない (Jansen & Pollmann, 2001)。Thomas et al. は，精密さと数値の大きさの暗黙の関係について２つの方法により検証した。１つの研究では，彼らはこの関連性を引き出すために強制選択質問法を用いた（原注２でそのような質問法が合理的な方法であることを説明する）。

　　２つの６桁の数値ＸとＹを考えてください。数字Ｘは1000の位で四捨五入されている。数値Ｙは四捨五入されていない。数値ＸとＹのどちらが小さいか？
(Thomas et al., 2010, p.184)

３分の２以上の実験参加者（69％）が，四捨五入しなかった数値Ｙのほうが小さいと述べた。
　さらに，彼らは関連性を直接操作することで精密性効果を抑制できるかどうか検証した。Thomas et al. (2010) の１つの研究では，プライミング課題を用いて精密性と大きさ間の関連性を操作した。実験参加者は２つの無関係の実験に参加することを知らされた。最初の実験は"数値調査（Number Study）"という名のもとに行われたものであり，その実験の表向きの目的は反応の速さが正確さに及ぼす効果を検討するものであった。実験参加者には知らされなかったが，この実験の実際の目的は，精密さと数値の大きさ間の関連性に前もって刺激を与えるためのものであった。1,000から10,000までの範囲内で32の数字がパソコンスクリーンに，一度に１つ，ランダムに提示され，実験参加者はそれぞれの数字が5,000よりも大きいか小さいかを素早く判断しなければならなかった。数値の半分は5,000よりも大きく，他の半数は小さかった。実験参加者はスクリーン上に"高い"あるいは"低い"と表示された２つのボタンの１つをクリックして回答した。「精密な数値が大きい」条件に割り当てられた実験参加者は，5,000よりも大きい数値が精密（たとえば，5,563, 6,142など）であり，小さい数値が四捨五入された数値（たとえば，4,000, 3,000など）であった。この操作では精密な価格に対して大きいとの評価を期待させることを意図したものであった。それとは対照的に，「精密な数値が小さい」条件に割り当てられた実験参加者は，5,000よりも小さい数値は精密（たとえば，4,523, 3,526など）であり，大きい数値は四捨

五入して丸められた数値（たとえば，6,000，7,000など）であった。

不一致帰属モデルの予測と一致して，精密さと数値の大きさ間のプライミングは精密性効果を抑制した。精密な数値に小さな数を期待するように前もって経験させた実験参加者は，精密な数値を四捨五入した数値よりも誤って小さく判断した。しかしながら，精密な数値に大きな数を期待するように前もって経験させた実験参加者は，四捨五入した数値を精密な数値よりも誤って大きく判断した。

4節　精密性と信用可能性

数値の精密さやキリの良さは数値の大きさ判断に影響を及ぼすだけでなく，数的情報への信用可能性にも影響を与える。Schley & Peters（2013）は，精密な数値は四捨五入の丸められた数値と比べて情報源について，より大きな信頼性をもたらすことを主張した。たとえば，精密な数値（たとえば，60.37％）が提示されたとき，情報の受け手は信頼できる情報源により慎重に計算された結果であると推測する。他方，四捨五入の数値（たとえば，60％）が提示されたとき，情報の受け手はその数値は慎重さを欠いて考慮された結果であると推測する。

ある研究では，実験参加者には家庭が定期的にリサイクルを行っている割合に関する統計が与えられた。半数の実験参加者は四捨五入条件に割り当てられ，実験参加者は「アメリカの60％の家庭が定期的にリサイクルを行っている」と告げられ，精密数値条件に割り当てられた他の半数は，「60.37％のアメリカの家庭が定期的にリサイクルを行っている」と告げられた。そして，実験参加者はその統計をどの程度信じるか質問された。また，実験参加者は，カジュアルな服装でヒゲ面の男（信頼性低い）とフォーマルな服装できちんとした男（信頼性高い）の2人のうちの1人の写真を見せられ，どちらの統計に属するかについても質問された。彼らの予測どおり，精密な数値を見せられた実験参加者は，四捨五入した数値を見せられた実験参加者に比べて，統計を信じる傾向にあった。情報源に対する統計の帰属もまた彼らの仮説どおりの結果であった。すなわち実験参加者は精密な数値はフォーマルな服装をした男にその統計値の帰属があると考える傾向にあった。

◆1．文脈的手がかりの役割

Schley & Peters（2013）の主張は，数的情報源が与えられていないときには，人は以下の素朴理論を用いた情報源に関する信頼性について，ヒューリスティックによる推論を行うために数的情報の精密性を用いると主張した。素朴理論とは，情報源か

らの信頼性が精密であればあるほど，よりいっそう信頼できるという理論である。しかしながら，もし文脈的手がかりがこの素朴理論の妥当性を追求するなら，不一致処理と解釈するこの素朴理論を拠りどころとする程度は低くなる。すなわち，人が信頼性の高い（あるいは低い）情報源により示された数的情報が与えられたとき，その精密性にかかわらずその数的情報は信じられる（あるいは信じられない）と思うだろう。

彼らはこの予測をアンカリング（係留）課題で検証した。実験参加者はいくつかの数的情報（係留値（アンカー）），すなわち血液型Ｏ＋型の人の割合とガンジーの亡くなった年齢のような一般的な知識に関する質問への回答に役立つような数的情報が与えられた。実験参加者は情報源の信頼性の程度に基づいた3つのうちの1つの条件に無作為に割り当てられた。3条件とは，曖昧な情報源（知人），信頼できる情報源（知り合いの医師），信頼できない情報源（酒に酔った知人）であった。実験参加者に対して，それぞれの条件で，精密形式か概数形式のどちらかが係留値として与えられた。予想されたとおり，係留値の情報源が曖昧であるときは，実験参加者は信頼可能性を推測するために数的精密性を用いた。つまり，精密な数値を与えられた実験参加者からの回答は，その係留点から離れる傾向にはなかった。しかしながら，情報源の信頼性が明らかな時は，数的精密性の効果は減少した。信頼条件と非信頼条件においては，係留値の数的精密性効果はみられなかった。

5節　精密性と希少性

商品の量に関する情報には精密な場合（1.97オンス）と概数の場合（2.00オンス）があり，この精密性はその製品の評価に影響を及ぼす可能性がある。Huang & Zhang (2013) は，製品が貴重（希少）だと考えられる場合なら，その重さが概数ではなくて精密な数値が用いられて表示されたほうがよりいっそう高価格のものであるとみなされると主張した。しかしながら著者らは，それらの効果を説明するためにグライスの会話の格率（Gricean conversational norms）(Grice, 1975) を用いたが，彼らの結果は，提案された不一致帰属モデルの説明とかなり整合的である。

精密性と価値の関連性についての主張は，1瓶のキャビアの品質について実験参加者に判断させた1つの研究のなかで検証された。写真と製品の記述とともに，実験参加者には，量的情報も与えられた。実験参加者の半数は，量が2オンスであると告げられ，他の半数は1.95オンスであると告げられた。予想されたとおり，実験参加者は逆説的に，2オンスの入れ物で提供されたキャビアに比べて，1.95オンスと告げられたキャビアを品質がよくて値段が高価であると考えた。

1．文脈的手がかりの役割

もし仮に，量の精密性と高価格知覚の関連性が製品の希少性を推測することを通して生じた（明らかになった）ものであるならば，より信頼性の高い状況的手がかりはこの推測の過程に影響を与え，精密性効果は抑制されるはずである。この予測を検証するために，Huang & Zhang は，1つの研究において，実験参加者に対して，チョコレートの価格を推測させた。実験参加者の半分（珍しいチョコレート条件に割り当てられた群）には「コネチカット北西部にある家族経営の製造所の手作り」と「製造所のある小さな町でしか売られていない」と記述されたチョコレートが用いられた。他の半分（通常のチョコレート条件に割り当てられた群）に対して，「アメリカ製のチョコレート」と「国内の主要な食料品店ですぐに手に入る」と記述されたチョコレートが用いられた。両方の条件において，実験参加者は3種類のうちの1つの重さ情報を見せられた。3種類の重さ情報とは，それぞれ，9.7オンス（精密・軽い），10オンス（概数），10.3オンス（精密・重い）であった。予測されたとおり，珍しいチョコレート条件のときにのみ，数字の効果が明らかになった。9.7オンスあるいは10.3オンスのチョコレートと告げられた実験参加者により推定された価格は，10オンスの実験参加者により推定された価格よりも高かった。しかしながら，「通常のチョコレート」条件のときには，価格推定において，量の精密性効果はみられなかった。

6節　精密性と信頼区間

Zhang & Schwarz（2012）は，数的精密性が信頼区間の推定にも影響を及ぼすと主張した。数的推測は，区間あるいは点推定の形式で表現することができる。たとえば，中古車の購入に費やそうとしている人の価格は8,000ドル〜9,000ドルと表現されることがあり，また研究者が共著者へ原稿を送る前に予定している仕事にかかる時間は2〜3日と表現されることがある。数的な推測が区間形式で表現された場合，区間の幅は情報提供者の確信の程度を暗に示している。すなわち，その幅が精密であればあるほど，知覚確信度は高くなる（Yaniv & Foster, 1997）。区間形式で表現された数的推定値はただちに不確実性の程度を伝えているが，情報の受け取り手は点推定で与えられた数的情報についても同様に，不確実性の程度であるとか，信頼区間の幅を暗示していると思うのである。Zhang & Schwarz（2012）は，点推定の数的精密性が話し手の示唆した不確実性や確信の程度に関する情報の受け取り手の知覚に影響を与えると主張した。つまり，点推定が精密さを増せば，確信度は高まり，信頼区間の幅は小さくなるということである。

Zhang & Schwarz（2012）は，時間推定の文脈でこの仮説を検証した。彼らの研究では，実験参加者には自分たちの車に複雑な修理が必要になった状況と，車のディーラーが修理に1か月ほどかかるという見積もりを出している状況を想定させた。時間推定の精密さは，条件ごとに，30日間，31日間，あるいは1か月間と，変化させた。実験参加者は，自分たちが待たなければならない日にちについて，最良の場合と最悪の場合の日数を示すようにと質問された。予測されたとおり，詳細な単位になればなるほど，実験参加者による点推定周辺の信頼区間は狭くなった。すなわち，見積もりの期間が30日間や31日間と与えられた実験参加者は，点推定が1か月間と与えられた実験参加者に比べて，見積もりの数値の近くで修理が終了すると考える傾向にあった。もう1つの研究では，実験参加者は建築プロジェクトは1年間，12か月間，あるいは52週間かかると見積もられていることが告げられた。こちらもまた，実験参加者の信頼区間は，見積もりが最小の単位（52週間）のときに，最小となった。

先行研究でレビューしたように，この効果は，文脈的手がかりによって抑制される。ある研究では，実験参加者に，新車を開発している世界最大の自動車メーカーの記事を読ませた。実験参加者の半数（有識者情報源条件に割り当てられた）には，「その会社の主任研究員から得られた情報である」と告げられた。もう一方の半数の実験参加者（情報源が疑わしい，不審情報源条件に割り当てられた）は，「車愛好家のウェブサイトから広がったうわさ」に基づいた情報であることが告げられた。期間推定の精密さについても操作された。実験参加者は，新車が2年以内に，あるいは104週以内に発売されると告げられた。実験参加者は新車が期間どおりに発売開始になる可能性について質問され，また発売開始の遅れについても推定させられた。予測されたとおり，情報源が有識者であると思われたときに，精密な期間（104週間）が与えられた実験参加者は，予定どおり成功裏に新車が発売開始されると思う傾向にあった。さらに，予定の期間が精密に与えられたときは，推定された遅延は小さくなる傾向にあった。しかしながら，これらの2つの効果は情報源が疑わしい場合に減少した。

7節　残された課題

Zhang & Schwarz（2012）の研究の結果は，普段あまり目にしないような数値の並びが不一致感を引き出し，素朴理論や文脈的手がかりによって形成された一連の帰属処理が引き出されるといった不一致帰属仮説に，概して整合的であり，彼らは観測された効果を，グライスの会話の格率（Grice, 1975）を用いて説明した。Griceは話者と聞き手が会話の効率性を最大化しようとするための協調性の原則について述べた。彼は協調的会話の4つの格率，すなわち質の公理，量の公理，関連性の公理，そして

様態の公理を提唱した。グライスの会話の格率に従えば，個々の会話において互いに期待していることは，信頼に値した適切な情報の量を明快に，曖昧ではない方法で伝えることである。グライスの会話の格率は，数字が概数ではなく精密に述べられた場合，受け手は情報発信者がある目的を果たすために精密な数値を用いたと考えることを示している。そして，情報の受け手はこの目的を推測しようと試みる。Zhang & Schwarz（2012）は，この推測には数字の精密性効果が基礎にあると議論した。グライスの協調的会話の格率は言語の哲学的研究からもたらされたものであり，これらの格率は，重要な役割が言語的推測における不一致処理の主観的経験に原因があると考えるものではない。対照的に，提案された説明は，不一致処理感といった微妙な，一過性の感覚が直観的な数的判断に大きな役割を果たしていると主張するものである。そのような2つの理論的説明，すなわち不一致帰属仮説とグライスの会話格率仮説は，不一致感の減少が直観的判断における精密性効果を抑制するかを調べることで実験的に検証することができる。不一致帰属の説明は，もし実験参加者が見ようとしている数値が精密であるかきっかりしたものであるかが先だってあるならば，数的精密性は一意に仮定され，信頼区間には影響を与えないはずである。

　同様のアプローチで，すなわち精密性効果を説明するために，Janiszewski & Uy（2008）から出された係留（アンカリング）の役割と尺度（scaling）による説明からも検証することは可能である。Janiszewski & Uy（2008）の議論は，数的精密性の効果は尺度効果によるものであると議論している。彼らは精密性がさらに細かい計算尺度を活性化させ，その結果として係留点に向けた判断の同化作用が起きると主張している。この説明もまた，直観的判断における数的精密性の効果に不一致処理の役割を認めるものではない。繰り返しになるが，2つの説明，すなわち不一致帰属による説明と尺度による説明は，実験参加者が自分たちの目にするだろう数字が精密かきっかりかをあらかじめもっていることによって実験的に検証することができるのである。不一致帰属による説明だけが，実験参加者があらかじめ数的刺激の性質について心の準備があるときには，数的精密性の効果が判然としないと仮定するのである。

1. 神経科学の役割

　提案された不一致帰属による説明の重要な前提は，低レベルの感情的反応であり，処理の不一致によって引き起こされる落ち着かない感覚や不安感が，報告された効果の核となる原因である。わずかな時間しか続かないようなわずかな低レベルの感情的反応であれば，意識的な注意を免れることになる。さらにいえば，不一致処理から生じる主観的な経験の変化は一瞬のことである。したがって，自己報告や他の内省的方

法は，主観的判断における不一致帰属の役割の線引きをする（輪郭を描く）ためには効果的ではない。脳画像の結果は，低レベルであろうとなかろうと本章でレビューしてきた感情的反応が計算容易性効果と精密性効果に役割を果たしていることを調べるのに役に立つ可能性がある。

　研究者は人の脳の特定の場所が数的情報の特別な処理を行っていることを特定してきた。たとえば，数値をともなう質問をされた人はいつでも頭頂間溝水平部（hIPS）が活性化されることが明らかにされてきた（Dehaene, 1997）。この場所は数字の様相にかかわらず活性化される。つまり，アラビア数字の3が提示されたときや"three"という語が書かれたり話されたとき，また，空間上に3つの点が提示された時でさえも活性化される。興味深いことに，この場所の活性化は数字の大きさや数字間の距離によって変化する。2つの数字を比較するとき，2つの数字の差が大きいときには特に活性化の程度は大きくなる。たとえば，hIPSの活性化は6と5を比較した時よりも7と4を比較した時のほうが高くなる。hIPSの活性化する場所は，おおよその大きさ判断のようなアナログ（連続量の）判断においてよりいっそう大きくなり，心的計算のような記号的規則ベースの計算では小さくなるといわれている。もし計算容易性効果と精密性効果が大きさの連続的（analog）表現に関連した素朴理論に基づいて実際には引き起こされているとすれば，その効果の兆候と関連したhIPSのような場所の活性化で見ることが期待できる。このような神経科学的研究は人間の心について新しい洞察を明らかにすることにとって有望である。

8節　結論

　現在の文献研究の体系は，日々の数的判断における主観的感情の役割を無視してきた。もし容易感や困難感が驚きや未解明のものと考えられるなら，これらの感覚が数的判断に影響を与える可能性があることについて議論してきた。本稿では，処理の不一致や素朴理論，そして文脈的手がかりなどの作用によって日常の数的判断に影響を与えることを前提としたモデルについて述べている。また，提案した不一致帰属モデルを支持するいくつかの実証研究についてレビューした。これらの研究は，数的認知の研究と計算処理の流暢性の文献に関する議論だけでなく，日常生活において数的情報の効果的な使い方についての指針を提供するものである。

【原注】
★1　人の意識や意思にかかわらず，脳内の無意識下で起こる計算処理を記述するために原因や媒介となるものは脳や心に原因があると考えてきた。
★2　第1著者は，明快な論理的回答のない強制選択式質問法がシステム1の処理に影響を与える

無意識の関連性を採用する際に有効であることを発見した。実験参加者には2つの反応可能な選択肢が与えられた。その理由は，無難な回答，たとえば「どちらともいえない」や「わからない」を与えることは，システム2の処理に基づいた筋の通った反応をしようとするように実験参加者を仕向けてしまうからである。論理的に正しい回答がないような強制選択式質問を見せられた実験参加者は，回答を選ぶために直観に頼りがちであることを知っている。そのような質問への回答には推論はあまり使われないし，またこのことは直観に頼ることを正当化させるのである。

第 IV 部

神経経済学と神経生物学

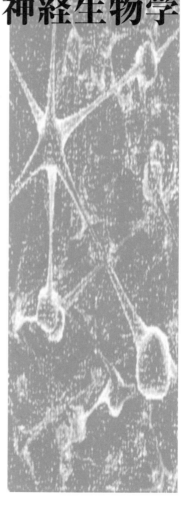

第7章
フレーミング効果の行動的・神経科学的分析による意思決定過程の検討

Irwin P. Levin
Todd McElroy
Gary J. Gaeth
William Hedgcock
Natalie L. Denburg
Daniel Tranel

　本章では，意思決定における情動の重要な役割を検証した脳科学者たちによる基礎的研究について概説する。そしてその検証が，どのように意思決定に関する最新の二重過程理論の形成に有用であったかについて議論する。潜在的な利得や損失に対する反応を明らかにするためにデザインされたさまざまな実験室内で行われる単純な課題について記述した後に，異なるフレーム（表現方法）で提示されているが客観的には同等の情報が，異なる脳活動によって生じ，異なる選好を導くことが示されているフレーミング効果について焦点を当てる。最近の多くの論文でみられる学際的領域で用いられるさまざまなツールにおいて，フレーミング効果が意思決定において根本的な役割を果たすことが示されている。この章では，フレーミング効果が，認知と情動／感情の相補的な役割について記述している二重過程理論にどのように特徴づけるかを示すことで，最新の研究について探求する。その研究のなかには，脳スキャニング，視線分析，生物学的リズム，生涯の発達研究に利用できる種々な実験室内の課題が存在する。これらの課題には，認知や感情の過程に異なった影響を及ぼすようなさまざまなフレーミングの方法がある。最終的には，この種の研究が意思決定における集団間および個人間の違いの理解に役立つであろう。

　本章では，意思決定に関する神経科学における最新の発展について焦点を当てる。決定神経科学とは，行動的および神経学的科学が結合した領域の名前であり，意思決定の理論の発展について情報を提供し，特に異なる状況から生じる異なる思考形式の差異を区別する二重過程理論について検討するものである。重要なことは，意思決

における特殊な要素の過程に焦点を当てるよう統制された課題を注意深く選択することである。これからさまざまな課題や測定方法を引用するがフレーミング効果を明らかにしたものに焦点を当てる。フレーミング効果とは，情動の抑揚以外の点はまったく同等な問題における決定において時に選好や選択が劇的に変化するようなさまざまな傾向のことである。フレーミング効果が意思決定における過程の要素について明らかにし，年齢，利き手，生物学的リズム，脳の異常の影響で系統的な差異につながることに焦点を当てたさまざまな行動学的および神経学的マーカーについて紹介する。

このために，この章では意思決定におけるフレーミング効果に焦点を当てる。なぜなら，フレーミング効果が，意思決定における情動および認知の個々および相補的役割について調べるために適していることを示すエビデンスが，行動および神経のレベルにおいて集積しつつあるからである。フレーミング効果は日常生活のいたるところで認められ，実験室内で広く普及しているトピックである。フレームがギャンブル，商品の消費，サービス，医療処置における判断に強い影響を及ぼすことを見いだすことができる。この章では，情動価のフレーミング効果に焦点を当てるが，情動価のフレーミング効果は特に興味深いものであり，なぜなら情報が肯定的もしくは否定的な単語のいずれで表現されているかといった単純な多様性によって客観的には同等の情報に対して異なる反応を呈するからである。

1節　序論

意思決定は，選択肢の情報の利用可能性といった外的情報とストレスに対処する脳システムの成熟のレベルといった内的要因を含む複雑な過程であろう。このように，意思決定科学者たちが行動科学の方法と神経科学的方法または脳科学的方法を合わせてきたことは，驚くことではない。この学際的アプローチから描き出される1つの結論は，意思決定において認知もしくは意識的な思考と感情もしくは情動が相補的な役割を果たしているということである（Epstein et al., 1992）。

冷たい（cold；感情のない）意思決定は常に熱い（hot；感情的な）意思決定にまさる，ということがかつては一般的な通念であった。神経科学者のAntonio Damasioらの業績がその通念を変えた。1848年，フィネアス・ゲージのケースの初期の報告に基づくと，フィネアス・ゲージは鉄道員気質の持ち主であったが，爆発により鉄の棒が彼の頭蓋骨を貫通したあと，知性は変化しなかったが，彼の鉄道員気質が劇的に変化し，Damasioとその同僚らは，病気や外傷，手術によって同じ脳領域を損傷した患者群の類似点を発見した。神経画像データによって研究者らは同様の位置の患者群を同定することができるが，患者らとゲージはともに解剖学的に情動の過程と表出に

関連する脳の左前頭葉の特異的な部分に損傷を受けていた。行動上彼らに共通していたことは，行動を導くために感情を適切に利用することができなくなっていることであった。特にゲージの例では，個人的そして職場間での人間関係に悪い影響を与えていた。Damasio のこの患者の例では，この部位の脳損傷がさまざまな障害を引き起こし，他の脳部位の損傷を有した被験者を含む統制群がターゲット群よりもはるかによい成績を収める実験室内課題（詳細は後述する）において，先行する損失から学習ができなくなるということがみられた（Bechara et al., 1994；Damasio, 1994）。

この初期の研究に続いて，さまざまな課題を用いた数多くの研究が同じ患者に行われ，その神経障害がさまざまな行動，特に意思決定の領域の行動に影響を及ぼすことが示された（Bechara et al., 1997；Weller et al., 2007）。この領域の研究における興味深い推論の法則は，もし特定の脳領域の損傷によって特定の機能の障害にいたることが繰り返し観察されるようであればその脳領域はその機能にとって必要不可欠である，ということである。ここでの考え方としては，もし前方の脳部位を損傷した人すべてに同じ人格変化があればその能力にとって必要な脳領域が失われたといった大変納得のできる議論を始めることができる，ということである。

よく知られている脳の可塑性のために，多様な方法や多様な集団を用いたエビデンスが必要であり，この戦略は継続されてきた。特に，障害部位に基づくアプローチは広く普及している認知課題中の脳活動を特定する機能的磁気共鳴画像（functional magnetic resonance imaging: fMRI）によって補完されてきている。この技術は，この章のフレーミング研究への適用として後ほど示す。

意思決定研究者にとっての教訓は，過去の成功や失敗に起因する感情を再現する能力やそれらを今の似た状況の意思決定に適用する能力が過去の過ちを避けるといった有利な意思決定を導くことを可能にするといったエビデンスの積み上げであった。見てきたように，現在の意思決定理論において情動（感情）の過程は重要な役割を果たしている。これは，どのように神経科学者らと行動科学者らの業績がお互いを補完してきたかという重要な例である。この章では，行動における加齢にともなう変化や脳構造における特異的な成熟や衰えについても紹介する。適切な課題と決定の過程を解析する方法の選択が，大事なスタートになる。

◆ 1. 課題

ここでは，意思決定の行動学的および神経学的分析をつなぐために望ましい性質を有する課題をサンプリングする。これらの性質としては，研究者らにとって施行が簡便であること，参加者の内在的な興味を引くこと，決定科学者の関心に対して特異的

に焦点を当てることができること，現実世界の意思決定をモデル化し予測することができることなどがある。この項の後に，フレーミングパラダイムの使用について詳述する。

◆(1) アイオワギャンブリングタスク

　アイオワギャンブリングタスク（Iowa gambling task：IGT）（Bechara, 2007；Bechara et al., 1997）は，情動のかかわりが鍵となる役割を果たす課題である。脳に損傷を受けた患者や画像研究において幅広く用いられているため，IGT は神経科学課題の原型になるかもしれない。最もよく使われているバージョンにおいて成功するためには，即座に報酬が得られるがその後により大きな損失を被るという選択を避けることが望まれる。

　実験参加者は，利得と損失がそれぞれ違った配置となっている4つのデッキからカードを選択することを求められる。デッキ間の違いについては前もって一切の情報は与えられず，参加者は試行を繰り返すなかで2つのよいデッキがあり2つの悪いデッキがあることを学ばなくてはならない。よいデッキから繰り返し引いていると，最終的に損失より大きな利得を獲得することができるが，悪いデッキから繰り返し引いていると，最初は利得が獲得できるが長い目でみると利得よりもはるかに大きな損失を被ることになる。Bechara et al.（1994, 1997）は，先行する経験に基づいて潜在的な損失の信号を送る脳機能の活動が鈍くなっており，それゆえ腹内側前頭前皮質領域の患者がこの課題において学ぶことができなくなっていることを示した。なぜなら，IGT は模擬的にかつ実験室外の現実の選択を予測するようにデザインされており，リスクや曖昧性，利得と損失といった要素をつなぎ合わせている。次の課題ではこれらの要素を分断する。

◆(2) カップタスク

　カップタスク（Levin & Hart, 2003）は，実際の利得と損失をともなうシンプルなリスク選択課題としてデザインされている。それぞれのカップの鍵となる特徴は，リスキーな利得とリスキーな損失の試行が別個に含まれていることにある。利得試行は，25セント硬貨1枚の確実な利得という選択肢とあらかじめ決められた確率での25セント硬貨数枚の獲得もしくは何も獲得できないといった選択肢を提示され，そのどちらかを選択することを求められる。あらかじめ決められた確率については単純に選ぶカップの数によって示される。この課題の特徴はすべての年齢層の集団に対して施行可能なことである。損失試行も同様に，25セントの確実な損失とある確率での25セント数枚硬貨の損失もしくはまったく損失をしないといった選択が要求される。

各試行において，2個，3個もしくは5個のカップの配列がそれぞれコンピュータ画面に示される。1つの配列は，どのカップを選んだとしても確実に25セント獲得する（失う）リスクのないサイドである。もう1つの配列は，当たりである1つのカップを選択するとあらかじめ決められた25セント硬貨数枚を獲得する（失う）が，それ以外のカップを選択するとまったく得られない（失わない）リスクのあるサイドである。参加者はリスクのないサイド，もしくはリスキーなサイドのどちらかからカップを選択する。選ぶべきカップの数と成果の額を調整することによって，いくつかの試行は，リスキーな選択の期待値が確実な利得もしくは損失よりも，リスクをとったほうが有利な選択として表示される（たとえば，3つのカップのうちのある1つを選んだ場合に25セント5枚獲得できる選択肢と，25セント1枚の確実な獲得となる選択肢からの選択，もしくは5つのカップのうちのある1つを選んだ場合に25セント3枚の損失となる選択肢と，25セント1枚の確実な損失となる選択肢からの選択など）。逆に，それ以外の試行は確実な利得もしくは損失の期待値がリスキーな選択の期待値よりも悪いため，リスクをとると不利な選択である（たとえば5つのカップのうち1つを選んだ場合に25セント硬貨3枚獲得できる選択肢と，25セント硬貨1枚の確実な獲得となる選択肢からの選択，もしくは3つのカップのうち1つを選んだ場合に25セント硬貨5枚の損失となる選択肢と，25セント硬貨1枚の確実な損失となる選択肢からの選択など）。

これらのデザインの特徴は，異なった集団間（このあとの部門で触れるが，たとえば年齢の異なる集団間など）において全般的な利得の獲得もしくは損失の回避のためのリスク追求についての比較が可能であることである。次の課題は，連続的な体験に降りかかるようなリスクの段階的上昇に焦点を当てる。

◆(3) バルーンアナログリスクタスク

Lejuezらは，バルーンアナログリスクタスク（balloon analogue risk task: BART）を開発した（Lejuez et al., 2002）。BARTは，潜在的な報酬と損害のバランスを図る枠組みを通して，現実世界におけるリスク行動をモデル化したコンピュータを用いる課題である（Lejuez et al., 2002; White, Lejuez., & de Wit, 2007）。この課題において，実験参加者はバルーンを提示され，スクリーン上のボタンをクリックすることによりバルーンをポンピングすることを求められる。1回のクリックごとにバルーンは0.3cm膨らみ，参加者の一時獲得金が増えていく。しかし，バルーンには破裂ポイントがあり，それは被験者内，被験者間ともにおいてさまざまに設定されている。バルーンが破裂する前に，参加者は，一時獲得金を永続的な獲得となる金庫へ貯める集金ボタンを押すことができる。もしバルーンが，集金ボタンを押す前に破裂してし

まうと，すべての一時獲得金は失われ，次のバルーンが提示される。このように，毎回のポンピングが，より大きな潜在的報酬であるが同時に大きなリスクを与え，これは現実世界での多くのギャンブルや投資決定を模している。

BARTにおける主要なスコアは，破裂しなかったバルーンにおける平均のポンピング回数であり，高いスコアはよりリスク追求傾向を示している。オリジナル版の課題では，各ポンピングは0.05ドルに該当し，3種類の異なった色をしたバルーンを各色ごとに30個用意し，それぞれの色は最初のひと押し目のポンピングでの破裂確率がそれぞれ異なっていた（それぞれ1/8，1/32，1/128）。バルーンが最初のポンピングで破裂しなければ，次のポンピングにおける破裂確率は線形に増加し最後は100%となる。

参加者は破裂ポイントについての情報は何一つ得ておらず，情報がないことにより参加者の課題の最初の反応を調べることができ，また，集金に関わる偶発的な出来事やバルーンの破裂を経験することによる変化を調べることができる。オリジナル版の研究の結果は，破裂しなかったバルーンの平均のポンピング回数における個人差は，実験室外でみられる喫煙，薬物乱用といったいくつかの現実世界のリスキーな行動と関連しており，同時に自己報告式の人格測定において衝動性や刺激希求性との関連も認められた（Lauriola et al., 2014；Lejuez et al., 2003a, 2003b）。

次の課題は，熱い意思決定と冷たい意思決定の違いについて焦点を当てる。

◆(4) コロンビアカードタスク

コロンビアカードタスク（Columbia card task : CCT）は，いろいろな年齢層における健康な人々における発達上の変化や個人差やたとえば薬物乱用者のような集団におけるそれらを調べるために開発された（Figner et al., 2009）。CCTによって研究者らは，感情を基盤とするもしくは熟慮によるリスキーな決定やその引き金のメカニズムを比較することが可能である。その適用によって，行動上の方法と生理学的な測定，脳画像，脳刺激技術とが結びつけられる。

CCTのホットバージョンにおいて，ホット（hot）とはすなわち感情を生じさせる機能があるからであるが，実験参加者は32枚のカードを提示され，やめてポイントを回収するまでもしくは負けカードが出て損失が彼らのポイントから差し引かれるまで，カードをめくっていくように教示される（オリジナル版では，フィードバックはあらかじめプログラムされているが，以下参照）。コールド（cold）バージョンにおいて，参加者は，実際にはめくらないもしくはすべての勝ち負けについてゲームのすべてのラウンドが終了するまでフィードバックは与えられることなく，何枚のカードをめくりたいかを単に申告する。直接的なフィードバックがないことにより，このバージョ

ンは感情の関わりあいが少なくなり，それゆえコールドバージョンと呼ばれている。

重要な実証として，Figner et al.（2009）は，ホットバージョンにおいて青年のリスク追求が増加するが，コールドバージョンでは増加しないことを発見した。それゆえ彼らは，青年期の感情システムが，感情が励起される状態においては熟慮のためのシステムを凌駕しがちであると結論づけている。これはなぜ10代の若者がリスクと知りつつもリスキーな行動をするのかということの説明に役立つ。

近年の最新の適用（Figner & Weber, 2011）では，より洗練された短いバージョンの課題がfMRIスキャナーでより容易に使えるように開発され，そこではホットバージョンをより刺激的にするためにフィードバックをなくしている。このバージョンは，より正確なリスク追求の結果の解釈を可能にし，たとえばリスクや報酬の感受性，リスク態度，リスク回避などの概念に対する明確な操作運用を可能にする。最新のfMRI研究では小児期，青年期，成人期におけるリスク選択の比較がなされている（Fignerとの私信による，April 20, 2013）。

2節　フレーミングタスク

上述したようなより新しいいくつかの課題と比較して，フレーミング効果に関する課題は，潜在的な利得と損失に対する意思決定者の反応の研究において最も強烈な歴史を有している。ここではフレーミング効果について焦点を当てる。フレーミング効果の研究の歴史は長く，Tversky & Kahneman（1981）のアジアの病気問題における最も有名な重要な論文に遡る。しかしながら，新しい研究道具によって，バイアスのかかった反応，つまり規範的な原則からの乖離についての研究初期の実証を超えて，いつどうしてフレーミング効果が起こるのかということをより詳細に調べることが可能としてきた。これは基本的な意思決定過程におけるより深い叡智を提供し，特に認知と感情・情動のシステムを分離する力をもたらす。

フレーミング効果が研究や調査者の間で違うことを示す文献によって混乱が生じていることから，我々は「すべてのフレームは等しく作られていない」（Levin, Schneider, & Gaeth, 1998；以下も参照，Kühberger, 1998；Levin et al., 2002）ということを示唆し，そして操作的定義，典型的な発見，そして可能な説明という点からフレーミング研究を分類する図式化をした。この章では，2つのタイプのフレーミング効果に焦点を当てる。それはすなわちリスク選択フレーミングと属性フレーミングである。

リスク選択フレーミングは，アジアの病気問題によって示されているように，成果について肯定的な単語（命が医療処置によって助かるなど）で表現されているもしくは否定的な単語（命が失われるなど）で表現されている選択肢において，リスキーな

選択肢とリスクのない選択肢の間で選択することを求める。古典的な例では，回答者は600人が死ぬことが見込まれる病気の対処において治療の選択を求められる。回答のうちの半分は，肯定的フレーム条件で，確定的に200人の命を救うことが提案される選択肢と1/3の確率で600人すべての命が助かるが2/3の確率でまったく助からないという選択肢の間での選択である。回答の残りの半分は，否定的フレーム条件で，客観的には肯定的フレーム条件と同じであり，確定的に400人の命が失われることが提案される選択肢と1/3の確率ですべての命が失われずに2/3の確率ですべての命が失われることが提案される選択肢の間での選択である。最も一般的にみられる結果は，被験者は否定的フレーム条件ではリスキーな選択（1/3の確率ですべての命が失われないと提示された選択肢を選択）をしやすいが，肯定的フレーム条件ではリスクのない選択（1/3の命が確実に助かる）を選択する。のちの研究によって4つの選択肢のパターンのなかで，アジアの病気問題のように，潜在的な利得に対するリスク回避と潜在的な損失に対するリスク追求が高確率に起こり，逆のパターンは低い確率であることを明らかにした（Tversky & Kahneman, 1992）。これらの結果は，Kahneman & Tversky（1979）のプロスペクト理論において，利得と損失における価値関数が別物であるという点から説明される。

　属性フレーミングは，挽き肉の赤身と脂肪の割合によって検証されたように（Levin & Gaeth, 1988），より単純なフレーミングの形式であり，なぜならそれは対象や出来事のうちどちらか一方の属性だけ標識づけすることと関連しており，リスクの要素に基づく比較を必要としない。典型的な発見は，選択対象が肯定的な単語（赤身肉の割合や成功率など）で標識づけされた場合は，否定的な単語（脂肪の割合や失敗率など）の場合よりも好ましい評価を得ることである。これらの結果は，肯定的もしくは否定的な標識によって活性化されたネットワークの連合で説明されている。Levin & Gaeth（1988）は，まったく同じ挽き肉のサンプルを消費したあとでさえ，75%赤身を食べていると説明された人は，25%脂肪のひき肉を食べていると説明された人より，健康によくて質がよいと評価した。さらに，Braun, Gaeth, & Levin（1997）は，属性フレーミング効果を，標識が実際の製品パッケージに埋め込まれている現実の社会環境のなかで調べた。味覚検査において，80%が脂肪でないチョコレートは20%が脂肪のチョコレートより高い評価が与えられ，特に女性消費者において属性フレーミングが顕著に認められた。

　多くの属性フレーミング効果についての研究は，実験室内において行われた統制された条件のもとで認められてきた。しかし，多くの研究が実生活の場面での意思決定でもその関連性について証明してきている。たとえば，開業医を用いた研究で，研究者らは手術の選択肢が死亡率とは逆に生存率で表されたときに，多くの外科医が手術

を選択することを示した（McNeil et al., 1982）。健康に関する領域においてもまた，Jasper et al.（2001）は胎児のリスクに関する知覚と妊娠中のある種の薬物使用についての決意の固さについての属性フレーミング効果について調べた。半分の女性は肯定的にフレームされた情報（正常な子どもを授かる確率は97％〜99％）を受け取り，残りの半分は否定的にフレームされた情報（奇形のある子どもを授かる確率は１％〜３％）を受け取った。否定的な情報を受け取った女性はリスクを著しく高く知覚し薬物摂取をしようと考えることが少なかった。

　これまでの研究で属性フレーミングは，たとえば健康ケアにおける決定の公平性（Gamliel & Peer, 2010）や資源の分配（Gamliel & Peer, 2006）など，多くの重大な経済的意思決定において深く影響を及ぼす役割を果たしていることを示してきた。近年，終身年金に関する研究において，ある研究者らのチームが，期待される寿命に関する質問のフレーミングがどのようにその後の消費者における期待される寿命とそれの付随する経済的決定の見積もりに影響を及ぼすか観察した（Payne at al., 2012）。それによると，肯定的フレームでは人々にある年齢以上生きる確率を質問し，否定的フレームではある年齢以下で死ぬ確率を質問するものであった。これらの２つの回答は補集合となるはずであるが，Payne らは２つの条件において見積もられた確率は著しく異なっていることを発見した。ある年齢まで生きるといった肯定的フレームで尋ねられた人々は，85歳まで生きる確率は55％であると報告し，一方で，ある年齢までに死ぬという否定的フレームで尋ねられた人々は85歳までに死ぬ確率は68％であると報告した。総合的にみると，３つの研究にわたる2300人を超える回答者において，見積もられた平均の寿命は，ある年齢まで生きるという肯定的フレームで尋ねられた時に7.29〜9.17歳長かった。

　重要なのは，Payne らが，フレームによって引き起こされる期待される寿命が行動の志向を予測するということを示したことである。期待される寿命の予測の違いが，先に述べた蓄えよりも長生きすることに対する保証を提供する製品である終身年金の志向について予測可能にした。過程の水準において，著者らは，判断における属性フレーミング効果はその年まで生きていると思う考えの相対的な数字によって部分的に説明されることを示した。これは Levin（1987）の属性フレーミング効果の連想モデルと一致する。

3節　個人差について

　Stanovich と West の業績（Stanovich, 1999；Stanovich & Weat, 1998a, 1998b；Levin, 1999も参照）によって大いに刺激を受けて，理性的志向における個人差に焦

点を当てた行動意思決定の総合的なレベルでの分析を拡大する動きが広がっている。たとえば，リスク選択フレーミングと属性フレーミングについての研究における典型的な発見について話をしてきたが，その効果量に系統的な多様性があることや，課題や状況的特徴ごとに，あるいはそれらの個人的要因の差異との相互作用に影響される効果さえあることに注意することが重要である（Lauriola & Levin, 2001；Levin et al., 2002；Mahoney et al., 2011；McElroy & Seta, 2003；Peters & Levin, 2008；Simon et al., 2004；Smith & Levin, 1996）。ここでのさまざまな発見のサンプリングは，リスク選択フレーミング効果は神経症傾向尺度の高い人々や新しい経験への開放性の低い人々，ヒューリスティックな思考型式の人々において大きいことを示している。思考様式の違いは，現代の意思決定理論における二重過程理論において注目を集めている。

4節　二重過程理論

　フレーミング効果のような一般的な意思決定のバイアスは異なる思考様式もしくは過程様式が引き起こされるようすを明らかにするといったエビデンスが積み上げられてきている。さらには，これらの過程の違いが神経のレベル，特に脳における感情システムの活動を通じてより完全に理解できるというエビデンスが増えてきている（De Martino et al., 2006；Huettel et al., 2006；Kuhnen & Knutson, 2005；Sanfey et al., 2003；Tom et al., 2007；Weller et al., 2007）。神経科学的研究は，ネガティブな結果を避けることの進化的重要性から，ほんの少し不確実であることによって特に恐怖の過程とネガティブな結果の回避に関連している扁桃体によって引き起こされる1次恐怖を生み出し，それはしばしば損失回避性と呼ばれる。この恐怖反応は，意思決定を仲介しワーキングメモリと感情システムを関連づけることにより注意深い熟慮過程を可能にする機能をもつ腹内側前頭前皮質（ventromedial prefrontal cortex：vmPFC）を活性化させる（Damasio, 1994）。たとえば島皮質のような構造は，扁桃体とは独立しており，潜在的な損失を取り扱う補完的なシステムを提供することにより，不確実な状況下において意思決定に強い影響を及ぼす（Kuhnen & Knutson, 2005；Weller et al., 2009）。最近のまとめ論文によると，Levin et al.（2012）は，実際に潜在的利得と損失を取り扱う際に異なった神経システムが活動している可能性があることを示し，特にポジティブもしくはネガティブな可能性のある成果が検討されている際の重要な選択前のステージにおける神経活動が評価されている。

　いかにしてすばやく自動的に，もしくは思慮深く追求的に情報を処理しているのか，という興味深い質問は，その根源をWilliam Jamesにまでさかのぼり，直接的に意

思決定に関連する多くの心理学の領域に適用されてきた（たとえば，Epstein et al., 1992；Gilbert et al., 1991；Reyna & Brainerd, 1991；Schneider & Shiffrin, 1977；Sloman, 1996；Stanovich & West, 2000）。より最近の洗練された見解では，Kahneman & Frederick（2002；Kahneman, 2003, 2011も参照）が，Stanovich & West（2000）の先行研究と多くの類似点がある"2つのシステム"のアプローチを採用し，"2つの過程モデル"の新しい視点もまた作り出されている。Kahnemanと Frederickのアプローチでは，自動的システム1は注意もしくは制御過程を含まず機能しており，感情の強さを含む基本的で直観的な連合を用いており，最終的に我々の意思決定のほとんどを導く素早い選好をもたらす。システム2の過程は，システム1とは著しく異なっており，熟慮的で思慮深く，努力を要するという特徴がある。この二重過程理論によると，どちらのシステムも利用可能であるが，我々の意思決定のほとんどがシステム1によって生じている。システム1の過程の様式は，選択が認知的に容易になることを可能にし，感情の強さのような要因が選択の選好における原理を導くことも可能にする。しかし，システム2は，状況により十分に我々が動機づけされ，認知資源を利用することができたときに用いられる。そのような状況が発生した時，より詳細で努力を要し時間をかけた過程が生じ，選択についてより深く検討する。システム2の過程では，課題に対して注意が向けられ，選択肢は記憶から想起され，思慮深い（たとえば数学的に）比較がなされ，それゆえそれぞれの選択肢は熟慮的様式において重きを置かれるであろう。

　先に進む前に，手短にリスク選択フレーミングと属性フレーミングの違いが，過程様式の分析においていかに重要であるかについて記載する。属性フレーミングのより簡単な様式と，我々の属性フレーミングの感情のプライミング効果の連想モデルに基づいて，属性フレーミングは特にシステム1過程に従うようにみえる。特に属性フレーミング問題は比較的単純で容易に処理されうるであろう。そしてシステム1は，認知的に容易な課題におけるデフォルト的処理過程であり，システム1過程は，属性フレーミング課題に遭遇した際にほとんどの人にとって支配的なものであろう。

　逆に，リスク選択フレーミングは，数値のリスク情報の処理の要素，リスクとリスクのない選択の比較といったシステム2に関連する要素が付け加わるため，システム2過程はリスク選択フレーミングにおいてより生じやすい。この後の予告になるが，我々は，ある人はリスク選択フレーミング課題に対する反応では偏りを示すが属性フレーミングではそうではないのか，そしてなぜ異なる脳メカニズムが含まれるのか，ということをより理解するためにこのフレーミングの区別を使っているのである。特に以下のことについて示そうと考えている。

1. 異なるタイプのフレーミングの調節は，異なるレベルの情動への依存度を励起する。
2. これらの違いは，行動の指標や生物学的／神経学的指標の双方で明らかになる。
3. 概日リズムに関連する通常の代謝や生物学的変動は意思決定に影響を及ぼし，一日のなかで異なった時間帯に異なったレベルのフレーミング効果があることが明らかにされている。
4. 利き手によって明らかになるような自然な大脳半球の左右差がフレーミング効果に強い影響を及ぼす。
5. 視線分析技術によって明らかになるような注視時間は，フレーミング効果の基礎となる注意過程における洞察を与えてくれる。
6. すべての生物学的過程における最も基本的である加齢は，感情と認知過程の間のバランスの変化となり，それが逆説的にある種の課題の成績を悪化させるが，ある種の課題ではいくつかのフレーミングへの抵抗という形をとり，成績が改善するといった結果にいたる。

5節　情動過程とフレーミング効果

　情動過程は，刺激に対する情動反応が上昇もしくは低下するようにデザインされた教示から影響を受けることができる。Gross & Levenson（1993）は，統制群と比較して，情動を抑制する教示によって映画に対する情動反応の主観的評価が低下すると同時に心拍数も低下することを示した。これは，この教示が意思決定における情動過程の重要性についての情報を提供することに用いることが可能であることを示唆している。

　Hedgcock et al.（2012）による予備的なデータの発表は，属性フレーミングとリスクフレーミングは情動の抑制によって異なる影響を受けるということをもたらす。この研究の参加者は，フレーミングのタイプ（リスク選択もしくは属性）と選択肢の情動価（ポジティブかネガティブか）が参加者内で調節されているなかで2つの選択肢の間での決定を数多くすることを提示される。参加者の半分は単に彼らの好む選択肢を選ぶように説明を受け，一方で残りの半分の参加者は彼らが決定を行うときに情動を用いることを避ける教示を追加的に与えられた。統制群は典型的な反応パターンを示し，ネガティブ情動価はリスク選択フレーミングにおいてよりリスク追求的で，属性フレーミングにおいて質追求的な結果となった。これは，参加者が値段の異なる質が高いものと質が低いものの間で選択をする時，ネガティブ情動価は，質が低い選

択肢が特につまらないものにみえるようにすることによって質の高い選択肢を選択させることを意味している。情動を抑制された参加者は異なる結果のパターンを示した。統制群の参加者と同様に，情動を抑制された参加者はリスク選択フレーミングにおいては確率的選択肢（リスク追求的選択肢）の選好が増加した。しかし統制群の参加者とは違い，情動価は属性フレーミングにおける彼らの選好に有意な影響は及ぼさなかった。このことから，属性フレーミングにおいて情動を抑制する教示を受けた意思決定はバイアスを下げることができるが，同様の教示はリスク選択フレーミングにおいてバイアスを下げることはできないことを示している。これは，情動過程が異なる経路が2つのタイプのフレーミングに影響を及ぼすという仮説と一致する。次の節では，いかに一日のなかでの時間帯がフレーミングに影響を及ぼすかということについて記述する。

6節　フレーミング効果とそれ以外の効果における脳代謝レベルでの効果

　今まで議論してきたように，限局した脳損傷を受傷した人々に対する脳画像技術と観察記録は，脳の特異的な領域がどのように認知や情動の入力に影響を及ぼすかということについての洞察をもたらし，それは異なるフレーミングのタイプにおいてどのように働くのかということをも含んでいる。脳機能において疑いのない役割を果たすもう1つの生理学的側面は，体の代謝活性である。体の代謝活性が，生理的機能と心理的機能のすべての側面に影響を及ぼす。システム2の過程にとって必要な努力レベルを考えると，代謝活性はシステム2の過程において明白な効果がある一方で，システム1の過程においてほとんど影響はない。この論理は，リスク選択フレーミングと属性フレーミングにおいてどれだけシステム1とシステム2の過程が含まれているか調べる理由となる。このことを調べるために，代謝活性にとっての2つの大きな誘因である概日リズムとグルコースに焦点を当てる。これらの要因はともに認知過程における効果ゆえに近年意思決定研究者らの興味を大きく惹きつけている。

　我々は多くの外部から調整されている変化で満たされた環境のなかで生きているが，そのなかで最も大きな変化は昼夜のサイクルである。特に驚くことでもなく，我々の体は日周のサイクルにおける変化に付随する多くの生物的変動を発達させてきたし，そのすべては我々にその時々の有利さを与える方向に適応してきたものである。普段，体温・ホルモン・心拍数そして血圧を含むさまざまな生理的機能の変化を通じて我々の内的な生物的時間はまわっている。そしてそのリストは生理的機能に限らず，認知能力もまた概日リズムにともなって変化する。これら概日の変化は大雑把には24時間

のサイクルで生じ，我々の脳の深い領域で概日の発信機として働く視交叉 (suprachiasmatic nucleus：SCN) によってコントロールされているようである。

　重要な生理的機能が概日リズムのサイクルで調節されていることから，日周のサイクルは人の行動の多くの側面に重要な影響を与えるようであり，それには意思決定も含まれる。このことについて調べた研究は，概日リズムが正常でない実験参加者（たとえば夕方に朝の様式になっているなど）は，ヒューリスティックな判断に頼り，ステレオタイプな行動になりやすい（Bodenhausen, 1990），そして意思決定において戦略的思考はより低いレベルであり（Dickinson & McElroy, 2010, 2012），これらの発見はシステム2を通じた熟慮的思考の減弱を示唆している。

　近年，McElroy & Dickinson（2010）は，概日サイクルにわたって観察される熟慮的思考が変化するか，どのようにリスク選択フレーミングと属性フレーミングに影響を及ぼすか，について調べた。このため，彼らはオンラインのソフトウェアを用いて24時間のある特定の時間に実験参加者を割り当てた。彼らは，リスク選択フレーミング効果は属性フレーミング効果と異なっていることを発見した。彼らは，リスク選択フレーミング効果は一日の中の活動期と比較して休息期に強いことを見いだし，この効果は損失条件において最も明らかであったが，概日の変化は属性フレーミングにおいて効果はみられなかった。

　多くの代謝と生理的過程は概日リズムとともに作用する。このうちの1つはグルコースレベルである。血液中のグルコースレベルは，概日の覚醒システムと複雑に結びついている（La Fleur, 2003）。グルコースは脳で最も多く利用され，体内の総グルコース利用の約25％にのぼる。

　近年研究者らは，グルコースレベルが意思決定にどのように影響を及ぼしうるのかということに焦点をあてはじめている。ある研究でMasicampo & Baumeister（2008）は，実験参加者にグルコースを与えないもしくは豊富に与えるといった調整をし，そのうえで実験参加者に魅力度課題を提示した。この課題において実験参加者は，望ましさの点ではおおよそ等しい2つの選択肢を提示された。この2つの選択肢のうちの1つとより似ている3つ目の比較的魅力のないおとりの選択肢もまた提示された。実験参加者は，（区別し無視するべき）望ましくないおとりの選択肢に似たほうの選択肢を選好するように移行するということが示された。彼らの研究では，グルコースを与えられなかった参加者は（グルコースを豊富に与えられた参加者と比べて）おとりの選択肢を頼った選択をしがちで最適な選択ができないことが多く，この研究は代謝要因がシステム2の過程を用いた決定が行われる可能性に影響を与えるもう1つの方法を示唆している。

　もう1つの研究では，McMahon & Sceel（2010）は確率の学習に着目し，実験参

加者はグルコースを与えられない時は単純な確率の法則をより頼るようになり，その結果，より大きな見込みのある出来事を選択するよりもむしろそれぞれの発生確率に従って選択する（有利ではないシステム1の戦略）。Wang & Dvorak（2010）による更なる研究では，グルコースを豊富に与えられると時間割引率が減ることが示され，それはシステム2の様式の思考と関連した期待される報酬を調節する能力がよりよいことを示唆している。併せて考えるとこれらの発見は，グルコースを与えられないと不適切な情報を無視したり複雑な情報を適用し将来の報酬について思慮深く考えるといった意思決定者の能力が妨げられ，一方でグルコースが豊富に与えられていることには逆の効果がある，ということを示唆している。これは，グルコースはより思慮深い意思決定の過程を妨げるもしくは促進するための概日の燃料として働くことを示唆しており，代謝機能と行動的結果の複雑な結びつきを表している。

　これら概日リズムとグルコースに関連する発見は，我々が議論してきた他の神経学的そして行動学的発見と組み合わすことが可能である。特にこれらの発見と組み合わすことで浮かび上がってくるテーマは，二重過程による説明である。たとえばシステム2に含まれる努力的認知過程は利用可能な認知資源によって抑制されるということはよく知られている（Hasher & Zacks, 1988）。行動研究では，概日の休息期の間は認知資源が減少することが示されている（たとえばSchmidt et al., 2007）。さらには概日の休息期の間，前頭葉の機能が低下しているので，認知資源は抑制されているという神経学的エビデンスがある（Manly et al., 2002）。その結果，熟慮的で努力を要するシステム2の形式の過程は，概日の休息期には抑制され，活動期には促進される。これは，フレーミング効果が休息期に最も強く，活動期に最も弱いという点で，リスク選択フレーミングの概日の効果と平行している。しかし，概日リズムは属性フレーミングにはまったく効果がなかった。ということは，これらの発見が，システム2の主要な部分である熟慮的な過程はリスク選択フレーミングにおいて鍵となる役割があるが，属性フレーミングにおいてはほとんどもしくはまったく役に立たず，このようにリスク選択フレーミングと属性フレーミングは認知的過程と感情的過程が異なる重みづけで表現されているという見解が支持される。

　もう1つの処理過程の様式と生物学的過程の間の重要な関連は，観察可能な要素である利き手のような右脳左脳の機能の観察である。利き手の違いが脳においてどのように解剖学的違いに起因するのか調べた研究はたくさんある。ますます増えている研究としては，近年利き手の違いが意思決定にどのような影響を及ぼすのかという点に焦点があたりはじめている（たとえばChristman et al., 2007；Jasper, Barry, & Christman, 2008；Jasper & Christman, 2005）。この研究の中心は，両利きの人たちは右と左の半球間のより大きな相互作用がみられるということであり，その結果利

き手がある人たちより右半球の過程へより大きくアクセスするという考えである。この前提に立った研究が，このアクセスによって両利きの人たちがよりリスク傾向のある情報に対するフレーミング効果がより強いということを示している（Jasper, Fournier, & Christman, 2013）。

　これまでの研究は，それぞれの半球に関連する過程の違いがリスク選択フレーミングにどのように影響を及ぼすのかも検討してきた。歴史的に半球の研究において，左半球が分析様式についての情報を処理するが，右半球はより全体的な様式についての情報を処理する傾向があることを示唆している（たとえばOrnstein, 1972）。それらおのおのの処理様式の結果，左半球の過程は数字で引き出された情報に依存し，右半球は特に文脈を手がかりとした情報の感受性が高い。

　McElroy & Seta（2004）は，それぞれの耳にはそれぞれのチャンネルを通じて音刺激が与えられ，フィンガータッピングを用いて一側性に注意を向けさせ，反対の脳半球だけを活動させるよう調節した。それぞれの半球を選択的に活動させた後に，彼らは古典的なリスク選択フレーミング課題の予測のために逆の片側の半球の過程だけを用いた。彼らの発見は，おのおのの半球過程はリスク選択フレーミングに重要な効果があり，全体的な過程でフレーミング効果が生じ分析過程を引き起こされている時にはフレーミング効果がないことを明らかにした。このように，操作された半球の活動ともともとの生じている違いの両方によって，リスク選択フレーミング効果における二重過程の役割についてのエビデンスがもたらされている。

　以下の例もまた，生理学的生物学的指標の連結において，フレーミング課題のどのような使われ方が意思決定過程の理解を洗練することに役立つのかを示している。

7節　意思決定の新しい理論を検証するための新しい方法

　Kahneman & Tversky（1979）の初期の業績をたどると，プロスペクト理論は理性的な選択を記述するための精神物理学的なアプローチを表しているが，その中心部は意思決定の伝統的アプローチと一致した理論的基盤を維持している。その伝統的アプローチとは，意思決定者は，数値的な量と確率を量的な価値や効用へと変換し，量的情報を統合し，選択肢間で比較するということを仮定している。この仮定は，理性的意思決定研究の最初期（Bernoulli, 1954，もともとは1738に発行された）と形成期（たとえばEdwards, 1954）にその基盤をもつ。

　より最近のファジートレース理論（fuzzy-trace theory：FTT）（Reyna, 2012；Reyna & Brainerd, 2011）は，より初期の二重過程理論のように，意思決定者を異

なる選好へと導く2つの相補的な形式を含む。FTTはプロスペクト理論や他の意思決定理論とは異なっており、なぜならそれは多くの意思決定条件下において数値的変換のアプローチを用いないことである。むしろFTTは二重過程であり、記憶ベースの理論である。1つ目の記憶システムは情報の正確さや言葉どおりの表現を含み、また、より分析的な比較のための詳細で重要なレベルのためである。もう1つの記憶システムは、曖昧な印象のためであるが、意味やある選択肢において直観的な志向を導く全体的な主旨をとらえるものである。これら2つの記憶システムは平行して作用し、それぞれが標的刺激からの刺激を抽出し、情報を独立的に符号化してしまっておく。意思決定の最終結果は、これら機能的に独立した記憶システムによって人々が異なった選好に導かれる、ということである。

　FTTによれば、成人は一般に、論理的な方法と同じくらい曖昧で印象に基づいた方法で処理しており、その結果一般に、課題の情報の主旨をとらえる曖昧な表現のみを利用し決定する。このように、主旨処理過程において、数字の情報はとても単純化された形式で抽出され、正確な量はしばしば軽視される。たとえば、33％は"全体のうちいくつかは"として抽出されるかもしれないが、67％は"全体のうちほとんどは"として抽出されるかもしれないし、0％は"まったくない"として抽出されるかもしれない。この処理形式の結果、選択肢は主旨が序列化されて知覚され、個々の人は最も多く価値を抽出された選択肢に対する直観的感覚によってその選択肢を選択する。このことにおけるフレーミング効果の適用としては、アジアの病気問題における肯定的フレーミング条件において1人の命も助からないという選択肢よりもいくらかの命が助かるという選択肢のほうが魅力的であるということになる。同様に、挽き肉における属性フレーミング問題において、"脂肪"は"赤身"よりも望ましくないということになる。

　近年、多くの研究がプロスペクト理論や他の効用モデルと一緒にFTTを検証し始めている。これらの理論を検証する手段としては、意思決定者に対する"0"（ゼロ）情報の表現の重要性を含むものが生まれてきた。プロスペクト理論と他の効用モデルは情報の数字への変換に依存しているため、ゼロを補足する言葉（2/3の確率で誰も助からない）の有無は無関係である。というのも選択肢の量的価値（1/3の確率で600人助かる）はその言葉があっても変わらないからである。しかしFTTにおいては、ゼロ情報は、主旨処理過程において意思決定者が比較のために用いる基本的なカテゴリー分類の表現としてとても重要である。たとえば主旨処理過程において、選択肢"1/3の可能性で600人が助かり、2/3の可能性で全員助からない"は、"時にはいくらかの人々が助かり、時にはすべて助からない"というように符号化されるかもしれず、それは0を説明する言葉が取り除かれている"ある人は助かる"となって

いる時と比べて著しく異なっている（Reyna et al., 2011）。Kühberger & Tanner (2010) は，この理論的概念を，参加者がゼロ要素にアクセスしたかどうかを調節することにより検証した。彼らは，フレーミング効果は0を説明する言葉が提示された時はフレーミング効果が観察されたが，0を説明する言葉が取り除かれるとフレーミング効果が観察されないことを発見し，このことはFTTの概念を支持するものである。

　近年，McElroy et al.(2013)は，プロスペクト理論と記憶ベースの過程であるFTTにおいてより量的な処理過程に対するアプローチを検証するためのリスク選択課題を行っている間，視線分析技術を用いて調べた。視線分析技術は，別個の目の動きの比較分析を可能にし，また注視時間も測定でき，研究者らに，注視時間に関する観察の違いに基づいた認知的処理過程との関連による処理過程を操作することを可能にする。McElroy et al. (2013) は，プロスペクト理論は古典的な意思決定アプローチであり量的情報の数値的変換が価値を決めるので，リスク選択フレーミング効果を示すものと示さないものの間で注視時間の違いがないことが観察されるべきであるという仮説を打ち立てている。逆に，ゼロを説明する言葉の情報が主旨処理過程においてとても重要なので，彼らはFTTによれば，ゼロを説明する言葉の注視時間（たとえばゼロ情報に瞳孔が留めおかれる時間の長さ）はリスク選択フレーミング効果を示した人々において長いはずであると予測した。

　彼らの発見は，損失条件においてフレーミング効果を示した参加者はゼロを説明する言葉に有意に長い注視時間を示し，この点においてFTTと一致した。しかし，利得条件においては有意な違いは認められず，利得条件には十分な強度がないことが示唆された。これは損失回避性の特殊な役割と一致する（Weller et al., 2009）。このように，この例においては，視線分析技術は，行動データを裏づけるために用いられ，生理的技術と行動データがどの程度お互いを補完できるのかを示している。さらに，それはどのように過程の違いがリスク選択フレーミング効果の基盤となるのかを示している。

8節　特殊な集団におけるフレーミング効果

　フレーミング効果，より一般的には潜在的に同じ大きさの利得と損失に対する反応の違い，は個人間と集団間で異なる。この節では，たとえば情動システムに影響を及ぼすようなある種の神経学的疾患をもった特殊な集団間のフレーミング効果の違いが，背景の決定過程の違いをどのように明らかにするのか手短に記す。自閉症と統合失調症に対して焦点を当てる。

最初に，DeMartino et al.（2006）は，実験参加者がフレーミング効果を示す時に線条体が特に活動し，決定のバイアスを調節する情動システムに対して特別なキーとなる役割があることが示唆された。さらに個人間で，より大きな眼窩前頭前皮質と内側前頭前皮質の活動によってフレーミング効果の感受性の低下を予測した。

　この考えの延長として，DeMartino et al.（2008）は，自閉症スペクトラム障害をもった人々を調べており，金銭予測が損失か利得かを表示する金銭課題を用いて，線条体の神経密度の異常と関係している自閉症スペクトラム障害の人々について調べた。彼らは，自閉症スペクトラム障害を有する人々がフレーミング効果の感受性が低下していることを示す行動データと，意思決定過程へ情動的文脈を組み込むことがうまくいかないという精神生理学的エビデンスを報告した。

　この研究の参加者は，14人の臨床的に自閉症と診断を受けている成人と，15人の年齢・IQが一致した統制群であった。各試行における彼らの課題には，合計の金額をギャンブルするかしないかということが含まれていた。たとえば，利得フレームでは固定された金額を受け取り，そのうえで2つの選択肢が提示される。選択肢Aは受け取った額の40％を確実に保持するといったもので，選択肢Bはギャンブルであり40％の確率で全額を保持できるが60％の確率ですべて失うといったものであった。それとは別に，参加者には損失フレームが提示され，先の選択との唯一の違いは，選択肢Aがお金の損失で表現されていることであり，選択肢Aでは最初の額の60％を失うといったもので，選択肢Bは同じであった。

　選択肢Aは利得損失フレームともに本質的にはまったく同じであるにもかかわらず，研究者らは統制群（自閉症スペクトラム障害ではない）が選択肢Aが"お金が維持される"よりも"お金を失う"というときによりギャンブル的であることを発見した。自閉症スペクトラム障害のある患者においてはこの効果は非常に小さく，フレーミング効果に対する感受性が小さいことが示唆された。言い換えると，自閉症スペクトラム障害の人々は感情に左右され矛盾した理性的でない選択になることがより少なかった。意思決定の際の細部への注意や感情の影響がこのケースにおいては有益である一方で，研究者らは感情的かかわりあいが有益な日常生活においてはハンディキャップになるのではないかと指摘する。やはり，単純な実験室内のフレーミングの操作は，背景の神経学的過程の行動学的結果の理解に有用である。

　もう1つの研究は，自閉症において情動の影響が減少しているという主張を支持するため利得と損失に対する反応を含んだような単純なギャンブル課題を用いていた。アスペルガー症候群（ASP）は，他の自閉症スペクトラム障害と同様に，社会・感情に対する反応の変性と関連している。学習や社会性と関連のない反応性であるがアスペルガー症候群においては動機づけされるような刺激について調べた研究において，

Johnson et al.（2006）はこの章の最初で紹介したIGT（アイオワギャンブリングタスク）を用いた。彼らは，アスペルガー症候群の15人の青年と若年成人，14人の統制群において，選択行動と直流皮膚電気抵抗（skin conductance responses：SCRs）を調べた。彼らはこの課題を用いて，学習，勝敗への注意，反応様式について調べた。アスペルガー症候群は，4つのアイオワギャンブリングタスクのデッキの間での移行頻度について特徴的な独特のパターンを示したが，統制群の実験参加者は"よい"デッキへのはっきりとした選好に移行していった。直流皮膚電気反応の結果は，アイオワギャンブリングタスク中，アスペルガー症候群において反応の低下を示した。ある意味，アスペルガー症候群の参加者は統制群とは違ってそれぞれのデッキに対する情動的愛着をうまく形成することができなかったといえる。研究者らの認知モデルによると，アスペルガー症候群の選択は，比較対象である統制群とは対照的に，過去の経験によって生じる動機づけ信号への信頼が低いことを示していた。このようにこれらの研究結果はDeMartinoとその同僚らの研究結果を支持する。

　自閉症の研究について記述してきたように，感情の過程と表出において問題点を抱えていることがよく知られている集団への適用として意思決定の情動的・認知的側面について情報を得る課題を用いる有用性が期待される。統合失調症患者は，いくつかの認知領域と情動をベースとした意思決定において幅広い障害を示す。これらの知見は，統合失調症が背外側と眼窩／腹内側前頭前皮質の機能不全を反映しているというエビデンスと一致する。それゆえ驚くことでもないが，アイオワギャンブリングタスクは多くの統合失調症患者についての研究で施行されてきた。Sevy et al.（2007）は，これらの研究をまとめ，統制群と比較して統合失調症で信頼性の高い不利な意思決定様式を見つけ出すことを目的とした新しい研究を行った。その結果，この集団のなかでの大麻使用が意思決定に有害な影響をもたらす可能性があることを見つけ出した。

　包括的な認知テストの組み合わせとアイオワギャンブリングタスクが3つの集団に対して施行された。

1．DSM-IVによって統合失調症と診断され，かつ薬物使用障害に該当しない13人（平均年齢は28歳，54％が男性）
2．統合失調症と診断され，かつ大麻使用障害に該当する14人（平均年齢は29歳，71％が男性）
3．20人の健常参加者（平均年齢が33歳，60％が男性）

健常群と比較して，統合失調症の両群はより認知的に障害を受けており，アイオワギャンブリングタスクの成績が悪かった。多くの認知テストとアイオワギャンブリン

グタスクの成績について，大麻を使用している群とそうでない群の間での違いはなかった。新しく行った研究とアイオワギャンブリングタスクの先行研究をまとめた彼らの論文に基づき，著者らは，統合失調症は感情に基づいた意思決定の障害があり，大麻の使用の併存はそれを悪化させる効果はなかったと結論づけた。

この章の締めくくりの節で，基礎的な生物学的過程－加齢－とフレーミングとその他の神経経済学的課題における意思決定との関連について振り返る。

9節　生涯にわたる意思決定

　脳機能の一生の軌跡の研究は，意思決定における年齢と関連した違いについての見識をもたらし，またそれは脳における変化と結びついている。多くの研究は，いくつかの脳領域の不完全な成熟によって意思決定の障害が起こる早期の前成人期年齢に焦点を当ててきた。たとえば，前頭皮質の機能的成熟が皮質下の報酬処理過程構造の発達と比べると長くかかるということが示され，これは恐怖と報酬信号の過程に制限を与える（Casey, Giedd, & Thomas, 2000；Crone & van der Molen, 2004；Galvan et al., 2006；Hare & Casey, 2005）。この結果が，しばしばより若年における不適当なリスク追求である。これらの発見は，意思決定において年齢に関連した違いについての神経生物学的基盤を示唆する。

　これとは対極のスペクトラムであるが，どのようにして前頭前皮質における加齢に関連した衰え（West et al., 2002），特に眼窩前頭皮質と外側前頭皮質に関連する変化が，年配者の場合，前頭葉機能によって調節される実行機能課題における衰えを引き起こすのかといった加齢の"前頭葉仮説"（Brown & Park, 2003；Pardo et al., 2007；Resnick et al., 2003；West, 1996, 2000）の支持が拡大している。しかし，より年をとった成人が意思決定の障害を示すかどうかという点について，結果はかならずしもはっきりとしない。

　Deakin et al.（2004），Denburg et al.（2005），Weller, Levin, & Denburg（2011）は皆，老人は若年成人よりもリスク水準の感受性が低いことを発見したが，他の研究者らは老人はリスキーな意思決定課題において若年成人と同程度の成績であることを報告している（Kovalchik et al., 2005；Wood et al., 2005）。Bruine de Bruin, Parker, & Fischhoff（2012）は，ある意思決定スキルは年齢とともに変化する一方で，変化しないもしくは改善されていく意思決定もあることを示すことで，混在する結果を説明している。この章の1つのテーマは，年齢に関連するスキルレベルでの混在の正味の効果は，課題の要求に依存するということである。

　意思決定における年齢に関連する変化の研究において，Weller et al.（2011）は先

に紹介したリスク選択フレーミング課題を真似てデザインされているが実際の利得と損失をともなうカップタスク（Levin & Hart, 2003）を用いた。リスク選択フレーミング課題において利得の様式と損失の様式にフレームされたバージョンに分離されているのと同様に、カップタスクはリスキーな利得とリスキーな損失の分離された試行を含んでいる。

このデザインの特徴は、利得を獲得する、もしくは損失を回避するといった全般的なリスク追求と、リスキーな利得とリスキーな損失におけるリスクが有利な選択もしくはリスクが不利な選択をする傾向を、各年齢層の集団にわたって比較することを可能にする。利得獲得のためのリスク追求の全般的なレベルは、一生にわたって着実に低下していくことがみられた一方で、損失回避のためのリスク追求は年齢レベルにわたって非常に堅牢で変化がなく、損失回避性は各年齢層に広汎に認められる結果であった（Weller et al., 2011）。5歳から7歳の最も若い集団を除くすべての年齢層において、同じ大きさの利得の獲得よりも損失の回避のためのリスク追求において、より大きな古典的リスク選択フレーミング効果がみられた（Reyna & Ellis, 1994と一致する）。さらに興味深いことに、リスク優勢／リスク不利な選択を生み出す傾向において年齢に関連する違いが見つかった。リスクが有利とリスクが不利の多くの選択における違いは、幼少時から青年、中年を経て増加するが、65歳以上では減少した。これは、リスクに関連する情報への感受性が年配者において前頭葉仮説と一致した様式で低下することを示した。

10節　高齢の意思決定者におけるフレーミングと課題に関連した違い

先行研究は、アイオワギャンブリングタスクにおいて情動過程がどのように鍵としての役割を果たすのか（Bechara et al., 1997）、高齢者がそれ以外の人々よりもアイオワギャンブリングタスクにおいてどのように成績が悪いのか（Denburg et al., 2005）、そして情動を抑制する教示が属性フレーミングおよびリスク選択フレーミングにどのように異なる影響を及ぼすのか（Hedgcock et al., 2012）について検証した。次の研究における仮説は、これらの知見に影響を受けた。特に著者らは、アイオワギャンブリングタスクの成績が、参加者がリスク選択フレーミングと属性フレーミングの質問に答えている間の脳活動を予測するのではないかと予測した。

Hedgcock et al.（2012）は、高齢者の一般市民に対して、脳活動についてfMRIを用いて記録している間、リスク選択フレーミングと属性フレーミングの質問に答えさせた。参加者の半数は、前もってアイオワギャンブリングタスクにおいて有利な成績

を収めており,一方残りの半数は不利な成績を収めていた。参加者が,リスク選択フレーミング課題と属性フレーミング課題ともにポジティブな情動価のあるバージョンとネガティブな情動価のあるバージョンをしている間の脳活動の差は,アイオワギャンブリングタスクと相関していた。

参加者のアイオワギャンブリングタスクの点数は,彼らが属性フレーミングの質問に答えているときの,たとえば腹内側前頭前皮質,背外側前頭前皮質,前帯状皮質といった皮質の正中構造の活動と相関していた。これらの脳領域は,以前より加齢とともに活動が低下することが示されていた (Pardo et al., 2007; West, 1996)。さらにこれらの領域のいくつか,たとえば腹内側前頭前皮質は,情動の刺激処理過程に関わっている (Damasio, 1994)。逆に,参加者がリスク選択フレーミングの質問に答えている時,アイオワギャンブリングタスクの得点は頭頂葉皮質の活動とのみ相関を示した。このことは,リスク選択フレーミングと属性フレーミングは異なる過程(おそらく一部は重なっているのであろうが)によって引き起こされ,これらの違いは情動処理過程と関連するであろうという理論を支持するさらなるエビデンスをもたらす。さらに,この結果は,すでに記した発見と結びついて,障害された情動過程がどのように不利な決定(たとえばアイオワギャンブリングタスクにおける悪い成績),有利な決定(たとえば属性フレーミングにおけるより一貫した選好)もしくは比較的変化しない決定(たとえばリスク選択フレーミングにおける変化しない選好)を導くのかということを示す。

11節 まとめ,結論と将来の研究

本章では,意思決定の研究における神経生物学的科学そして行動学的科学の相互作用について考えた。我々は,巨視的レベルの意思決定の生物学的基盤に関連する研究から多くを学ぶことができると信じている。特に,いくつかの理由から決定過程の理解を助ける道具としてフレーミング効果に焦点を当てた。

1. フレーミング効果は,重要な実世界の結果につながることがよく知られている行動的決定のバイアスを表している。
2. フレーミング効果は,行動決定について長い歴史を有する基礎的研究があり,また短い歴史ではあるが成長途上の決定神経科学と神経経済学の研究の歴史がある。
3. フレーミング効果は,独立の現象ではなく,たとえばリスク回避といったより広い意思決定の原則と結びついている。

4．フレーミング効果を検証する課題の単純さは，さまざまな年齢層の人々にわたって用いることが可能であり，意思決定障害として知られている人々にも用いることができる。
5．フレーミング効果は，伝統的な実験室内やオンライン設定と同時に，たとえば脳画像や視線分析といった最新の技術を用いた方法でより簡単に研究することができる。

　ここで提示する応用例で示される新しい特徴は，認知過程と情動の関わりあいと関連したフレーミング効果のさまざまなタイプの同定を含む。このために，これら異なるパラダイムが，たとえばある課題における意思決定が障害されているがそれ以外では障害されていないことにつながるスキルのバランスについての年齢変化のような幅広い領域の問題に答えるために使われるようになる。ここで説明するもう１つの重大な特徴として，適切な実験デザインの特徴を用いることでフレーミング効果が単に集計としてではなく個人個人の意思決定者レベルの研究が可能となる。これによって，たとえばどの脳領域がフレーミング効果の大きさや意思決定者間の違いに影響するか示すことが可能である。
　日周サイクルの異なる時点でのリスク選択フレーミングと属性フレーミングを実施することで，概日リズムのサイクルに関連する生物学的要因と行動学的要因の関わりについてのエビデンスがもたらされた。リスク選択フレーミング効果への感受性は，概日の活動期よりも休息期でより大きく，これはグルコースレベル，代謝活動，活動の生理学的相関を制御する視交叉上核のような深部脳領域の活動と関連した。同様に洞察に満ちた新発見は，概日サイクルは属性フレーミングには影響を及ぼさないということであり，この発見は属性フレーミングとリスク選択フレーミングは異なる過程であるという仮説を支持するものである。これは生物学的要素と行動学的要素を統合する研究が互いの分野に貢献できることをとてもよく示している。
　関連した発見として，凝視のパターンはリスク選択フレーミング効果の有無を予測し，右半球か左半球かの過程もまたリスク選択フレーミング効果と関連しており，それぞれの結果は認知過程の多様性を指摘している。現在の目的にとって重要な点は，これらの関係を理解する道具としてフレーミング効果を用いた神経学的脳機能と巨視的行動の関係の検証がこれらの関係を理解する道具として有用であるということである。たとえば，McEloy et al.（2013）は，FTTの行動的過程を評価するために注視時間の生理学的測定を用いることができた。
　同様に，情動を抑制した研究は，２つのタイプのフレーミング（属性フレーミングとリスク選択フレーミング）が実際の意思決定において根本的に異なる役割を果たす

ことを明らかにした。属性フレーミングは，純粋に感情的に駆動された選択の様式を必要とするようであり，これはシステム1過程と似通っており，一方でリスク選択フレーミングはより熟慮的分析を必要とし，システム2と似通っている。これは，属性フレーミングはリスク選択フレーミングより情動システムと関連した脳領域の活動とより密接に関連しているというfMRI研究において確かめられている。この高齢者のfMRI研究は，フレーミングのタイプと脳システムの異なった脳活動の関連を支持するだけでなく，これらのシステムが加齢とともに衰えるとたとえば過去の誤りからの学習が鍵となるアイオワギャンブリングタスクのような課題の成績の悪化につながったり，たとえば属性フレーミングの情動的誘惑への抵抗性のような成績の改善をしばしば導き出す。

　本章では，我々がどのように神経学的／生物学的研究および意思決定科学の結合が互いの分野の進歩を可能にするか説明した。ここでの説明は，人間の判断と意思決定の神経科学の体系的な研究において明らかになった魅力的な現象のほんの少しを提供したに過ぎない。将来の研究者らへの1つの提案は，"フレーミング効果"や"授かり効果"や"サンクコスト効果"のような普遍的な概念のようなものを考慮するのではなく，異なる研究における異なる結果を説明することができるように，それらがどのように操作的に取り扱うことができるのかということを明記することである。一度このような方法でみると，神経学的／生物学的道具は個人間や環境状態間にわたって観察される違いをよりよく説明するのに有用である。

　最後に，ここで示した鍵となる特徴が，将来の研究者らが人間の経験する現実から規範的で理性的な行動を分離する現象を調べることに役立つことが我々の望みである。これらの特徴は，実験室内において調節する変数と個人間の要因を含んだ伝統的な行動測定を補完する脳画像，視線分析，その他の生物学的測定を含んでいる。最終的には，我々は，神経／生物そして意思決定科学の結合によって「なぜあなたと私は異なった決定をするのか」ということを説明することが可能になることを望んでおり，それは特に個人の違いが課題や現実世界の環境状態と相互作用するからである。我々の仮説の最終結果は，個人個人がどのように人生を高める決定をするのかということについて，よりよい理解と将来の進歩につながるであろう。

第8章
"熱い"認知と二重システム
導入・批判・展望

Thomas E. Gladwin
Bernd Figner

　2つのタイプの過程もしくはシステムを区別するモデル—典型的に,一方はより自動的そして/または感情的−動機的で,他方はより制御的そして/または計算的−熟慮的である—が,心理科学において広まっている。しかし,そのような二重過程(または,二重システム)モデルは,さまざまな問題を抱えており,近年,相当な批判を受けている。この章で我々は,これらのタイプのモデルについて議論し,専門用語の明確化を試み,実験的および理論的両方のレベルにおける近年の批評について議論し,"熱い"過程を熱くしている生理と強化学習に基づくさらに機械的な説明を提案する。我々は,2つの実例となる分野,依存と青年期のリスクをとる行為における,これらのタイプのモデルに関する成功例と課題を議論する。最後に,二重過程モデルの問題に取り組み,乗り越える可能性のある方法として,R3モデル—別々になった過程やシステムというよりはむしろ,単一のシステムから発生した状態として熟考のレベルを概念化する強化学習を土台とした再処理モデル—の背後にある基礎的概念を概説する。

　2つのタイプの異なる過程もしくは"システム"を区別するモデルは,心理科学の多くの領域において,著名で,広まっている。しかしながら,このようなモデルは近年,かなり批判され,問題にされてきた。この章では,「より自動的な(しばしば"熱い"情緒感情的な)過程」か,「より制御的な(しばしば"冷たい"認知熟慮的な)過程」かを区別するいわゆる二重過程あるいは二重システムモデルに焦点を当てる。「熱さ」対「冷たさ」の温度隠喩表現の明確化を含む,異なる専門用語を記述し,明

確化する試みから始めよう。それから,自動神経系と誘因顕著性(incentive salience)という情動に関する基本的な生物学的過程における,"熱さ"の概念を基礎とし,分解することを提案する。その後,範囲を広げて,2つのタイプの二重過程もしくは二重システムモデルに焦点を当て,長所と短所の両方を議論する。最後に,現在の状況の分析と,将来の研究や理論形成への,おそらくさらに実りの多い方向性を提案する。この一端として,簡潔に,既存の二重過程および二重システムモデルのいくつかの短所に取り組む,原理証明思考実験としての役目を果たす新しい熟考モデル,R3 モデルを説明する。

1 節　温度隠喩

　「熱い」対「冷たい」あるいは「涼しい」現象の温度隠喩は,心理科学の異なる形態において広く用いられており,典型的には,一方の「感情そして／あるいは動機に関する過程」と,他方のより「制御的そして／あるいは認知的過程」の区別を示す関与に言及する。たとえば,「熱い」と「冷たい」認知の用語は,相対的に,それぞれ「感情に満ちた」と「感情にとらわれない」認知過程を表す(Abelson, 1963)。しかしながら,"熱い認知"という用語は,感情的な過程そのもの(情動や感覚のような)だけでなく,議論の余地はあるかもしれないが,認知的過程の1つと考えられる情動的評価(極めて感情や情動と関係があるのだが)のような現象にも言及するように使われてきた。したがって,一方で熱い認知か冷たい認知か,他方で感情か認知かに割り当てることは,いく分曖昧さをはらんでいる。Abelson 同様,Metcalfe & Mischel (1999)による影響的な論文において,熱いシステムと冷たいシステムを区別するために温度隠喩が用いられた。前者は,感情的で動機的な過程を含有するシステムに言及し,後者はより認知熟慮的な過程を含有するシステムに言及する。発達上の視点に基づき,Metcalfe & Mischel は,熱いシステムを,刺激制御下の,感情的な,速い,反射的な,比較的単調な,人間の個体発生の比較的早期に発達するものと特徴づけている。対照的に,冷たいシステムは,自己制御によって特徴づけられ,認知的過程を含有する,比較的ゆっくりで,熟考的で,複雑で,個体発生の比較的後期に発達する。これら同様の特徴づけは,論文(この章の後半で議論する)において,しばしば区別される2つのタイプの過程もしくはシステムを記述するために広く用いられてきた。

　もう1つの,「熱い　対　冷たい」過程に言及する少々異なる使われ方——これは,ADHD 研究や発達心理学において特に顕著なようであるが——は,「熱い　対　冷たい(もしくは涼しい)」実行機能(executive function: EF)の区別である(Prencipe et al., 2011; Van den Wildenberg & Crone, 2005)。"冷たい実行機能"という用語は,

作業記憶や抑制などのように，感情的要素を欠くものとして概念化された実行機能を記述するために用いられる。したがって，数字の逆唱やカラーワードストループのような課題は，概して，冷たい実行機能を評価するために使われる。冷たい実行機能の主な神経基質は，背外側前頭前野（dorsolateral prefrontal cortex : dlPFC）と考えられている。反対に，"熱い実行機能"という用語は，典型的には，感情的あるいは動機的要素に関与する実行機能を記述するために用いられる。論文において，熱い実行機能を評価するために頻繁に用いられる典型的な課題には，たとえば，異時点間選択課題（遅延割引課題とも参照される），アイオワギャンブリングタスクをはじめとしたリスク意思決定課題（Bechara, Damasio, Damasio, & Anderson, 1994），空腹ロバ課題（Geurts, van der Oord, & Crone, 2006 ; Hongwanishkul, Happaney, Lee, & Zelazo, 2005）のようなその変形版などの意思決定課題がある。熱い実行機能の主な神経基質は，眼窩前頭皮質を含む，前頭前皮質のもっと腹側および内側の領域にあると考えられている。

しかしながら，熱い実行機能を操作可能にするために，意思決定課題の成績を用いるという考えは，専門用語における現在の変化や不一致を引き起こす可能性がある。なぜなら，意思決定自体が，概して，認知制御的過程と，感情的過程を含むさまざまな過程に関与すると考えられているからである。たとえば，"リスク–感覚"仮説（Loewenstein et al., 2001）によると，我々は，リスクのある選択肢に直面すると，より認知的で熟慮的な過程を通して，利用可能な選択肢を評価するだけでなく，①選択肢の特徴（たとえばその"リスク"，すなわち結果変数）に情動的に反応したり，②このような情動的な反応が，より認知的な評価より，選択により強い影響を与えるかもしれない。もう1つの意思決定における感情的過程の役割は，"共通通貨"と呼ばれている（Cabanac, 1992 ; Figner & Weber, 2011 ; Levy & Glimcher, 2012 ; Peters, Västfjäll, Gärling, & Slovic, 2006）。感情が，そうでなければ比較できないであろう属性，物品，アウトカムを評価し選択する基盤として役立っているという考えである。さらに複雑な問題として，"熱い"誘惑に抵抗する自己制御の過程が，非侵襲的脳刺激を用いた神経処理の実験的干渉を用いて，熱い実行機能か冷たい実行機能かの枠組みにおいて，熱いではなく冷たい実行機能の主な神経基盤であろうdlPFC（Figner et al., 2010 ; Knoch et al., 2006）に関与することが，因果的に示されてきた。最後に，意思決定は，確実に，腹内側および眼窩前頭前野の神経処理過程に関与し（Carter, Meyer, & Huettel, 2010），熱い実行機能とその神経基質という概念と，一見したところ一致する。しかしながら，意思決定の神経科学や神経経済学の文献において，これらの領域の関与は，概して，熱い実行機能ではなく，提示された選択肢の主観的価値の反映，"共通通貨"概念に一致し，少なくとも部分的には，本来感情

的であるような評価過程の反映として，記述されている。

　少なくともこのような点から，熱い実行機能の評価として意思決定課題を用いることは問題が多いことがわかる。なぜなら，そのような課題は，既定の研究者の熱い実行機能の定義によって特定される基本的特徴や過程の，"過程純粋的な"評価尺度とは考えにくいからである。このことは，さらに懸念される点に関連する。区別を示す専門用語や枠組みは，科学者の間に，大きな誤解や混乱を招く可能性がある。第1に，何が測定され，観察されているのかについて，第2に，その結果は，関与する心理学的，神経学的過程に関して，どのように解釈されるべきかについて，第3に，異なる領域にまたがる結果や洞察の統合を試みるとき，それらの研究から何を学ぶことができるかについて，である。したがって，さらに幅広い実験的研究をカバーする，もっと包括的なモデルを作ることに，さらに興味がそそられる。

　すべてを公表するつもりで，この章の著者の1人も，共著者とともに，既存の複雑で混乱的な温度隠喩を使用し，彼のリスク意思決定課題の2つの版をそれぞれ"熱い"，"冷たい"と名づけたことを打ち明ける。それは，熱いと冷たいの「コロンビアカード課題」のことである（Figner, Mackinlay, Wilkening, & Weber, 2009a）。熱い版は，実質的に，感情的-動機的な決定過程に関与するように作られたが，冷たい版は，主に，認知的-熟慮的過程に関与するように作成された。もう一度述べると，どちらの課題も，当然ながら，感情的，熟慮的，自己制御的な過程に関与する。しかしながら，区別を示す程度で，そして，この区別を示す関与に刺激されて，課題の名前に熱いと冷たいを用いたのである。

　これらの前置きの批評をまとめると，温度隠喩の使用は，心理科学において，2つの異なるタイプの過程あるいはシステムを言及するのにとても有名であるが，これらの用語は必ずしも同じ意味を念頭に置いて使われておらず，差異や暗示される脳領域もきちんと整列していない。このように十分な理由から，心理学的現象を説明するために熱いと冷たいに関する含意を用いるとき，啓発よりさらなる混乱を招くことを避けるよう慎重になるべきである。しかし，もっと重要な目標として，これらの概念に対するより確固たる基盤を構築し始めるべきである。次の節では，このための有望な方法を提案する。

2節　"熱"から自律神経反応と誘因顕著性へ

　温度隠喩における"熱"は，覚醒と感情の主観的な経験—記憶，経験，鼓動する心臓の予期，汗ばんだ手，早い呼吸など—に訴える。そのような基本的な生物的反応は，生存や繁殖に関する出来事に取り組むため，すなわち，進化において必要な適応を高

める行動，脅威への防御反応，あるいは魅力的な刺激への欲望的反応，を支えるように身体を準備するパターンである。たとえば，恐怖を感じる刺激に直面した時，心拍数や心拍変動の低下，皮膚伝導の上昇，身体の揺れの減少のような特徴的な生理学的変化をともなって，"凍結"反応が起こるかもしれない（Bracha, 2004；Dalton, Kalin, Grist, & Davidson, 2005；Jarvik & Russell, 1979；Roelofs, Hagenaars, & Stins, 2010）。何人かの著者によれば，自律神経系（autonomic nervous system：ANS）における，そのような変化の表象が情動の特徴を定義していることは内省的に明らかである。たとえば，William James（1884, p.451）は，もし，速い鼓動と浅い呼吸，震える唇と力の入らない手足，鳥肌と活発に動く内臓が存在しなかったら，どのような恐怖情動が残されるだろう，考えることがほとんど不可能である，と記載した。したがって，ジェームズ-ランゲの感情理論と，後の科学的系統（Reisenzein, Meyer, & Schutzwohl, 1995）において，情動とは，刺激が呼び起こす身体の，特に内臓の，状態感覚である。ますます洗練された手法を用いた研究が，情動とさまざまな生理学的指標にわたるANS反応パターンとの間の密接なおそらく感情特異的な連結を示しているが（Collet, Vernet-Maury, Delhomme, & Dittmar, 1997；Kreibig, 2010；Stephens, Christie, & Friedman, 2010），いまだ情動とANS活動の正確な関係について意見の一致にはいたっていない。ここで，近代の神経科学的視点からは，"自律"神経系は，中枢神経系から少しも独立しておらず，大脳皮質までたどることができる（Kreibig, 2010）ことを記す。中枢自律ネットワークと呼ばれてきた脳領域の機能単位―中脳水道周囲灰白質，島皮質，扁桃体中心核，前部帯状回，腹内側前頭前野などの，特に強く情動と関係がある領域を含む―が，交感および副交感ANS活動に影響を与える延髄の遠心性領域に出力を送っている（Benarroch, 1993；Cersosimo & Benarroch, 2013；Napadow, Dhond, Conti, & Makris, 2008；Thayer & Lane, 2000）。

　ここで留意すべきは，情動におけるANS反応の中枢表象の不可欠な役割は，実際に抹消に関与する一連の事象を必ずしも必要としないことである。他の中枢神経構造や過程のように，ANS反応の機能や意味は，最終的には生物学的に関連のある環境に由来する。たとえば，後頭葉は視覚刺激を表し，運動領域は動きを表す。したがって，これらの領域に関与する過程は，たとえ視覚刺激や実際に筋収縮の実行がなくても，それぞれ視覚や動作の観点から解釈されることが可能である。我々の場合，情動的反応に関係する生理学的状態を表す神経細胞を考えている。たとえば，Jamesの情動の内省的感覚は，中枢神経システム表象に，通常これらに結合する生理学的反応よりむしろおそらく最も直接的に関与する。したがって，ANSの活動パターンが情動の定義において中心的役割を果たすという主張は，機能や表象がANSの活動パターンによって定義される中枢神経細胞の一貫した関与を意味する。外環境のなかで進行

方向を決める際，これらの神経細胞が有する，あるいは，少なくとも当初は果たそうとするであろう機能は，たとえば外科的動物研究や疾患研究においてちょうど視神経細胞が眼球から断絶したり，運動神経細胞が四肢から断絶したりするように，それらがANSから物理学的に連絡を断たれた時でさえ同じままである。

　この観点から，"熱い"刺激の定義は，その刺激が直接進化的重要性を有しているため，もしくは調整によってそのような重要性に結びつくために喚起される，"熱い"生理学的な状態との関連を含まなければならない。それに応じて，情動制御（熱い実行機能と冷たい実行機能の間の区別における"熱い"実行機能）は，大きくは，最終的なアウトカムとして生理学的な制御を有すると理解されるであろう。直観的に，これは，我々が主観的に成功した制御ととらえているものである。我々は，情動を"制御する"（通常"下方制御する"ことを意味する）とき，我々の呼吸はゆっくりになり，心拍数は下がり，血圧は低下する。そして，おそらく他の内臓感覚も，意識的に同定できることは少ないが，変化する。

　数人の著者らによると，情動の決定的な特徴は，明らかに熱い認知の一部始終ではないが，上記は情動の内臓的部分に焦点を当てている。もっと中心的，つまり，神経学的，心理学的な"熱さ"の要素を理解するための土台は，誘因顕著性理論である（Berridge & Robinson, 1998；LeDoux, 2012；Robinson & Berridge, 1993）。これは，報酬学習におけるドーパミンの役割の卓越した理論であり，中脳辺縁系のドーパミン放出に関する刺激や手がかりが誘因顕著性，つまり注意を引き行動の報酬として働く能力を獲得することを述べている。通常，ポジティブな用語として表現されるが，誘因顕著性はネガティブな"欲求"，すなわち，嫌悪刺激を逃避したり避けたりする傾向（そのような欲求的と嫌悪的な誘因顕著性の神経過程が重複しているかどうかは明らかではないが）との関連に基づく行動や反応に対しても適用されると思われる。選択行動によって測定される，（"欲求"と呼ばれる）刺激に関与する目的に向けられた行動を喚起する能力は，顔の表情や味覚反応のような，喜びもしくは嫌悪の観察可能な兆候により測定される刺激の享楽的効果（"嗜好"と呼ばれる）とは区別可能である。ドーパミンを誘因顕著性と関連づける一連の証拠は，ドーパミン放出は，消費よりはむしろ接近行動の開始と関連があることである。さらに，動物研究により，中脳辺縁系のドーパミン欠乏は，"嗜好"や享楽関連の学習に影響を与えないことがわかっている（Berridge & Robinson, 1998）。その理論の重要な側面は，柔軟な目的志向行動のメカニズムを説明するということである。誘因顕著性の獲得を通して学習することは，硬直的な運動の刺激－反応連関，もしくは，刺激の享楽的な価値ではなく，刺激の誘因価なのである。誘因価は，刺激が喚起する仕事の量として操作されることが可能であり，その刺激に接近したり避けたりすることの努力や費用がどのくらい"価

値"があるのかを反映する。優位顕著性は，あるいはまた，刺激-目的連関，もしくは，刺激-依存的，行動-アウトカム連関として，記述されることが可能である (Dickinson & Balleine, 2011)。そのような記述は，中脳辺縁系，特に腹側線条体の活動と，フィードバックを最適化するように反応する方法の学習との間の関係を示す研究結果と一致すると思われる (Bunge, Burrows, & Wagner, 2004; Day & Carelli, 2007; Delgaro, Miller, Inati, & Phelps, 2005; O'Doherty, Hampton, & Kim, 2007; Seger, 2008; Vink, Pas, Bijleveld, Custers, & Gladwin, 2013)。理想的には，そのシステムは，比較的直接的にこのドーパミン系を活用すると考えられている依存薬物によって証明されているように，完璧ではなく，関連する進化的な適正利点を有していないけれども，刺激の誘因価は，それが報酬もしくは罰として機能できるように，刺激もしくはアウトカムが，おそらく間接的に，進化的に関連のある出来事を予測するかどうかを符号化する。一度，その動機を得るための目標ができると，その目標を達成するために必要とされる行動は，文脈や先行する学習によって決まる他の過程を通して，決定および採用されるであろう (Robbins & Everitt, 1999; Tiffany, 1990)。

誘因顕著性が失敗した例の1つに依存がある。依存薬物やギャンブルのような依存行動は，刺激の鋭敏化を引き起こすと提示されてきた。反復使用が，誘因顕著性の基盤である中脳辺縁系反応の増大につながり，薬物をますます"求められる"刺激にする原因となる (Robinson & Berridge, 2008)。動物では，薬物への暴露は，自己投与の獲得，条件づけられた場所の嗜好，動物が薬物を得るために成すであろう仕事量，条件づけ強化，パブロフの条件づけアプローチと道具的条件づけの転移（最後の2つは，"熱い"過程が目的志向の"冷たい"過程とどのように衝突し，"乗っ取る"ことができるかのより機械的なモデルを提供する）を含む，広範囲の条件づけ効果をもたらす（薬物暴露効果の詳細は，Robinson & Berridge, 2008の総説を参照）。人間では，そのような研究はまれであるが，プラセボコントロールのPET (positron emission tomography) 研究において，アンフェタミンの放出に関連してきた刺激が，ちょうどベルの音が，パブロフの犬の唾液を引き出す能力を獲得したように，線条体でドーパミンを放出する能力を獲得している (Boileau et al., 2007)。薬物関連の誘因顕著性は，行動的方法を用いても検出が可能である。たとえば，臨床的には問題のない方法であっても深酒する人たちは，アルコールの手がかりに注意バイアスを示す (Field, Mogg, Zetteler, & Bradley, 2004; Townshend & Duka, 2007)。アルコール依存の人たちでは，初め，アルコールの手がかりに向かい，続いて注意が離脱するという，もっと複雑なパターンが観察されてきた (Noël et al., 2006; Vollstädt-Klein, Loeber, von der Goltz, Mann, & Kiefer, 2009)。アルコールの手がかりを避けるより，接近する方へのより強い傾向を反映する（これには議論の余地があるが），接近-忌避バ

イアスも見いだされてきた。そのようなバイアスを評価する課題の1つに，接近忌避課題（approach avoidance task：AAT）（Enter, Colzato, & Roelofs, 2012；Rinck & Becker, 2007）がある。この課題の正規版では，被験者は，たとえば，蜘蛛と花のように，2つのカテゴリーから取り出された刺激に直面する。被験者は，これらの刺激に，"ズーム"効果を引き起こす"引く"，"押す"反応を実行することができるジョイスティックを使って反応しなければならない（すなわち，引かれた／押された刺激は，実際の接近／忌避を模倣し，大きく／小さくなる）。通常，刺激カテゴリーのうち1つは，AATのトライアルが，一致もしくは不一致として分類されることが可能なように，自動的に接近もしくは忌避のどちらかを喚起するようになっている。つまり，一致トライアルでは，指示される動作が自動反応と同じであり，不一致トライアルでは，指示される動作が自動反応と反対になっている。たとえば，我々は，蜘蛛恐怖症者らが，蜘蛛が描かれた刺激を忌避する傾向があることを予測するであろう（Rinck & Becker, 2007）。したがって，AATは，不一致に起因する成績の減少を評価することで，一方の刺激カテゴリーと他方の刺激カテゴリーへの無意識の接近と忌避傾向を測定することが可能である。AATを使用することにより，アルコール症のリスク遺伝子を保有するアルコール多飲者は，他の欲求に関する手がかりと同様に，アルコールの手がかりを押すよりも引くほうが速いことが示されてきた（Wiers, Rinck, Dictus, & van Den Wildenberg, 2009）。概念がよく似た課題に，刺激反応互換課題がある。この課題では，マネキンが，中心に置かれた手がかりに向かったり，離れたりするように動かされる。したがって，接近／忌避が，AATのズームイン／ズームアウト効果の代わりに，マネキンと刺激の間の距離に関与するが，AATのように不調和が測定可能である。刺激反応互換課題でも，多飲酒者における，アルコール接近バイアスが示されてきた（Field, Caren, Fernie, & De Houwer, 2011；Field, Kiernan, Eastwood, & Child, 2008）。公開された結果の意味，相互関係，再現可能性，計算の適切さ（コントロールコンディションの訂正），そのような間接的な測定方法の最適なデザインについて，現在も多くの議論がある（Field et al., 2011）。しかしながら，誘因顕著性の正確な性質はいまだ不明確なままであるが，そのような結果は，誘因顕著性が実際に，依存において，重要な役割を果たしていることを示している。そのような効果は，刺激の属性の観点から記述されるべきなのであろうか，それとも，その刺激に関して，達成される可能性のある行動のアウトカムの誘因価の観点から，記述されるべきなのであろうか？

　誘因顕著性と生理学的状態の関係は，ヒトにおいて，いまだ広く研究されてはいないが，誘因顕著性をともなう刺激は，進化論的に関係のある事象を表すもともとの条件づけされていない刺激との関係が原因で，"熱い"生理学的状態を喚起することが

予測される。基本的な生物学的反応と誘因顕著性の組み合わせは，心理学的もしくは神経学的過程を記述するための，抽象的な"熱"の隠喩に使用される基本的なモデルを提供する。基本的な生物学的ANS過程と誘因顕著性に基づいて"熱"の概念を分析すると，そのようなシステムが別個の"熱い"と"冷たい"変量を有しているというよりはむしろ，たとえば，反応選択や意思決定への"熱"の影響はおそらく，一般的な選択や意思決定システムにおける，これらの一般的情動過程の影響である可能性が浮かび上がる。たとえば，アウトカムの価値，潜在的に関係のある反応選択の始動，それらのアウトカムに基づく選択を符号化および予測するような一連の相互依存的過程からなる，単一の反応−選択システムがあると想像してみよう（Knutson & Wimmer, 2007；Seger, 2008；Wickens, Budd, Hyland, & Arbuthnott, 2007）。このシステムは，誘因顕著性が多いか少ないかをともなう刺激によって，かなり影響を受ける可能性がある。さらに，そのような影響は非線形である可能性が高い。おそらく，質的に異なる行動は，刺激と目標の関係が，一致か不一致かの反応を必要とする課題において，生じるのだろう（たとえば，パブロフ派と道具の衝突や，これがどのように感情と熟考の区別を位置づけているのかに関する研究を参照；Dayan, Niv, Seymour, & Daw, 2006）。もし，単一のシステムが本当にこのように作動しているのなら，行動の結果として生じるパターンは，行動の二重性が2つの異なるシステムを暗示するという間違った思い込みにつながる可能性がある。

3節　二重過程と二重システムモデル

2つの質的に異なり，対立するタイプの過程もしくはシステムのアウトカムを通して行動を説明するモデルが，心理学的理論の多くの領域において広まっている（Evans, 2008；Schneider & Shiffrin, 1977；Strack & Deutsch, 2004）。これらの過程は，さまざまな用語を用いて記述されてきた（Evans, 2008）。上記のように，"熱い"と"冷たい"という用語は，広く使われているが，他にもたくさんの用語が提案されてきた，たとえば，「衝動的か，熟考的か」(Bechara, 2005；Hofmann, Friese, & Wiers, 2008；Strack & Deutsch, 2004；Wiers et al., 2007)，「反射的か，熟考的か」(Lengfelder & Gollwitzer, 2011)，「XシステムかCシステムか」(Lieberman, 2007)，「システムⅠか，システムⅡか」(Kahneman, 2003)，「トップダウンか，ボトムアップか」(Posner & Petersen, 1990)，「自動的か，制御的か」(Satpute & Lieberman, 2006；Schneider & Shiffrin, 1977；Shiffrin & Schneider, 1977；Volman, Roelofs, Koch, Verhagen, & Toni, 2011) などである。これらの異形には，重要な違いが存在するが，提案されている2分法は，家族的類似性を共有する。過程は，気づき，意図，効

率，制御可能性が少ないか多いか（Bargh, 1994；Moors & de Houwer, 2006），もしくは，「無意識的か，意識的か」「潜在的か，顕在的か」，努力が「低いか，高いか」，「同時に起こるか，連続して起こるか」（Evans, 2008）として特徴づけられる。二重過程の根拠は，課題の目的を果たす制御的過程を干渉するかもしれない自動的な過程が存在することを暗示する，自動化され，訓練されていない行動と操作や気を散らすことで制御できない効果の間の質的な違いを示す幅広い種類の研究によってもたらされている。

　二重過程モデルには，少なくとも2つの広く共通したタイプがあると思われる（多重過程モデルの3つ目のタイプはファジートレース理論［Reyna & Brainerd, 1995］で，2つの代表的な過程—主旨（要点）過程と逐語的過程—と情動や抑制に関わる第3の過程を区別する。例として，Rivers et al., 2008とChick & Reyna, 2011を参照）。最初に，Schneider & Shiffrin（1977）の影響力の大きい仕事によって例証される，認知心理学に基礎を置く，全般的な情報処理の観点がある。彼らは，自動的処理と制御的処理を，記憶が極端に抽象的な，情報処理に関する要素単位を表す（たとえば，他のノードによる情報処理のための，関連的結合，反応プログラム，方向），"ノード" のネットワークとして考え出されているモデルの文脈で定義した。一連の活動するノードは，"作業記憶にある" として記述されている。しかし，注目すべきことに，これらのモデルにおける別個のシステムに必ずしも言及していない。この作業記憶の能力は限られている。というのは，一度に活動することができるのは，一部分のノードだけなのである。自動的過程は，最初の活動の入力形態に対する反応として起こり，制御や注意を必要とせずに進んでいく一連のノードの活動である。制御的過程は，注意を必要とする，あるいは，作業記憶において活動する必要がある "処理の指示" ノードによって決まる一連のノードの活動である。「自動的　対　制御的」な過程に関する一連の伝統的な実験により，この観点から，視覚探索課題における自動化の影響が比較された（Schneider & Shiffrin, 1977；Shiffrin & Schneider, 1977）。この課題では，被験者は，広範な訓練の後に，自動的に刺激を検知することを学習する。自動化のもう1つの例が，ストループ課題である。単語を読む自動的過程は，単語がプリントされている色を答えなければならない時，単語自体が相反する色彩単語であれば，成績の低下につながる（Stroop, 1935）。サイモン課題（Simon & Rudell, 1967）やフランカー課題（Eriksen & Eriksen, 1974）は，「柔軟だが，ゆっくりで脆弱な制御的過程」と「硬直的，すなわちおそらく，課題に対して不適当であるが，信頼性があり速い，自動的過程」のさらなる例を提供する。これら後者の課題と，ストループ課題，SchneiderとShiffrinの探索課題の違いは，関与する自動的過程が，学習過程というよりはむしろ，人間の注意システムに本来備わっている特性に起因するというこ

とである。

　注目すべきことに，上記の二重過程研究の概念は，情動や動機（もしくは他の"熱い"過程）に焦点を置いていないのである。自動化の過程は，非常に抽象的な用語と，防御的もしくは欲求的な生理学的反応をあまり喚起しないと思われる刺激や反応に関与する課題で記述されている。二重過程説研究の第2ラインでは，自動的（もしくは，衝動的）過程は，情動や動機とはるかに密接に関係している（Strack & Deutsch, 2004）。そのような研究の土台となるモデルは，"馬と騎手"隠喩と密接に関連している（Hofmann, Friese, & Strack, 2009）。我々の情動的な"動物的"衝動は，我々を即時的な報酬へと引きつけ，長期的な結果を考慮せず，差し迫った罰から逃れさせ，そして，我々の合理的な自己は，それらを制御し，高潔な―実験室においては，課題に関連する―行動へと我々を誘導しなければならない。すでに議論したように，幅広い種類の接近忌避課題が，被験者が，薬物の手がかりのように魅力的な刺激を避けたり，あるいは，怒った顔（Volman et al., 2011）や，蜘蛛恐怖症の人たちにとっては蜘蛛のような忌避的な刺激に接近したりしなければならない時（Rinck & Becker, 2007），成績が低下することを示している。情動ストループ課題（Frings, Englert, Wentura, & Bermeitinger, 2010；Williams, Mathews, & MacLeod, 1996）により，被験者が，色を答えるように指示されている単語が情動的なものであると，課題に関係のない過程が，注意を散漫にさせることが明らかになった。評価に関する自動的な過程を研究するために，とても広範に使われてきた課題に，潜在連想テスト（implicit association test：IAT）（Greenwald, McGhee, & Schwartz, 1998；Greenwald, Poehlman, Uhlmann, & Banaji, 2009）がある。これは分類課題である。被験者は，提示された刺激が2つのカテゴリーのうちどちらに属するか答えるために，一方もしくはもう一方のボタンを押さなければならない。IATは，たとえば，"良い"と"悪い"のような評価的分類と"蜘蛛"と"花"のようなターゲット分類の2つの分類ペアを，典型的には含んでいる。IATの本質的な部分として，被験者は，1つのブロックで両方の分類を行わなければならない。しかし，被験者は，2つのボタンしか使うことができない。それは，一方の反応が，評価的分類の1つと同様に，ターゲット分類の1つを表し，もう一方のボタンが，もう一方の評価的分類と同様にもう一方のターゲット分類を表すからである。こうすることにより，同じ反応ボタンに割り当てられたターゲット単語と評価単語の間の一致か不一致かになる。したがって，伝統的な例としては，蜘蛛や昆虫は，調和ブロック（昆虫-ネガティブ，花-ポジティブ）より，不調和ブロック（昆虫-ポジティブ，花-ネガティブ）における，間違いの増加や反応時間の遅延により，よりネガティブに，自動的に評価されることが示される。そのような調和効果は，人種，食べ物，政治家などを含む，自動的に始動する関係や属性

を調べるために用いられてきた。我々は簡潔に，IATの得点が，純粋に土台となる評価的な関連を反映しているのか，それとも，たとえば，どちらのカテゴリーがより顕著か，もしくは，刺激カテゴリーの例の選択にも起因する可能性があるのかについて，議論されていることを言及しておく（Blanton & Jaccard, 2006；Conrey, Sherman, Gawronski, Hugenberg, & Groom, 2005；Fiedler, Messner, & Bluemke, 2006；Olson & Fazio, 2004）。

　上記で議論した二重過程モデル，特に情動に基づくモデルは，衝動的過程を十分に調節する熟考的過程の機能不全として，自身の興味と明示的な願望に反する持続行動のパラドックスが記述されてきた，依存の理論に適用されてきた（Bechara, 2005；Deutsch & Strack, 2006；Stacy, Ames, & Knowlton, 2004；Wiers et al., 2007）。依存における誘因顕著性の文脈で，上記で議論された研究は，しばしば，二重過程の用語で解釈することができる。バイアスは，薬物関連の刺激によって喚起される自動的過程に起因するもので，これが，明示的な課題目標と対立する衝動的反応もしくは課題の注意変換につながるのである。誘因顕著性の説明に即して，アルコール手がかりは，比較的簡単に条件づけされるように思われる。強制選択課題において，一貫してアルコール刺激を選択することは，被験者がその刺激を選ばないように指示された時の行動費用を反映しているので，より重い深酒者で，強い自動化につながる（Gladwin & Wiers, 2012）。十分に影響のある熟考的システムが，たとえば，薬物手がかりの顕著性をトップダウン式に減少させることによって，条件づけと課題の目的の対立の影響を最小化するために必要であろう（Finn, 2002）。二重過程の観点から，特に興味深いことは，アルコールの手がかりが，活発に，制御的処理を干渉し（Gladwin & Wiers, 2011b），誘因顕著性と組み合わさって悪循環につながる可能性があることである。二重過程モデルは，より高い作業記憶能力（Grenard et al., 2008；Thush et al., 2008）や干渉制御能力（Houben & Wiers, 2009；Wiers, Beckers, Houben, & Hofmann, 2009）が，行動における自動過程の影響を弱めるという知見により，より特異的な支持もされている。薬物関連バイアスを表すには，強い関連性と弱い実行制御の両方が必要と思われる。

　二重過程モデルが，神経過程に強い焦点を置き，現在影響を与えている，もう１つの研究分野は青年期の行動で，特に，幼少期から青年期，青年期から成人期への移行期に起こる危険な行動とその他の問題となる可能性がある行動における変化を説明する時に使われる。実際の統計から，青年と若い成人は，子どもや年配の大人たちの両方と比べて，危険な運転，危ない性行為，犯罪行為，薬物の実験的使用や開始などの形で，リスクをとる行動を行う割合が高いことが知られている（Reyna & Farley, 2006）。我々は，Gladwin, Figner, Wiers, & Crone（2011）と明確に議論したのだが，

青年期のリスクをとる行動のそれぞれの二重過程モデルは，薬物使用や依存を説明するモデルと多くの性質を共有している。これらの青年期意思決定の前頭線条体神経発達モデルは，強い動機感情的ボトムアップ過程と，比較的弱い制御トップダウン過程間に不均衡がある可能性を仮定している（Blakemore & Robbins, 2012；Crone & Dahl, 2012；Richards, Plate, & Ernst, 2013；Somerville, Jones, & Casey, 2010；Steinberg, 2010）。青年期の間の発達的な一過性不均衡の仮説は，動物研究（Spear, 2011）と，ヒトの神経解剖学的発達から得られる洞察（Giedd, 2008）の両方に基づいている。しかしながら，幼児期，青年期，成人期のリスクをとる行動を，行動的そして／もしくは神経学的に調べた現在の実験的証拠は，この"不均衡"モデルを支持，もしくは反論するには概してまばらであり，明確でないことに言及しておくことが重要である。まず，実在する統計で観察され，不均衡モデルにより予測もされる，関連する年齢範囲にわたるリスクをとる行動のレベルの逆U字型発達曲線が，制御された実験室の状況では見つからないようである。そのような曲線を観察した研究がほとんどないのである（Burnett, Bault, Coricelli, & Blakemore, 2010；Figner, Mackinlay, Wilkening, & Weber, 2009b）。このような逸話的な観察に一致して，そのような曲線は，関連する年齢範囲における，既存のリスク意思決定研究の正式なメタ分析においても観察されなかった（Defoe, Dubas, Figner, & van Aken, submitted）。第2に，皮質下および皮質の神経反応の両方において，不均衡モデルによって予測される神経年齢の違いを調べたfMRI研究は（いまだ非常に稀であるが），一貫した結果を示していない。モデルに一致した証拠を見つけている研究もあるが（たとえば青年期の報酬への線条体の"過活動"；Chein, Albert, O'Brien, Uckert, & Steinberg, 2011；Cohen et al., 2010），年齢差の欠如，もしくは，モデルが予測するのと反対のパターンを報告している研究もある（たとえば年齢差の欠如，もしくは，青年期における，報酬に対する線条体の"低活動"；Bjork et al., 2004；Bjork, Smith, Chen, & Hommer, 2010；Paulsen, Carter, Platt, Huettel, & Brannon, 2011；また，たとえば，Pfeifer & Allen, 2012, Reyna et al., 2011も参照，早期の行動研究であれば，Reyna & Ellis et al., 1994も参照）。最後に，Reyna & Farley（2006）によれば，危険な行動は，衝動性ではなく，危険と利益の明確な評価によって予測された。したがって，現在，青年期不均衡モデルにおける，確固たる結論を引き出すのは困難である。

　依存と青年期のこれら2つの実例となる領域で説明される，二重過程モデルの成功，および／もしくは，高い評判にかかわらず―もちろん，そのようなモデルが広く受け入れられている領域はもっとたくさんあるのであるが―，ここで，行動や脳活動における"二重の"パターンの観察から，二重過程もしくはシステムに関与する基盤的モ

デルへと飛躍することが危険であることを論じたい。これは，より抽象的な情報処理モデル（これらのモデルの批判は，それらが抽象的すぎて，説明されなければならない多くのものを残しており，それゆえ，この節で論評されるモデルが少なくとも取り組もうとしている課題から逃れているということになるのであろうが）と異なり，その"システム"のなかに動機や情動を明確に組み込もうとする，2番目の種類の，情動に基づく二重過程モデルで特に真実である。最初に，課題に関係ない過程が，成績に影響を与える可能性があるという事実は，一貫した課題に関係する課程か，課題に関係しない過程かの組み合わせが存在することを意味しない。その根拠の最も注意すべき解釈は，単純に，認知は，課題に関連のない効果に影響されない，ということである。どれだけ悪く影響を受けるかの個人差は，同様に，必ずしも，他のシステムと比較して，強いシステムをもっていることに起因しない。おそらく，たとえば，情報を混乱させるのを抑制するある種の自動過程は，課題に無関係の過程の効果を弱めるのと同様に，実行制御課題における高得点をもたらす。第2に，自動的課程か，制御的過程かを決める特徴は，もし，それらが共通のタイプの過程，もしくは，1つのシステムの機能を反映しているのであれば予測されるように，一個として，操作に影響を受けない場合もある。対照的に，たとえば，過程は効率的（自動過程の特性）なのかもしれないが，いまだ，意志作用や意図（制御過程の特性）によって決まるのかもしれない（Bargh, 1994；Evans, 2008；Moors & De Houwer, 2006）。Barghによって与えられた例に，運転がある。多くの運転の要素は，自動的であるが，運転手は，ハンドルを握ると，自動的に運転を始めるわけではなく，どこへ向かって運転するかは，どこに行きたいかによって決まる。これは，行動の土台となる過程を，単に自動的か制御的かの2つに区別することは支持できないことを示唆する。これへの反応の1つに，自動的もしくは制御的過程の探索を目指した課題，もしくは課題操作は，過程純粋的ではないと主張することがある（Conrey et al., 2005）。あらゆる行動は，制御的過程と自動的過程がいくらか混合して決まる。もしくは，すべての精神過程は，いくらかは，おそらく変化する，自動と制御の属性をもっている可能性がある。しかし，その程度の微妙な差異が，二重過程モデルの単純さの原理や反証可能性をかなり減少させる。すなわち，たくさんの"動きのある部分"をもつモデルは，理路整然としてわかりやすい系に分類されず，その特性の原因は一方もしくは他方のタイプの過程にあるとわかりやすく考えることと比べて，ほとんど利益を提供しない。3番目として，二重の（認知的もしくは神経学的）システムを仮定するモデルには，しばしば考えられているより，はるかに弱い根拠しかない（Keren & Schul, 2009；Pfeifer & Allen, 2012）。たとえば，脳活動が一方もしくは他方のタイプの処理と別々に関係するという知見は，論理的には，処理システムが分離している証拠としてとらえるこ

とはできない。おおまかにいうと refleXive と refleCtive 処理を意味する，XとC神経システムのすばらしいモデル（Lieberman, 2007）において，当初，大脳基底核のように，Xシステムに割り当てられていた領域が，たとえばCシステムの機能である実行制御にも関与している（Frank, Loughry, & O'Reilly, 2001；Hazy, Frank, & O'Reilly, 2007；Persson, Larsson, & Reuter-Lorenz, 2013；Van Hecke et al., 2010）。そのような反証可能性は，少なくともモデルの詳細において，Lieberman に予測されていて，原理的には，XとCモデルの科学的長所である。というのは，よいモデルは反証されることを必要とし，新たな情報を用いる改良のための明白な余地が存在する。しかし，そのモデルは，すなわち2つのシステムに基本的に区別する適正さに対するさらに厳格な反証可能性も考慮しなければならない。たとえば，"Xシステム" は，扁桃体や中脳水道周囲灰白質（Hermans, Henckens, Roelofs, & Fernández, 2012），もしくは，海馬やこの問いに対して中心的に重要である小脳のような貯蔵された情報処理の手順を再構築する領域（Marvel & Desmond, 2010）などの，顕著性の速い検出や防御反応を実行するネットワークから構成されると再公式化できるだろう。しかしながら，この観点から，Cシステムが何なのか，対立のシステムというよりも，実際にいまだ "二重のシステム" を形成しているといえるのだろうか，とにかく機能するには，基本的にXシステムからの入力によって決まる過程から構成されるのかどうかは，不明瞭である。最後に，動機や情動をシステムの1つや一連の過程のみに帰することは，動機的ホムンクルス問題と呼ばれてきたものにつながる。すなわち，制御処理が，ある課題，文脈，あるいは一連の長期的偶発性を考慮すると，"正しいことをする" のに必要とされるとき，主体によって実行される制御がなぜ，課題適切的，もしくは，長期的には有益な期待成果を有するのか説明されなければならない。明らかに，動機と制御は，対立過程として機能するのとは反対に，織り交ぜられているに違いない。実際に，一方で動機と強化の統合，他方で制御処理にますます関心が高まっている（Gladwin, Figner, Crone, & Wiers, 2011；Hazy, Frank, & O'Reilly, 2006；Kouneiher, Charron, & Koechlin, 2009；Pessoa, 2009；Robbins, 2007）。しかし，これは再び，二重システムの境界線を曖昧にしている。

4節　展望：さらに優れた疑問の問いかけ

　上記で議論したモデルは，興味深く，重要な現象を記述しているが，重大な欠点を被っている。全体的な基礎となる問題は，早まった抽象化にあると思われる。"温かさ" は，生理学的状態と中脳辺縁系機能からの直観的で魅力的な抽象化であるが，諸研究は，その用語を，具体的で正確な関係に対する隠喩を決めずに，曖昧な抽象化と

してのみ用いていると思われる。同様に，"システム"の存在の仮定は，我々が，これらのシステムがどのようなものであるのか，どのようなものから構成されるのか，どんな一連の等式がそれらを記述するのかなどについて，ある程度の知識をもっていることを示唆する。反対に，また，それらは，常識や直観に訴えかけながら，示唆的代替物として，さらに用いられているように思われる。尚早な抽象化のために，諸研究は，下手に定義された疑問に答えることを目指し，正確な測定や操作化の特定ができず，したがって，明確な理論に集中する見込みがないだろう。これは，近年調査されるようになった心理学研究の全体的方法論問題において，重要な役割を果たすかもしれない。何を探し求めているのか明らかにわからなければ，我々は，少なくとも何かを見つけるためにデータ浚渫や方法浚渫をもっとやりがちになるし，そうしたことをやる余地をもちがちになる。

　もちろん，多くの研究者がこれらの問題に気付き，これらへの対処を試みてきた。二重過程モデルに関して，提起されてきた1つの疑問は，おそらく，異なる数のシステム，1つ，あるいは，3つ，あるいはそれ以上が存在するのかどうか，ということである。モデルの二重性に関するこの懐疑論は賞賛すべきであるが，おそらく我々は，"システム"の使用，それ自体を問うべきであろう。これやあれに対するシステム，こういった特徴やああいった特徴をもつシステムを定義することが，意思決定，反応選択，情動などを理解するための最善の方法なのであろうか？　我々は，簡潔に，将来重要な代替的方法につながる可能性があるいくつかの一般的アプローチに言及する。第1に，二重過程理論の枠組みは，条件づけの過程において，もっと厳格に作ることができるだろう（de Wit & Dickinson, 2009；Dickinson & Balleine, 2011），それは，たとえば感情的な過程と熟慮的な過程をパブロフ派と道具の相互作用として再解釈することにより，条件づけのタイプに関連する明確に定義された過程の間の対立への洞察を提供する可能性がある（Dayan et al., 2006）。第2に，制御的過程と自動的過程の計算モデリングは，研究者たちに，少なくとも，我々が何をしているのか，何を知らないのか，そして，理論が正確な用語で何を示しているのか，を明らかにすることを余儀なくさせる。そのようなモデルは，たとえば，作業記憶が強化とどのように関係する可能性があるのかを明らかにしてきた（Hazy et al., 2006）。第3に，次節で検証されるように，反復的再処理のような，新しい基本となるタイプの過程を創造力豊かに生成する必要があるかもしれない（Cunningham, Zelazo, Packer, & Van Bavel, 2007）。

5節　R3：熟考の再処理と強化モデル

我々は，過去に，二重過程モデルの批判に取り組む目的で，熟考の再処理と強化モデル（もしくはR3モデル；図8-1）と名づけられた，大まかなモデルを提案した（Gladwin et al., 2011；Wiers, Gladwin, Hofmann, Salemink, & Ridderinkhof, 2013）。モデルの中核は，特に行動－結果の関連における，先の強化に基づく反応選

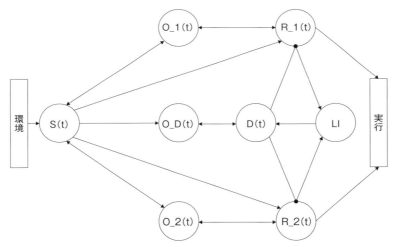

🔲図8-1
R3モデルの図解。R3モデル統一システムの基本的機能は，現在の状態（S）を考慮する，最適な成果（O_i）に関連する反応（R_i）の選択である。2つ活性化した反応のみを含む単純なケースを示す。そのモデルの本質的特徴は，反応の活性化と関連する成果の価値は，少しずつ変化するということである。これは，ある事象に続く異なる時点において，異なる反応が選ばれる可能性があることを示唆する。遅延パラメーター（D）は，単純な外側抑制（LI）を通した，ここで表される競争に勝利するのに，より長い時間を必要とする非衝動的反応に落ち着くための，選択処理時間を割り当てる。図において，矢印（しばしば両方向性の）は，ノード間の相互作用に影響を与える。矢頭は，大まかに活性効果を表し，線の矢頭がないほうは，抑制効果を表す。この抽象化において，結果ノードの出力は，強化の結果がポジティブ，罰の結果がネガティブに符号化されると仮定されている。ここでの遅延は，外側抑制ノードの活性において符号化される，状態と，葛藤の総計によって決まると示されている。したがって，単純な遅延パラメーターの変化は，分離したシステムを仮定する必要がなく，処理をより衝動的な状態からより熟考的状態へと変化させることが可能である。それぞれのノードは，さまざまな脳ネットワークに関与するかもしれない。しかしながら，熟考は，全体としてそのシステムの新しく現れた性質として定義され，そのシステム内部の何らかの要素に割り当てられることはない。さらにここで留意すべきは，遅延それ自体が，強化を通して適切な状況に関連づけられなければならない期待成果（O_D）を伴う反応である，ということである。

択の循環過程である（de Wit & Dickinson, 2009；Dickinson & Balleine, 2011）。そのモデルの基本的な"工程"において，現在の状態の表象が，一連の関連する反応を活性化し，それは，その状態によって与えられる関連する結果を活性化し，それが今度は，反応選択のために使われる。そのモデルにおける"反応"は，Schneider と Shiffrin のノードに似て非常に抽象的で，あらゆる種類の行動的および認知的反応を含む。反応のノードは，注意の変換，情報の探索，もしくは作業記憶における情報の最新化のような，伝統的に，実行的あるいは制御的と名づけられる機能を含むことが可能である。我々は，反復的再処理による選択過程における，時間依存的活動を強調する（Cunningham et al., 2007）。利用できる反応一式は，刺激提示から経過した時間によって，変化する可能性がある。そして，行動の予測される成果の誘因価も，時間によって，変化する可能性があるし，その状態によって決まるとも想定される。反復的再処理と時間依存性に関連する可能性を示す例として，アルコール依存症患者の，アルコールの手がかりに向かう，または離れる注意バイアスが，非常に時間依存的で，最初の接近から，ことによるともっと熟考的な忌避バイアスへと動いていたことを思い出してみよう（Noël et al., 2006）。制御，もしくは熟考は，そのモデルのなかで，反応選択がシステムのパラメーターにより収束を与えられる効果的時間として定義される。すなわち，熟考的処理とは，さらなる処理サイクルが完了したとしても置き換えられないであろう，安定した最適条件に収束する反応の選択肢や誘因価に影響を与える時間依存的過程を許すために，十分な時間が与えられることを意味する。衝動的行動は，反応が，"短すぎる"再処理時間の後に実行される時に起こる。しかし，ある状況では，外部的制約が熟考的処理を不利なものにすることもあるであろう。

　R3 モデルは，熟考的あるいは制御的処理の特性をとらえる試みの域を越えて，4つの主な主張を構成するために意図された思考実験として役立つ。第一に，そのモデルは，動機的ホムンクルス問題に取り組む。純粋に冷たい，非情動的制御システムを仮定すると，なぜそのようなシステムが我々の関心のために働くのか，なぜ長期間遅延しても，有益な成果を得ることを目的とするのであろうか，といった疑問が生じてくる。我々の熟考的行動は，衝動的行動と同じくらい，情動ややる気を起こさせるような刺激によって動機づけられることが必要である。R3 モデルは，情動や動機が，成果の誘因価の形態をとり，日常の反応選択や決定の一部であるシステムを示す。"熱い"刺激は，そのモデル内部の再処理サイクルを崩壊させる可能性が高いが，ここで留意すべきことは，これらの崩壊は，即時的覚醒がほとんどない（しかし，それにもかかわらず常に，正確な反応を与えるためのある価値とともに）"冷たい"状況において，反応選択のために働く同じシステムにおいて起こるということである。第2に，我々は，緊急性のレベルと呼ぶものを無視することによって引き起こされる可能性が

ある分類間違いを説明するために，そのモデルを使用した。行動パターンもしくは，主観的考えに関連のある特徴は，基礎となる過程を含むモデルの要素に帰するべきではない。すなわち，どの過程も熟考的あるいは反射的のどちらか，もしくは制御的あるいは自動的のどちらかではないのである。システムは全体として，あるパラメーター，特に再処理のために許容される時間（この本質的遅延は，反応それ自体，選択主題，そして学習過程であり，故にそれは，"遅延ホムンクルス"ではなく，不正確に調整される可能性がある）に依存して，多かれ少なかれ熟考的な状態で機能する。総じて，そのシステムのレベルで，熟考や制御は定義されたり，存在したりするだけで，すべての下位過程は，"自動的"ということができるであろう。第3に，時間の分配は，熟考的反応選択がどのようになるであろうかを決定する単一パラメーターの説明として働く。すなわち，そのモデルは，熟考的なシステムと衝動的なシステムの間のあらゆる対立をともなわずに，自動的もしくは制御的のどちらかに分類される可能性がある過程のタイプのサブセットを区別せずに，我々が熟考的および衝動的過程の状態を有する可能性があることを示す。この視点からおそらく興味深いのは，作業記憶と強く関連するdlPFCのような，単一の脳領域が，"制御"を含有するはずがないということである。近年の脳刺激研究は，この点を興味深く説明している。dlPFCの経頭蓋直流刺激（transcranial direct current stimulation：tDCS）は，作業記憶課題の成績を向上させることが示されてきた（Fregni et al., 2005；Ohn et al., 2008）。我々は，最近，注意散漫に関するスタンバーグ課題を用いて，この基本的知見を再現し，拡張した（Gladwin, den Uyl, Fregni, & Wiers, 2012）。しかし，同じ刺激プロトコールでは，昆虫と花のIATにおける一致バイアスを減少させることはできなかった（Gladwin, den Uyl, & Wiers, 2012）。さらに，もっと驚くべきことには，dlPFCの刺激が，実際，評価に関する葛藤はないが，刺激−反応規則を適用する必要がある，調和トライアルの成績を選択的に向上させたのである。この種の研究は始まったばかりであるが，そのような研究により，刺激された領域の機能が，"制御"なのではなく，熟考的処理の効率を助けるもしくは，邪魔をする可能性がある特定の下位過程であることが示され始めている。最後に，そのモデルは，焦点を，非特異的な"強さ"隠喩から，熟考的処理がどれだけ達成できたかは，少なくとも部分的には，個々の強化の歴史に由来することを強調する学習の視点に転じさせる。ある人は，ある状況に，たとえば，遅延反応，もしくは即時的反応選択の欠点を探すゆっくりした記憶探索戦略を用いて反応することにより，報酬を得たことがあるのか？　ある依存症者は，高い誘因価に関連した，速く簡単に利用できる薬物探索反応による負担を越えて，十分な時間が与えられれば，反応選択が収束できる強化的代替物を何か有しているのか？　そのモデルは，幼い子どもの頃に，実行機能の使用を強化する"心の道具"ア

プローチ（Diamond, Barnett, Thomas, & Munro, 2007）にとてもよく適合するように思われ，"Think About the Answer Don't Tell Me"という歌によって完璧に説明される（FWIChannel, 2012）。我々は，そのモデルが，"結束"概念（記憶における要素を一時的に関連させる必要性）を刺激特徴や刺激－反応結合から行動－結果関連へと拡張することにも，簡潔に言及しておく。この章の範囲を越えているが，これは，二重過程モデルを心理生理学的方法，位相コード化や同時性に関与する結果に結びつけるかもしれない（Gladwin, 't Hart, & de Jong, 2008 ; Gladwin, Lindsen, & de Jong, 2006 ; Jensen & Lisman, 1998）。

　まとめると，我々は，最初に，さまざまな温度隠喩を記述することにより，専門用語を明確化しようとし，"温かさ"を基礎的な生理学的反応と誘因顕著性に分解するのを試みた。それから，範囲を広げて，二重過程および二重システムモデルを議論した。これらのモデルは，非常に成功している（有名であるという意味でもたしかに）が，それでもなお，我々が次に議論したように，科学的に猜疑的な見方とともに観察される必要がある。重要なことに，そのモデルに対する変化とその後の一連の研究は，依存や他の精神病理学（Wiers et al., 2013），青年期行動の理解（Pfeifer & Allen, 2012），あるいは教育における理論とエビデンスに基づいたアプローチ（Diamond et al., 2007）における，認知バイアス修正プロトコルなどの多種多様な応用に関連する可能性がある。最後に，我々は，自身のR3モデルを含む，将来可能性のあるいくつかの方法を提示した。研究者が選ぶであろう道筋をかえりみず，モデルが，受け入れられた仮定というよりはむしろ，より頻繁に，批判的研究の対象となるのに機は熟していると我々は信じている。

第9章
慈善的寄付の基盤となる神経経済学と二重過程モデル

Stephan Dickert
Daniel Västfjäll
Paul Slovic

　毎年,さまざまな理由によって,数十億ドルものお金が慈善団体に寄付される。しかし,このような寄付的贈与の脳内神経基盤についてはあまりよくわかっていない。このように,他人を助けようとする利他的な動機と同時に利己的に目標達成をするような動機をもつという,一見矛盾する動機を実際的,理論的な視点で説明することは,社会科学における挑戦である。この章では,二重過程モデル (dual information process) の概念と神経経済学的な考察が,寄付をするという判断において,合理的仮定から逸脱するような行動をいかに説明できるか,概略を述べる。具体的には,感情的情報処理過程や情動そのものによる影響が,疑似無効力 (pseudo-inefficacy),規模の感受性の鈍麻 (magnitude insensitivity),同定可能性 (identifiability),そしてプロポーション優越性 (proportion dominance) などを引き起こすかについて述べる。なぜ人が時には困っている人を助け,また時にはそれを怠るのかという疑問を説明するには感情と熟慮の相互作用が重要となる。この視点は,神経科学的データにより強固に支持される。

　他人の不運に気づいた時,我々はしばしば手助けをする。我々は,いつでもこのような手助けしたいという衝動に駆られるわけではないにしても,助けを必要としている人に手をさしのべる行為は,ほとんどの社会でみられる共通の現象のようである。困っている人を手助けする手段はさまざまであるが,慈善団体に寄付をするのも,この1つである。組織的なより向社会性の行動の1つに,慈善団体が,寄付をしてくれる有望な人々へ経済的援助を懇請する形をとることがしばしばある。寄付をするもの

に，時間，衣服，またはその他の消費物などがあるが，多くの非政府組織 (nongovernmental organizations: NGOs) は，金銭的寄付の獲得に関心を向ける。毎年，米国では，数十億ドルもの金額が，米国内外の人道・環境問題を含むさまざまな諸問題に関わる慈善団体に寄付されている (National Philanthropic Trust, 2012)。ここでは，ある人は，ハリケーン・サンディーなど最近米国で起きた自然災害に応じて寄付をし，別の人は，より持続的な危機に注意を向ける（たとえば，アフリカの飢餓，熱帯雨林や絶滅危惧種の動物の保護，環境汚染の軽減など）。これらの例をみれば，この章で述べる慈善的寄付行為の研究は，プロジェクトを寄付に依存している数々のNGOが実際に直面する問題に，直結していることがわかるであろう。しかし，人が経済的支援を確保する努力の本質は何かという問題は，長い歴史と多くの仮説がある。なぜ我々は，苦悩する他者を助けるのだろうか。

　何世紀もの間，哲学者（たとえば，プラトン，デカルト，ヒューム，カント）たちによって，なぜ人が他者を手助けするかについて，議論や研究がなされてきた。この今なお議論される問題の核心には，社会規範や道徳的要因がある（たとえば，道徳的義務により他者を助ける，道徳的葛藤やその葛藤をどのように解決すべきかなど）。その他の議論には，富の分配の社会，政治，経済的意義などがある。より最近では，他の学術領域（たとえば，心理学，経済学，そして神経科学）でも，これらの問題が，それぞれの学術領域の中心的な挑戦的課題の1つとして位置づけられている。

　注意深く，かつ包括的に行われた経済学における慈善行為のレビューでは，過去40年の関連論文が収められている (Andreoni, 2006)。これらの文献の多くは，慈善行為を行う人の表面上の利他的な行動と経済学の中心的課題に関わる利己的動機との折り合いを見いだすというものである。経済学の理論では，人は合理的で，自分自身の福利や利得としばしば概念化されている自らの効用を最大限にしようとするものだと仮定されている。最も中心的な仮説の1つの基盤には，合理的経済人 (homo economicus) という概念がある。この概念によれば，人は自分自身の利益に興味があり，他人の利益に関しては，それらが自分に影響しない限り気にしない。この理論によれば，自分の効用のみに関心がある人は，見返りがない限り自分の資産・資源を他人と共有せず，共有することによる利益を得ることはない。多くの伝統的な経済理論はこの仮説に基づいており，これらの理論は，近年考えられた向社会的・利他的志向を含むような理論と比較されている (Fehr & Schmidt, 1999; Loewenstein, Thompson, & Bazerman, 1989)[★1]。これらの近年の理論は，個人の利益は他人の幸福・利益の状態に依存しうることや，社会的比較が経済的意思決定に影響することなどに脚光をあてた。

　実験室の中で行われた統制された状態，あるいは実際の社会場面で取り組まれた慈

善的寄付に関する研究では，しばしばある人が寄付行為を行おうとする時，それに影響する要因について考慮している。慈善的寄付行為においてこのような影響を計るには，多くの手法がある。これらの手法のなかには，寄付行為について本人に手紙（Karlan, List, & Shafir, 2011）または電話（Shang, Reed, & Croson, 2008）で質問するもの，さらに，社会や道徳ジレンマ（葛藤）による選択の転換や，他人との協力行為を調べる数々の経済"ゲーム"がある（たとえば，囚人ジレンマゲーム，供出ゲーム，信頼ゲーム，公共財ジレンマ）。

　また，心理学者たちは，向社会的行動における，利己的な動機と利他的な動機の役割についても関心をもってきた。たとえば，これまでの研究では，慈善的寄付において，利他性（たとえば，Batson, 1990）と利己性（たとえば，Cialdini et al., 1987; Schaller & Cialdini, 1988）という相反する因子の重要性が指摘されている。より最近の研究を根拠にした研究者たちの見解では，これらの因子は相互にまた周期的に働き，相互の関係を強めているとしている。つまり，より幸福感の高い人々は，より多額の寄付を行い，その行為を行うことで，さらにこの人々はより幸福感を強く感じるというのである（Dunn, Aknin, & Norton, 2008）。寄付に関する近年の心理学研究における特徴は，前述の利他・利己的動機の背後にある情動および認知のプロセスと，これに起因する人の命に関する評価である。慈善的寄付は，1つの理由で説明できるほど単純に定義できるものではなく，このような研究アプローチは，かなり有望と思われる。Bekkers & Wiepking（2011）の最近の500以上の学術論文のレビューでは，慈善的寄付行為は，多くの，多面的，かつ多くの場合複数のメカニズムがからんで，同時にこれらが働いていると結論づけている。これらの慈善的寄付行為の背景にあるプロセスを理解することは，他者を助けようとする意思決定にともなうこれらの複雑なメカニズムから分離されうる効果に脚光を当てうる。

　この章では，慈善的寄付行為の研究に関する近年の心理学的および神経経済学的発展に洞察を試みる。具体的には二重過程の視野を構築し，寄付行為における意思決定の行動的な効果について説明を試みる。ここでは異なるプロセスの背後にある脳活動の役割を神経心理学的な視点に立ち結論づけていく。

1節　二重過程の枠組み

　人の情報処理の理論の多くが，質的に異なるものの，ともに相互作用しあう2つの処理モードについて論じている（たとえば，Chaiken & Trope, 1999; Epstein, 1994; Evans, 2008; Kahneman, 2003, 2011; Kahneman & Frederick, 2002; Renya, 2004; Sloman, 1996; Stanovich & West, 2000）。これらの研究では，2つの過程に

● 表9-1　情報処理の2つのモード

情報処理モード	
システム1	システム2
俊敏	緩慢
自動的	制御的
平行処理	連続処理
努力を必要としない	努力を必要とする
連想的	規則に基づく
感情的	熟慮的

ついて，異なるラベリングがなされたが，これらに重要な共通点も存在する。このラベリングされたうちの1つ目のモードでは，比較的瞬時，自動的，努力を必要とせず，連想的，明確かつ感情的な過程として特徴づけられる。他方のモードは，比較的ゆっくりと，努力を必要とし，規則をもとにした，制御的かつ抽象的なものと考えられている。さまざまな二重過程の学説において特定の内容は，学説によりある程度ばらつきがあるが，これらのすべての学説では，現実は異なる2つの方法で心理学的に描写できるという共通の仮説がある。ファジートレース理論（fuzzy-trace theory：FTT）（Reyna & Brainerd, 1995）において情報は，「逐語的」か，あるいは「主旨的」かの表象で処理されると考えられている。また，二重過程を概念化してKahneman（2003, 2011）は，さまざまな判断や意思決定のバイアスの背後にある「遅い」あるいは「速い」思考プロセスを強調している。Sloman（2002）は，2つの概念的に形態が異なる思考処理を，それぞれ連想的なシステムと規則をもとにしたシステムとして提案している。本章では，Stanovich & West（2000）が二重過程を区別するのに使ったシステム1とシステム2という用語を用いる。システム1は，思考や判断の際，情報が，「ある人の環境の特徴における知覚的な類似性をとらえるのに優れており，それがどの程度ある人の知覚的な現実を反映する共通の意味のあるグループに分類できるか」という基準で処理される，と考えられている。一方システム2では，情報は，抽象化，論理的，そして規則をもとにして処理される。これらの形式化は，情報は，経験的あるいは分析的に処理されることを提案するEpstein（1994）によく一致する。表9-1は，これらの2つのシステムの代表的なものの要約である（より詳細な要約についてはEvans, 2008を参照）。これらの処理は，互いに情報を交換し影響し合うと考えられている。たとえば，System 2は，System 1からの処理結果をコントロールすると考えられている。また，System 2は，もし，意思決定に際してよりよい代替選択肢がある場合，一方の選択の結果や嗜好を乗り越えられると考えられている（Kahneman, 2011）。

しかし，二重過程の枠組みにおいては，これらの学説では，異なる処理モードを，単に異なる選択行動から推測しているにすぎず，論旨の循環性に問題があると批判されていることを述べておく必要がある。たとえば，ある人が時間の制約によるプレッシャーを受けている場合，標準的な二重過程の枠組みでこれをみた場合，時間不足でSystem 2は，System 1からの出力を制御できなかった状態と解釈するだろう。つ

まり，ある選択肢の利点や欠点をじっくりと吟味する十分な時間が与えられない場合，意思決定においては，別の側面が重要性を増すことになる（たとえば，それぞれの選択肢の感情的な魅力）。しかし，このように二重過程の批判では，これらの過程は2つでなく単に1つという可能性（そして，さらにこれに基づいてすばらしい計算理論的な神経モデルを構築して1つだという考えを裏づける結果を得られたとしても），現実がうまく解釈できて，なおかつ心理的に区分できる形で表現できるかは不明のままである。これらの議論は，葛藤する選択肢において人々が，心の声を聴いてある選択肢を選ぶか（つまり気持ち），あるいはまったく逆の選択肢をじっくりと頭で考えて選ぶか（つまり思考）ということを考えると最も明白となる。このように，いくつかの認知処理過程の神経活動を疑似化する計算理論的な神経モデルは有用であるものの，ある人が，ある情報を受けた際，それをどのように感じて主観を構築して，その意味をいかに概念化するには不十分である。

　心理学的な領域では，認知処理と情動処理の区分の問題は，（無意識）な情動が時には認知的な思考に先立って起こりうることを提唱したZajonc（1980）により飛躍的な発展を遂げた[★2]。Zajoncは，すべての情動は，認知的な評価の後に起こる副次的なものという考え（Lazarus, 1991）[★3]とは逆に，意識的な認知の影響を受けずとも，情動は本質的に選択判断に影響を与えうるものだと主張した。脳画像技術や損傷研究を利用した神経科学では，情報処理においては2つのシステムが存在することを支持する結果が得られてきている（Bechara, Damasio, Tranel, & Damasio, 1997；Bush, Luu, & Posner, 2000；Damasio, 1994）。具体的には，Damasioらは，ある特定の脳部位（前頭前野腹内側部：ブロードマンエリア10, 11）の神経学的損傷は，感情処理を妨げるが熟慮の能力は保持されることを報告している。しかし，経験を反映させるタイプの意思決定の課題（たとえばアイオワギャンブリングタスク）をうまくこなすのに，感情的な要素をその人の選択反応に統合するような感情処理は必要のようである。ワーキングメモリーの能力を制御したアイオワギャンブリングタスクの改訂版を用いたPeters & Slovic（2000）の研究では，感情的な反応が強い人ほどよりよく学習してよい選択を行い，よくない選択肢を選ばない傾向も顕著になることを報告した。これらの感情と認知の情報処理の存在は，ストループ（Stroop）を数えるような認知タスクのための背部経路，または感情課題（たとえば，感情ストループ課題；Bush et al., 2000）のための腹部経路に存在する"前帯状回"の神経活動のレビューにより示されている。

　慈善的寄付の研究においておそらく最も有用な情報の二重過程モードの特徴は，感情と認知の区別を明確にすることであろう。以下に記すように，この主張の根拠は，慈善的寄付は多くの場合，苦しむ他者に対する情動的な反応として促進されるという

報告がもとになっている。また同様に，熟慮は，情動をより喚起したり，または逆に抑圧させうるため，他人の役に立とうとすることを促進，あるいは逆に抑制しうる。

2節 慈善的寄付における，情動と認知の役割について

　情動は，向社会的行動を動機づけるのに特別の役割がある。人は，他者の苦悩を共感する能力をもっているのである。我々は，他人の悲惨な状態に遭遇すると，しばしば嫌な気分になる[★4]。憐れみや同情として表現される他人に対する共感的理解は，人を手助けする際のキーとなる情動的体験のようである（Batson, 1990）。しかし人助けの行動につながる2番目の情動クラスターは，その情動を感じる側に関係する（Cialdini et al., 1987；Dickert, Sagara, & Slovic, 2011）。たとえば，罪悪，恥，または後悔に関わる情動は，共感により感じた他者の苦悩をやわらげるために向社会行動を行う動機を喚起する。ここでは，どのタイプの情動がより寄付をする動機づけになるかは不明瞭である。しかし，我々の研究では（たとえばDickert, 2008；Dickert et al., 2011），自己に注意の向く情動（たとえば，予期される後悔）は，しばしば人助けの反応とより深い関係があった（特に人助けを行う頻度と関係した）。また，憐れみや同情は人助けには，特別な状況をもたらす。ある研究では，我々は実験参加者の認知負荷が増えて認知処理能力が低減している際，寄付金額の量は寄付を必要としている人への同情の度合いと密な関係があった。逆に実験参加者の認知負荷が低い際には，寄付金額の量は，参加者自身が自分をどう思っているか（たとえば，もし寄付をしたらどのくらい気分が改善するか）のみに関係した。同様の結果は，異なる研究でも報告されている。実験参加者に感情的に情報を処理するようにプライミング（つまり実験に無関係の事柄について情動表現させる；Hsee & Rottenstreich, 2004；Small, Loewenstein, & Slovic, 2007を参照）したものでは，他者に注意を向ける情動と人助け反応の関係が密になった。実験参加者が熟慮によって情報を処理するようにプライミング（寄付の意思決定課題を行う前に計算課題を行わせる；Hsee & Rottenstreich, 2004を参照）したものでは，自己に注意を向ける情動と人助け反応の関係のみが密になった。さらに，人助けをするという意思決定が2つに分かれている場合（人助けをする以前に助けようとする意思がまったくないか，あるいは，実際にどのくらいの金額を寄付するか），自己に注意の向く情動のみが，人助けをする以前に助けようとする意思と関係があった。これらの結果から，我々は寄付を行う意思決定において，利己的な動機が影響（つまり気分の調整）するものと，共感から発生する利他的な動機が影響するものの，2段階のモデルを提唱した[★5]。

　一方，共感的情動を促進する影響は，多くの場合，慈善的寄付にも同様の影響をも

たらすため（つまり，もしある人がより強く共感をすれば，その人はより多くの金額を寄付しうる），思考と熟慮の役割は複雑そうである。人助けをするという意思決定は，強い共感をともなわない十分な熟慮と分析的な推論がもとになることもある。たとえば，慈善的寄付における意思決定では，寄付をするために自分がどのくらい節約できるか[★6]，あるいはその寄付が人助けにどの程度効果的なのかというような考えに依存しうる。しかし，近年の寄付行為の背景にある意思決定の情報処理に関する論述によれば，熟慮による推論は，寄付をしようとする際にその動機となる気持ちを阻害するため寄付行為を弱めうるとしている(Loewenstein & Small, 2007 ; Slovic, 2010)。この注目に値する主張のもととなったデータは，Small, Loewenstein, & Slovic(2007)によるもので，彼らは，人に処理をするのが困難な情報を加えることは，その人の飢餓の子どもたちを助けようとする意欲を感情的に弱めることも見いだしている。別の研究では，実験参加者は，ある人の命を救うのに対して，他にどのくらいの人が同様に命を失う危険があるかという情報を提示しない場合，より高い寄付を主張した。さらに別の研究では，実験参加者に計算課題によるプライミングを行った場合（参加者自身の気持ちに注意が向かないように），助けを必要としている人々への寄付金額が減った。より最近のDickert et al.（2011）の研究では，この結果は再現され，熟慮により情報処理を慎重に行った場合，助けを必要としている人々への同情や憐れみが低減されるのが確認された。

3節　命の評価における行動的な偏見

　他人の命に関する評価をする際，人々は，フレーミング効果（Li, Vietri, Galvani, & Chapman, 2010）や選好逆転現象（Dickert, Västfjäll, Kleber, & Slovic, 2012）を含む他の意思決定におけるバイアスと同様のものをもちやすい傾向がある。ここでは，感情と認知の両方のプロセスがこのバイアスをもたらすことに関わる。さらに，これらの評価は，数学的処理能力など（たとえば，Dickert, Kleber, Peters, & Slovic, 2011）や公正世界仮説（Kogut, 2011）の個人差にも影響される。本章における興味対象は，規範的アプローチをとる寄付の研究においては，不思議・不可解に思える，人助けの反応に影響するような行動的なバイアスについてである。何が規範的かというのは，もちろん，何が共通して規範として受け入れられているか，あるいは何が認知的な推論によって統制されているかである（Baron, 2008 ; Dickert et al., 2012）。しかし，規範的評価から外れるようなものへの探求は今なお継続されており，完成には程遠い状態にもかかわらず，我々は，心理物理的な感受性の低下，規模の感受性の鈍麻，同定可能性，疑似無効力，そして慈善的寄付のプロポーション優越性に焦点を当てて論

じる。

4節　心理物理的な無感覚

　おそらく多くの人々が，それぞれの（統計学的な）命には同等の価値があるという原理に同意するにもかかわらず，実際のデータは，助けを必要としている人々への寄付は，危険にさらされている人の数と線形的な関係がないという考えを支持する（Fetherstonhaugh, Slovic, Johnson, & Friedrich, 1997）。危険にさらされている人の数が増えると，Fetherstonhaugh らが名づけた心理物理的な無感覚，つまり社会的に模範的な行動が減弱し，命の価値というものは，しばしば曲線的関係に従う（図9-1参照）。図において，命に対する評価の境界的な増加が，減少してくるのは，背後にあるより大きな悲惨な状況に対して，命の評価に対する感受性が弱まってくることを示している。言い換えれば，この図の心理物理的な関数は，危険にさらされている人々の数が増えるほど，個々の命に対する価値は減っていくことを意味する。

　危険にさらされている人々の増加にともなう心理物理的な反応は，大きな集団が危険にさらされている時に感情的な感度が鈍くなることと密接な関係がある（Slovic, 2007）。実際にはより大きなスケールの人類の悲劇（たとえば，集団大量殺りく）に対する無関心な反応は，他者を助けようとする動機を促進することに対する感情の重要性を示唆している★7。

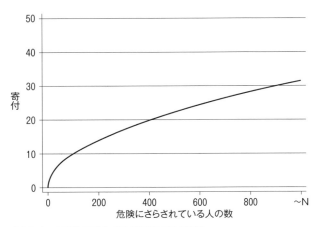

●図9-1　心理物理的な感受性低下を示す関数

5節　規模の感受性の鈍麻

　人々は，店の商品に値段をつけるようにいわれたら，経済理論では，その商品の量がそれについての評価になると提言されている。同様に商品ではないもの（たとえば，人の命，環境保全，絶滅危惧動物の保護）でも，それらの規模がそれの価値評価に影響する。研究者は，商品ではないものや公共の所有物を保護・保存することが，個人にとってどれくらいの価値があるかを調べる方法を開発した（仮想評価法；Mitchell & Carson, 1989；Venkatachalam, 2004）。仮想評価法は原理的には成立するものの，商品ではないものが複数の単位で特徴づけられている場合（つまり，必要としている一個人や，または1つの理由ではなく）この手法での評価は，不十分という批判もある（たとえばFrederick & Fischoff, 1998）。たとえば，Desvouges et al. (1993) の実験では，油に汚染された池の鳥を救うという問題に対し，鳥が2,000，20,000，200,000羽であっても，実験参加者は，ほぼ同一の額を支払うことを報告している。さらにFrederick & Fischhoff (1998) の実験では，絶滅危惧種に指定されているオオカミを救うという課題の際，オオカミの生息がメイン州，ウィスコンシン州，または両方の州におけるいずれの条件でも，実験参加者は，オオカミを救うのにほぼ同一の額を支払うという結果を報告している。このような，規模の変化における感受性の低下は，仮想評価法以外の誘引方法でも認められ，さらに，商品ではないものに限定されるものでもない。たとえば，Hsee & Rottenstreich (2004) の実験では，1匹または4匹のパンダを救うためにいくら払うかという設問に対し，実験参加者たちは，ほぼ同程度の金額を申告したばかりでなく，友人から何枚のCDを購入するかという設問に対しても同様に感受性の低下が認められた。ここでHsee & Rottenstreichは，重要なことを指摘している。具体的には，ある事柄について，その価値が感情的に処理された場合，感受性の低下は増強されうる。一般的に，人々は，自分自身の気持ちに注意を向けるほど，意思決定における感受性の低下が起こりやすくなるのである（Gong & Baron, 2011も参照）。

　規模の感受性の鈍麻の説明を試みた研究では，人々は，事実に基づいた特性（たとえばどれだけの命が危険にさらされているか）を，事実に基づかない特性（たとえば，危険にさらされているグループの原型的なイメージ）に置き換えることが指摘されている（Kahneman & Frederick, 2005）。ここでは危険にさらされているグループの原型的なイメージは，そのグループの人数によって変化しないであろう。このような原型に対するヒューリスティックによれば，人々は，実験において，設問に対して油に汚染された鳥を20,000羽救うのにどのくらいの価値をおくかと（それは非常に想像

して頭で思い描くのがとても困難であるために）考える代わりに，油に汚染された鳥を1羽救うことを考え，それを原型として違う鳥の数の場合を考えることを示唆する。この見解は，Desvouges et al.（1993）の同様の研究で，なぜ，異なる数の鳥の群れにおける評価を調べ，鳥の数を増やしてもその評価が実質上，変化しないかの原因を説明しうる。

　規模の感受性の鈍麻仮説を支持する結果は，実験参加者に助けを必要としている個人に対して寄付をするか，あるいは助けを必要としているある集団に対して寄付をするかを申告してもらう実験でも得られている（Kogut & Ritov, 2005a, 2005b, 2007）。これらの研究では，生き延びるために金銭的な助けが必要な子どもたちに寄付をさせる手法をとっている。ここでは危険にさらされている子どもたちの人数にバリエーションをもたせ，実験参加者たちは自分自身の情動の反応とともにどのくらいの金額を寄付する意思があるかを申告する。Kogut & Ritovは，ある条件下では，寄付の対象となる子どもが1人である場合が好まれ，複数の子どもたちの条件よりも，より高額な寄付がなされ，より強い気持ちも認められることを見いだした（これは寄付対象の子どもが，あるグループの中の1人でも同様であった）。このような"単一の効果"は，規模の感受性の鈍麻の異なる形態であるため，簡単に原型に対するヒューリスティックで説明することはできない。実際には，参加者たちの，規模の感受性の鈍麻はHsee & Rottenstreich（2004）において認められたほど鈍感ではなかった。原型に対するヒューリスティックの説明によれば，助けを必要としているある個人とあるグループに対する評価の差は生じない。この"単一の効果"の背景にあるメカニズムは，ゲシュタルトの法則，つまり，参加者が助けを必要としている人々にどの程度の実体性があるかと（すなわち単一で凝集性・結合力があるか；Campbell, 1958）知覚するかに関係している可能性が高いようである（Dickert, 2008；Kogut & Ritov, 2005a, 2005b；Slovic, 2007；Smith, Faro, & Burson, 2012）。たとえば，Smith et al.（2012）は，子どもたちを単一の結びつきの強い家族の一員であるという条件で提示した場合，寄付による贈与が増加したことを報告している。"単一の効果"に関するさらなる説明としては，気持ちがもたらされる背景にある注意のメカニズムが提唱されている（Dickert & Slovic, 2009；Slovic, 2007）。寄付を必要とする人が単一の場合のほうが，参加者は，視覚的にその人に注目することがより容易となり，共感的配慮を喚起するのにも影響を及ぼす。

　最後に選択的に価値の評価を取り出すことは，規模の感受性の鈍麻を抑制させうる（Reyna & Casillas, 2009）。たとえば，すべての人への平等に関わる価値は規模の感受性の鈍麻を抑制させうる一方，国家に対する忠誠や家族に関わる価値において，他人や外国人たちの命に関わる危険性がある場合，逆の効果がある。さらに，神聖な価

値観が関与する時（たとえば，Baron & Sprance, 1997），人々は，功利に関わる取引的な判断（これには度合いに関連する規模の感受性が必要となる）を控える傾向がある。

6節　同定可能性

その他の，人の命に関しての評価が社会規範から逸脱する要因に，助けを必要としている人の同定可能性（同定可能性の効果）が関与している。我々は，統計学的に考えた人の命や，認識できない命よりも，認識できる人の命に価値をおく傾向にある（Jenni & Loewenstein, 1997; Schelling, 1968; Small & Loewenstein, 2003）。助けを必要としている人が，他人に認識されると，一般的により注意がその人に向かい，強い情動が喚起され，寄付をより多く受ける傾向にある。このような現象は，大きな災害で多数の人が被害を受け，これらの人々が認識されずに単に統計的に記述された場合，問題になる。人道的支援団体は，このような問題を回避するために，ある代表的な個人を典型的な人として象徴的に利用することがある。さらに同様の原理は，子どもたちへの資金提供などのケースにも当てはまり，そこでは寄付をする人は，子どもたちの典型的な背景や助けを必要としている状況の説明を受ける。認識した人を援助したほうが，気持ちがよいし，認識した人を助けないことによって，より申し訳なさも感じる。この同定可能性の背後にあるものの1つに責任感（Cryder & Loewenstein, 2012）や寄付者の効力感（Cryder, Loewenstein, & Scheines, 2013; Erlandsson, Björklund, & Bäckström, 2013）がある。予測どおり，寄付者は，助けが必要な対象がより詳細に知らされる際，慈善的行為の対象により貢献しやすい。Cryder et al.（2013）は，これは寄付の効果に起因し，細かな説明による情動的なものに起因するものではないとしている。寄付者の効力感は，慈善的な寄付行為を説明するのに重要な概念だが，感情的な動機がまず影響されるという初期に提案された概念にどの程度とって代われるかは未だ不明である。たとえばDickert（2008）は，寄付者は，寄付を施した人に効果的な影響を及ぼすことができたと判断した場合，寄付者は寄付したことをより心地よく感じることを報告している。

7節　疑似無効力とプロポーション優越性

その他の，人の命に関しての評価が社会規範から逸脱する注目に値する例は，危険にさらされている人を助けることができない場合，危険にさらされている人で助けることができる人へ向けての寄付者の支援をしようとする気持ちを低下させることがあ

る。このような状況は，非常に多くの人の命が危険にさらされている（さらに寄付者が資金の制約に直面している）際，あるいは別の要因が支援の広まりを阻害する（災害によるある特定地域における政治の不安定性）ことがある際に起こる。ここでは明らかに，規範的（合理的）に考慮した助けようとする意思決定は，助けられない人に関する情報の供給に依存しえないことが考えられる。Västfjäll & Slovic（2011）は，この助けようとする動機の低下について，手を差し伸べる人々が，助けることに効果を感じにくくなることから，これを"疑似無効力"と名づけた。彼らは，寄付をすることで起こるポジティブな感情が低下し，助けられないというネガティブな感情が寄付行為を減弱すると説明している。寄付をしないと判断したことにより救われなかった命の影響は，ややはっきりしていないところもあるが，救われる人数の絶対値なのかその割合なのかについて，援助をしてどれだけ貢献するかどうかを問うパラダイムの代わりに，絶対値か割合かどちらを優先したいかという選好スケールを用いて，比較した研究でも認められる（Bartels, 2006）。ここでは実験参加者たちは，高い割合で助けることが規範的な反応ではないとしながらも，絶対値が多い場合よりも割合が高いほうを，頻繁に選択した。より高い割合の人々を助けることは，助けられない人が少ないことを意味する。さらに，割合という思考は，たいてい比較的容易に評価することができ，感情的意味をもち，そして絶対的な数値による評価がしばしばもちえない何かを獲得することがある（Slovic, 2007; Slovic, Finucane, Peters, & MacGregor, 2002, 2004）。

　我々は，これまで述べた人の命に関する評価の行動的なバイアス（心理物理的な感受性の低下，規模による感受性の鈍麻，同定可能性，疑似無効力，そしてプロポーション優越性）の背後にある向社会性の情動が関わる情報処理により理解をすることが最適であると主張する（Dickert et al., 2012）。寄付という形で表現された人の命の評価は，重要な情動処理が，喚起されないか，または認知的な熟慮により妨害された場合，非線形の関係が認められた（Loewenstein & Small, 2007）。次の段落では，神経科学がどのように寄付をする際の意思決定における行動バイアスの背景にある二重過程モデルによって，慈善的寄付を説明しうるかについて，概略を述べる。

8節　慈善的寄付の神経経済学的視点

　慈善的寄付に関する神経科学的な研究がまだ未発展段階であるにもかかわらず（たとえばMayr, Harbaugh, & Tankersley, 2009），多くの重要な洞察がすでに得られている。神経経済学の研究が探究しているのは，①人は，なぜ，そしてどのような時に寄付を行うのか，②経済学的な疑問である無私・無欲（純粋な利他）な寄付や奉仕

第 9 章　慈善的寄付の基盤となる神経経済学と二重過程モデル

と利己的な寄付や奉仕（寄付・奉仕をすること自体に価値があるとする態度）の比較，そして寄付・奉仕が合理的なものか，③さらに特定の寄付をする意思決定はより強い感情，あるいは認知情報処理を喚起するか，である。これらの問いに対し，すでにいくらかの結果が得られてはいる。第 1 に，人々の寄付をするという意思決定の起因に関する脳画像研究の利点は，まず神経科学者らは脳活動の強度と寄付に関する意思決定の行動の関係を調べることができる点である。脳活動を調べ人々の寄付をする意思決定を予測する技術は，進歩の 1 つといえる。しかし，これらの脳活動がしばしば行動や状況の操作による反応であり，これらの結果は単に行動研究で提案されている仮説を支持するのに過ぎないことも時折ある。だがこれらの検証的な研究は，未解明部分が多い，寄付による贈与に関する研究の重要な一端を担っている。そして，寄付による贈与が，まず利他，あるいは利己的な動機により喚起されるものなのかは，しばしばその状況（における文脈），寄付者に依存する。神経経済学の研究では，これらの異なる動機に特に注目しており，さらに第 3 の代替説明として，これらの動機を融合させた純粋ではない利他性にも着目している。状況に依存し，さらに個人差もあるなかで，神経科学のデータは，これら 3 つの可能性を支持しているものが得られている。最後に，感情と熟慮の過程の分別に関しては，これらの試みは大半が過度に単純化していることを指摘しなければならない。感情と熟慮の両方が，多くの慈善寄付の意思決定に関与している（Dickert, 2008；Loewenstein & Small, 2007）。これにもかかわらず，脳画像研究では，1 つあるいはその他の情報処理に典型的に関わる神経回路と脳構造の同定を試みている。

　神経経済学が提供する人が慈善的寄付をする意思決定に関する洞察は，報酬系のプロセスと密接なつながりがある。慈善的行為は脳内の報酬が関わる領域である腹側線条体，側坐核，島皮質そして，眼窩前頭皮質の特定の部位を含むドーパミン回路の活動が関与している。いわゆる"報酬センター"とドーパミンの放射が行われる皮質下中脳領域（たとえば，Schulz, 2009）は，ある出来事をどのくらいよいことか，あるいは報酬として感じるかの評価に関わる重要な部分であり（Balleine, Daw, & O'Doherty, 2009），この部位の神経活動は，明確で原始的な報酬（たとえば食べ物や薬物），そして抽象的・副次的な報酬（Knutson & Cooper, 2005；O'Doherty, 2004）の両方に主要な役割を果たす。ポジティブ・ネガティブな報酬シグナルをより抽象的な表現に統合するのに寄与するのは，前頭皮質腹内側部と眼窩前頭皮質である（Shenhav & Greene, 2010）。さらにこれらの部位は，自分自身のみならず，他人が報酬を感じるような行動にも関与する（Harbaugh, Mayr, & Burghart, 2007；Moll et al., 2006）。したがって報酬回路の神経活動と寄付をしようとする動機が密接な関係であることが想像できるであろう。この見解は，寄付をすることが，その人の精神

衛生によい影響を与えるという行動研究の結果を支持する（Dunn et al., 2008）。実のところ，Harbough et al. (2007) は，腹側線条体（この部位は情動と行動の動機に関する面に関わり，ドーパミン結合にも寄与する）の活動レベルは，慈善的寄付における金額を予測できるとしている。実験参加者が，ある実験でお金を受け取る時に測定された，より高い（他の部位に比べて）腹側線条体の活動は，この参加者たちが，別の課題で他人に寄付をしにくいことを予測した。逆に，別の実験において，参加者たちは，慈善団体がお金を獲得した条件（実験参加者自身の負担なしに）を経験した際に，腹側線条体でより高い神経活動が起こり，この活動レベルは，他人に寄付をするという別の課題での寄付金額を予測した。

　2点目の重要な貢献は，慈善的寄付行為が合理的な損得勘定によるものなのか，あるいは，利己または利他的な動機により起こるものなのかという（経済学的）議論を解決することである。本章の冒頭で述べたように，博愛主義は，古典的経済学の理論を用いての説明が困難である。また純粋に合理的に私欲（利己心）を追求するタイプの人に対しても博愛主義を説明するのも困難である（このタイプの人が，完全に私欲的な行動をとるだけでなく，場合によって社会的な選好の行動をとらない限りは説明が困難である；Fehr & Schmidt, 1999）。神経経済学においてもこの議論はなされている。たとえば，Mayr et al. (2009) は，人々は寄付によって得られる見返りが寄付による損失に勝る時にのみ寄付行動をとるという論理的選択モデルを，実験における神経学的なデータが支持していると結論している（行動学的なデータについてはRubaltelli & Agnoli, 2012を参照）。このような議論は，人がお金を受け取る時と与える時の両方で同じ脳領域が賦活するという神経学的データが得られて以来，注目を集めている（Harbaugh et al., 2007）。しかし，寄付行為が本当に合理的判断なのか（利己的か利他的な動機にかかわらず）は，未だ決着がついていない（Dickert et al., 2012）。ある人が，寄付をすることにより得られる利益と，寄付をせずにいた際に得られる利益を比較してより得する方を考える（つまり損得勘定）限り，寄付行為というのは，寄付をする人の論理的な私欲（利己心）によるもの（得が損に勝った際に）と考えるのが簡単である。上述のような変則的な行動が，このような観点にどのようにおさまるのかは，明確になっていない。たとえば，規模の感受性の鈍麻や単一の効果は，寄付行為に結びつくものの，より多くの人々を救うほうがより功利性が高いにもかかわらず，より少ない人数の人々を（同等の費用で）救う選択をする。同様に疑似無効力も，表面上は無関係の情報が，寄付の有用性を弱めてしまう例である。これらの情報処理，慈善的寄付が合理的かどうかという議論に寄与するかは別にして，Harbaugh et al. (2007) の神経学的実験のデータでは，利他的な寄付（Batson, 1990が提唱）と利己的な寄付（Cialdini et al., 1987）の両方を支持する，純粋ではない利

他性の仮説に基づくような結果が得られている。さらに Mayr et al.（2009）は，利己的な動機の背景にある腹側線条体の神経活動は，助けを必要とする人々の人数が増えても，単一的に増加しないことを主張した。最近の神経科学のデータによると，（寄付を必要とする）被害者が確認できた際には，線条体の活動はより高くなり，この活動の高さは寄付金額を予測できる（つまり相関している）としている（Genevsky, Västfjäll, Slovic, & Knutson, 2013）。この報告は，人々が災害の被害者を目前にすることで起こる規模の感受性の議論と論理的によい一致を示している（Slovic, 2007, 2010）。

　3つ目の貢献（おそらくこれが最も本章に関係が深いと思われる）は，慈善的寄付における情報処理は，感情あるいは熟慮のどちらかという疑問に関するものである。影響力の強い，感情か熟慮かの情報処理における神経学的基盤の研究が，多様な道徳ジレンマの形式を用いて行われている（たとえば Greene, Nystrom, Engell, Darley, & Cohen, 2004； Greene, Sommerville, Nystrom, Darley, & Cohen, 2001）。多くの点で，寄付を行うという意思決定は，かなり道徳（そして社会的）ジレンマのそれと似ている。いずれの状況でも他人を助けることによる利益と不利益の間で難しいトレードオフが関与する。たとえば，一定の金額に限度のある寄付者は，数ある人道支援のプロジェクトの中からどれが経済的支援をする価値があるのか決定しなければならない。さらに，道徳判断と慈善的寄付のいずれでも同様の神経回路の賦活が起こるようであり（Mayr et al., 2009），失われる生命の算定と，金額を支払う際の経済的期待値の算定に同様の脳部位が関わる（Shenhav & Greene, 2010； Montague & Berns, 2002も参照）。これらの評価は，他の脳構造のなかでも，皮質下（線条体，島，扁桃体）や皮質部（帯状皮質，島，そして前頭皮質腹内側部）も含まれる（Hare, Camerer, Knoepfle, & Rangel, 2010； Knutson, Taylor, Kaufman, Peterson, & Glover, 2005）。

　トロッコ列車や歩道橋ジレンマなどの，道徳ジレンマにおける認知的な葛藤の神経活動の調査は，慈善的寄付の背景にある神経メカニズムの探求に光をあてた。トロッコ列車のジレンマでは，実験参加者たちに，トロッコ列車が5人の作業員に向かっていく状況を考えてもらう。5人の作業員たちはトロッコ列車の線路上で作業しており，トロッコがそのまま進めばひかれて死んでしまう状況にある。参加者たちには，このトロッコ列車の進行先にある分岐点でトロッコが進行する方向を変更させるためにレバーを引くかを決定してもらう。ただしレバーを引いて進行方向を変えると今度は変更先にいる別の1人の人が犠牲になる。歩道橋のジレンマは，トロッコ列車のジレンマにバリエーションを加えたものである。実験参加者は，前述の5人がトロッコ列車にひかれてしまいそうな状況において，列車の上にかかっている歩道橋にいると想定

する。ここには参加者以外にもう1人の人がおり，参加者はこの人を歩道橋の上から線路に突き落として犠牲にする代わりに，5人の作業員たちを助けるかどうか，判断を課される。ある道徳判断は，社会 – 情動的反応で対処されるものもあれば，功利主義的な判断で対処されるものもある。Greene et al. (2004) は，社会 – 情動的反応は，あるジレンマがその参加者個人に関わる場合に喚起されやすい（たとえば，命が失われる危険性が鮮明でなおかつ，情動が強く関わる）ケースでは，義務論的アプローチが道徳ジレンマの判断をよりよくとらえるとしている[★8]。逆に，非個人的なジレンマ（たとえば，命が失われる危険性が抽象的で，鮮明に想像するのが困難な場合）により喚起されやすい功利的判断による反応は，結果論的アプローチがジレンマの判断をよりよくとらえられるとしている。さらに，上述の参加者個人に関わるジレンマでは（たとえば，参加者が他人を歩道橋の上から突き落とすのを想像するのに対し，トロッコ列車の進路変更スイッチを切り替えるかを想像するなど），社会 – 情動的な神経回路の活動が認められる（たとえば，腹側線条体や内側前頭葉前部皮質の活動）。一方，非個人的なジレンマでは，「認知」の神経回路がより強く活動する（たとえば，背外側前頭前野；Greene et al., 2001）。自動的に喚起される情動は，しばしば功利的判断と干渉し合う（Greene et al., 2004）。この見解は，眼窩前頭皮質に損傷（これは感情処理と解釈されている；Damasio, 1994）を受けた被験者を適用した損傷研究の結果で，被験者が，命のある行為とのトレードオフの判断において，より「合理的」に判断したことによっても支持される。したがって，慈善的な行為の要求は，より個人的なジレンマに関わっていると推察するのは，理にかなっているようである。より鮮明で情動的な喚起をともなうジレンマでは，典型的に情動処理をつかさどる脳部位が活動する。そしてより「認知的」な寄付の判断（その寄付による結果の想定を重視したもの）では，眼窩前頭皮質が活動し，より「情動的」な（たとえば同情がベースになる）寄付の判断では，ドーパミン放出に関与する皮質下の構造が最も関与するであろう（たとえば腹側線条体）。このような推論から得られる直接的結論は，情動的な寄付判断においては，報酬体験が関わっており，一方，認知的寄付判断においては，主観的な報酬体験が関与しないであろうという点である。

　さらに神経科学のデータは，これらのジレンマの解決や慈善的寄付において情動調節が重要な役割を果たすという概念を支持する。たとえば，災害の犠牲者に対して，その犠牲者に人間味を与えると（冷淡に客観視をするのではなく）情動調節に関わる脳部位が活動しうる（Majdandzic et al., 2012）。そして情動調節に関しては，背外側前頭前野の活動レベルが，より功利的な判断の程度と，より感情的ではない判断のレベルを予測しうる（Greene et al., 2004）。これは背外側前頭前野が熟慮の思考処理に関与するというデータとよく一致し（たとえば Beer, Knight, & D'Esposito,

2006).さらにこの部位は,社会的意思決定において情動の関与を調整する際にも活動が認められる(Sanfey et al., 2003)★9。功利的解決と非功利的解決の葛藤においては,前部帯状回が活動することが,この部位は一般的に葛藤の解決やエラーの検知に関与すると考えられている(Posner & Raichle, 1994)。Greene et al.(2004)は,前部帯状回は,困難な道徳ジレンマにおいて功利的か義務的かがぶつかり合う(つまり誰かを助けるという意思決定が,熟慮による功利主義的な判断,あるいは情動的情報処理かによる判断で回答が変わりうる)葛藤の解決の際に喚起されると主張している。

9節 まとめ

　本章では,慈善的寄付の背後にある心理学的メカニズムを理解するために,二重情報処理過程の枠組みと神経経済学の有用性の概略を述べた。慈善的寄付は,しばしば複数の原因と決定要因とが混在し,関連する研究では,共感や同情などの寄付をしようとする動機に関わる感情の重要性が指摘されている。熟慮的な考察は,これらの感情の喚起に干渉すると論じられてきた。しかし,この熟慮的な考察や推論もまた寄付行動に結びつくのである。最も複雑な意思決定においては,これらの感情的・熟慮的な処理がともに関与している。近年に報告された例外的な行動,すなわち心理物理的な感受性の低下,規模の感受性の鈍麻,特異性効果(singularity effect),犠牲者的効果,そして偽無効果やプロポーション優越性においては,慈善的寄付は必ずしも規範的あるいは合理的考察に従うものではないことを示した。最後に,本章では,寄付をするという意思決定において,情動処理はたしかにより熟慮的で功利主義的な処理に比べ異なる脳活動を誘発しうるという神経科学のデータを示した。なぜ人はお金を寄付するのかという疑問は,これらに関する活発な研究を持続させる。そしてこのなぜ人はお金を寄付するのかという疑問の答えを模索する研究の主軸は,寄付行為の背後にある情動と熟慮の処理であろう。

【原注】
★1　この視点は,他人との協力関係を重視し,他人の利益・福利を改善することで自分の利益も得るという互恵人(homo reciprocans)という概念に関係する。
★2　推論と感情とは分離でき,行動に逆の影響を与えうるという主張は,2500年前の西洋哲学,アリストテレスにすでにみられる(Zajonc, 2004に引用あり)。
★3　この別の記述は,情動は本来,生得的な認知である評価機能が基本となっていることを主張している。したがって,クモに恐怖を覚えるような情動は,このクモは毒をもっている可能性があり,咬まれることは何としても避けるべきだ,というような認知的評価により喚起されうる。
★4　興味深いことに,我々は,動物に対しても慈しみを感じ,これらの動物が危険にさらされて

いる場合には，かなりの金額を寄付しうる。たとえば，沿岸警備隊は，太平洋で座礁した船の上にいる犬の救助に300,000ドルを投入した（Vedantam, 2010）。

★5 これは，Reyna & Casillas（2009）の二重過程の思考における議論と一致する。彼らは，寄付をまったくしないか，またはいくらかは寄付をするというような，皆無なものと，いくらかはする種の分類に関する意思決定においては，順序のある意思決定（たとえば，いくらかは寄付するか，またはそれよりも多くの額を寄付するか）とは異なる心的作用が担っていると主張している。

★6 ある人が寄付をしようと考える際，この人が，経済的に寄付が可能な場合にのみ，寄付がなされるという事実は，明確で，ここでのみそれに言及する価値がある。なぜなら，この事実が，寄付行為の背景にある寄付をしようとする動機に関する研究の重要性をそらすような議論に使われてしまうからである。

★7 感情の感受性の低下に関する代替的な説明は，Reyna & Casillas（2009）で言及されている。彼らは，危険に直面している命に対して，最も感受性が高くなるのは，危険に直面している命がまったくない状態から，多少はあるというような質的な変化があった場合で，また人は量的な変化によって感受性は低下すると指摘している（たとえば，何人かの命が危険にさらされている状態から，より多くの人が危険にさらされる）。

★8 義務的な視点は，いかなる状態でも真実を保ちうる一般的な道徳的価値を参照し，道徳的なジレンマを解決しうる。一方，結果主義者の場合では，たとえその選択が一般的で確固たる道徳的価値を逸脱することを意味するとしても，より多く利益につながるような行動を選択し，道徳的なジレンマを解決しうる。

★9 しかし，功利主義的な判断と純粋な認知思考処理を同等にみることがないように注意をしなければならない。情動は功利主義的判断だけでなく，合理的な判断においてもとても重要なようである（たとえば，Damasio, 1994；Slovic, 2007）。

第 V 部

発達と個人差

第V部　発達と個人差

第10章
発達におけるリスク志向性
決定方略，感情，制御の変化

Anna C. K. van Duijvenvoorde
Brenda R. J. Jansen
Hilde M. Huizenga

　本章では，リスク下の意思決定に関する発達的変化について，学際的な観点から議論を行う。具体的には，児童期と青年期の意思決定について理解を深めることを目的として，判断と意思決定，発達心理学，脳機能画像研究の分野の研究成果を紹介していく。我々が焦点をあてる意思決定の2つのキーとなる側面は①さまざまな決定方略の使用と，②感情と制御の意思決定への影響，の2点である。まず第1点めについて，さまざまな決定方略に関する研究から，規範的な反応とヒューリスティクスによる反応の両者が加齢にともなって増加し，用いられる決定方略の個人差が顕著になっていくことを紹介する。決定方略の個人差は，成人の内側前頭前皮質および外側前頭前皮質における神経活動に関連している。これらの知見から，脳機能画像を用いた発達研究において，さまざまな決定方略の特徴とそれらの使用に関する特徴のさらなる検討が必要であることを示す。第2点めについては，感情と制御そして，両プロセスのバランスが，児童期から青年期にかけて，大きく変化する可能性について論じる。このような変化は，皮質下と大脳皮質の両領域の成熟プロセスと関連している。我々は，意思決定を行う際に与えられる文脈が，どのように感情と制御の処理に影響を与えうるのか，そして，意思決定の加齢による変化と文脈がどのように相互作用するのかについて議論を行う。加えて，リスク下の意思決定における個人差の検討方法にハイライトを当てていく。この学際的枠組みによって，リスク下の選択における発達の問題について，重要な論点と，今後の課題を明らかにする。

　　意思決定は，日々の生活のいたるところで行われている。朝食に何を食べるか，ど

うやって通勤するか，新しい仕事の依頼を受けるべきかどうか，お金を使うのか節約するのか，パーティに参加するのか勉強するのかなどと，よくある一日のなかでも，絶えず意思決定と直面している。多くの意思決定は，結果にある程度の不確実性がともなうという重要な特徴がある。つまり，望ましい結果は，ある確率でのみ起こり得るということである。このタイプの意思決定は，一般にリスク下の意思決定と呼ばれる[★1]。本章では，児童期と青年期にかけて起こる発達的変化に焦点をあて，リスク下の意思決定に関する研究について論じていく。

意思決定は，複雑な処理過程によって構成されるが，基本的な下位過程に分類することができる。たとえば，ある求人情報を提示されたときについて考えてみよう。この決定問題の認識，選択肢の分析，適切な行動の選択をする必要があり，最終的に選択の結果を評価する（Rangel, Camerer, & Montague, 2008）。決定のこれらの過程は，経済学，ファイナンス，認知心理学，発達心理学といった幅広い分野で研究されてきており，最近では神経科学でも研究されている（Sharp, Monterosso, & Montague, 2012）。経済学とファイナンスは，リスク下の意思決定を記述するモデルの発展に貢献し，神経科学はリスク下の意思決定の基礎をなす脳活動を検討している（Fehr & Rangel, 2011）。一方で，心理学は，学習と選択行動の理論を提供し，発達心理学は意思決定の成熟プロセスに焦点を当ててきた。今日では，これらの分野にわたる知見を統合する，（発達）神経経済学といった境界領域が現れてきている（Camerer, 2008）。

発達心理学では，リスクのある選択行動の発達に，長い間関心がもたれてきた（たとえば，Hall, 1904）。たとえば，青年期（思春期のはじめ（10歳～12歳）から成人初期（独立する時期）までの期間と定義される）では，身体的能力と認知的能力が向上するが，死亡率も上昇するという興味深いパラドックスを示すことが知られている。この死亡率は，選択の誤りや，リスクのある行動，あるいは感情の高まりによって起こることが部分的には示唆されている（Eaton et al., 2008）。しかしながら，青年期は，危険な行動やリスクのある決定へ陥りがちな期間とされるだけでなく（Casey, Getz, & Galvan, 2008；Somerville, Jones, & Casey, 2010），柔軟性，学習，適応的な意思決定が獲得される時期としても描写される（Crone & Dahl, 2012；Dahl, 2004）。脳の成熟的変化を背景に，発達にみられるこれらの特有な感受性の変化が生じると考えられる（Casey et al., 2008；Crone & Dahl, 2012）。そのため，リスクをともなう意思決定の発達的研究への関心と，これらの発達的パターンを生み出す神経の成熟的変化の理解への関心が高まってきている。

本章では，判断と意思決定，発達心理学，脳機能画像研究で得られた知見を用いて，リスク下の意思決定における発達的変化について述べていく。意思決定におけるさまざまな決定方略と，感情と制御の影響という，リスク下の意思決定の2つの重要な側

面に焦点を当てる。また，学際的な観点から重要な研究成果を示していく。

1節　決定方略

1．統合的な方略とヒューリスティック

　ファイナンスと経済学は，伝統的に，リスク下における人々の選択行動の説明と予測を目的としている。これらの分野における代表的な研究枠組みは，価値を統合する方略に基づいて人々の選択行動を説明しようとするものである（Von Neumann & Morgenstern, 1944）。この枠組みでは，選択を行うとき，人々は提示された選択肢に価値を割り振り，最も高い価値をもつ選択肢を選ぶことを前提としている。（金銭に関する）経済的な選択課題において，選択肢の価値は，典型的には選択肢の期待値（それぞれの選択肢の確率と利得あるいは損失の積），または効用の期待値である期待効用で定義される。つまり，経済学のモデルでは，意思決定者の選択行動に，一貫した信念と一貫した選好をもつという「合理性」が仮定されている（Von Neumann & Morgenstern, 1944）。

　リスク下の意思決定において，非常に影響力をもつプロスペクト理論は，経済学理論とは対照的に，人々の意思決定における系統的なバイアスと，効用理論からの逸脱に焦点を当てている（Kahneman & Tversky, 1979）。まず，プロスペクト理論は，利得と損失に関して異なる価値関数を当てはめる。価値関数は，参照点（通常，現在の状況となることが多い）を基準にして，損失に対する価値関数の傾きは利得に対する価値関数の傾きよりも大きい。この傾きの違いにより，損失忌避（つまり，損失はより大きく感じられる）として知られる現象を説明する。また，価値関数は，感応度逓減（参照点から離れるほど，価値の変化量が逓減する）についても説明する。次に，確率の主観的な評価を扱う。これにより，人々は小さな確率（0に近い値）を過大評価する（たとえば，宝くじへ熱中することや，有病率が低い疾患向けの保険を買い求めることなど）が，中程度あるいは高い確率（1に近い値）を過小評価する（たとえば，確率0.99と1との差のほうが，0.10と0.11との差より大きく感じられる）といった現象を説明する。最後に，人々は意思決定において選択肢の情報を編集することを仮定している。たとえば，意思決定者は，結果の数値を丸めたり，同時に提示されている選択肢の共通成分を相殺することで，選択肢を単純化する傾向がある（Trepel, Fox, & Poldrack, 2005）。

　プロスペクト理論は，多くの伝統的なファイナンスのモデルと比べて，リスク下の個人の選択行動を記述する柔軟なモデルを提示する。しかしながら，伝統的なファイ

ナンスのモデル同様，プロスペクト理論においても，選択肢を決定するためには（利得と損失の）主観的価値と主観的な確率の統合が必要となる。これに対し，統合的な処理を仮定しない別の説明枠組みが提案されている。その枠組みでは，選択肢を比較するプロセス（決定ヒューリスティック）に着目し，議論を展開している（Gigerenzer & Goldstein, 1996 ; Russo & Dosher, 1983 ; Tversky & Kahneman, 1974 ; Vlaev, Chater, Stewart, & Brown, 2011）。ヒューリスティクスは，限定された属性集合のなかで選択肢を比較するという決定の過程を単純化した「経験則」である。ヒューリスティクスは，人々の行動を歪ませることがあるが，時に規範的な選択と同等の選択を，より素早く選ぶことができるため，高速で倹約的であるともいわれる（Brandstätter, Gigerenzer, & Hertwig, 2006 ; Gigerenzer & Gaissmaier, 2011）。一般に，ヒューリスティクスは，確率と価値といった属性の統合を行わないため非統合的であり，そして，ある属性の悪い評価が，別の属性のよい評価によって補償されないため非補償的である。上記にあげた文献はさまざまなヒューリスティクスを提唱している。たとえば，テイクザベストヒューリスティクス（Take-the-best heuristics）や辞書編纂型ヒューリスティックでは，属性の重要度に基づき，重要度の大きい属性から選択肢が順次比較される。属性間の評価に十分に大きな差が検出された場合，選択が行われる（Brandstätter et al., 2006 ; Tversky & Slovic, 1988）。用いられる決定ヒューリスティックの違いは，構造方程式モデルや過程追跡技法で検討されてきている（Payne, Bettman, & Johnson, 1988）。

◆ 2．統合的な決定方略とヒューリスティックの発達プロセス

　発達研究では，典型的には成人を統合的な決定方略を用いる有能な意思決定者と位置づけ，規範的な決定方略へと向かう成熟プロセスに焦点が当てられてきた。この成熟プロセスは，伝統的な Piaget の研究枠組み（Piaget & Inhelder, 1975）と適合する。この枠組みでは，子どもの問題解決を，ヒューリスティクスを用いた準最適な方略による決定から，統合的な方略の使用にいたるまでの発達であると説明する（Siegler, 1996）。

　発達における規範的な反応の有名な問題解決型の課題として，天秤課題（Siegler, 1981, 1996）があげられる。この課題では，さまざまな重りが，天秤の両腕の上のいろいろな位置に置かれる。子どもは，天秤が左右のどちらに傾くか，それともバランスを保つかを予測するように求められる。子どもはこの天秤課題を解くためにさまざまなヒューリスティックを用いる可能性がある。単純で1次元的なヒューリスティックでは，ただ重りの数を比べるというものが考えられる。2次元的なヒューリスティッ

クでは，最初に重りを検討して，もし重さが等しいなら支点からの距離を検討するというものが考えられる。しかし，重りと距離が正しく統合（重さ×距離）された時にだけ，正答が導かれることになる。ヒューリスティックに基づいた決定の分析から，児童期の間に，1次元的推論から統合的問題解決が，発達にともない増えていくことが示されている（Jensen & van der Maas, 2002）。

　Huizenga, Jansen, & Crone（2007）は，上記のような推論の発達は多肢多属性（利得，損失，確率）の意思決定場面にも適用されるという仮説を提起し，アイオワギャンブリングタスク（Iowa gambling task：IGT）を用いて検討している。この課題は，経験に基づく決定課題と呼ばれ，反復選択から結果を学習する必要がある。Huizengaらは，潜在混合モデルを用いて，8歳から25歳までの年齢を対象に，さまざまな決定方略を検出した（Fraley & Raftery, 2002）。結果によると，年齢が低い子どもほど決定を下すために1つの属性だけを使用する傾向があり（主に損失の確率に注意が向いていた），一方，年齢が高い子どもでは，2つの属性を使用し，最初は確率に注意を向け，もし確率の値が等しければ，損失の大きさに基づいて選択を行った。発達の最終段階であると想定される成人群は，統合的な方略を用いており，決定に関する属性が正しく（期待値に）統合されていた。したがって，Piagetの枠組みに合致して，子どもは，単純な決定方略を用いる傾向があり，検討される属性数や統合といった方略の複雑さは，年齢とともに増加していくことが示された。

　Jansen, van Duijvenvoorde, & Huizenga（2012）はこれまでの知見を洗練させるために，リスクのある選択課題を用いて，異なるタイプの非統合的な決定方略と，統合的決定方略との判別を行った。参加者（8歳〜17歳）は，一連の2肢選択課題に取り組んだ。実験に用いられた選択肢は，損失の確率，利得の量，損失の量が明示され，結果はすぐにはフィードバックされなかった。さらに，選択肢間で，決定に関わる属性の1つ，2つ，あるいはすべての望ましさが異なり，ある選択肢は損失が少ないが，もう一方の選択肢は利得が大きいというように，選択肢の望ましさに関して相反するように選択肢は構成されていた。潜在クラス分析（latent-class analysis：LCA）（McCutcheon, 1987）によって，同等な決定方略を用いたグループが推定された。Jansenらは，8歳から9歳の子どもは，主として損失の確率の最小化を行うことを示した。年齢とともに，損失の確率，損失の量，利得の量の逐次的な検討がなされるようになり，より多くの属性が考慮されるようになった。この発達プロセスは，天秤課題の知見と同様であり，またPiagetの理論とも整合する。しかしながら，この研究は，同年齢の子どもたちに大きな個人差がみられたことも報告している。たとえば，最も年少の子どもの何人かは，統合的決定方略と一致する選択をし，一方で，成人の何人かは，ヒューリスティクスに基づいた選択をしたと報告されている。

推論において成人が見せるバイアスは，これまで多くの報告がなされており（Reyna & Brainerd, 2011），判断と推論のパラダイムを用いた研究では，2通りの発達的変化が示されている（Jacobs & Klaczynski, 2002）。青年期の若年齢層と，高年齢層を比較した研究では，青年期の初期から中期にかけて，規範的推論（たとえば論理的一貫性）が増加することが示されている（Klaczynski, 2005）。しかし，バイアス，およびヒューリスティックの使用は年齢とともに増加することを示唆する研究も報告されている（Albert & Steinberg, 2011；Jacobs & Klaczynski, 2002；Reyna & Farley, 2006）。発達にともなうこの推論バイアスの増加は，二重過程モデルによって説明されており，論理的能力（分析的システム）だけでなく，経験システム（ヒューリスティックシステム）も発達にともなって増加し，成人における規範的推論とバイアスの組み合わせが原因であると推測されている（Jacobs & Klaczynski, 2002；Klaczynski, 2005）。同様に，ファジートレース理論（Reyna & Brainerd, 1995, 2011；Reyna & Ellis, 1994）では，良い点と悪い点の言語的表現に基づく分析的思考と，ある状況の本質をとらえるといった，主旨を把握する方法による直観とが，区別されている。この理論では，どちらの処理も，児童期に発達するが，主旨の把握に基づく直観が年齢とともに好まれるようになると考えられている（Rivers, Reyna, & Mills, 2008；Reyna & Farley, 2008）。

　ここまでの知見から，特定の年齢集団内で観察される決定方略の多様性を考慮すると，決定方略の発達は，単純で規範的な方略に向かって発達を遂げていくのではなく，より多様であるように思われる。これは，青年期にみられる典型的な未発達な選択行動は，必ずしも規範的（あるいは分析的）な過程の型が，未発達であることによる結果ということではなく，分析的過程とヒューリスティクスによる過程の両方の変化によって生まれた結果であることを示唆している（Jacobs & Klaczynski, 2002）。さらに，ここまでに見てきた知見は，年齢集団間にみられる発達的変化が重要であるというだけでなく，年齢集団内にみられる決定方略の個人差も同様に重要であることを示している。個人差の測定，モデルによる分析，および統計手法（たとえば，潜在クラス分析，潜在混合モデルなど）が，この2つの点を分析するための重要な道具となるであろう。

◆ 3．意思決定の神経科学

　意思決定の神経科学，あるいは神経経済学は，選択において人々が見せる逸脱や誤りを含めた，意思決定過程を反映する神経機構に焦点を合わせた分野である（Fehr & Rangel, 2011）。意思決定の神経科学の一般的なアプローチは，報酬，損失，価値

の統合といった，意思決定において重要な脳部位を検討することである。神経科学者たちは，報酬系と呼ばれるネットワークを同定した。報酬系は，進化的には古い皮質下の構造に集中し，（腹側）線条体といった中脳のドーパミンが多い領域を含む（Schultz, Dayan, & Montague, 1997）。線条体は，結果が期待したものよりも良いのか悪いのかを表す学習信号を発生させる（Cohen et al., 2010 ; Schultz et al., 1997）。それと同時にさまざまな種類の報酬（Knutson, Taylor, Kaufman, Peterson, & Glover, 2005）および，損失（Tom, Fox, Trepel, & Poldrack, 2007）に関する予期と処理を行っていることが示唆されている。統合された効用の神経的な表象は，主に選択肢間の価値の予期と比較に関わる腹内側前頭皮質（prefrontal cortex : PFC）の活動と関連している（Rushworth, Mars, & Summerfield, 2012 ; Rushworth, Noonan, Boorman, Walton, & Behrens, 2011）。腹内側前頭皮質，外側眼窩前頭皮質，背内側前頭皮質といった領域は，最も高く評価された選択肢を選択させ，また経験した結果の価値に基づく行動の最適化を学習させる評価ネットワークを前頭皮質に構成すると考えられている（Rushworth et al., 2012）。最後に，リスクに関する信号は，前帯状皮質（anterior cingulate cortex : ACC），背内側前頭皮質，島といった，より負の感情や不確実性を符号する領域における神経活動と，特に関連している（Mohr, Biele, & Heekeren, 2010 ; Preuschoff, Bossaerts, & Quartz, 2006）。

　統合的な方略とヒューリスティクスの脳内表現を検討した脳機能画像研究は数えるほどしかない。たとえば，Venkatraman, Payne, Bettman, Luce, & Huettel（2009）が行った実験では，研究参加者に5通りの結果がある混合ギャンブルを提示し，その後，選択肢を修正する方法を2つ提示し，いずれの修正方法を選択するかを研究参加者にたずねた。一方の修正方法は，全体の勝つ確率を最大化することができ，もう一方は，最大の金銭の損失を最小化する，あるいは最大利得を最大化することができた。単純なヒューリスティックによる選択は，確率の最大化であり，一方で利得の最大化または損失の最小化を選択することは期待効用最大化のような統合的モデルに一致すると解釈される。機能的磁気共鳴画像法（fMRI）の結果は，背内側前頭皮質の活動が，参加者が好んで用いた方略と整合しない選択に関連し，また，頭頂葉皮質，島皮質などの他の領域との機能的結合が，方略に対する選好の個人差を予測可能であることを示した。したがって，背内側前頭皮質は，適応的に決定方略を切り替えるために，方略の制御を行う重要な領域であると結論づけられる（Venkatraman & Huettel, 2012）。

　他のfMRI研究においても，意思決定を行う際に感じた葛藤と背内側前頭皮質との関連は報告されている。非補償型方略を使用する際に経験した葛藤と背内側前頭皮質との関連が示され（De Neys, Vartanian, & Goel, 2008），一般的に選好される情動

的なヒューリスティックによる選択と，より理性的で分析的な選択との間で生じた葛藤においても背内側前頭皮質との間の関連が報告されている（De Martino, Kumaran, Seymour, & Dolan, 2006）。他の領域に関しては，トップダウン制御を行う際の重要な領域である背外側皮質（たとえば，Miller & Cohen, 2001）との関連がいくつかの研究で報告されている。ヒューリスティックによる決定を覆す制御（De Neys et al., 2008）や，（非統合的な）ヒューリスティックを用いた意思決定において記憶に基づいて属性の評価を行うケース（Khader et al., 2011）が報告されている。しかし，さまざまな決定方略を基礎づける神経基盤はまだあまりわかっていない。さまざまな決定方略の存在に関するもっと多くの記述や検討は，今後の脳機能画像研究にかかっている。

　さまざまな決定方略の発達と，またそれらと関連する神経機構を，さらに明らかにすることが今後の課題となるだろう。ここまでにあげた先行研究は，さまざまな決定方略の認知的評価に，特に焦点を当てていた。しかしながら，過去数十年の間に，意思決定における感情的な処理の重要性に焦点を当てた研究とその理論化が進んできた。次節では，感情と制御の発達による影響について述べる。

2節　感情と制御：二重過程モデルによる説明

　二重過程モデルは，心理学と神経科学において非常に大きな影響力をもっている。二重過程モデルでは，感情的衝動は（即時の）報酬の獲得に導き，認知的制御過程は長期的目標にとって有利となる行動制御を導くと位置づけられる（Miller & Cohen, 2001）。認知的制御の能力は，幼児期の早い時期に現れ始め，幼児期から青年期にかけて徐々に発達する。認知的制御の中心となる概念は，抑制と作業記憶といった過程である（Crone, 2009；Garon, Bryson, & Smith, 2008；Geier & Luna, 2009）。抑制は反射的な反応を抑える能力であり，作業記憶は関連する情報を保持し操作する能力をさす。

　認知的制御過程は，徐々に発達して青年期にいたると考えられているが，一方，別の制御過程では，いくらか異なった発達プロセスを示す。たとえば，作業記憶は，抑制よりも持続的に発達することが示されている（Huizinga, Dolan, & van der Molen, 2006）。対照的に，感情的衝動は，児童期や成人期に比べて青年期に，特に高まることがある。この情動の高まりは，ドーパミンレベルの変化と同様に，ホルモンの急増によっても起こり（Ernst & Fudge, 2009；Spear, 2011），こういった変化は意思決定と学習に影響を及ぼす可能性がある。たとえば，（年齢の補正を行ったうえでの）思春期の進展の程度は，アルコール摂取といったリスクのある行動をとることと関連

があり (De Water, Braams, Crone, & Peper, 2013). ドーパミンレベルの変化は, 報酬と嫌悪刺激への動機づけに結びついている (Spear, 2011).

より具体的には, 青年期は, 認知制御システムと感情・情動システムの間の平衡がとれていない時期であり, これらの時期は, 脳部位の構造的な発達と関連している (Casey et al., 2008). 特に, 前頭皮質といった制御に関連する部位に比べ, 線条体といった皮質下の感情に関連する領域は, 早期に発達する. たとえば, 皮質における灰白質の発達は, 前頭皮質, 下頭頂皮質, 上側頭回のような高次機能を司る連合野が, 他の部位に比較して, 最後に発達の増大のピークがくる (Gogtay et al., 2004). 脳部位間の白質の結合も青年期を通じて発達し, 成人期のはじめまで成長を続ける (Tamnes et al., 2010). これらの結合が加齢とともに増加する傾向は, 反応の抑制能力の増大 (Liston, Matalon, Hare, Davidson, & Casey, 2006) と, 遅延報酬を待てるようになる可能性 (Peper et al., 2012 ; また Berns et al., 2009を参照), 発達にともなう能力の進歩と相関することが示されている.

青年期の発達に関するfMRI研究は, 危険性のある行動への接近との結びつきが想定される青年期における報酬系の過度な働きに焦点を当ててきた. その理由は, 大きな報酬 (たとえば, お金, 地位, バカ騒ぎ) を得るためには, 多くの場合, より危険度の高い行動をとらせる可能性があるためである. 意思決定と学習課題の枠組みでは, 実際, 青年期において, 報酬の受け取りに対して, 線条体の反応が高まることが示されており (Cohen at al., 2010 ; Galvan, Hare, Voss, Glover, & Casey, 2007 ; Galvan et al., 2006 ; Van Leijenhorst et al., 2010), この報酬に関連した皮質下の活動の増大は, 自己申告による日々のリスク行動を予測する (Galvan et al., 2007). 一方で, 報酬に関連する青年期特有の神経活動の増大はほとんどみられないとする研究報告 (May et al., 2004 ; Paulsen, Carter, Platt, Huettel, & Brannon, 2012) や, 報酬を予測する時に, 成人と比べて青年期のほうが神経活動が低下するという報告もある (Bjork et al., 2004 ; Geier, Terwilliger, Teslovich, Velanova, & Luna, 2010). 近年では, これらのさまざまな研究報告は, 研究ごとの意思決定場面の違い (Galvan, 2010 ; Richards, Plate, & Ernst, 2013) や, 決定の文脈, 報酬に対する感受性の個人差によるものであることが強調されている. 次項では, 発達的視点から, 意思決定の文脈の効果と, 報酬に対する感受性の個人差に関する新しい知見について紹介する.

◆ 1. 文脈

文脈のリスク行動に与える影響は, 特定の課題における感情の生起によるものと考えられる. 青年期は他の年齢群と比較して, "熱い"決定文脈では, 有効な決定方略

を用いることができない傾向があることが示唆されている。"熱い"文脈とは，青年期の情動が，即時の結果や，尊敬する仲間の存在といった外的要因によって高められる状況のことをさす（意思決定の社会的影響に関しては，Albert, Chein, & Steinberg, 2013；Steinberg et al., 2008を参照）。

　Finger, Mackinley, Wilkening, & Weber（2009）は，結果の即時性を操作できるコロンビアカードタスクを開発した。この課題では，異なる決定文脈（"熱い"文脈と"冷たい"文脈）を直接的に比較することができる。自己報告および皮膚電位の測定によって，冷たい決定文脈に比べて熱い文脈では，感情的なプロセスの関与が高まることが確認されている。即時の結果のフィードバックをともなう熱い決定文脈では，成人期に比べて青年期に，情報の単純化をともなう，リスク行動の増加が示されたが，即時の結果のフィードバックをともなわない冷たい文脈では，青年期は成人期と同程度の情報利用とリスク行動が示された。これらの知見は，特に青年期において，熱い決定文脈が，より意識的でより有利な結果をもたらす選択を低減させることを示している。同様に，青年期中期を対象とした研究（van Duijvenvoorde, Jansen, Visser, & Huizenga, 2010）では，即時の結果のフィードバックがない冷たい決定文脈において，一部の実験参加者のみが，単純で不利な結果をもたらす決定方略を示し，大多数の参加者は，比較的に有利な結果をもたらす，複雑な決定方略を使用できることが示された。しかしながら，実際に利得と損失を経験する，熱い決定文脈では，青年期の多くの人は，望ましくない結果にいたるような方略を用い，単に損失の確率を最小化することが見いだされた。さらに，冷たい文脈における方略は，熱い決定文脈における方略を予測することができないことが示されており，文脈に応じて，リスク行動を理解する必要があることが示されている。

　感情の関与による意思決定の違いの他に，近年では，決定の状況の明白さが，リスクのある意思決定に大きな影響を及ぼしていることが発達研究において示唆されている。Tymula et al.（2012）は，青年期（12歳から17歳まで）と成人期（30歳から50歳まで）の参加者に，確実にある金額が得られる選択肢とリスクのある選択肢を用いた選択課題を提示した。この研究で用いられた実験的操作の重要なポイントは，ある選択の結果のいくつかが，リスク下の意思決定文脈（結果が得られる確率が正確に示された）で示され，別の結果は，曖昧性下の意思決定文脈（結果が得られる確率が隠された）で示されたことである。青年期は，成人期に比べ，特に曖昧性耐性を示し，同時にリスク回避を示した。つまり，曖昧性下の意思決定では，より不確実な選択肢を採択し，リスク下の意思決定ではリスクのある選択肢を回避する傾向を示した。また，より頻繁に無謀な行動をとった青年期の参加者は，さらに著しい曖昧性耐性を示した。これらの知見は，今後の研究で再現される必要があるが，Tymulaらは，特に

曖昧性耐性が青年期におけるリスクテイキング行動を促進する可能性を強調している。この曖昧性耐性は，不確実な環境における探索と学習において，適応的であることが示唆されている（Tymula et al., 2012）。

前述の結果は，感情の関与と結果の曖昧性といった要因が，児童期から成人期までの，リスクのある決定に関する発達的変化に影響を与える可能性を示している。これらの要因は，現実世界の意思決定においてよくみられる現象であるため，特にリスク行動と関連がある可能性がある。つまり，現実場面での意思決定は，しばしば，高覚醒水準，同僚からのプレッシャー，現実の結果といった感情的に負荷のある条件（Finger & Weber, 2011）や，正確な確率が不明である曖昧性下の環境で行われる。今後は，行動の研究と脳機能画像研究により，発達における前述の影響が，より正確に示されることが期待される。

◆ 2．個人差

リスク下の意思決定におけるさまざまな知見に関連する他の要因として，報酬とリスクに対する個人の感受性をあげることができる。たとえば，青年期が示す腹側線条体における報酬に関連した活動は，行動賦活系尺度（behavioral approach system：BAS）で測定された報酬に対する感受性（van Duijvenvoorde, Op de Macks, Overgaauw, Gunther-Moor, Dahl, & Crone, 2014）と，短縮版刺激欲求尺度（Brief Sensation Seeking Scale：BSSS）の得点（Bjork, Knutson, & Hommer, 2008）と，正の相関を示すことが報告されている。報酬に関連した反応傾向にみられるパーソナリティによる違いは，なぜ一部の青年が他の青年と比べ，より報酬に反応するのかを説明できる可能性がある。

モデルによるアプローチから検討をはじめることは，発達段階および文脈にわたってみられる，リスク下の意思決定における個人差を検討するための有望な方法である。モデルの例として，リスクーリターンモデルがある。このモデルは，個人のリスクテイキング行動を，選択によって見込まれるリターンと見込まれるリスクの間のトレードオフの結果として記述する（Mohr et al., 2010；Weber, Shafir, & Blais, 2004）。個人差の評価と併せて，リスク下の意思決定を分析するために適用されるモデルによるアプローチには，プロスペクト理論（Engelmann et al., 2013；Tom et al., 2007）と，予測エラーシグナルの検討に用いられる強化学習モデル（Cohen et al., 2010；van den Bos, Cohen, Kahnt, & Crone, 2011）がある。予測エラーシグナルは，期待される結果と得られた結果のずれを伝達し，結果が予期したものよりよい場合には正のシグナルとなり，予期したものより悪い場合には負のシグナルとなる。たとえば，

予期していなかった報酬といった正の予測エラーシグナルは，子どもや成人と比べ青年期において大きいことが示されている（Cohen et al., 2010）。この研究では，モデルによるアプローチが，同年齢集団内の個人差とともに，リスクのある選択の基礎となるメカニズムをどのように明らかにしうるかを示す，よい例である。

3．感情と制御：よい意思決定を学習する

　利得と損失からの学習は，多くの意思決定課題の重要な要素であり，感情と制御の両過程間の相互作用に大きく依存している。つまり，結果のフィードバックは，即時の感情的反応を引き起こし（Figner & Weber, 2011；Loewenstein, Weber, Hsee, & Welch, 2001），また，それだけでなく将来の行動を調整するために有効に利用される必要がある。結果が確率的に得られる環境における学習は，子どもと青年には特に困難であることが，さまざまな研究で報告されている（Eppinger, Mock, & Kray, 2009；van den Bos, Cohen, Kahnt, & Crone, 2012）。確率的な環境において，結果は直接的には行動と対応しない。たとえば，最適反応は，事例の70％だけ正の強化をされることである可能性がある。確率的な環境は，人に長期にわたって結果へ注意を向けさせ，局所的な結果への直接的な反応を耐えることを要求するため，学習における困難さが生じる原因となっているといえる。

　成人に比べ，児童と青年は，確率的な決定課題において，決定を変更することでより低い総合成績となるにもかかわらず，たまに発生する損失の後には，連続的に反応を変化させる傾向が高まることが示されている（Carlson, Zayas, & Guthormsen, 2009；Crone, Bunge, Latenstein, & van der Molen, 2005；Jansen, van Duijvenvoorde, & Huizenga, 2013；van Duijvenvoorde, Jansen, Bredman, & Huizenga, 2012）。2肢選択確率的学習課題において，成人では，正しい選択肢を学習すると，ルーズシフト（lose-shift）から，ルーズステイ（lose-stay）戦略に切り替えることができたが（van Duijvenvoorde et al., 2013），青年と児童は戦略を切り替えることができなかった。利得と損失への反応における選択行動を制御する能力は，児童期と青年期ではまだ発達途中であり，このことは目標志向的な行動の制御に重要な部位である前頭前皮質とその結合部の発達と特に関連している（Hämmerer & Eppinger, 2012）。

　van Duijvenvoorde et al.（2012, 2013）は，認知的制御過程への負荷を低減させることによって，子どもと青年の意思決定に与える影響を検討した。ここで，子どもと青年の参加者には，2種類の確率的フィードバック課題が与えられた。1つは，選択の結果が，異なる選択肢の価値を学習するために必要となっており，もう1つは，

確率と結果が明示的に提示されるものであった。前者に比べ後者の提示方法のほうが，（作業）記憶への負荷が低いことが仮定されていた。制御と前頭前野が未発達であるほど，情報がない状況から情報がある状況になると，選択行動が大いに改善し，反射的なルーズシフト戦略を用いることが，完全にではないものの，かなり減少した(van Duijvenvoorde et al., 2012)。これらの知見は，（作業記憶と長期記憶における）価値の表象の保存とその更新が，確率的課題における児童期と青年期の学習と意思決定を抑制する主な要因であることを示唆している。また，発達段階にわたる意思決定において，作業記憶の負荷を下げるためのよい介入の方法は，不確実な環境での学習を向上させることである可能性を示している。

3節　結論

　本章では，我々はリスク下の意思決定における2つの重要な側面について述べた。1つは，発達段階を通じて用いられるさまざまな意思決定方略であり，もう1つは意思決定における感情と制御へ発達が及ぼす影響であった。これらの側面は，神経経済学，発達心理学，伝統的な判断と意思決定の分野で得られた知見を結びつけて研究され，いくつかの一般的な結論が得られている。第1に，意思決定の研究において，意思決定の文脈を考慮することが不可欠である。本章では，（たとえば，結果の即時性によって引き起こされる）情動的関与と選択に関わる情報の明示性の影響についての研究を中心に見てきた。リスクのある行動を選択させる文脈と，現実場面での行動をどのように予測できるのかを理解することが，今後の研究における必要な検討課題である。第2に，個人差を示す研究とその方法は，リスク下の意思決定の分野において，ますます重要となってくることが予想される。たとえば，青年期は一般に情動性が高まる段階であるが，すべての青年がリスクのある行動をとるわけではない。同様に，年齢間の平均的な成績に注目することは，同年齢群で用いられる意思決定方略の違いを見えなくするだろう。このような個人差を明らかにする分析と測定（たとえば，潜在クラス分析，モデルによるアプローチ）は，この分野を支える重要なものである。さらに，脳機能研究と組み合わせることで，リスクのある選択における個人差を規定する神経機構の検討が可能となる。

　我々は，リスク下の意思決定における発達的変化に対する理解を促進することが，児童と青年の決定を最適化する方法の発見という，「次の段階」への重要な示唆を提供するものであると考えている。本章で述べた理論や方法から明らかなように，このような研究は，刺激的で魅力的な分野であるといえるだろう。ただし，意思決定が容易であると言った人も，意思決定研究が容易であると言った人はいない点に注意をす

る必要がある。

【謝辞】
　筆者らは，草稿の段階から入念に原稿を読んで建設的な意見をくれたChris Warrenに感謝したい。

【原注】
★1　発達に関する分野における「リスク下の意思決定」の定義は，一般に，望ましくない結果の確率が，明らかであれ不明であれ，関連している選択のことをさすことである。一方，経済学・ファイナンスでは，リスク下の意思決定は，結果とその結果が起きる確率が明らかである状況のことをさす。これは，曖昧性下の意思決定と対照をなしており，曖昧性下の意思決定は，結果が起きる確率が不明である状況をさす。

第11章 意思決定能力の生涯発達

Wändi Bruine de Bruin
Andrew M. Parker
Baruch Fischhoff

　人は，生涯にわたって，自身の健康や収入，そして全般的な幸福に関わる意思決定を行う。このような意思決定を行う能力は，青年期，成人期を含めた生涯にわたって変化するだろう。個人の意思決定能力を測定し，また意思決定能力を向上させる方法が効果的であるかどうかを調べるためには，妥当性のある個人差を測る意思決定能力の測度が必要である。本章では，意思決定能力の生涯発達の個人差に関する近年の研究成果を紹介する。これらの研究成果がどのように伝統的な行動意思決定研究（つまり，人々の決定を評価する際の規範的な基準と方法論的なアプローチを定義する研究）や，青年と高齢者を対象とした初期の個人差の研究に基づいてきたのかについて考察を行う。さらに，意思決定能力の個人差を測る妥当な尺度を用いることで検討可能となった新しいリサーチ・クエスチョンについても言及する。とりわけ，どのスキルがよい意思決定を行ううえで重要となるのか，また年齢により意思決定能力の側面がどのように変化するのかについて検討ができるようになり，意思決定を向上させるコミュニケーション，意思決定支援，行動スキルトレーニング，そしてその他の取り組みを開発し，評価することが可能となったことについて述べる。

　人は，生涯を通じて，自らの健康，財産，そしてあらゆる幸福に関わる意思決定を行っている。そして，これらの意思決定を行う能力は，青年期と後期成人期といった人生の各段階にわたって変化するだろう。人々が意思決定を行うことが難しい場合に，政策立案者と実務家は，コミュニケーション，意思決定支援，トレーニングを提供することができる。政策はある特定の選択肢へと「促す（ナッジ）」あるいは，直接的

に法律の施行により決定に影響を与えるように意図されているかもしれない。極端なことを言ってしまえば，十分な意思決定能力をもたない人は自分の代わりに決定をしてくれるものが必要かもしれない。

　個人の意思決定能力を把握するために，研究者は意思決定能力の個人差を反映した妥当性のある尺度を必要とする。しかしながら，これまで意思決定研究では，個人差に重点を置いてこなかった。意思決定研究では，一般に，人が決定を行う際に共通して認められる決定のバイアスを特定し，その状況要因を理解することに重点を置いてきた。このため，このような研究は決定時の状況要因をコントロールするために心理学の実験室で行われることが多い。さらに，人を対象とした心理学の意思決定研究では，実験や調査の対象者を大学の学部生としても，異なる年齢，学歴，認知能力の人々に対しても適用されるだろうという仮定のもとで，学部生を実験参加者とする傾向がある。

　本章では，生涯を通した意思決定能力の個人差に関する近年の研究成果を紹介する。人々の意思決定を調べるための規範的な基準と，方法論的なアプローチを定義した伝統的な研究と，個人差の研究に影響を与えた青年期と高齢者の意思決定に関する初期の研究について考察する。意思決定能力の尺度の開発と妥当性に関する2つの研究成果について簡潔に述べた後，妥当性のある個人差を反映した意思決定能力尺度を用いることができるようになったことで，新たに検討可能となったリサーチ・クエスチョンについて詳しく説明する。

1節　意思決定能力の定義

　伝統的な意思決定研究では，規範的理論と記述的研究を発展させてきた。規範的理論では，平均的に最もよい結果をもたらすであろう意思決定過程の特定を行う。一方で，記述的研究では，規範的な基準に反した実際の人の意思決定行動を評価する方法を検討する。規範的な基準なくしては，人の意思決定を評価する（あるいは向上させる）試みは，理論に基づかない主観的なものとなる。意思決定行動を評価する記述的な手法なくしては，研究者は人々にどのように意思決定を行ったかについて自己報告を求める手法に戻ってしまう（Appelt et al., 2011）。本節では，意思決定能力を定義してきた規範的・記述的アプローチについて概説する。両アプローチは，人の意思決定を向上させる処方的方略を提供し得る。このことについては，本章の最後の節で考察する。

◆1.規範的理論:人はどのように意思決定を行うべきか?

規範的意思決定理論では,人がどのように意思決定を行うべきであるかを処方する,以下の4つの基本的な過程が強調されている(Edwards, 1954; Parker & Fischhoff, 2005)。

1. 信念の評価(belief assessment)は,ある選択肢を選ぶことで生じる特定の結果の経験しやすさを判断することである。
2. 価値の評価(value assessment)は,選択によって生じる結果がどの程度,意思決定者の目的に一致しているかという観点から,結果を評価することである。
3. 結合(integration)は,意思決定者の目的に最もよく一致している選択肢を選ぶために,評価後の信念と価値を統合することである。
4. メタ認知(metacognition)は,意思決定者が自身の能力の限度を知っていることである。

上記にあげた各項目の過程を評価するために,規範的な基準が開発されてきた。

規範的によい意思決定過程では,意思決定者である個々人が異なる信念と価値をもっていた場合には,異なる選択肢へ導くことが正当なことであるとみなされるだろう。したがって,人々の信念と価値を知ることなしに,その意思決定過程の質を判断することは難しい。それにもかかわらず,特定の意思決定の質は,意思決定により生じた結果ではなくその過程により判断できるはずである(あるいは議論の余地はあるが判断されるべきである)(Keren & Bruine de Bruin, 2003)。よい意思決定過程は,時として望ましくない結果をもたらすかもしれない。しかし,規範的に正しい意思決定過程を行うことに客観的に長けた人であれば,平均的にはよりよい結果を得ているはずである。信念の評価,価値の評価,結合,メタ認知に対する規範的なアプローチを以下に示した。

◆(1)信念の評価

十分な情報に基づいた意思決定を行うためには,選択によって望ましい結果を得られ,望ましくない結果を避けられる確率を評価する能力が必要である。規範的には,信念の評価は,外的な基準と一致していることや,他の信念と一貫していることから評価できる。人が生きていくうえで必要なこと(退職後の貯金やその他のライフプランについての意思決定)に関する個人の信念について考えてみよう(Hurd, 2009)。一貫性ルールでは,ある年齢までの生存確率の判断は,統計的な生命表から得られた

推定値に従うと仮定されている（Bruine de Bruin et al., 2007）。

◆**（2）価値の評価**

　十分な情報に基づいた意思決定を行うためには，選択によって起こりうる結果の価値を評価する能力が必要となる。たとえば，この意思決定に対応する規範では，価値の評価は，サンクコストルール（選択肢を評価する際には，過去に投資をしたかどうかということは考慮に入れず，将来的に期待される結果について評価するという仮定）に従っていなければならないとされる。実際，もはや利益の見込めない選択肢に投資を続けることは，規範的には正しくないとされる（Arkes & Blumer, 1985）。価値の評価は，一貫性の規範に従って評価されることもある。たとえば，記述不変性の規範では，選択肢に対する評価は，どのように選択肢を表現するかということに依存してはならないことが仮定されている。例をあげると，ある治療法が「95％で効果的である」と表現されていようと，「5％で効果的ではない」と表現されていようと，同じくらい魅力的な治療法と評価しなければならない（Levin et al., 1988）。

◆**（3）統合**

　よい意思決定を行うことにおいても，選択肢に付随する結果を評価後の信念と価値の観点から評価することで，選択肢を比較する能力が必要となる。そして，意思決定者は自身にとって最も価値のある結果を得られることが期待される選択肢を選ぶのである。規範的意思決定理論では，判断後の価値とそれに対応する確率の信念をかけることにより，各選択肢の期待値を計算する。伝統的な規範的方略では，意思決定者は考えうる限り，すべての選択肢と属性について手に入る情報を組織的に考慮することが求められる（Payne et al., 1993）。もしこのような規範的な方略が実際に適用された場合には，一貫性の基準に従っていなければならない。たとえば，推移性の公理に従えば，選択肢BよりもAを選択し，かつCよりもBを選択したならば，CよりもAを選択する（Kahneman et al., 1982）。

◆**（4）メタ認知**

　よい意思決定者は，意思決定過程，知識，能力における自らの限界を理解している必要がある。というのも，このような自分自身の限界を知っていることで，よい意思決定者は，情報や他の人から助言をいつ求めるべきかを理解しているからである。このような能力は，一般的には，知識に対する自信と知識テストの成績を比べることにより評価されてきた（Klayman et al., 1999）。このとき自信が全体的な成績に沿ったものであれば，そのような意思決定者は自信の程度をうまく調整できているとみなさ

れる。たとえば，平均的に70％自信があるとしている人が，全体的な成績も70％であるとき，その人の自信は適切であるとされる。

◆2．記述的研究：人はどのようなときに規範的な基準に反する意思決定を行うのか？

　判断と意思決定における記述的研究は，人がどのようなときに，どのような理由で規範的な基準に反する意思決定を行うかについて研究を行ってきた（Kahneman et al., 1982）。組織的な意思決定の誤りは，信念の評価，価値の評価，統合そしてメタ認知において明らかになってきた。

◆（1）信念の評価

　人の信念の評価について検討するために，記述的研究では，質問紙調査を用いて，回答者に自身の人生のなかで生じる特定の出来事の確率を判断させるということを行ってきた。たとえば，回答者に，ある年齢まで生きられる確率や，命に関わる病にかかる確率を答えるよう求めるなどである。ここで，たとえ公式な統計を見た後であったとしても，通常，人はよい出来事を経験する可能性を高めに見積もり，悪い出来事を経験する可能性を低めに見積もるという非現実的で楽観的な回答をする（Rothman et al., 1996）。このような楽観主義は，願望的思考あるいは認知過程を反映していると考えられる。つまり，人は，一般的で操作可能な出来事について考える時，他者のことよりも自分のことに対しては，危険な出来事が生じる確率を低く判断しがちである。というのも，人は，自分のことであれば，どのように自らの身を守るかはわかっているが，他者についてはそれがわからないからである（Kruger & Burrus, 2004）。

　確率の公理により定義された一貫性に違反することは，数量的な判断における組織的なバイアスを反映している（Poulton, 1989）。たとえば，人は，自らが死ぬ確率には，そこにさまざまな原因で死ぬ確率が含まれていることを認識しそこねてしまう（Tversky & Koehler, 1994）。その結果，互いに独立な事象の確率を判断させ，その後それらをすべて足し合わせると100％にならないこともある。また，テロで死ぬといったように印象が強い特定の出来事に対する確率判断のほうが，死ぬことに対する確率判断よりも高くなることもある。

◆（2）価値の評価

　記述的研究では，人は価値の評価においても，これに対応する規範や一貫性の規範に組織的に違反することが示されてきた。たとえば，人はサンクコストルールに違反

することが知られている。サンクコストルールは，選択肢は期待されている将来の結果について評価されるべきであり，すでに失ってしまった投資金や，どのように意思決定者が投資を進めているかについては考慮しないことが仮定される。記述的研究では，調査の参加者に，失敗している行動方針を続けるか否かという仮想の選択肢を与えることを行ってきた。その結果，人は過去に費やした投資金が無駄になることを懸念して，やめることをためらう場合が多いことが示されている（Arkes & Blumer, 1985）。一貫性の規範の違反も価値の評価において示されてきた。古典的な研究では，規範的には同じ情報を表しているが，特定の言葉の表現を変えた選択肢対が用いられていた。治療に対して，人は5％で効果的ではないと表現されるよりも，95％で効果的であると表現されるほうが，よりその治療法を魅力的であると思ってしまうため記述不変性への違反が認められている（Levin et al., 1988）。またこれは，もしかすると，表している意味は同じであっても，その言い回しに，話者の意見が反映されていると人は推測しているからかもしれない（McKenzie, 2004）。

◆（3）統合

　記述的研究では，人が決定ルールを用いる能力においても，規範理論に違反することが示されてきた。実験参加者は，各属性における属性値が異なる選択肢群を提示され，選ぶことを求められる。その結果，人は各属性における属性値が異なる選択肢すべてを比較するという規範的な方略を使うことができないことが示されている。たとえば，最も重視する属性のみの値を比較し，比較したなかで最もよい選択肢を選ぶ，あるいは，意思決定者自身の最低限の要求水準を満たすと思われる選択肢を見つけたところで，その選択肢を選ぶ（Payne et al., 1993）。このようなヒューリスティックを用いることで，時間と労力を節約する一方で，一貫の規範に違反するため，最適ではない選択肢を選ぶ危険性がある。

◆（4）メタ認知

　メタ認知に関する古典的な記述研究では，実験参加者に「ニューヨークとローマでは，どちらがより北に位置しているか」といった知識問題に回答させたあと，その回答に対する自信の程度を答えさせることを行ってきた（50％を「単なる推測」，100％を「確信している」とする）。このような研究の結果，すべての項目を平均した自信の程度は，知識問題の正答率よりも高く，この自信過剰の程度は，問題が難しくなるにつれて上がることが示されている（Klayman et al., 1999）。ここで認められる自信過剰は，人は自身が回答した内容に対して確証がない理由よりは確証がある理由について考えがちであることに一部起因している（Koriat et al., 1980）。このような傾向

は，集団でいる時や，助言をする立場にある時に悪化すると思われる（Strauss et al., 2011; Zamoth & Sniezek, 1997）。というのも，人は自分の意見と専門的意見を同一視するからである（Price & Stone, 2003）。

2節　意思決定能力の生涯発達

　意思決定研究では学部生を調査あるいは実験の参加者とすることが多く，その一方で青年や老人に焦点を当てて，それぞれの年齢層における意思決定能力を比較した研究はあまり多くない（Bruine de Bruin et al., 2012; Fischhoff, 2008; Peters & Bruine de Bruin, 2012; Strough et al., 2011）。このような研究は子どもも対象とされてきており，年齢に応じた意思決定課題を用いられることが多い（Jacobs & Potenza, 1991; Levin et al., 2007）。これらの研究は，意思決定能力の発達の軌跡を理解することを目的としているため，意思決定能力の根底にある認知的，感情的なスキルに関する理論や，意思決定能力における個人差を測るアプローチを生み出してきた。

　青年期と高齢者の意思決定能力について研究がなされる主要な理由は，それらの年齢層において望ましくない出来事が他の年齢層よりもよく生じるためである。たとえば，青年期では他の年齢層よりも自動車事故（Turner & McClure, 2003），アルコール依存症（Grant & Dawson, 1997），HIV の診断（CDC, 2004）を経験する傾向がある。高齢者では，憂慮すべきほどの割合で，破産申請が行われており（Thorne et al., 2009），また処方された薬を服用しそこねてしまうこともわかっている（Park et al., 1992）。しかし，規範理論では，ときとして優れた意思決定者でさえ悪い結果を経験することが仮定されている。規範的には，選択は年齢とともに変化するであろうリスクと利益に対する好ましさに依拠しているべきである。特定の年齢層が直面する予測やコントロールのできない環境もよい意思決定を行うことをより難しくしているだろう。

　研究によく用いられる意思決定課題においてよい意思決定を行うことに認知能力と経験は寄与するが，これらは年齢層で変化するだろう（Bruine de Bruin et al., 2012; Reyna, 2004; Stanovich & West, 2008）。若い年齢層であれば，認知的スキルは熟達しているが経験が乏しく，一方で，高齢者は，経験は豊富であるが，認知的能力は年をとるにつれて低下していくであろうという懸念がある（Bruine de Bruin, 2012; Peters & Bruine de Bruin, 2012; Reyna & Farley, 2006; Strough et al., 2011）。年齢と意思決定の研究は，それらの理論を検証し，自立した意思決定を行う能力があるかを評価することができる。法的な意義としては，医療に対する同意，金銭的な責

務を負う，裁判を受けるといった能力を評価できるということがある。

1．青年期と成人期の意思決定能力に関する比較

　青年期とは児童期と成人期の間に位置する発達の段階であり，10代と20代前半が含まれる。青年期は高い意思決定能力を必要とする。なぜならば，青年期では人生で初めてその後も残るような習慣や結果を生じさせる重要な意思決定を求められるからである（Reyna & Farley, 2006）。10代後半で認知的発達のピークとなるが，しかし青年期は，よい意思決定を行うことに関係する人生経験と感情的な成熟に乏しいという批判もある（Reyna & Farley, 2006）。このような批判はあるが，発達についてなにか主張をするならば，青年期と，（すでに述べたように）意思決定を誤りがちな成人期の比較にもとづいて行われるべきである。

（1）信念の評価

　これまでに述べてきたように，外的な基準と一致しているか，あるいは，報告された信念と一貫しているかという観点から，信念は評価される。個人がもっている一貫した信念を評価する能力の発達の軌跡を調べた研究はほとんどない。これまでの研究成果から，実は子どもは年齢が上がるにつれて規範的な確率の公理に違反するようになることが示されている。これは，おそらく子どもが印象の強さから確率を評価するというヒューリスティックを学習するためであると考えられる（Klaczynski, 2001）。成人の信念を評価する能力も客観的な基準に照らして評価されている。1997年の全米青年長期調査（National Longitudinal Study of Youth：NLSY）では，青年を対象に，さまざまな出来事について，20歳までに起こる確率と，翌年までに起こる確率を判断させた。平均すれば，彼らは理にかなっていると思われる回答をしていた。たとえば，20歳までに高校の卒業証書をとれる確率を判断させたところ，判断させた確率の平均値は，1997年のデータを用いた公式な統計的な推定値と，その年の入学率の報告書に沿った値であった（Fischhoff et al., 2000）。1997年により高く確率を判断していた青年は，翌年あるいは20歳までに，その出来事を経験したと回答する傾向が有意に高かった（Bruine de Bruin et al., 2007）。しかしながら自己申告行動（たとえば，1997年の入学）のほうがより高い予測力をもつかもしれない（Persoskie, 2013；例外については Bruine de Bruin et al., 2010を参照）。主要な問題としては，死ぬ確率がある。死ぬ確率は，青年が翌年起こる確率と20歳までに起こる確率ともに，一貫した判断をしておらず，また統計的な生命表と NLSY の縦断調査における実際の死亡率と比べてかなり多めに見積もることが多かった（Bruine de Bruin et al., 2007；

Fischhoff et al., 2000)。それゆえ青年は多くの出来事に対して妥当な信念をもっているが,一方で,死ぬことなど感情的な出来事に対しては,成人がもつような一貫した信念を評価する能力は示されていない（Hurd, 2009)。これはもしかすると,健康と安全が脅かされることに対して不安が増していることが影響しているのかもしれない（Fischhoff et al., 2010)。

　経験が不足していることもまた原因となっているかもしれない。青年は,成人よりも（避妊具を用いない）危険な性行為や飲酒といったリスキーな行為により引き起こされる悪い結果の確率を過大評価する傾向がある（Cohn et al., 1995; Millstein & Halpern-Felsher, 2002; Quadrel et al., 1993)。青年は危険な行為について経験を得るにつれて,自分が心配をしすぎていたことを学び,リスク認知がより現実的になると考えられる（Gerrard et al., 1996; Halpern-Felsher et al., 2001)。

◆**（2）価値の評価**

　青年がもつ価値を評価する能力について調べた発達の研究はほとんどない。いくつかの研究では,発達がよい進歩となることを示しており,収益の見込めない投資に関する選択肢を評価する際,成人は青年よりも,サンクコストルールを遵守する傾向がある（Klaczynski, 2001; Klaczynski & Cottrell, 2004)。青年は,成人よりも選択していない行動により起こりうる結果を想像する能力が低いため,成人よりもサンクコストと機会費用の両方を適切に理解できないことがある（Beyth-Marom et al., 1993; Fischhoff, 1996)。しかしながら,成人もまたサンクコストの過ちをすることがあり（Arkes & Blumer, 1985),5歳〜6歳の子どもよりも劣っていることもあるかもしれない（Arkes & Ayton, 1999)。年齢を重ねるにつれて,記述不変性に違反すること（フレーミングの誤り）が増える傾向があり,青年は,4〜5歳児よりも間違えるが（Reyna & Ellis, 1994),成人よりは間違えることが少ない（Reyna et al., 2011; Weller et al., 2011)。価値の評価が年齢を重ねるごとに向上するかは,規範的基準が経験から容易に学べるか,あるいは計画的な訓練により得られるものであるかに依存する（Stanovich & West, 2008)。また年齢を重ねるにつれて人は時間と労力を無駄にしてはいけないという規範を学び,そして,この時間と労力に対する考えをサンクコストの問題に誤って過度に適用しているのかもしれない（Arkes & Ayton, 1999)。

◆**（3）統合**

　信念と価値を統合する決定ルールを用いる青年の能力を調べた研究はあまり多くないが,青年のこの能力は成人よりも低いことが示唆されている。青年は,成人よりも選択肢の危険性と利益を考慮しない（Beyth-Marom et al., 1993; Halpern-Felsher

& Cauffman, 2001）。青年は，認識した危険性と利益を論理的に評価する認知的な能力をもっているが，認知的な熟慮をゆるがせる社会的，感情的影響に対抗する経験を欠いている（Gerrard et al., 2008 ; Reyna & Farley, 2006）。

◆（4）メタ認知

メタ認知の研究は，研究者間で共通認識を得られていない。知識に対する自信過剰の程度は，年齢を重ねるにつれて減少するという報告（Klaczyski, 2001）は，青年が成人よりも助言を求めない傾向の理由を説明しているかもしれない（Halpern-Felsher & Cauffman, 2001）。しかしながら，青年とその両親はリスキーな行動に関する知識について同程度の自信をもっている（Beyth-Marom & Fischhoff, 1997）。この結果は，青年がそのトピックを経験しているかどうかに依存しているのかもしれない。

2．高齢者と若い成人の意思決定能力についての比較

高齢者は，自身の経済状態と健康状態について複雑な意思決定に対面することから，高い意思決定能力を必要とする。さらに，高齢者が意思決定を行って悪い結果となってしまった場合，その悪い結果を克服するのは難しい。というのも，高齢になることで収入を補う機会は少なくなり，家族のセーフティーネットも減るからである。加齢により認知能力が衰えることで，健康管理に関する計画という複雑な意思決定の質が下がってしまう恐れがある（Finucane & Gullion, 2010 ; Finucane et al., 2002, 2005）。しかしながら，意思決定は，単に認知運動だけでないことが多く，年齢を重ねることで向上する経験と感情の成熟を必要とすると思われる（Peters & Bruine de Bruin, 2012 ; Reyna, 2004）。

◆（1）信念の評価

成人期の年齢と，信念を評価する能力に関する研究はほとんどない。成人の確率判断は人生経験を適切に反映しているように思われるが，しかし高齢者の場合は，ある特定の年齢まで生きる確率についていくらか過大評価しているかもしれない。これはもしかすると，彼らの同世代が長生きをしているせいかもしれない（Hurd, 2009）。たとえば，テロで死ぬ確率をあらゆる原因で死ぬ確率よりも低く見積もるというように，一群の似通った確率の質問を通して一貫した回答を行う能力については，高齢者と高齢者以外の成人で異なっていることを示す証拠は存在しない（Bruine de Bruin et al., 2012）。もしかすると，高齢者は年をとるにつれて認知能力が衰える一方で，

確率を首尾一貫して判断することに役立つ経験に基づいた能力をもっているのかもしれない。

◆**（2）価値の評価**

価値の評価に関する記述的な研究では，年齢と価値の評価の関係について一貫した知見は得られていない。ある研究では，高齢者は高齢者以外の成人よりもフレーミングの誤り（記述不変性の違反）をしやすいことが示されている（Bruine de Bruin et al., 2007, 2012）。一方で，他の研究では，逆の結果を示す場合や，年齢で違いがないことを示す結果が報告されている（Kim et al., 2005；Mayhorn et al., 2002；Mikels & Reed, 2009；Rönnlund et al., 2005；Weller et al., 2011）。このような矛盾した結果は，特定の課題で必要となる認知能力が要因となっているかもしれない。個人差研究では一般的に，各実験参加者に1対のフレームを両方とも提示する。このようにしたほうが，実験参加者は2つ目に提示されたフレームが1つ目のフレームと類似したものであることを認識し，1つ目と2つ目で一貫した回答となるように2つ目の回答を変える傾向が上がる。1つ目のフレーム提示と2つ目のフレーム提示の間にフィラー課題を入れると，加齢により衰えてしまう記憶力がより必要となるため，2つのフレームが関係していると認識されづらくなる（LeBoeuf & Shafir, 2003）。しかしながら，被験者間デザインのフレーミングの研究でさえ，加齢における研究結果は矛盾することが報告されている。このことは，個々の研究で加齢により変化する他のスキルを用いる程度が異なっていることを示唆している。

成人の年齢とサンクコストに抵抗する能力との関係は，より一貫した結果が報告されている。加齢とともに規範的なサンクコストルールはより遵守されるようになる。これは，1つには課題が認知的な負荷が低いためである（Bruine de Bruin, et al., 2007, 2012；Strough et al., 2008, 2011）。また，高齢者は比較的若い成人よりも，サンクコストの過ちを犯さないと考えられる。というのも，高齢者は若い成人よりも感情をうまくコントロールし，取り返しのつかない損失についてもあまりくよくよ考えないからである（Strough et al., 2011）。

◆**（3）統合**

成人の年齢と決定ルールを用いる能力は，認知能力の加齢による衰えの影響を受け，負の相関となる（Bruine de Bruin et al., 2007, 2012）。この知見は先行研究とも一貫している。高齢者は，決定方略を選ぶ際に，若い成人よりも，より比較する回数が少なく認知的努力を減らせる非補償型の方略を使う傾向がある（Johnson, 1990）。しかしながら，年齢の違いによるパフォーマンスの違いは，決定文脈に依存する。高齢

者は，自身がよく経験する文脈，たとえばスーパーで決定方略を用いるときには，若い成人と少なくとも同程度のパフォーマンスをする（Kim & Hasher, 2005；Tentori et al., 2001）。

◆(4) メタ認知

研究によって，高齢者は若い成人よりも，過信しない（Kovalchik et al., 2005），過信する（Crawford & Stankov, 1996），あるいは変わらない（Bruine de Bruin et al., 2012）という報告がある。このような結果は，自信を測定する方法で必要となる認知能力と，高齢者が特定の問題を経験している程度が関与しているからだと思われる（Hansson et al., 2008）。

3節　意思決定能力の総合的な尺度の開発とその妥当性の検討

本節では，意思決定能力における個人差を妥当かつ総合的に測る必要性や，このような尺度を開発し，その妥当性を検討するために我々が行ってきたことと，意思決定能力の要因と結果の枠組みについて考察を行う。

◆1．個人差を反映した妥当性のある意思決定能力の尺度の必要性

多くの記述的意思決定研究では，人の意思決定における誤りを特定するために，紙と鉛筆による課題を用いてきた。このような研究では，実際の世界における結果をともなわない仮想的な意思決定問題を提示するため，これらの課題におけるパフォーマンスがどのくらいよく実際の世界のパフォーマンスを予測できるかという点に疑問が残る。紙と鉛筆による課題の妥当性を脅かすことに関係することとして，どうやらこの課題が不明確な手法であることがあげられる。サンクコストルールの違反は，回答者が，シナリオに疑問を抱き，サンクコストについての規範的なルールを違反する正当な理由を見いだすことにより，生じているかもしれない（Frisch, 1993）。フレーミングの誤りについても，人が選択肢に対してどのように感じるかが表現の仕方に影響を受けているとき，たとえば，晩ごはんに牛ひき肉を食べる際に，「脂肪25％」と記述されている場合よりも「赤身75％」と記述されている場合のほうが晩ごはんに満足する場合には，フレーミングの誤りをすることは正当とみなされるかもしれない（Levin & Gaeth, 1988）。さらに，不当な自信によって，退職後の貯金が増えることにつながる金融リスクをとることへのためらいを克服できるかもしれない（Parker et al., 2012)。最後に，信念と価値を統合する規範的な方略は，簡便なヒューリスティックを用いるよりも，よい結果が得られるという保証がなく，用いることが難し過ぎるという批判がある（Payne et al., 1993；Schwarz et al., 2002）。

意思決定能力の加齢による変化に関する報告についても，疑わしいところがある。青年は，心理学の実験室で紙と鉛筆による課題であれば，賢い意思決定ができるかもしれないが，しかし，実世界では高まった感情と集団圧力によりあまり賢くないふるまいをしてしまうという批判がある（Reyna & Farley, 2006参照）。また他の知見により，高齢者は自らの経験を用いることができる実世界においてよりも，紙と鉛筆による課題において悪い意思決定を行っているかもしれないことが指摘されている（Peters & Bruine de Bruin, 2012）。実際，認知的負荷が高い課題においては，成人の年齢と意思決定能力の関係は，負の相関となる傾向がある。一方で，より経験に基づいた課題であれば，意思決定能力は年齢の影響を受けないあるいは，年齢とともに向上すると考えられる（Bruine de Bruin et al., 2012）。

◆ 2．個人差を反映した意思決定能力の尺度の開発と妥当性の検討

意思決定課題の外的妥当性については疑わしいところはあるものの，仮想的な紙と鉛筆を使った課題で測定された意思決定能力は，現実世界の悪い意思決定の要因と結果に関係があるという報告が増えてきている。伝統的には，意思決定は認知的な活動と考えられてきたため，いくらかの研究では意思決定能力と認知能力の関連性について検討がなされてきた。流動性認知能力と実行機能が高い人は，実際に，自信過剰やフレーミング効果などのよく知られた意思決定バイアスを行いにくいことが示されている（Bruine de Bruin et al., 2007；Del Missier et al., 2010, 2012；Finucane & Gullion, 2010；Finucane et al., 2002, 2005；Parker & Fischhoff, 2005；Stanovich & West, 2008）。

我々が行った最初の研究では，さまざまな経歴の青年の意思決定能力を測定することを目的とした（Parker & Fischhoff, 2005）。課題は，リスク認知の一貫性，サンクコストへの抵抗力，フレーミングへの抵抗性，決定方略の適用，自信過剰と自信過小に関係するものであった。意思決定能力はさまざまな能力の複合体（すべての変数が正の相関）を反映している（Stanovich & West, 2008）。このため，主要な処理（信念の評価，価値の評価，統合，メタ認知）が一貫して行われ，信頼性と妥当性を保っている限りは，紙とペンを使ったさまざまな課題のポートフォリオ内で総合的な意思決定能力の得点は変動するかもしれない。我々の研究では，相対的には内的一貫性が低い課題もあったが，課題全体の成績は，集計した測度を算出するのに十分な信頼性

を示していた。さらに，この総合的な意思決定能力の得点は，認知能力と正の相関があり，不適応なリスク志向（軽犯罪行為）とは負の相関を示していた。認知能力を統制したあとでも，同様の結果が示されたことから，この総合的な意思決定能力の得点の外的妥当性を示唆していた。

　次に我々が行った研究では，成人を対象とした意思決定能力の測定を目的とした（Bruine de Bruin et al., 2007）。2番目に行った研究では，1番目の研究で用いた項目をもとにしたが，項目の信頼性を向上させるために，使用する項目数を増やし，手法を改善し，成人を対象とした。さまざまな年齢層の成人を対象としていたが，課題内，課題間ともに，比較的に一貫した得点が示された。個々の課題とそれらを集計した得点の妥当性は，認知能力，社会経済的な地位，認知スタイルの測度と有意な相関が示されていた。最も重要な結果として，個々の課題と課題を集計した成績は，認知能力や他の特性を統制した後でも，悪い結果を導く意思決定を避けることと関係があることが示された。意思決定の結果については，決定結果目録（Decision Outcome Inventory: DOI）に自己申告で回答させた。DOIを用いることによって，回答者がそれまでの人生で，性行為によってかかった感染症のような回避可能ではあるが悪い結果をもたらしうる意思決定を（もし性行為をするならば）行ってこなかったかを評価できる。ここで，回避しなかった結果が常に悪い意思決定によって生じるわけではないかもしれないが，よい意思決定を行う人よりは，悪い意思決定を行う人に一般的な結果であると思われる。実際，意思決定能力の得点が高い人ほど，DOIの個々の項目でも項目全体においても，悪い結果を報告しない傾向にあった。これらの結果は，他の研究でも示されているように，伝統的な紙と鉛筆を用いた課題が意思決定能力を測るうえで信頼性，妥当性のある測度であることを支持している（Finucane & Gullion, 2010 ; Finucane et al., 2002, 2005）。

◆3．意思決定能力の要因と結果を考察する枠組み

　図11-1は，本章でこれまで紹介してきた論文において，認められた関係をまとめた簡単な概要図である。以下の理論的なモデルは，Yates（2003）や他の研究者によって提案された。図11-1では，個人的，環境的要因が，意思決定過程を決め，続いて，特定の意思決定の結果を導くことを示唆している。

◆(1) 要因
　個人の能力，その他の個人の特徴と，環境的な特徴は，意思決定能力の要因となりうる。個人の能力には意思決定課題の得点と正の相関がある流動性認知能力が含まれ

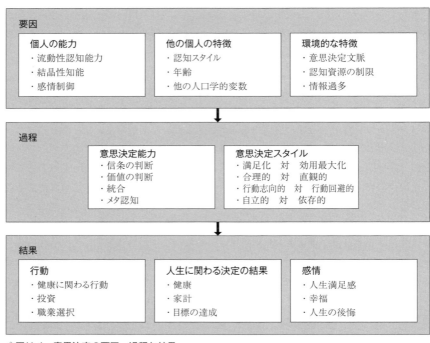

➡図11-1　意思決定の要因，過程と結果

ている（Bruine de Bruin et al., 2007, 2012 ; Del Missier et al., 2012 ; Stanovich & West, 2008）。流動性認知能力はサンクコストへの抵抗との相関が比較的に低いことから，サンクコストの課題は認知的な負担が低いことを示唆している（Bruine de Bruin et al., 2007 ; Strough et al., 2008）。流動性認知能力との相関が低い意思決定課題は，どのように課題を遂行するかや，規範的には誤った情動的な反応を防ぐ感情を統制するスキルといった，経験に関係した知識を必要とする課題と考えられる（Stanovich & West, 2008）。

　流動性認知能力以外の個人の能力が意思決定能力に与える影響に関する研究は比較的限られている。これは，他の能力が，流動性認知能力より妥当な測度を得られにくいためである。このような意思決定能力と関係があると思われるその他の個人の能力には，訓練や人生経験により得られる知識やスキルと定義される結晶性知能がある。年齢と語彙（これらは年齢とともに向上する）は，結晶性知能の測度として用いられてきた（Bruine de Bruin et al., 2012 ; Parker & Fischhoff, 2005）。規範的な意思決定を扱った正式な講義を受講したことがあるという自己申告とサンクコスト課題の成績には，正の相関がある（Larrick et al., 1993）。高齢の（それゆえ，より多く経

験がある）意思決定者は，意思決定時に認知的な複雑さを軽減する効率的なヒューリスティックを開発しているかもしれない（Reyna, 2004；Stanovich & West, 2008）。これまでに述べたように，取り戻すことができない損失に対処する能力と感情をよりうまくコントロールする能力もまた，サンクコスト課題においてよい意思決定を行うことと正の相関があると思われる（Strough et al., 2011）。このような初期の結果は，生涯にわたった意思決定の諸理論，つまり，意思決定の良し悪しは流動性認知能力に依存するものであり，流動性認知能力は青年期までは向上し，それ以降は衰退するが，一方で経験と感情の発達は年を重ねるほど向上するということを満たす諸理論を支持するものである（Peters & Bruine de Brune, 2012；Reyna, 2004；Reyna & Farley, 2006；Strough et al., 2011）。

　他の個人特性もよい意思決定を行うことに影響を与えると考えられる。認知欲求といった認知スタイルは，フレーミングの誤りが生じにくいことと関係している場合もあるが（Smith & Levin, 1996），そうではない場合もある（LeBeouf & Shafir, 1993；Levin et al., 2002）。ここまで年齢とともに変化する意思決定能力についてこれまで行われた研究をまとめてきた（Peters & Bruine de Bruin, 2012；Reyna, 2004；Reyna & Farley, 2006；Strough et al., 2011）。他の人口学的変数には，社会経済的な地位があり，不利な経歴をもつ人は，意思決定課題において比較的悪い成績となるが（Bruine de Bruin et al., 2007；Parker & Fischhoff, 2005），おそらくこれは不利な経歴をもつ人が自分のもつ潜在的な能力を伸ばす人生経験をもちづらいためであると思われる。

　意思決定能力の要因には，環境特性もある。意思決定研究者は，どのようにして，規範的には無関係な意思決定文脈の変化が意思決定の誤りを生むのかについて広範囲にわたって報告を行ってきた（Kahneman et al., 1982）。本章で述べてきた記述的な研究では，フレーミング効果（選択肢がどのように記述されているかといった規範的には無関係な変化）と，サンクコストの効果（規範的には無関係な過去に行った時間あるいはお金の投資の選択）が強調されていた（Arkes & Blumer, 1985）。時間制限などにより認知資源が制限されることで，意思決定者はより速く正確な決定方略を用いるが，時として意思決定の質を向上させることもあれば，逆に質を下げてしまうこともある（Payne et al., 1993）。あまりにも多くの情報も人に大きな負担を感じさせ，規範理論から逸脱して，努力を節約するかもしれず，さらには，選択麻痺や決定回避にいたるかもしれない（Schwarz et al., 2002）。当然のことながら，このような環境特性は個人の特性と相互作用があると考えられる。これまで述べてきたように，よく知っている場面であれば，高齢者は自らの経験を当てにすることができると思われる（Kim & Hasher, 2005；Tentori et al., 2001）。

◆**(2) 過程**

どのような意思決定過程が行われるかは，意思決定能力と意思決定スタイルによって決まることが多い。意思決定スタイルは，特定の意思決定過程の行われやすさに影響を与える。たとえば，満足化により十分満足できる選択肢を選択するよりは，むしろ効用最大化によって最良の選択肢を探すということである（Parker et al., 2007 ; Schwartz et al., 2002）。Scott & Bruce（1995）によれば，決定スタイルを組み合わせることで，合理的，直観的，回避的，依存的，本能的な意思決定を行う傾向があると自己申告による回答がなされることが報告されている。近年のレビューでは，意思決定能力の測度とは違い，意思決定スタイルの測度は，妥当性を欠き，意思決定理論に根ざしていないと報告されている（Appelt et al., 2011）。しかし，一部の決定スタイル，たとえば最大化よりも満足化を行う傾向は，より高い人生の満足とよりよい意思決定の結果と結びつけられて，妥当性が確認されている（Bruine de Bruin et al., 2007 ; Parker et al., 2007 ; Schwarz et al., 2002）。

◆**(3) 結果**

最後に，意思決定の結果には，現実世界で観察される「行動」（たとえば健康に関わる行動，投資，職業選択），「人生に関わる決定の結果」（たとえば健康，家計，目標の達成），「感情」（たとえば人生満足感，幸福，人生の後悔）がある。妥当性に関する研究で示唆されているように，意思決定能力が高い人は，流動性認知能力を統制した後でも，実際によりよい行動と結果を報告している（Bruine de Bruin et al., 2007 ; Parker & Fischhoff, 2005）。さらに，最大化のように後悔を引き起こすような決定スタイルを統制した後であっても，意思決定能力は後悔の軽減と関係があることも報告されている（Parker et al., 2007）。

本レビューや図11-1で明示的に示されてはいないが，この単純なモデルのさまざまな段階の間で動的な相互作用やフィードバックループがあると考えられる。たとえば，意思決定による結果は，環境的な状況を変化させるかもしれない。つまり，仕事上での特に悪い意思決定によって，仕事を失うかもしれない。逆に，人間関係において大変適切な決定を繰り返せば，長く良好な関係を得られるかもしれない。よい意思決定も悪い意思決定も，意思決定能力と意思決定スタイルを変える経験を与えうる。

4節　今後の展望

最近までは，意思決定の研究領域では，個人差の研究はあまり注目されてこなかった。個人差を反映した意思決定能力尺度の妥当性と一貫性に関する研究により，新た

な研究が喚起され，理論的，実用的な進展が見込まれる。個人差の研究は，大きく3つの方向に成長することが期待される。1つ目に，妥当性，一貫性のある測度を利用することで，どのスキルが，人がよい意思決定を行う能力の基礎となっているかを組織的に検証することが可能になる。成人版意思決定能力（Adult Decision-Making Competence）の測度は，スウェーデンのベチュラプロジェクトといった長期のパネル研究に追加され，特定の記憶スキルとの関係についての研究が進められている（Del Missier et al., 2013）。2つ目に，総合的な意思決定能力とそのさまざまな構成要素の妥当性のある測度により，意思決定における年齢と関係した変化について研究が進められるだろう。究極的には，国民調査で得られたデータにより意思決定能力の規範を作成でき，特定の個人がよい意思決定を行う能力をもっているかを調べる経験に基づいた法的基準を設定できると思われる。3つ目に，妥当性のある測度を用いることにより，よりよい意思決定が行えるように教えることを目的としたコミュニケーション用資料，意思決定支援，行動のスキルのトレーニングと，その他の取り組みに対する評価が進むと思われる。このような測度なしには，よりよい意思決定を教える試みから得られることはほとんどないだろう（Beyth-Marom et al., 1991）。たとえば，近年報告された研究では，高校の歴史のカリキュラムに意思決定教育と歴史的な意思決定についてのディスカッションを取り入れることで，標準的なカリキュラムを行った場合よりも，学生の意思決定能力が向上したことが示されている（Jacobson et al., 2012）。意思決定能力の基礎となっているスキルに関する研究と，年齢による変化に関する研究という2つの研究は，人がよりよい意思決定を行えるように介入をするうえで，有用となるはずである。実際，もし青年が経験したことがない状況ではよい意思決定を行えないならば，介入では，保護された環境で，最初の経験を与えることに焦点を置くことになるだろう。たとえば，ビデオを使って，青年に性的パートナーとより安全な方法について話し合うモデルケースを提供するという介入によって，性行為を行わない期間が長くなり，また，性行為を行った人のなかで避妊具を使用する人が増えたことで，性感染症の比率が下がった（Downs et al., 2004）。同様に，もし高齢者が加齢によって認知能力が下がったことにより，悪い意思決定を行うことが判明すれば，認知的スキルの訓練，認知的支援，単純化した情報，それまでの個人的な経験をあてにするといった介入が必要になるかもしれない（Park et al., 1992；Peters & Bruine de Bruin, 2012）。最後に，介入を行う人は，介入を行う相手の必要に応じて，提供する情報とスキルトレーニングを見立てるために，意思決定能力の測度を用いることができるだろう。

　まとめると，本章では，どのような意思決定をするべきかを処方する規範的理論の上に，どのように個人差の研究が築かれてきたか，そして，記述的理論が規範的な決

定ルールの違反の上に築かれてきたことを示した。妥当性，一貫性のある意思決定能力の測度を開発することによって，いまや意思決定研究は，理論的なアプローチと方法論的な道具を提供している。これらにより，意思決定能力が生涯を通じてどのように発達するのかといったことや，個人の認知・情動のスキル，経験，その他の個人の特性，環境，そして人と環境の相互作用でどのように変化するのかを理解することができる。人の強みを見極め，増強し，弱みを減らすことによって，意思決定能力を向上させる支援は円滑になるだろう。

【執筆者ノート】
　次の研究助成金に感謝の意を表します。European Union Seventh Framework Programme（Marie Curie Career Integration Grant 618522），National Institute on Aging（P01AG026571），National Institute on Drug Abuse（P50DA05605），National Science Foundation（SES-0213782）

第VI部

よりよい決定のために

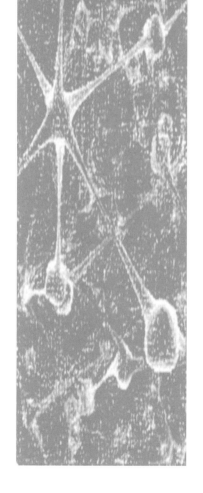

第12章
リスクのある意思決定の予測因子
フィッシング攻撃の実例に基づく,判断と意思決定の向上

Julie S. Downs
Donato Barbagallo
Alessandro Acquisti

　判断と意思決定に対する神経経済学的アプローチでは,操作と測定に正確さが求められるので,観測される行動や判断から個々の予測因子を選り分ける必要がある。我々は,情報セキュリティの分野において,多面的な変数と,そこからもたらされる結果の性質が異なっているという,予測される多岐にわたる関係性について述べる。また,フィッシング攻撃（センシティブな情報を要求する詐欺のEメール）に対する行動反応を分析し,気づき,種類の異なる知識,リスクの影響度や感受性の認識,コスト,さまざまな防御策の有効性を識別する能力といった,予測因子間の相互に依存する関係性について考察する。そして,これらの因子が,意図と行動の尺度をどれくらい正確に予測するかということについて検証する。我々は,気づきが増えることが,フィッシング攻撃についての,手続き的知識と,特に,宣言的知識の向上を予測すること,さらには両知識が,知覚されるリスク感受性の抑制を予測することを明らかにした。特に興味深いことに,宣言的知識は,どの防御策が有効かを特定する能力を予測するが,手続き的知識は,本物のEメールを詐欺と取り違える機会を増やすことなく,実質的にフィッシング攻撃から自己を防御する能力を予測することを発見した。それは,意図の尺度からは特定できなかった特性だ。実際,意図の尺度は,状況の危険性とは関係なく,回避策に対抗するアプローチにおいて全体的に変動しやすい性質をもっていることのみを明らかにした。このパターンは,直接の自己報告に必要な自己認識を超えた構成要素を測定することと,自覚的な報告では補足できない過程を明らかにするかもしれない変数の関係性を測定することの重要性を裏付ける。測定への神経経済学的アプローチは,このような関係性を解明するための我々の能力を向上させるだろう。

人がいかにして意思決定するかを理解するには，これらの決定を予測する因子について説明できなくてはならない。神経メカニズムを特定するために神経経済学的アプローチに求められる尺度の精度は，判断を可能にする意思決定への入力を特定して操作するために，方法論的戦略がともなわれていなくてはならない。ここでは，行動に関する自己報告のデータを利用し，意思決定者がいかにして関連性のある情報を，さまざまな行動がもたらすリスクの判断材料にするのかということと，決定を予測するために，いかにしてそれらの判断が結びつくのかを検討する。

　我々は，偽りの E メールのメッセージを使って不用心な個人からパスワードその他の個人情報を引き出そうとする，いわゆるフィッシング攻撃について調べるため，情報セキュリティ分野を扱う。こうした行為は，組織や政策立案者にとって非常に重要なので，彼らは情報システムのセキュリティ技術の向上に多大な努力を払ってきたが，エンドユーザーは，セキュリティの仕組みにおいて弱い立場に置かれていることが少なくない（Herath & Rao, 2009；Williams, 2008）。この分野では，意思決定の内容や行動は比較的容易に定義され，測定されているので，フィッシング攻撃は，広範囲に及ぶリスクのある意思決定の基本的なプロセスについて調べるのに絶好の場を提供している。

　リスクのある多くの分野と同様に（Jacobsen & Jacobsen, 2011），リスクを低下させることを目的としたフィッシング攻撃に対する主要な教育的取り組みは，リスクについての気づきを増やし，行動科学的な解決策を提供することに注力してきた（Albrechtsen & Hovden, 2010；D'Arcy et al., 2009；McCoy & Fowler, 2004；Shaw et al., 2009）。実際，経済協力開発機構（OECD）は，気づきこそが情報セキュリティの基本原理であり（OECD, 2002），考え方や意図，規範に影響を与えうるものであると位置づけている（Dinev & Hu, 2007）。しかしながら，ほとんどの分野において，よく理解したうえで決定を下すためには，単なる気づき以上のものが必要になる。それは情報セキュリティ分野も例外ではなく，信頼性（Sug & Han, 2003），理解へのアクセス可能性（Cranor & Garfinkel, 2005），認知および行動バイアス（Acquisti, 2004；Engelman et al., 2009），トレードオフ過程への注意（Hann et al., 2007）といった，広く知られた関連する多くの因子が必要になる。先行研究は，本物の E メールとフィッシング攻撃の違いを見分けることは難しく（Downs et al., 2006），システム設計者が提供する警告や手がかりは，メールの内容で簡単にごまかすことができるので，解釈するのが困難であること（Dhamija et al., 2005, 2006）を突き止めたが，そのことは，この分野では，他のリスクのある分野に比べて，気づきがそこまで有効ではないことを示している。

　ファイナンス，健康，キャリアといった分野と同じように，情報セキュリティにお

いても，最適な意思決定のためにいくつかの相互に関連するステップが必要であることは想像できるだろう。その過程のどのステップであろうと，ないがしろにしたり誤解することは，脅威からの防御を妨げ，自らを潜在的にリスクにさらすことになる。そしてその連鎖が，専門家を，エンドユーザーを十分に教育することは不可能であるという結論に導くことになる（Gorling, 2006）。たとえば，いますぐ口座にログインしてオンライン銀行の認証情報を変更するよう指示が書かれたEメールを銀行から受け取った時のことを想像してもらいたい。このメッセージが脅威をもたらすかもしれないという気づきは，より徹底した防御策を講じ実践するためのきっかけとなるが，それは，その潜在的なリスクが軽視できないほど重大な時に限られるかもしれない。

多くの分野と同様に，脅威の影響度と高まっているリスクを知覚することが，一般的に介入の目標とされる（Asgharpour et al., 2007；Mcilwraith, 2006）。知覚される影響度が脅威に対する反応を刺激するのに十分であっても（Ng et al., 2009；Sipponen, 2000），効果的な行動計画がなければ，リスクの効果的な予防はできそうにない（Witte, 1992）。実際，多くの他の分野と同様，フィッシングの結果がもたらす知覚された影響度は，フィッシングに対する効果的な防御策を講じることを予測する因子として最適とはいえない（Downs et al., 2007）。影響度の認識が効果を発揮するには，リスクを減らすための知識が不可欠だ（Witte & Allen, 2000）。

知識の普及は，多くの教育的取り組みの中心を担い，コンピュータ利用者がこのようなリスクを回避するのを助けてきたが（Ferguson, 2005；Jagatic et al., 2007；New York State Office of Cyber Security and Critical Infrastructure Coordination, 2005；Sheng et al., 2007；Spagat, 2009），意思決定分析的なアプローチがとられることはめったになかった。手がかりは，十分に理解，もしくは信用するのが難しい用語を用いた警告やツールバーのオプションといった形でユーザーに提供されるので（Wu et al., 2006），人々は，指示に従ったり，メッセージを消す際に，自分の選択について十分に理解することができない。防御システムから提供される手がかりは，偽りのメッセージと相矛盾するかもしれず，その脅威の理解を困難にする場合がある。残念なことに，経験の浅いコンピュータ利用者は，しばしば手がかりが本物か偽物か区別することができず，さらに悪いことに，偽物の手がかりを容易に信じてしまう（Dhamija et al., 2006）。

これらの手がかりをどのように識別するかを理解するには，宣言的知識（たとえば，「クローム」という言葉がウェブブラウザの境界やフレーム，メニューを表していることがわかり，ウェブサイトから提供される指示を理解できること）と効果的な手続き的知識（たとえば，特定のサイトの信頼性を見極めるためにURLの解釈の仕方を理解すること）が求められる（Kumaraguru et al., 2006）。わかりやすい詐欺の特徴

をどのように見つけるかといったような表面的な手続き的知識は，不適切な豆知識の一般化に依存しすぎることにより，リスクの予防を損ないかねない（Reyna & Adam, 2003）。このように単純な方策は，古びる恐れがあり，皮肉なことに，その方策が攻撃者に利用された場合，かえってリスクを増加させる可能性がある（Srikwan & Jakobsson, 2008）。たとえば，画面上に南京錠のアイコンを探すような，ウェブサイトの中身を理解する基本的な方策は，本物のなかに混ざっているフィッシングサイトを識別するのに効果が薄いことを予測するのに対して，アメリカのセキュリティ指標や，クロームブラウザのアイコンを採用しているより洗練された戦略は，より高い識別能力を予測する（Dhamija et al., 2006）。しかし，効果的な防御策を特定するのに必要な知識は，依然として，このような方策を採用するための判断を必要とし，それは，時間のかかるものであったり，コストがかかるものであったりするかもしれず，セキュリティについてのアドバイスに従うかどうかについて，暗黙のうちに費用便益分析へと導く（Bellovin, 2008；Herley, 2009）。

これらは，人々が十分な防御策を立てるのに失敗するかもしれない潜在的な因子であり，いわゆる「プライバシーのパラドックス」―プライバシーを重んじると表明しつつ，自発的に個人情報をマーケティングに開示するユーザーの矛盾する行動―（Norberg et al., 2007）や，サービスの個人化（Awad & Krishnan, 2006），社会的ネットワーク（Acquisti & Gross, 2006；Barnes, 2006），小さな報酬（Acquisti & Grossklags, 2005）の一因となるかもしれない。実際，個人情報の開示は，リスクの知覚よりも信頼の知覚によってより正確に予測される傾向があり（Cranor et al., 1999；Schoenbachier & Gordon, 2002），このことは，プライバシーへの懸念が，安心させる因子によって打ち消されている可能性を示している。この不一致は，さまざまな分野にみられる意図－行動間のギャップをさまざまな形で反映しており（Sheeran, 2002），保健信念モデル（Rosenstock, 1966），計画的行動理論（Ajzen, 2002），その先駆けとなる理性的行動理論（theory of reasoned action：TRA）（Fishbein & Ajzen, 1980），これらの理論の情報システムへの適用である，技術受容モデル（technology acceptance model：TAM）（Davis, 1989）を含む，リスクをともなう行動についての多くのモデルで立証されている。意図は，行動の尺度として適切ではなくなる傾向があり，潜在的に多様な予測因子をともなって，その行動自体から尺度としてかけ離れてしまう場合がある（Sutton, 1998）。意図が時間や状況によって左右されずに安定している度合いが，行動を予測する能力に寄与する（Sheeran & Abraham, 2003）。しかし，プライバシーへの配慮は，環境上の手がかりや出来事に応じて変化するので（Joinson et al., 2008），どちらかといえば漠然としか認識されないかもしれず（Schwartz, 1968），行動に移す能力を損なっているかもしれない。

第Ⅵ部　よりよい決定のために

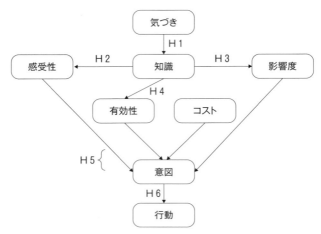

●図12-1　リスクのあるEメールに対する防御のための行動の予測モデル

　本章では，意思を決定する因子が，どのように意図と行動を，そしてその関係性を予測するかを解明し，加えて，自己報告がそれらの因子を捕捉する度合いを探る。これらの関係性は，意思決定の神経経済学に適用するために特に重要であり，意思決定に関する構成要素から不純物を取り除き，それらを神経活動の尺度に関連づけられるほど正確に定義づける必要がある。ここに提示されているデータにおいて，我々は，擬似的な環境のなかで非宣言的な行動を評価するために行動科学的なロールプレイを用い，前述した自己報告された意図と意思決定に影響する他の因子を体系的に評価するために調査をした。図12-1が示すように，我々は，行動と意図に加え，自己報告された気づき，知識（宣言型と手続き型）のテスト，知覚されるリスク感受性，知覚されるリスクの影響度，予想される防御のための行動にともなうコスト，さまざまな種類の防御策の知覚される有効性について検証し，予測される関係性について調べた。

1節　実証的に支持される知見

　我々は，オンラインでさまざまな方法により451名の実験参加者を集めた。参加者の特性は，年齢（平均34歳，範囲：16～78歳），インターネット経験（範囲：3～23年）ともに開きがあったが，女性が多くを占めており（79％），高い教育を受けていた（67％が少なくとも大学の学位をもち，21.4％が大学院に進学していた）。
　課題はオンラインで提供され，最初に情報セキュリティについての説明はされず，タイピングの習慣やオフィスでのエチケットといった気をそらすような質問から開始

された。これらの質問が，E メールの応対や管理をする会社員のロールプレイのお膳立てとなり，その課題をありふれたメール管理の範疇にとどめるような適切な素材を用い（Downs et al., 2007），日常的でない作業をともなうかもしれない要求特性を減少させた（Stanton et al., 1956）。最後に，参加者は，防御のための行動をとる際の予測因子と意図を評価するアンケートに回答した。

このロールプレイは 9 通の E メールによって構成されており，最初の 2 通は本物の業務連絡や社交の E メールであり，続く 5 通にはフィッシングメールが混ぜられており（うち 1 つが標的にされている），1 通は不審な .exe ファイルを含む E メール，最後の 1 通は本物の E メールだった。すべてのフィッシングと本物の E メールは，1 つのウェブサイトへのリンクを含んでいた。それぞれについて，参加者は，とられうる 8 つの非排他的行動から選択するように求められた。

1. E メールで返信する。
2. 電話で，または直接，送信者に連絡する。
3. E メールを削除する。
4. E メールを保存する。
5. リンクをクリックする。
6. URL をコピーし，貼り付ける。
7. ブラウザのウィンドウに URL をタイプする。
8. その他の行動を示す。

自由回答には，課題の目的を悟らせないために提供したリストからは意図的に排除してあった，「E メールが詐欺であることを報告する」といった，より洗練された行動が多く含まれていた。3％から17％の回答者が，任意のメールについて自由回答をした。自由回答を含むすべての回答は，参加者がリンク—それが本物であろうと偽物であろうと—をたどるかどうかを特定するために数値化された。（たとえば，eBay を装ったフィッシングメールに対して，「オークションに支払う」と自由回答した場合は，リンクをたどったとみなして数値化され，「eBay のアカウントに同じメッセージが届いているかどうか確認する」と回答した場合は，たどらなかったとみなして数値化された。多くの人々がその E メールを怪しいと感じた時，リンクをたどったのはほんの一握りだった。）メールのリンクをたどることを選んだ参加者は，彼らが開くことになるウェブサイトの画像を見せられ，5 つのとられうる非排他的な行動から選ぶよう求められた。

1．ページ上の1つか，それ以上のリンクをクリックする。
2．要求されたデータを入力する。
3．ページをブックマーク，保存，またはアーカイブする。
4．（関連した）他のウェブページを開く。
5．ウェブサイトを去る，または閉じる。

すべての回答は，参加者が要求された情報を提供するかどうかを特定するために数値化された。それぞれの予測因子は，以下のように，順次，定義され操作される。

気づきは，調査の最後に，参加者が調査に参加する前からフィッシング詐欺の存在を知っていたかどうかを尋ねる，3つの直接的な質問に対する回答の合計で評価された（クロンバックの α 信頼性係数=0.68）。

知識は，用語の理解（宣言的知識）とURLが本物であることを見抜く能力（手続き的知識）の，2つの構成要素に分けられた。前者は，コンピュータセキュリティに関する専門用語（クッキー，迷惑メールなど）と，セキュリティに関連する記号（錠前アイコン，httpsなど）に関する15の質問に対する正解の割合で測定された（クロンバックの α =0.76）。後者は，実験参加者のURL—いくつかが本物で，いくつかは偽物—の信頼性を見抜く能力を試す9つの質問に対する正解の割合で評価された（Eraut, 1994；クロンバックの α =0.72）。

知覚される感受性は，自分がどれくらい容易にフィッシング攻撃に引っかかってしまうと思うかを7段階で尋ねる，1つの質問によって測定された。

知覚される影響度は，なりすましから迷惑メールの増加までの，フィッシング攻撃によってもたらされうる結果について7段階で尋ねる，9つの項目によって評価された（クロンバックの α =0.82）。

行動意図は，定性調査に基づいて用意された11の防御策（Downs et al., 2006）—フィッシング対策として一般的に用いられているが，それぞれの有効性には大きな開きがある—の文脈のなかで操作された。また，以下に記すように，同じ方策が，知覚されるコストと有効性を評価する際にも使用された。11の方策それぞれを実践する意図は，7段階で評価された。我々は，方策の数を，より管理しやすく，解釈しやすい数まで減らすために，意図についての質問をバリマックス回転による主成分分析にかけ，2つのカテゴリーに落とし込んだ。より効果の高い方策（リンクをクリックする代わりに，Googleで会社名を検索するなど）と，一般的に専門家には効果がないと，または時代遅れであると考えられている，より効果の低い方策（Eメールが個人に宛てて送られてきているかどうかを確認するなど）だ。結果として

もたらされた分類は，効果の高い方策を使用する意図（クロンバックの α = 0.85，7項目）と，低い方策を使用する意図（クロンバックの α = 0.81，4項目）について，信頼できる指標をもたらした。

知覚される有効性については，11の方策それぞれが，フィッシング攻撃に対する防御策の有効性という観点から，7段階で評価された。参加者は，自分がその方策に詳しくないことを表明することが認められた。上述した分類が，効果の高い方策（クロンバックの α = 0.82）と，低い方策（クロンバックの α = 0.87）の知覚される有効性についての信頼できる指標をもたらした。

11の方策それぞれの**知覚されるコスト**は，7段階で評価され，時間やお金も含まれうることを特定した。主成分分析は，1つの因子を示した（クロンバックの α = 0.94）。

行動は，ロールプレイで選ばれた選択肢を使用して評価された。文脈のなかに置かれた実際の行動を用いることは，意図にそのまま関連づけられる行動をともなう方策（参加者がテスト時にEメールにスペルミスを探したかどうかなど）の測定を阻害することになる。したがって，方策固有の行動のプロキシ——その行動の価値を実際に評価しうる理想的な基準——とは，とられた行動であり，それは，この調査のロールプレイで選ばれた選択によって経験することになったであろう結果によって表された。我々は，回答者がウェブサイトで要求された情報を提供するにいたったフィッシングメールの割合（平均22％，範囲：0〜80％）と，回答者が適切な情報を提供した本物のメールの割合（平均51％，範囲：0〜100％）を測定し，結果として，それぞれのメッセージに対して多様な行動がとられうることを特定した。

我々は，1つ以上の変数が，たとえば，2種の知識が測定されることが予測されている時に，単変量効果と多変量分散分析（MANOVA）の多変量解析のために線形回帰を使用し，図12-1に示されているように，6つの仮説を検証することによって，変数間の関係性の予測を特定する。

H1：気づきの増加は，知識の増加と正の相関がある。気づきがなければ，知識を増やすための機会や動機がもたらされることがないので，我々は，フィッシングのリスクにより自覚的な人々は，同時に，この問題についてより（正確な）知識をもっているものと仮定する。Eメールを介した詐欺の可能性について，自己報告された気づきの割合は非常に高く，77％の参加者が，3種類すべての脅威に対して気づきを示した。対照的に，知識を問うテストの成績は，宣言的知識の用語の理解（平均 = 0.63，標準偏差［SD］= 0.31）や，URLの信頼性を見抜く能力に関する手続

き的知識（平均＝0.22，SD＝0.24）が不十分であることを明らかにした。実際，64％が，www.amazon.com というシンプルな URL が信頼できると強く確信していたが，一方，http://cgi.ebay.com で始まるサイトから同じ確信にいたったのはわずか 8％に過ぎず，29％が http://128.237.226.112/ebay で始まる URL が信頼できると強く確信していたことは，我々が用意した多くの URL のサンプルを解釈する能力が根本的に欠如していたことを示している。2種類の知識は，ごく控えめに相関しているに過ぎず（$r=0.22$, $p=0.001$），フィッシングとは何かを理解していることと，リンクがフィッシング攻撃であるかどうかを見抜く方法を知っていることの間には，ある程度の独立性があることを示している。多変量分散分析（MANOVA）を使用して，我々は，H1の根拠を見いだした。すなわち，気づきは，正の相関で知識を予測する（$F(2, 393)=8.50$, $p<0.001$）が，手続き的知識よりも（$F(1, 394)=4.69$, $p=0.04$, partial $\eta^2=0.012$），宣言的知識に強い相関がある（$F(1, 394)=15.04$, $p<0.001$, partial $\eta^2=0.037$）。

　H2：知覚される感受性は，知識を増やすことで減少する。リスクに関する知識は，知覚される感受性に複雑に作用し，コントロール不能であると知覚されるリスクへの感受性を高めるが，Eコマースや（Bhatnagar et al., 2000），インターネットセキュリティ（Furnell et al., 2007）のような，よりコントロール可能なものについてはリスクへの感受性を低下させる（Slovic, 2000）。我々は，この仮説の全体的な裏づけを得るが（$F(2, 390)=4.59$, $p=0.01$, $R^2=0.015$），感受性を予測する2種類の知識については，わずかな統計的重要性しか見いだせなかった。知覚される感受性の減少は，宣言的知識（$t(390)=-1.87$, $p=0.06$）で予測されたのと同じように，手続き的知識（$t(390)=-1.92$, $p=0.06$）でも予測された。これらの結果は，フィッシング自体と自己を防御する方法について，より理解を深めることが，フィッシングに対する感受性の知覚を減少させることの，多くはないが，いくつかの根拠を示している。もちろん，この知覚が正確であるかどうかは，リスクを減らすために実際にとられた措置（Brewer et al., 2004）によって変わる。

　H3：知覚される影響度は，知識を増やすことで減少する。リスクについてよりよく知ることが，その影響度（Slovic, 2000）の推定値を減少させる傾向がある。しかし，影響度の尺度は，知識に相関するようには減少しなかった（$F(2, 389)=1.54$, $p=0.22$）。フィッシングがいかに悪いものであるかよりも，いくつもの実際に起こり得る結果（たとえば，なりすましがいかに重大な結果をもたらすか）に焦点を当てた我々の対策は，期待される関係性を潜在的に覆すのかもしれない。

　H4：知識の増加は，有効な方策を識別する能力の高さと正の相関にある。引き起こされる結果における知識の重要性は，ともなう行動の複雑さに部分的に依存す

る。場合によっては，適切に行動するのにほとんど知識を必要としない（たとえば，シートベルトに関する法令の遵守）（Fahs et al., 1999）。しかし，フィッシングの分野では，ほぼ隙のないものから，ひどく的外れなものまで，リスクから身を守るために多くの方策が利用できる（Dhamija et al., 2006；Fette et al., 2007；Wu et al., 2006）。我々は，ここで，宣言型と手続き型の知識が，効果の高い方策と低い方策の有効性を識別することができるかどうかについて探る。防御策が有効であるかどうかを見抜く判断力は，効果と信頼性の低い方策（M＝4.93）よりも，効果の高い方策（M＝4.97）のほうが，全体として類似していた（$t(388)=0.52$, $p=0.60$）。我々は，宣言的知識（$F(2,383)=5.91$, $p<0.01$）と手続き的知識（$F(2,383)=6.10$, $p<0.01$）の両方によって予測された有効性の評価から，この関係性についての部分的な根拠を見いだした。しかし，2種類の知識は，効果の低い方策の有効性だけを推定することを予測した。宣言的知識の多さは，方策の有効性についての評価の低下と関連しており（$F(1,384)=11.33$, $p=0.001$, partial $\eta^2=0.029$），手続き的知識の多さは，驚くべきことに，効果の低い方策の有効性についての評価の向上と関連していた（$F(1,384)=11.56$, $p=0.001$, partial $\eta^2=0.029$）。効果の高い方策の有効性は，宣言的知識（$F(1,384)=1.58$, $p=0.21$, partial $\eta^2=0.004$）と手続き的知識（$F(1,384)=1.42$, $p=0.23$, partial $\eta^2=0.004$）のいずれによっても予測されなかった。このパターンは，リスクについてよりよく理解していることを示す知識が，人々に，効果の高い方策に向かわせるよりも，むしろ，効果の低い方策が何故うまく機能しないのかという戸惑いを与えていることを示しているのかもしれない。

　H5：効果の高い方策と低い方策を使用する意図は，知覚される感受性，影響度，コストの増加によって，総合的に予測されるはずであり，その異なる種類の相対的な使用は，知覚される有効性それぞれによって予測されるはずだ。知覚されるリスクは，健康（Ajzen, 2002；Rosenstock, 1966），Eコマース（Dinev & Hart, 2006；Malhotra et al., 2004），ソーシャルネットワーキング（Krasnova & Veltri, 2010），コンピュータセキュリティ（Ng et al., 2009），フィッシング攻撃（Sheng et al., 2010）についての意図や行動に関連している。条件が同じならば，知覚されるさまざまな方策の有効性は，関連する行動をとろうとする意図の増加につながるはずである（Ajzen, 2002；Davis, 1989；Pavlou & Fygenson, 2006）。しかし，さまざまなアプローチにともなうコストが障壁になるかもしれず，その結果，必要なステップの知覚に基づいて外的に決定されるコストにより，意図が抑制される（たとえば，Rosenstock, 1966）。しかし，本調査がとらえた，エンドユーザーが素朴に行動するなかで日常的にこのようなトレードオフを行っている事実については，ほとんど

研究されてこなかった（Dinev & Hart, 2006；Krasnova & Veltri, 2010）。我々は，より効果の高い方策を選ぼうとする意図は，費用便益分析によって高まったリスクの知覚に依存すると仮定する。

　総じて，参加者は，効果の高い方策（M＝4.54）に比べて，効果の低い方策（M＝5.97）を使うことにより強い意図を示した（$t(389) = 18.36, p<0.001$）が，2つの尺度には強い相関があった（$r(390) = 0.49, p<0.001$）。効果の高い方策（M＝2.71）はまた，弱い方策（M＝2.04）に比べてコストがかかると知覚されたが（$t(384) = 13.19, p<0.001$），これらの尺度間の強い相関にもかかわらず（$r(385) = 0.84$），それが特に意図を予測するかどうかを決定している可能性は低かった。我々は，防御策を用いる総合的な意図——それは，効果の高い方策（$F = (2, 376) = 89.55, p<0.001$）と低い方策（$F(2, 376) = 20.03, p<0.001$）の有効性の推定と，感受性（$F(2, 376) = 7.73, p = 0.001$）と影響度（$F(2, 376) = 4.17, p = 0.02$）によって予測されたが，コスト（$F(2, 376) = 2.21, p = 0.11$）からは予測されなかった——から，この仮説を支持する注目に値する根拠を見つけた。興味深いことは，知覚される感受性および影響度が，効果の高い方策を使用する意図だけを予測したことである（それぞれ，$F(1, 377) = 14.66, p<0.01,$ partial $\eta^2 = 0.037$ と，$F(1, 377) = 8.22, p = 0.04,$ partial $\eta^2 = 0.021$）。両者とも，効果の低い方策を使用する意図は予測しなかった（それぞれ，$F(1, 377) = 0.04, p = 0.83,$ partial $\eta^2 = 0.0$ と，$F(1, 377) = 1.37, p = 0.24,$ partial $\eta^2 = 0.004$）。効果の高い方策の知覚される有効性は，どちらかの方策を使用する意図を予測した（効果の高い方策の使用は，$F(1, 377) = 177.52, p<0.001,$ partial $\eta^2 = 0.32$。低い方策の使用は，$F(1, 377) = 26.77, p<0.001,$ partial $\eta^2 = 0.066$）。おそらく最も本質的なのは，効果の低い方策の知覚される有効性は，それを使用する意図を予測するだけであり（$F(1, 377) = 36.12, p<0.001,$ partial $\eta^2 = 0.087$），効果の高い方策を使用する意図を予測しなかったことである（$F(1, 377) = 0.05, p = 0.83,$ partial $\eta^2 = 0.000$）。

　H6：効果の高い方策を使用する意図は，低い方策を使用する意図より，適切な行動を予測する。これまで人間の意思決定を理解するうえで欠けていた鍵となる要素の1つは，行動を説明する意図の限定的な力だった（Sutter, 2007）。フィッシング詐欺に引っかかることを示す行動は，本物のEメールに対して適切に対応する行動と正の相関にあり（$r(451) = 0.33, p<0.001$），そのことは，一般的に両者を見分ける過程が非効率であることを示しているが，フィッシングと本物のメール全体に向けられた注意のばらつきを示してもいる。フィッシングと本物，両方のEメールへの応対に相当する行動の結果は，効果の高い方策を用いる意図（$F(1, 387) = 11.09, p = 0.001,$ partial $\eta^2 = 0.028$）と低い方策を用いる意図（$F(1, 387) = 4.85,$

第 12 章　リスクのある意思決定の予測因子

$p=0.04$, partial $\eta^2=0.012$) 両方によって予測された。そのことは，効果の高い方策は一般的に，フィッシングへの抵抗を促進する点でより優れているが，本物のメールを詐欺と間違えやすくもすることを示している。どちらの意図の尺度も結果と相関しなかったが，それは，効果の高い方策（$F(1, 387)=0.00$, $p=0.99$, partial $\eta^2=0.000$）と低い方策（$F(1, 387)=0.23$, $p=0.63$, partial $\eta^2=0.001$）の使用が，ともにフィッシングと本物のメールを区別するのに効果的ではないことを示唆している。

このモデルに知識を追加すると，いくつかの興味深い結果が得られる。宣言的知識は，結果を予測することはほとんどないが（$F(1, 384)=1.02$, $p=0.31$, partial $\eta^2=0.003$），手続き的知識は，実際に，結果の種類と交互作用効果があった（$F(1, 387)=5.20$, $p=0.03$, partial $\eta^2=0.013$）。そのため，URL が信頼に足るかどうかを見分ける能力の向上は，フィッシングに対するより適切で実際的な防御を予測し（$r_{\text{partial}}(393)=-0.14$, $p=0.01$），本物のメールの指示に従わないことにはならない（$r_{\text{partial}}(393)=0.00$, $p=0.96$）。

2節　考察

　これらのデータは，フィッシングメールに対する防御のための行動をとる前段階の複雑な関係性を示している。特に知識は多面的な役割を担っているが，そのことは，それがどのように概念化され測定されるかに依存する。宣言的知識は，フィッシングに関連する問題のさまざまな側面を認識し説明する能力といった形で，自己報告されたほとんどの予測因子に強く関連していた。しかしながら，手続き的知識は，―たとえそれが方策の有効性についてあまり役に立たない評価を予測していたとしても―人々の意思決定の因子についての理解に控えめに関連する傾向があり，適応した行動をとらせる能力を実際に予測する唯一の因子であることが判明した。この発見は，人々の自己の態度，知識，意図に対する評価の先にある，自己報告された構成要素にはきちんと関連づけられないかもしれない意思決定を調査することの重要性を示している。
　このように自己報告を客観的測定から切り離すことは，仮定された意思決定や行動よりも，実際の意思決定や行動を評価することの重要性を浮き彫りにする。この試みには，考慮しなくてはならない多くのトレードオフがある。この調査におけるロールプレイの使用は，コンピュータ環境の現実的な要求から実験参加者を切り離し，潜在的にその時点に固有の環境要求を減少させる。しかしそれは，自己報告や意図よりも，行動をより直接的に観察することを可能にする。本調査で用いられたロールプレイの

手法による先の証明は，それが，より保守的ではあるが，現実世界のEメールにまつわる行動に相関していることを示している。ここにおいてそれは，測定が困難な行動を測定できる妥当なプロキシとして，不完全ではあったとしても（Schechter et al., 2007），有用である（Downs et al., 2007）。

これらの結果は，自己報告と行動反応の相反する予測パターンを説明するかもしれない，記憶と知識の分離の重要性を支持している。用語や定義の理解度を示す宣言的知識の尺度は，気づきや，感受性，意図を含む他の関連する変数の自己報告についての，比較的優れた予測因子であった。これらの関係性は，意思決定に容易に適用されないある種の知識を反映するかもしれない。対照的に，手続き的知識の尺度は，自己報告の優れた予測因子とはいえず，いくつかの事例では負の相関さえみられたが，言語化することは容易でないが，より深い理解につながる要素に関係しているように見えた（Reyna, 2008）。これらの結果には，また，リスクを低減するアプローチの効果についての含意もある。気づきを高めることは，リスクに関連する多くの分野おける一般的なアプローチであるが，行動を変容させるにはいたらないことが多い。この結果に符合するように，我々は，どのように方策が機能するかを理解し，いつそれを適用するかを知ることに対する，より手続き的なアプローチに注意を払うことが，より直接的に行動を変容させることを，他の調査においても発見した（Downs, 2004）。

神経経済学の急成長分野の1つとして発展してきた新しい方法やアプローチは，今後，既存の研究の上に成長し，おそらく行動と予測因子の根本的な関係についてより上手く説明することに貢献するだろう。この分野が進歩する過程で，変数を明確かつ簡潔に定義づけ，関係性に影響するかもしれない中間のプロセスを認識することが，研究者にとって重要になるだろう。自己報告と，より客観的な尺度の両方を取り入れ，実際に比較もすることは，どのように意思決定がなされるかを理解するための深い洞察を明らかにする可能性を秘めている。中心的，周縁的な認知プロセスに注意を向けることが，この研究をさらに洗練させるのに役立つだろう。

第13章
シミュレーション結果の経験による判断と意思決定の改善

Robin M. Hogarth
Emre Soyer

　よく知られた事実であるが，確率的推論は表現形式の影響を受ける。そのため，正確な判断を導くことのできる透明性の高い課題の記述方法に注目が集まってきた。一方，これまでのアプローチでは，一般的な法則を導くことは困難であることが示されてきている。そのため，我々は経験的な頻度データを継時的にコード化することができるという，人の能力を活用した，新たな表現方法を提案する。我々が提案する表現方法は，シミュレーションを用いた方法である。静的な記述を用いる代わりにシミュレーションを用いることで，内在化されたプロセスから導き出される継時的な結果を，意思決定者に観察する機会を与える，いわば動的な提示方法である。本章では，我々がこれまで行ってきた研究プログラムの中から，古典的な確率理論で用いられてきた課題と，投資の決定課題，そして競争状況での勝利の確率推定，という3つの領域について簡単に紹介する。すべてのケースにおいて，継時的なシミュレーションを経験することによって，標準的なフォーマットよりも，正確な反応が得られることが示されている。そして，この方法はユーザーが利用しやすく，統計に関する高度な知識の有無による差があまりみられていない。最終節では，今後の研究に向けていくつかの方向性を示した。

　判断と意思決定に関する多くの研究は，直観的な判断や予測を行う際に，人々がさまざまなエラーを起こすことを報告してきた。確率推論課題遂行時には，一貫した推論を行うことが困難である (Kahneman, Slovic, & Tversky, 1982)，直観的予測がしばしば間違いを起こす (Tversky & Kahneman, 1974)，自信過剰になりやすい

(Moore & Healy, 2008), 錯誤相関や自分の仮説を支持する情報を用いやすいといったバイアスに支配されている（Plous, 1993）ことなどが，報告されてきた。これらの研究から生まれる印象は，人が経験的事実と不確実性との照合に，とても困難を抱えているということである。

一方，人々は日々多くの判断課題を行っており，そしてそれらは驚くほどに正確である。たとえば，歩行技能は，予測的判断に大きく依存している。混雑した通りを抜けるときに人々は，ぶつかり合うことはほとんどないし（Zakay & Block, 1997），ある扉を抜けて部屋を出ることを計画して実行することは，たやすく正確に行える。今は亡き日本人の心理学者であるMasanao Toda（戸田正直）が，提言したように，「実験室では，人とラットは驚くほど愚か者のようだ。一方，通常の環境下で，彼らが苦もなく行っている行動に対して，心理学者はほとんど注意を向けていない。人は自動車を運転でき，複雑なゲームを行え，そして社会を組織することができる。そしてラットは台所で嫌になるほど狡猾にふるまうことができる」（1962, p.165）。

理論的，そして現実的という両視点から，よい意思決定がなされたり，なされなかったりする，その条件についての理解こそが重要な問題である（後述するが，Todaが指摘したように，これまでの研究では外的妥当性の検討が含まれていない）。換言すると，人の判断における特徴と課題要求との間の対応関係を明確化することが求められているのである（Brunswik, 1952；Simon, 1956）。

この問題について考察するために，熟達者がどのように情報を他者に提示するべきかという問題状況について考えてみよう。たとえば，医者が患者と検査結果について議論をする場合や，ファイナンシャル・アドバイザーが素人の投資家にリスクを説明する場合を考えてみよう。明らかに，これらの状況では，意思決定者が特定の選択肢を選択するように提示様式が影響を与えるべきではない。投資家がデータの意味を完全に理解し，そのうえで，彼ら自身で結論にいたるようにさせなければならない状況である（Hogarth & Soyer, in press）。本章の目標は，そのような理解を達成するための1つの方法を示すことであり，以下のように構成した。

まず第1に，人の認知システムの長所と短所について，情報処理の視点から簡単に解説を行う。特に強調したい点は，人がもついくつかの処理の限界を乗り越えるために，人の認知メカニズムが進化してきた点である。第2に，人の判断の性質について概念化するためのフレームワークを提示する。そのフレームワークは2つの次元を含んでいる。1つ目の次元は，個人にとって課題が透明であるか不透明であるかという次元である。もう1つの次元は，課題の記述形式に関する情報を保持，あるいは入手しているかという次元である。つまり，これまでの経験を通して，課題の特徴を学ん

できたかという次元である。2つ目の経験の次元では、我々が正確に課題の特徴を理解するうえで、促進するものと妨害するものに経験を分類している。第3には、我々の分析の意義を提起する。我々の行う分析は、人の認知能力と課題が適合しているか、適合していないか、その条件を同定するための分析と位置づけられる。第4に、これらのアイデアに基づいて行われた実験的研究を紹介する。複雑な意思決定プロセスの結果をシミュレートすることによって得られた、結果の継続的データを提示された場合、①人は容易にこの方法を利用することができ、②人は人工的な表現よりも、この形式を好み、③人の判断が改善されることが示された。最後に、我々は将来の研究に対する含意と示唆を示した。

1節　人の認知処理の長所と短所

　この数年の間に、心理学者と神経科学者は、広範囲な問題に関する複雑な人の情報処理システムとそのキャパシティーについて、多くのすばらしい、そして驚くべき特徴を解明してきた。しかし、本質的には進歩してきたものの、人の情報処理システムは環境に比べて、未だ成熟しているとはいえない状況である。さらに、自然環境への挑戦のために進化してきた認知システムであるにもかかわらず、今日行われている重要な判断課題は人工的な設定を含んでいる（Simon, 1996）。ここでいう人工的な設定とは、人の活動の結果として生じたものであるが、進化の道筋をたどるには十分な時間がないなかで、適切な反応を導くために生まれた設定である。1つの顕著な例をあげるとすると、経済的な活動をあげることができる。我々は、経済活動の働きについて、ある程度の知識を有しているが、未だに恒常的成長率や完全雇用率を設定することはできないし、もちろんのこと財政危機を予測したり、処理したりすることはできない。

　判断と意思決定の視点から、注意と短期記憶の限界は、最も重要な制約であり、多くの重要な特徴を導くことができる。第1に、情報の異なる側面を認識するための取るに足りないはずの注意の切り替えが、判断と意思決定に大きな影響を与える点である（たとえば、Tversky & Kahneman, 1981を参照）。要するに、人々は情報の提示様式に敏感であり、異なる提示様式が異なる反応を導くということである。それは、問題に横たわる物理的な特徴が同じであっても起こり得る問題である。

　第2に、人々は判断と意思決定に対して単純で用いやすいルールを多数もっており、自由に使うことができるため、複雑な課題においても迅速に反応することができる点である。これらのルールは—ヒューリスティクスとも呼ばれ—、典型的には、抽出された部分集合から推定を行うことによって、注意を向ける情報を減少させ、処理しな

ければならない情報量を低減させることをさす。換言すると，人々は情報の一部を無視するのである。判断に関わる多くの先行研究では，ヒューリスティクスが系統的なバイアスへ導くことが報告されてきた（Kahneman et al., 1982）。一方，他の研究ではヒューリスティクスの優れた点について議論がなされてきた。ヒューリスティクスは有効に働き，しばしば，いわゆる最適なモデルよりも優れた判断に導くことが示されてきた（Gigerenzer, Todd, & the ABC Research Group, 1999）。このテーマに密接な関連がある研究として，特定の領域で行われている熟達化の研究をあげることができる（Ericsson & Charness, 1994）。キーとなるのは，人々がどの情報を選択すべきか―そしてどの情報を無視すべきか―を学ぶことができる点であり，それゆえに速く結論に到達することができる点である。さらに，この種のプロセスは日常生活にみられる直観的判断を特徴づけている。人々は日常生活を通じ，彼らが遭遇する状況や問題の「主旨（要点）」を理解するスキルを発達させているのである（Reyna, 2012）。

第3に，意思決定におけるヒューリスティクスの使用は，2つの重要な認知的スキルによって補完されている点である。1つ目は，パターン認知の能力であり，もう1つは再認記憶の能力である（Goldstein & Gigerenzer, 2002）。我々の認知システムは，（計算の能力とは逆に）同定したパターンにすぐに順応することができ，以前見たことがあるか，聞いたことがあるかといった再認という優れた能力を有している。

第4に，認知的な制約を克服するために我々が利用している重要なメカニズムは，逐次処理である。問題と関連するすべての情報を同時に処理するかわりに，より多くの情報を考慮するたびに暫定的な解を更新していくといった，逐次処理方略を用いている。そのような方略を用いることによって，順序効果というバイアスが生じることがあるが，我々がどのように大量の情報を処理しているかを説明してくれる（例としてHogarth & Einhorn, 1992を参照）。実際，自然環境下では，我々が経験するかなり多くの情報は，これまでに経験してきた事例からの推測によって，評価されている。

幸いにも，人々は経験した情報を，時間を超えて正確に記銘することができる。そして，特に出来事ごとの頻度について記銘することができる。簡単なデモンストレーションとして，この3か月間で何回映画を見に行ったか想像してみよう。たいていの人は，この質問に対して容易にそしてかなり正確に答えることができる。しかし，この質問をあらかじめ予期しておくことや，そのために特定の出来事や他の可能性のある出来事の生起頻度を保持しようとはしていない。頻度に関する記憶については，Hasher & Zacks（1979, 1984）とZacks & Hasher（2002）によってレヴューされている。彼らが指摘している点は，この能力は正確性と信頼性を備えており，加えて，注意や意図，そして学習時の年齢，そして個人差の影響がほとんどみられないという点である。さらに，多くの人以外の種でも基本的なスキルは共有されており，長い年

月にわたる進化の過程によって得られた能力と考えられる。

2節　判断課題の構造

　判断課題の特徴の整理には多くの方法が提案されてきた。我々は，これまで判断課題を2次元の特徴によって整理することが，利便性が高いことを示してきた。第1の次元は，個人にとってその課題が透明であるか，不透明であるかという次元である。透明性の意味するところは，記述の"見通しがよく"，正しく含意を理解できるということである。典型的な透明な課題は形式上単純であるが，必ずしもそうとはいえない場合もある。たとえば，単純な選択課題であっても，損失か利得というフレームとして表現されるとき，この選択課題は不透明となる。意思決定者本人は自覚しないままに，損失か利得かという言葉により意思決定フレームが変化し，選択が影響を受けてしまう（Tversky & Kahneman, 1981）。課題が透明であるか不透明であるかに関連する点として，個人の関心事であるかといった点があげられる。確率理論を用いた多くの意思決定課題は，統計の熟達者以外にとっては，不透明な課題である。

　課題の記述の仕方と対比される第2の次元は，経験を通して得られる課題の学習に関する次元である（たとえば，Hertwig, Barron, Weber, & Erev, 2004；Yechiam & Busemeyer, 2005）。言うまでもなく，学習は，時間を経た後のフィードバックに依存するため，フィードバックの質の影響を受ける。正確な課題の表象を得るために，十分なフィードバックであり，バイアスがかかっていないフィードバックであるのか，それとも，不完全な，ある種のバイアスがかかったフィードバックであるのか。もし前者であれば，有益な経験を含んだ課題と呼び，後者であれば，有害な経験を含んだ課題と呼ぶことにする（Hogarth, 2001, 2010）。

　図13-1は課題の性質を表現している。図の横軸は，課題の透明性の次元であり，課題の説明の程度に対応している。図の縦軸は，有益か有害かの次元であり，その課題を学んだ経験の程度に対応している。

3節　人と課題とのマッチング：その含意

　これまで述べてきたように，今日の判断と意思決定の"物語"は，課題の記述の仕方から大きな影響を受けるという事実の周辺テーマが中心となっている。そのため，よりよい判断と意思決定を支援するために強調される点は，課題の透明性に関わる記述の仕方と，人と課題との関連についてである。よい例としてGigerenzer & Hoffrage（1995）の研究をあげることができる。彼らは，ベイズ更新の課題を単純化すること

第Ⅵ部　よりよい決定のために

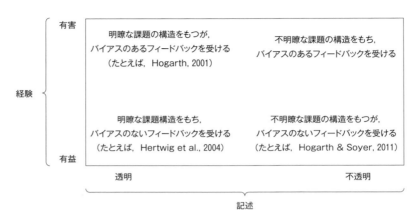

◆図13-1
記述と経験による，意思決定課題の性質の分類。課題は，（水平軸の）記述は透明から不透明（つまり，明瞭から不明瞭）の間に布置できる。（垂直軸の）経験は，有益から有害（つまり，フィードバックがバイアスのないものからあるものまでの間で）布置の位置が変わる。(Hogarth & Soyer, 2011, p.435)

によって，頻度データ（あるいは自然頻度データ）を用いた先駆的な研究を行った。たとえば，以下のようなタイプのベイズ更新の問題を考えてみよう。

> ある地域でマンモグラフィーを使用した乳がんの集団検診を行っているとします。該当地域に関して以下の情報をあなたは得ています。
> 　女性の乳がんの有病率は，1％である（有病率）
> 　乳がんである女性が，スクリーニングテストで陽性と判断される確率は90％である（感度）。
> 　乳がんではない女性が，そのスクリーニングテストを受けた場合，陽性と判断される確率は9％である（擬陽性）。
> ランダムに選ばれた女性が，スクリーニングテストを受診したとき，テスト結果からがんであると診断されたとします。彼女ががんである確率の記述として，以下のどの選択肢が正しいでしょうか。
> 　1．彼女ががんである確率は，約81％である。
> 　2．マンモグラフィーの結果が陽性であった女性が10人いた場合，9人が乳がんである。
> 　3．マンモグラフィーの結果が陽性であった女性が10人いた場合，1人が乳がんである。
> 　4．彼女が乳がんである確率は，約1％である。
> 　（Gigerenzer, Gaissmaier, Kurz-Milcke, Schwartz, & Woloshin, 2007, p.55）

第 13 章　シミュレーション結果の経験による判断と意思決定の改善

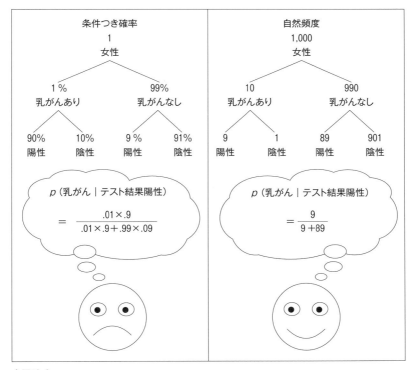

●図13-2
マンモグラフィーの検診を受け陽性の結果を得た女性が，実際に乳がんを患っている確率を計算するための2つの方法。左図は，条件つき確率を用いた計算を示しており，右図は自然頻度を用いた計算を示している。左図の樹状図下段に示した4つの確率は100を基準に標準化を行っている。右図の樹状図下段に示された4つの頻度は自然頻度である。自然頻度形式を用いて計算を行ったほうが，より単純である（笑顔で示している）。その理由は，条件つき確率（あるいは相対頻度）を用いる場合には，基礎比率（事前確率）を乗ずる必要がある一方で，自然頻度を用いる場合は，基礎比率によって標準化する必要がないためである。(Gigerenzer et al., 2007, p.56)

多くの人にとってこの問題に答えることは困難である。Gigerenzer et al. (2007) は，160人の婦人科医中34人（21％）のみが，正解である10分の1（選択肢3）を選択したことを報告した。しかし，同じ婦人科医を対象に，自然な頻度に変換することをトレーニングすると139人（87％）が正解した。標準的なフォーマットと自然な頻度のフォーマットを図13-2に示した—標準的なフォーマットを左図に示し，自然な頻度のフォーマットを右図に示した。明らかに，この問題を自然な頻度の形式に変換することによって，多くの人にとってより透明な課題となったのである。

特定のケースではあるが，自然な頻度の提示形式によって，成績の向上がみられた

253

ことはとても印象的である。一方、いくつかの疑問は残る。多くの確率推論の問題においても、自然数による頻度表現への変換を人々はできるのであろうか、それとも異なる問題では特定の変換を行うのであろうか。他の文脈（たとえば、ネスト構造をもつ連結型の問題）では、あまり効果が得られないことは明らかである(Evans, Handley, Perham, Over, & Thompson, 2000 ; Koehler & Macchi, 2004 ; Sloman, Over, Slovak, & Stibel, 2003)。これらの発見から、我々はより一般的な方法を求めることとした。

　我々のアプローチは、継時的に経験される頻度データを正確に記銘することができるという、人の能力を有効に活用することである。たとえば、すでに示したように映画館を訪ねた回数を思い出せる能力のことである[1]。そのため、記述とは対照的に、経験に基づいた意思決定課題を提案する（図13-1を参照）。つまり、課題を記述する（たとえば、標準的、あるいは自然頻度フォーマット）代わりに、継時的に結果をサンプリングさせることによって推論を行わせるといった方法である。我々はプロセスのシミュレーションを構築した。我々の開発した方法では、人々がシミュレーションを実施し（多くの試行を観察することによって）、その経験をもとに推論を行わせる。

　そのようなプロセスの例として、図13-3に、実験参加者がコイン・トス（コインがフェアーであるか否かは、わからない前提である）を行い、表が出る確率を推論する状況を示した。もちろんシミュレーションを作成するためには、ベルヌーイ過程のパラメーターを設定し結果を成生させる必要がある。しかし、各個人は、—シミュレーションボタンを押すたびに1つの結果が提示される—シミュレートされた"表"と"裏"の系列をみて判断を行うこととなる。補足すると、コイン・トスの例のような単純化は、個人が推測を求められた課題に対する正確な答えを得るために作成された設定へ誤って誘導してしまう可能性がある。しかし、後述するように、多くのシミュレーションでは、設定に用いられているモデルの確率的な意味を、シミュレーションの実行者が十分に意識している必要がないことが示されている。つまり、単純な結果を生み出すことができる、多くの確率パラメーターを組み合わせて用いることができるのである。

　要約すると、人の認知システムに課題を適合させようとする我々の試みは、推論を要求された課題に対応するプロセスとその結果をシミュレーションにより経験することを個人に提供している。さらに、課題の背後の確率的な構造がかなり複雑であっても、同じ問題を記述形式で示した時に比べ、より少ない情報によって問題解決にいたることができる。シミュレーションによって得られるコイン・トスの時系列データを単に観察するという経験から推論することを可能とさせる。

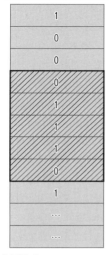

● 図13-3
コイン・トスのシミュレーション。このモデルでは，シミュレートボタンを押すたびに，シミュレーション結果として1（表）か0（裏）が提示される。図では，9回のボタン押しを行った結果を示しており，斜線部は5回分の結果である。また，サンプリングを行った結果の要約を表として提示している。このモデルは，利用者には好きなだけ結果を出してかまわないことと，その要約統計量についても自分の知りたい部分を選んで算出することができることが伝えられる。（Hogarth & Soyer, 2011, p.437）

4節 シミュレーションの経験の検討：研究プログラムの概要

　我々は，人々の確率判断の正確性について研究を行ってきた。それらは，上記のコイン・トスの例に示したように，シミュレーションによって得られた時系列の結果を観察するという課題を用いている。以下において，3つのタイプの実験について報告する。

◆ 1．確率判断課題

　最初の実験（Hogarth & Soyer, 2011）では，通常の問題記述形式では，誤りが起こりやすいことで知られている7つの確率判断課題への回答を求めた。7つの課題は，

上記で述べたベイズ更新問題（Gigerenzer et al., 2007），誕生日問題（グループ内に同じ誕生日の人がいる確率を，明らかに低めに見積もる傾向を示す問題），連言問題，リンダ問題(Tversky & Kahneman, 1983)，病院問題(Tversky & Kahneman, 1974)，平均への回帰の問題（極端な値がしだいに，より極端でなくなっていくように解釈される傾向を示す問題），モンティーホール問題（Friedman, 1998；Krauss & Wang, 2003；すべての問題の説明は Hogarth & Soyer, 2011を参照）であった。

　実験参加者は，すべての問題について2つの条件に参加した。1つ目の条件は，典型的な記述形式であり，2つ目の条件はシミュレートされた一連の結果を観察することを含んでいた。たとえばベイズ更新問題であれば，実験参加者は Gigerenzer et al.（2007）と同様の典型的な記述の条件と，シミュレートされた結果の観察を行う条件という両条件に参加した。実験参加者にシミュレーションモデルの利用の仕方を教示するために，まず最初にコイン・トス・シミュレーターを提示し，実験参加者に実際に操作してもらった。ベイズ更新問題のシミュレーションでは，問題の背景にある確率構造によって導き出された，患者が陽性であるかという結果が，"コイン・トス"と同様に示された。画面には，スクリーニング検査結果が陽性であった患者が本当にがんであったか否かが示された。すべての課題に参加した実験参加者は何度でも好きにサンプリングを行うことができることを強調して教示を行った。陽性のテスト結果のサンプリングを試せば試すほど，実験参加者は擬陽性が真の陽性よりも多いことに気がつくことになった。

　実験には2つのグループが参加した。第1のグループは，統計教育をある程度受けたグループであり，もう一方は統計的な知識をほとんどもたないグループであった。第1のグループはポンペウ・ファブラ大学の62名の大学院上級生であり，確率と統計の講義を受講していた。第2のグループは，20名であり，一般の大学生で，統計に関する特別な知識をもたない人で構成されていた。

　各実験参加者から，以下の3つの反応を取得した。

1．問題の標準的な記述に対する回答―以下「分析」と表記
2．シミュレートされた結果を体験した後の回答―以下「経験」と表記
3．最終回答―以下「最終」と表記

　大学院上級生の半数はシミュレーションの前に典型的な記述条件に参加し，残りの半数は順序を逆にした（つまり，シミュレーションが先で，典型的な記述条件への参加は後になった）。大学院上級生の報酬は，最終的な回答の正確さによって決定された。

第13章　シミュレーション結果の経験による判断と意思決定の改善

●表13-1　著名な確率を扱った問題での実験条件ごとの正答率
（Hogarth & Soyer, 2011, p.441）

	統計教育レベル高		統計教育レベル低	平均
	A-E[a]	E-A[a]		
1．ベイズ更新問題				
分析	17	42	20	27
経験	97	97	100	98
最終	79	58	70	69
2．誕生日問題				
分析	3	13	0	6
経験	55	61	65	60
最終	35	61	30	44
3．連結問題				
分析	55	52	25	47
経験	74	77	75	75
最終	77	77	75	77
4．リンダ問題				
分析	10	32	10	18
経験	97	97	90	95
最終	65	71	60	66
5．病院問題				
分析	39	61	25	44
経験	97	97	100	98
最終	81	68	65	72
6．平均への回帰				
分析	32	45	25	35
経験	68	90	70	77
最終	55	65	35	54
7．モンティ・ホール問題				
分析	31	48	15	34
経験	93	97	95	95
最終	69	58	55	61
n =	31[b]	31	20	

[a] A-E は Analytic-Experience，E-A は Experience-Analytic の略であり，各タスクが行われた順序を表す。
[b] 統計教育レベル高群 A-E の被験者数はベイズ更新問題では29であった。

　実験結果を表13-1に要約した。全体的にみて，シミュレーションの体験が強い効果をもつことが示された。たとえば，ベイズ更新問題では，シミュレートされた結果を経験することによって，たいていの実験参加者が正解を選択した。一方，典型的な記述形式の場合では，最終回答は，シミュレーションを経験したグループに比べ，ネガティブな影響が示されていた。他のすべての課題に対し，同様な効果がみられていたことから，サンプリングした結果を継時的に提示する形式であれば，すべての問題に

対して有効であるのだろうかという問いが提起される。この問いについて以下で検討してみよう。

◆ 2．投資

　確率理論に用いられた著名な課題以外について，我々のアイデアを検討するために，投資課題を用いて予想収益に関する推論の正確性について検討を行った。
　2つのグループを対象に実験を行った。第1のグループは，統計モデルの結果を用いて反応を行うグループ（統制群）であり，第2のグループは，シミュレーションモデルを用いて結果を提示されるグループ（実験群）であった。実験のシナリオと問題は，以下のとおりであった。

　あなたは，40ユーロをもっていて，I_1とI_2という2つの投資先を検討しています。45ユーロを得るために，おのおのにいくらずつ投資しますか？

　あなたの選択によって

1. 40ユーロ未満になる確率はどのくらいでしょうか。
2. 45ユーロ未満になる確率はどのくらいでしょうか。
3. $I_1=0$，$I_2=0$とした場合と比較して，あなたの最終金額はどのくらいの確率で上回るでしょうか。

　統制群は，ポンペウ・ファブラ大学経済学専攻の大学院生26人であった。図13-4は，回答のために必要な回帰モデルの詳細が示されている。実際には，実験群には2つの実験参加者のグループが用意され，両グループとも，質問に答えるために図13-5に示された同じシミュレーションを経験した。28人はポンペウ・ファブラ大学経済学科の大学院生で"エコノミスト（経済学者）"と表記した。一方，残りの18人は一般の人であり，大学教育は受けたが，統計学や回帰分析に特別な知識がない人々であり，"ノンエコノミスト（非経済学者）"と表記した。
　表13-2に結果を示した。結果から，シミュレーションモデルを使用した後に行った反応の質は高く，そしてノンエコノミストもエコノミスト同様に正確であることが示された。統制群と実験群の両者において，投資に対する平均的なリターンに対して，概ね正しい推測がなされていた一方，実験群のほうが結果にともなう不確実性への評価がより正確であった。特に，統制群のエコノミストは，問3の正答率を平均で24％

実験にご参加いただき，ありがとうございます。匿名でご参加いただきますので，お名前を書いていただく必要はありません。
　これから，投資の決定をしていただきます。あなたには40ポイントが与えられます。この40ポイントを次の3通りに割り当てることができます。

I_1：あなたは"投資1"に投資する金額を決めることができます。
I_2：あなたは"投資2"に投資する金額を決めることができます。
N：投資しないという選択をすることができます。

　あなたは3つのボックスに，合計40ポイントまでいくら投資をするかを決めることができます。投資とその効果については，以下の線形式で求められます。

$$\Delta Y_i = a + \beta_1 I_{1,i} + \beta_2 I_{2,i} + e_i$$

　"ΔY"は投資（貸付）金額の変化量を表し，"I_1"は投資1への投資金額を表し，"I_2"は投資2への投資額を表しています。"β_1"と"β_2"は，各々の投資額への効果を表し，"e"はランダム項です。
　おのおのの投資に関するリターンは過去のデータから推定されます。過去1,000回の投資結果からおのおのの投資について考慮され，最小二乗法を用いて投資額と収益が推定されます。
　標本統計量は以下のとおりです。

変数	平均	標準偏差
ΔY	8.4	7.9
I_1	11.1	5.8
I_2	9.6	5.2

最小二乗法による回帰分析結果は以下のとおりです。

	従属変数：ΔY	
I_1	0.5	(0.20) **
I_2	0.3	(0.05) **
Constant	−0.1	(0.15)
R^2	0.21	
n	1,000	

括弧内は標準誤差。
**95％信頼区間。
n は観測変数の数。

　これから，投資額は利益の変化によって正で有意な影響を受けることを推定できます。特に，"投資1"の平均は50％増加し，"投資2"では30％増加することが投資合計額によって示されています。

図13-4
統制群の設定は，投資課題を含んでいた（OLSは，通常の最小二乗法）。(Hogarth & Soyer, 2011, p.445)

あなたの投資額をボックス"I_1"と"I_2"に入力し，"シミュレート"ボタンを押すと，この予測モデルの結果を知ることができます。
同じ投資額であったとしても，このモデルの予測は，不確実性があるため異なることがあります。
あなたは，好きなだけ何回でも投資戦略を試し，問1に回答してください。
また，あなたが行った投資シミュレーション結果の特定の部分を自由に選択し，要約された情報をみることができます。

I_1	I_2	結果
0	5	42
0	5	37
0	5	49
0	5	39
0	5	35
3	5	44
3	5	40
3	5	40
3	5	39
…	…	
…	…	

選択情報

平均値	回数
43	4

●図13-5
投資課題を含む実験設定。使用した関数は図13-3のコイントスのシミュレーションと同一である。シミュレートボタンをクリックするたびに，利用者の入力とモデルから予想される結果が示される。利用者には好きなだけ結果を出してかまわないことと，その要約統計量についても自分の知りたい部分を選んで出すことができることが伝えられる。(Hogarth & Soyer, 2011, p.446)

大きく見積もっていた。一方，シミュレーションを使用したノンエコノミストでは，絶対偏差の平均は6％に過ぎなかった（詳細は，Hogarth & Soyer, 2011参照）。

◆ 3．競争的行動

シミュレーション法を用いた第3の研究では，競争状況での確率の評価の問題を含めた（Hogarth, Mukherjee, & Soyer, 2013）。実験のシナリオは以下のとおりであった。

Abyzは人気のあるコンピュータゲームで，あなたもお気に入りのゲームです。このゲー

◆表13-2
投資課題に関連した実験の全グループの平均値と標準偏差（Iはinvestmentを表し，〈 〉の数字はSDを表す）。（Hogarth & Soyer, 2011, p.441）

条件	分析群（統制群）	経験者群（実験群）	
		エコノミスト	ノンエコノミスト
($n=$	26	28	18)
決定			
I_1	3.5	5.7	6.7
	〈4.6〉	〈3.9〉	〈5.9〉
I_2	12.3	7.8	9.8
	〈7.0〉	〈4.5〉	〈7.7〉
予想された結果			
Y	45.5	45.2	46.3
	〈0.9〉	〈1.6〉	〈2.1〉
Prob（$Y<40$）			
質問1：｜反応−正答｜	17%	8%	8%
	〈7%〉	〈7%〉	〈7%〉
（反応＜正答）比率	88%	61%	22%
Prob（$Y<45$）			
質問2：｜反応−正答｜	2%	8%	8%
	〈5%〉	〈8%〉	〈8%〉
Prob（$Y｜I_1, I_2$）＞Prob（$Y｜$ no investment）			
質問3：｜反応−正答｜	24%	11%	6%
	〈10%〉	〈9%〉	〈5%〉
（反応＜正答）比率	100%	53%	67%

ムは，あなた同様に数千人の若者から熱狂的な支持を集めています。人ごとにゲームスキルは異なり，ある人たちは熟達者で，ある人たちは初心者です。あなた自身の推測では，ちょうど中間に位置しています。Abyzの大会が開かれることをイメージしてください。くじでランダムに **10** 人が選ばれて，対戦するとします。あなたがその **10** 人に選ばれたとして，上位 **3** 名に入れば勝者という条件では，どのくらいの確率であなたが勝者になることができるかを推定してください★2。

　4つの実験グループを用い，すべてのグループに9種類の問題への回答を求めた。最初のグループの参加者は20人であり，何の補助もない条件——統制群——として回答を求めた。第2のグループの参加者は，22人であり，相談役として"統計の熟達者"の反応を提示した。第3のグループと第4のグループは，おのおの20人の参加者で，シミュレーションツールが提供された。1つ目のツールは，"記憶"の機能をもたない

ものであり（つまり，過去の結果を示したり，要約しておく機能をもたない），もう1つのツールは，記憶の機能を有していた（つまり，それまでの結果を示し，要約しておく機能をもっていた）。実験参加者は，ポンペウ・ファブラ大学の学部学生であった。このようにして，この研究では，通常の反応に対するシミュレーションの有効性のみならず，熟達者の助言を受ける条件と対比させながら，記憶機能のシミュレーションモデルに対する効果を検討した。

すべてのグループにおいて，最初に，標準的な形式で提示された後，いずれの補助も受けずに9つの質問への回答が求められた。次に，実験参加者は，（統制群以外のグループでは）おのおのの条件ごとに何らかの補助を受けて，その後，最終的な回答を示した。報酬は，回答の正確性によって決定された。

図13-6に結果の要約を示した。明らかに，熟達者の意見による大きな影響がみられた。実際，熟達者は正しい解答を与えており，実験参加者の判断の正解率を35％から74％に上昇させた。シミュレーションも回答の正解率を上昇させていた。記憶機能のないツール条件では回答の正解率を44％から54％に上昇させ，記憶の機能がある条件では，38％から64％に上昇させた。

5節　考察

これまで，シミュレーションモデルによって算出される一連の結果を経験することによって，人々の確率推論が改善されることをさまざまな問題を用いて示してきた。さらに，人々はシミュレーションモデルをとても容易に使用することができ，数分の説明でも使用可能であることが示された。実際に，統計的知識レベルが異なる実験参加者でも，実験結果には大きな差異はみられていないことは，特筆すべきことである。

独力で行った判断に比べて，シミュレーションを経験することによって，確率推論の正確性が疑いなく上昇することが示されたが，一方で，未だ改善の余地は残っている。この方法を用いた我々の経験から，多くの研究手段を示唆することができる。第1に，人々は確率推論の問題を異なる形式—たとえば，標準的な記述と，シミュレーションによる出力の両者—で見るべきなのだろうか。人々は異なる視点を用いて問題を見るべきであると議論することもできる。一方で，これに反して，提示様式がこれまで知られたエラーに導くものであれば，無意味であることは議論を待たない。

関連する研究（Soyer & Hogarth, 2012）では，高等教育機関の経済学者を対象に，単純な回帰分析の結果を異なった3つの提示形式を用いて提示して，複数の推論を行わせた。実験では3つのグループを設けた。第1のグループにはよく用いられる表形式で分析結果を示した。第2のグループには，分析結果とデータ散布図を提示した。

第13章 シミュレーション結果の経験による判断と意思決定の改善

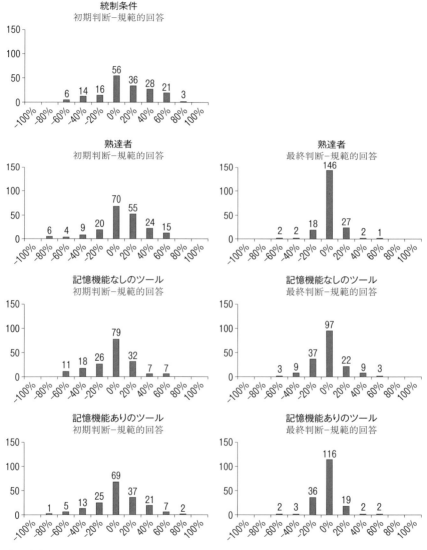

●図13-6
競争に関する実験における判断と規範的な回答の差の分布。左側の図は上から順に，統制条件（$n=180$），熟達者条件（$n=188$），記憶機能なしのツール条件（$n=180$），記憶機能ありのツール条件（$n=180$）の初期の判断と規範的回答の差を表したヒストグラムである。右側の図は，初期の判断が最終的な判断と同じである統制条件を除いた，3つの条件を左側と同様に表している。
（Hogarth, Mukherjee, & Soyer, 2013, p.466）

第3のグループには，散布図のみを示した。先の2つのグループでは，実験参加者の推論は不確実（彼らは不確実性を過小評価した）であった。しかし，第3のグループは，とても正確な回答を行いながらも，問題に適切に答えるには十分な情報を得られていないと強く主張した。明らかに，人々が推論を行う場合には，得られた情報に対し信頼と確信をもつことが重要である。今後の研究では，信頼と正確性を推論にもたらす問題の提示形式を同定する必要がある。

シミュレーション法を用いる場合，その手続きの詳細について，今後多くの検討が必要である。第1に我々のすべての研究では，実験参加者に好きなだけ自由にサンプリングを行わせた。何回ぐらいのサンプリングの経験が妥当であるかについて，我々は実験参加者にヒントをまったく与えなかった。第1の実験（確率推論の課題）では，より知識を有する参加者は平均で約65回のサンプリングを行い，より知識をもたない参加者は平均で約50回のサンプリングを行っている。実験室でギャンブル課題を行った他の研究では，参加者の試行数ははるかに少なかった——中央値で15試行（Hertwig et al., 2004）。将来の研究での重要な問題は，どのタイミングでサンプリングをやめるかを決定する手がかり（cue）について検討することである。

第2のポイントは，シミュレーションの経験が内包する情報の量と性質についてである。たとえば，確率問題を含む実験では，実験参加者には，どの問題（たとえば，図13-3に示されたコインの表と裏や，ベイズ更新問題でのがんであるか否か）に対しても2値（1か0）の情報が提示されたのみであった。一方，投資のシナリオでは，実際の結果が参加者に提示された。つまり，（図13-5に示されたとおり）彼らの選択に対する利益と損失金額が正確に示された。2値の内容は追跡することが容易であり，要約もしやすい一方，実際の値を示すことによって，結果に本来備わっている確率的要素による，上昇と下降のパターンを理解しやすい，といった特徴がある。

平均への回帰を含む状況を例として考えてみる。100人の人々で構成されるグループが，標準的なテストを受けたとき，テスト結果は主にスキルに依存する（スキルとテスト結果の相関は0.75）としよう。100人中第5位の人が，次回のテストでより低い順位に移動する可能性はどの程度だろうか。この問題の分析には，累積分布関数と確率密度を使用することにより，正解(65%)を導くことができる。一方，シミュレーションでは，参加者が提示されるテスト結果を見ていくことで，正答を導く計算について知識を持たずとも正解を得ることができる。しかし，図13-7に示したように，プロセスの異なる側面を示すシミュレーション結果の表現法が複数存在している。2値（上位であれば1，下位であれば0）で表現する場合，良いあるいは悪い順位になる機会（確率）を理解しやすいが，どの順位になるかという情報を提示した場合には，結果の分散についてより透明な表現となる。

第13章 シミュレーション結果の経験による判断と意思決定の改善

最終評価	1	2	3	4	5	6	7	8	9	10	11	12	13	14	15
シミュレートされた結果	0	0	0	0	0	0	1	1	1	0	0	1	0	1	1
アンダーラインなしでシミュレートされた順位の提示	7	12	17	6	8	13	4	1	4	7	7	1	22	2	4
アンダーライン付きでシミュレートされた順位の提示	7	12	17	6	8	13	<u>4</u>	1	<u>4</u>	7	7	<u>1</u>	22	<u>2</u>	<u>4</u>

●図13-7
後続するシミュレーションは，スキルとテスト結果の相関が0.75であった場合の，タスクのはじめの試行において順序が5番目であった人のものである。「シミュレートされた結果」の行は，等しいか良いかの場合は1，悪い場合は0の2値で表現されている。「アンダーラインなしでシミュレートされた順位の提示」は潜在的な順位の情報を示している。「アンダーライン付きでシミュレートされた順位の提示」は上の2行を合わせた情報が示されており，順位情報に結果の意味を加えたものである。たとえば，もし結果が実際のケースと比べて等しいもしくは良かった場合は，シミュレートされた結果はアンダーライン付きのものであり，悪かった場合はアンダーライン付きではない。

　他の関連する問題として，機械的に結果を要約する機能，つまり記憶の補助機能を実験参加者に供給するか否かという問題を指摘する。記憶機能の効果について検討した我々の研究では，正確性の向上がみられている。あるレベルでは，この効果は明らかである。しかし，自動的に結果を要約していくことを極限まで利用すると，結果の系列を経験することを除去することになり，そのため使用しているシミュレーションツールの理解と確信に影響を与えることにつながる。

　我々の研究では，統計的な知識が異なる実験参加者グループを用い，反応傾向を明示的に比較してきた。そして，シミュレートされた結果を体験することによって，グループ間の回答の正確性にほとんど差がみられないことが示されてきた。このことから2つの疑問が提起される。1つ目は，両グループがシミュレートされた結果の経験をより多く積んでも（つまり，両グループにとって我々の実験手続きはおそらく新しいものであった），ほとんど差がみられないのかという点である。2つ目は，統計的な知識が，高レベルの正確性をより速くもたらす可能性であり，サンプリングした結果を経験することにより，高度な統計的な知識を導く可能性があることを指摘できる。同じ問題（確率問題を入れた実験）でのシミュレーションを経験した参加者が，分析的な反応にある程度改善がみられていたが，この効果は主にアンカリング効果によるものだと推測される。したがって，シミュレーションが分析能力を高めるかという点については，シミュレーションを用いた，より多くの研究を行う必要がある。

　我々の行った研究には，投資の決定問題が含まれていた。ここで強調しておきたい点は，この種の意思決定に関して，シミュレーションツールを用いた検討は我々だけでなく，他にも多くなされている点である（Goldstein, Johnson, & Sharpe, 2008;

Kaufmann, Weber, & Haisley, 2013)。基本的には，それらのツールの利用者は利益の分布（平均と分散）を示した異なるポートフォリオを観察することが求められる。キーとなるアイデアは，異なる投資戦略によってどのような結果が得られるのかという洞察を，ユーザーが得ることができるかということである。重要な問題点は，そのようなツールを使用することによって，人々のリスク態度が変化するのかという点である。記述を用いた場合には，人々が小さな確率に対して過大評価することが知られているが（Hertwig et al., 2004），シミュレーションを用いた場合にはリスク回避傾向が減少する可能性がある（なぜなら起こりそうもない事象について過小評価するため）。この可能性については，これまでいくつかの実証的研究がなされてきたが（Kaufmann et al., 2013），より多くの研究が必要とされる。しかし，そのためには，リスクに対する意思決定者の態度を決定する基準が何かを示す必要がある。

最後に，一連のシミュレーション結果を経験することの1つの解釈として，人々の直観的な情報処理能力を向上させる可能性があげられる。さらに，人々が観察する情報は"有益な"経験を含んでいるため，反応がより正確になった可能性を指摘する（Hogarth, 2001, 2010）。ここで示されたアイデアをより詳細に検討するためには，異なる形式の"有害な"経験が反応にどのように影響を与えるのか，そして，これらの影響に対して修正することを学べるかといった点を，検討する必要がある。

【原注】
★1　Gigerenzer et al.（2007）が自然頻度（自然数を用いた頻度表現）の先駆的研究を行ったことは，特筆すべきである。本章では，人にとって頻度データの時系列の体験が効果をもつことのデモンストレーションとして彼らの研究を引用した。さらに，頻度フォーマットに確率的な表象を変換することは必ずしも適していない場合がある。
★2　太字で示された数字は，刺激ごとに変化した。さらに，ゲームの構造のより詳細な説明が，テスト段階で実験参加者に提示された。特に，技能に依存したゲームの意味するところを実験参加者に強調するために「プレイヤーがいったん選択されると，彼らの技術レベルによって，並び替えられ，最もスキルの高い人が勝者となる」ことを説明した（ケースによって数値は異なっている）。

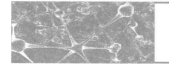文　献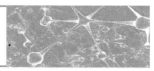

序章

Reyna, V. F., Nelson, W., Han, P., & Dieckmann, N. F. (2009). How numeracy influences risk comprehension and medical decision making. *Psychological Bulletin, 135*, 943–973. doi:10.1037/a0017327.

1章

Abdolmohammadi, M., & Wright, A. (1987). An examination of the effects of experience and task complexity on audit judgments. *Accounting Review, 62(3)*, 1–13.

Anastasi, A. (1968). *Psychological testing* (3rd ed.). New York, NY: Macmillan.

Anderson, N. H. (1986). A cognitive theory of judgment and decision. In B. Brehmer, H. Jungermann, P. Lourens, & G. Sevón (Eds.), *New directions in research on decision making* (pp. 63–108). Amsterdam: North-Holland Press.

Anderson, R. J. (1980). Wundt's prominence and popularity in his later years. *Psychological Research, 42(6)*, 87–101.

Ashton, R. H. (1974). An experimental study of internal control judgments. *Journal of Accounting Research, 12(3)*, 143–157.

――(1983). *Research in audit decision making: Rationale, evidence, and implications*. Vancouver: Canadian Certified General Accountants' Monograph 6.

Bamber, E. M. (1983). Expert judgment in the audit team: A source reliability approach. *Journal of Accounting Research, 21(2)*, 396–412.

Bamber, E. M., Tubbs, R. M., Gaeth, G., & Ramsey, R. J. (1991). Characteristics of audit experience in belief revision. In *USC audit judgment symposium*. Los Angeles, CA: University of Southern California.

Benjamin, L. T., Jr. (1988). *A history of psychology: Original sources and contemporary research*. New York, NY: McGraw-Hill.

Benner, P., Tanner, C. A., & Chesla, C. A. (1996). *Expertise in nursing practice: Caring, clinical judgment, and ethics*. New York, NY: Springer.

Biddle, G. C., & Joyce, E. J. (1982). Heuristics and biases: Some implications for probabilistic inference in auditing. In *Symposium on audit research IV*. Urbana, IL: University of Illinois.

Blumenthal, A. L. (1975). A reappraisal of Wilhelm Wundt. *American Psychologist, 30*, 1081–1086.

――(1979). The founding father we never knew. *Contemporary Psychology, 24(7)*, 449–453.

――(1980). Wilhelm Wundt and early American psychology: A clash of cultures. In R. W. Rieber (Ed.), *Wilhelm Wundt and the making of a scientific psychology* (pp. 121–142). New York, NY: Plenum Press.

Boring, E. G. (1929). *A history of experimental psychology*. New York, NY: Appleton & Co.

――(1950). *A history of experimental psychology* (2nd ed.), New York, NY: Appleton.

Boring, M. D., & Boring, E. G. (1948). Masters and pupils among the American psychologists. *American Journal of Psychology, 61*, 527–34.

Brunswik, E. (1955). Representative design and probabilistic theory in a functional psychology. *Psychological Review, 62(3)*, 193–217.

Carroll, J. S., & Payne, J. W. (1976). The psychology of parole decision processes: A joint application of attribution theory and information-processing psychology. In J. S. Carroll & J. W. Payne (Eds.), *Cognition and social psychology* (pp. 13–32). Hillsdale, NJ: Erlbaum.
Cattell, J. M. (1885). The inertia of the eye and the brain. *Brain, 8,* 295–312.
―― (1886). The time it takes to see and name objects. *Mind, 11,* 63–65.
―― (1887). Experiments on the association of ideas. *Mind, 12,* 68–74.
Christensen-Szalanski, J. J. J., & Beach, L. R. (1984). The citation bias: Fad and fashion in the judgment and decision making literature. *American Psychologist, 39(1),* 75–78.
Cohen, L. J. (1981). Can human irrationality be experimentally demonstrated? *Behavior and Brain Sciences, 4,* 317–331.
Cronbach, L. J. (1960). The two disciplines of scientific psychology. *American Psychologist, 12(11),* 671–684.
Danziger, K. (1980a). Wundt and the two traditions of psychology. In R. W. Rieber (Ed.), *Wilhelm Wundt and the making of a scientific psychology* (pp. 73–88). New York, NY: Plenum.
―― (1980b). Wundt's theory of behavior and volition. In R. W. Rieber (Ed.), *Wilhelm Wundt and the making of a scientific psychology* (pp. 89–105). New York, NY: Plenum Press.
Dawes, R. M. (1988). *Rational choice in an uncertain world.* San Diego, CA: Harcourt Brace Jovanovich.
Dawes, R. M., & Corrigan, B. (1974). Linear models in decision making. *Psychological Bulletin, 81(2),* 95–106.
Ebbesen, E., & Konecni, V. (1975). Decision making and information integration in the courts: The setting of bail. *Journal of Personality and Social Psychology, 32(5),* 805–821.
Edwards, W. (1983). Human cognitive capacities, representativeness, and ground rules for research. In P. Humphreys, O. Svenson, & A. Vari (Eds.), *Analyzing and aiding decision processes* (pp. 507–513). Budapest: Akademiai Kiado.
Edwards, W., & von Winterfeldt, D. (1986). On cognitive illusions and their implications. *Southern California Law Review, 59(2),* 401–451.
Einhorn, H. (1974). Expert judgment: Some necessary conditions and an example. *Journal of Applied Psychology, 59(5),* 562–571.
Ettenson, R., Shanteau, J., & Krogstad, J. (1987). Expert judgment: Is more information better? *Psychological Reports, 60(1),* 227–38.
Fancher, R. E. (1979). *Pioneers of psychology.* New York, NY: Norton.
Gardner, H. (1985). *The mind's new science: A history of the cognitive revolution.* New York, NY: Basic Books.
Gibbins, M. (1977). Human inference, heuristics, and auditors' judgment processes. In *CICA Auditing Research Symposium* (pp. 516–524). Toronto: CICA.
Gigerenzer, G. (1993). The superego, the ego, and the id in statistical reasoning. In G. Keren & C. Lewis (Eds.), *A handbook for data analysis in the behavioral sciences: Methodological issues* (pp. 311–339). Hillsdale, NJ: Erlbaum.
Gigerenzer, G., & Goldstein, D. G. (1996). Reasoning the fast and frugal way: Models of bounded rationality. *Psychological Review, 103(4),* 650–669.
Gigerenzer, G., & Hoffrage, U. (1995). How to improve Bayesian reasoning without instruction: Frequency formats. *Psychological Review, 102(4),* 684–704.
Gillis, J., & Schneider, C. (1966). The historical preconditions of representative design. In K. R. Hammond (Ed.), *The psychology of Egon Brunswik* (pp. 204–236). New York, NY: Holt.
Goldberg, L. R. (1959). The effectiveness of clinician's judgments: The diagnosis of organic brain damage from the Bender-Gestalt Test. *Journal of Consulting Psychology, 23,* 25–33.
―― (1968). Simple models or simple processes? Some research on clinical judgments.

American Psychologist, 23(7), 483–496.

—— (1969). The search for configural relationships in personality assessment: The diagnosis of psychosis vs. neurosis from the MMPI. *Multivariate Behavioral Research, 4(4),* 523–536.

—— (1970). Man vs. model of man: A rationale, plus some evidence, for a method of improving clinical inferences. *Psychological Bulletin, 73,* 422–432.

Goldberg, L. R., & Werts, C. E. (1966). The reliability of clinicians' judgments: A multitrait-multimethod approach. *Journal of Consulting Psychology, 30(3),* 199–206.

Hammond, K. R. (1955). Probabilistic functioning and the clinical method. *Psychological Review, 62(4),* 255–262.

Hebb, D. O. (1972). *Textbook of psychology* (3rd ed.). Philadelphia, PA: W. B. Saunders.

Heidbreder, E. (1933). *Seven psychologies.* New York, NY: Appleton-Century Co.

Helmstadter, G. C. (1964). *Principles of psychological measurement.* New York, NY: Appleton.

Henrich, J., Heine, S. J., & Norenzayan, A. (2010). The weirdest people in the world? *The Behavioral and brain sciences, 33(2–3),* 61–83; discussion 83–135.

Hoffman, P. J. (1960). The paramorphic representation of clinical judgment. *Psychological Bulletin, 57(2),* 255–262.

Hoffman, P., Slovic, P., & Rorer, L. (1968). An analysis of variance model for the assessment of configural cue utilization in clinical judgment. *Psychological Bulletin, 69(5),* 338–349.

Holt, D. L. (1987). Auditors and base rates revisited. *Accounting, Organizations, and Society, 12(fall),* 571–578.

Hothersall, D. (1984). *History of psychology.* Philadelphia, PA: Temple University Press.

Hughes, H. D. (1917). An interesting corn seed experiment. *Iowa Agriculturalist, 17,* 424–425.

Jacavone, J., & Dostal, M. (1992). A descriptive study of nursing judgment in assessment and management of cardiac pain. *Advances in Nursing Science, 15,* 54–63.

Joyce, E. J. (1976). Expert judgment in audit program planning. *Journal of Accounting Research, 14,* 29–60.

Joyce, E. J., & Biddle, G. C. (1981). Are auditors' judgments sufficiently regressive? *Journal of Accounting Research, 19(2),* 329–349.

Jungermann, H. (1983). The two camps of rationality. In R. W. Scholz (Ed.), *Decision making under uncertainty* (pp. 627–641). Amsterdam: Elsevier.

Kahneman, D. (1991). Judgment and decision making: A personal view. *Psychological Science, 2(3),* 142–145.

Kahneman, D., & Tversky, A. (1972). Subjective probability: A judgment of representativeness. *Cognitive Psychology, 3(3),* 430–454.

Kelly, E. L. (1967). *Assessment of human characteristics.* Belmont, CA: Brooks/Cole.

Kendler, H. H. (1987). *Historical foundations of modern psychology.* Philadelphia, PA: Temple University Press.

Kida, T. (1980). An investigation into auditors' continuity and related qualification judgments. *Journal of Accounting Research, 18(2),* 506–523.

—— (1984). The effect of causality and specificity on data use. *Journal of Accounting Research, 22(1),* 145–152.

Kinney, W. R., & Uecker, W. (1982). Mitigating the consequences of anchoring in auditor judgments. *The Accounting Review, 57(1),* 55–69.

Krogstad, J. L., Ettenson, R. T., & Shanteau, J. (1984). Context and experience in auditors' materiality judgments. *Auditing: A Journal of Practice & Theory, 4,* 54–73.

Leahey, T. H. (1987). *A history of psychology: Main currents in psychological thought* (2nd ed.). Englewood Cliffs, NJ: Prentice-Hall.

Libby, R., Artman, J. T., & Willingham, J. J. (1985). Process susceptibility, control risk, and audit planning. *The Accounting Review, 60(April),* 212–230.

Maloney, M. P., & Ward, M. P. (1976). *Psychological assessment: A conceptual approach*. New York, NY: Oxford University Press.

Meehl, P. (1954). *Clinical versus statistical prediction: A theoretical analysis and a review of the evidence*. Minneapolis, MN: University of Minnesota Press.

Messier, W. F. (1983). The effect of experience and firm type on materiality/disclosure judgments. *Journal of Accounting Research, 21(fall)*, 611–618.

Miller, G. A. (1962). *Psychology: The science of mental life*. New York, NY: Harper & Row.

Mischel, T. (1970). Wundt and the conceptual foundations of psychology. *Philosophical and Phenomenological Research, 31(1)*, 1–26.

Mosier, K. L. (1997). Myths of expert decision making and automated decision aids. In C. Zsambok & G. Klein (Eds.), *Naturalistic decision making* (pp. 319–330). Hillsdale, NJ: Erlbaum.

Murphy, G. (1929). *An historical introduction to modern psychology*. New York, NY: Harcourt, Brace & Co.

Oskamp, S. (1962). The relationship of clinical experience and training methods to several criteria of clinical prediction. *Psychological Monograph, 76 (25)*.

—— (1965). Overconfidence in case-study judgments. *Journal of Consulting Psychology, 29(June)*, 261–265.

—— (1967). Clinical judgment from the MMPI: Simple or complex? *Journal of Clinical Psychology, 23(4)*, 411–415.

Phelps, R. H. (1977). Expert livestock judgment: A descriptive analysis of the development of expertise. Unpublished dissertation. Manhattan, KS: Kansas State University.

Phelps, R. H., & Shanteau, J. (1978). Livestock judges: How much information can an expert use? *Organizational Behavior and Human Performance, 21(2)*, 209–219.

Reilly, B. A., & Doherty, M. E. (1989). A note on the assessment of self-insight in judgment research. *Organizational Behavior & Human Performance, 21(2)*, 123–131.

Rieber, R. W. (1980). *Wilhelm Wundt and the making of a scientific psychology*. New York, NY: Plenum.

Samelson, F. (1974). History, origin myth and ideology: "Discovery" of social psychology. *Journal for the Theory of Social Behavior, 4(2)*, 217–231.

Sargent, S. S., & Stafford, K. R. (1965). *Basic teachings of the great psychologists* (rev ed.). Garden City, NY: Dolphin Books.

Schultz, D. P. (1969). *A history of modern psychology*. San Diego, CA: Harcourt.

Schultz, D. P., & Schultz, S. E. (1987). *A history of modern psychology* (4th ed.). San Diego, CA: Harcourt Brace Jovanovich.

Schwartz, S. & Griffin, T. (1986). *Medical thinking: The psychology of medical judgment and decision making*. New York, NY: Springer-Verlag.

Shanteau, J. (1977). Correlation as a deceiving measure of fit. *Bulletin of the Psychonomic Society, 10(2)*, 134–136.

——(1978). When does a response error become a judgmental bias? *Journal of Experimental Psychology: Human Learning and Memory, 4(6)*, 579–581.

——(1989). Cognitive heuristics and biases in behavioral auditing: Review, comments, and observations. *Accounting, Organizations, and Society, 14(1/2)*, 165–177.

——(1992a). Competence in experts: The role of task characteristics. *Organizational Behavior and Human Decision Processes, 53(2)*, 252–266.

—— (1992b). How much information does an expert use? Is it relevant? *Acta Psycholgica, 81(1)*, 75–86.

Shanteau, J., & Stewart, T. R. (1992). Why study expert decision making? Some historical perspectives and comments. *Organizational Behavior and Human Decision Processes, 53(2)*, 95–106.

Slovic, P. (1969). Analyzing the expert judge: A descriptive study of a stockbroker's decision processes. *Journal of Applied Psychology, 53(August)*, 255–263.

Slovic, P., & Monahan, J. (1995). Probability, danger, and coercion: A study of risk perception and decision making in mental health law. *Law and Human Behavior, 19(1)*, 49–65.

Smith, J. F., & Kida, T. (1991). Heuristics and biases: Expertise and task realism in auditing. *Psychological Bulletin, 109(3)*, 472–489.

Sokal, M. M. (1981). *An education in psychology: James McKeen Cattell's journal and letters from Germany and England, 1880–1888*. Cambridge, MA: MIT Press.

Stewart, T. R., Roebber, P. J., & Bosart, L. F. (1997). The importance of the task in analyzing expert judgment. *Organizational Behavior and Human Decision Processes, 69*, 205–219.

Titchener, E. B. (1908). *The psychology of feeling and attention*. New York, NY: Macmillan.

——(1910). *A textbook of psychology*. New York, NY: Macmillan.

——(1916). *A beginner's psychology*. New York, NY: Macmillan.

——(1921). Wilhelm Wundt. *American Journal of Psychology, 32*, 161–178.

——(1923). *An outline of psychology*. New York, NY: Macmillan.

Trumbo, D., Adams, C., Milner, M., & Schipper, L. (1962). Reliability and accuracy in the inspection of hard red winter wheat. *Cereal Science Today, 7*, 62–71.

Tversky, A., & Kahneman, D. (1974). Judgment under uncertainty: Heuristics and biases. *Science, 185(4157)*, 1124–1131.

Wallace, H. A. (1923). What is in the corn judge's mind? *Journal of the American Society of Agronomy, 15(7)*, 300–324.

Waller, W. S., & Felix, W. L., Jr. (1987). Auditors' covariation judgment. *The Accounting Review, 62*, 275–292.

Wallsten, T. S. (1983). The theoretical status of judgmental heuristics. In R. W. Scholz (Ed.), *Decision making under uncertainty* (pp. 21–38). Amsterdam: North-Holland.

Watson, R. I. (1968). *The great psychologists: From Aristotle to Freud* (2nd ed.). Philadelphia, PA: J. B. Lippincott Co.

——(1979). *Basic writings in the history of psychology*. New York, NY: Oxford.

Wright, G. (1984). *Behavioral decision theory: An introduction*. Beverly Hills, CA: Sage.

Wundt, W. (1873). *Grundzüge der physiologischen psychologie*. Leipzig: Engelmann.

——(1892). *Vorlesungen über die menschen und theirseele* (trans. M. S. Creighton & E. B. Titchener). *Lectures on human and animal psychology*. New York, NY: Macmillan.

——(1904). *Principles of physiological psychology* (4th ed.) (trans. E. B. Titchener). New York, NY: Macmillan.

◆ 2 章

Abad, M. J. F., Noguera C., & Ortells J. J. (2003). Influence of prime–target relationship on semantic priming effects from words in a lexical decision task. *Acta Psychologica, 113(3)*, 283–295.

Abelson, R. P. (1983). Whatever became of consistency theory? *Personality and Social Psychology Bulletin, 9(1)*, 37–64.

Aronson, E. (1968). Dissonance theory: Progress and problems. In R. P. Abelson, E. Aronson, W. J. McGuire, T. M. Newcomb, M. J. Rosenberg, & P. H. Tannenbaum (Eds.), *Cognitive consistency theories: A sourcebook* (pp. 5–27), Chicago, IL: Rand McNally.

——(1992). The return of the repressed: Dissonance theory makes a comeback. *Psychological Inquiry, 3(4)*, 303–311.

Aronson, E., Fried, C., & Stone, J. (1991). AIDS prevention and dissonance: A new twist on an old theory. *American Journal of Public Health, 81*, 1636–1638.

Aronson, E. & Mills, J. (1959). The effect of severity of initiation on liking for a group. *Journal of Abnormal and Social Psychology, 59(2)*, 177–181.

Bargh, J. A., Gollwitzer, P.M., Lee-Chai, A., Barndollar, K., & Troetschel, R. (2001). The automated will: Nonconscious activation and pursuit of behavioral goal. *Journal of Per-*

sonality and Social Psychology, 81(6), 1014–1027.
Baron, R. M., & Kenny, D. A. (1986). The moderator–mediator variable distinction in social psychological research: Conceptual, strategic, and statistical considerations. *Journal of Personality and Social Psychology, 51(6)*, 1173–1182.
Bem, D. J. (1967). Self-perception: An alternative interpretation of cognitive dissonance phenomena. *Psychological Review, 74(3)*, 183–200.
Brehm, J. W. (1956). Postdecision changes in the desirability of alternatives. *Journal of Abnormal and Social Psychology, 52(3)*, 384–389.
Carlson, K. A., Tanner, R. J., Meloy M. G., & Russo J. E. (2014). Catching nonconscious goals in the act of decision making. *Organizational Behavior and Human Decision Processes, 123(1)*, 65–76.
Chen, M. K., & Risen, J. (2010). Choice affects and reflects preferences: Revisiting the free-choice paradigm. *Journal of Personality and Social Psychology, 99(4)*, 573–594.
Cialdini, R. B., Trost, M. R., & Newsom, T. J. (1995). Preference for consistency: The development of a valid measure and the discovery of surprising behavioral implications. *Journal of Personality and Social Psychology, 69(2)*, 318–328.
Cooper, J., & Fazio, R. H. (1984). A new look at dissonance theory. In L. Berkowitz (Ed.), *Advances in experimental social psychology* (pp. 229–262). Hillsdale, NJ: Erlbaum.
Coppin, G., Delplanque, S., Cayeux, I., Porcherot, C., & Sander, D. (2010). I'm no longer torn after choice: How explicit choices implicitly shape preferences of odors. *Psychological Science, 21(4)*, 489–493.
Croyle, R. T., & Cooper, J. (1983). Dissonance arousal: Physiological evidence. *Journal of Personality and Social Psychology, 45(4)*, 782–791.
De Groot, A.M. (1985), Word-context effects in word naming and lexical decision. *Quarterly Journal of Experimental Psychology: Human Experimental Psychology, 37A(2)*, 281–297.
Elliot, A. J., & Devine, P. G. (1994). On the motivational nature of cognitive dissonance: Dissonance as psychological discomfort. *Journal of Personality and Social Psychology, 67(3)*, 382–394.
Ferguson, M. J., & Porter S. C. (2009). Goals and (implicit) attitudes. In G. B. Moskowitz & H. Grant (Eds.), *The psychology of goals* (pp. 454–460). New York, NY: Guilford.
Festinger, L. (1957). *A theory of cognitive dissonance*. Evanston, IL: Row, Peterson.
——(1964). *Conflict, decision, and dissonance*. Palo Alto, CA: Stanford University Press.
Festinger, L., & Carlsmith, J. M. (1959). Cognitive consequences of forced compliance. *Journal of Abnormal and Social Psychology, 58(2)*, 203–210.
Festinger, L., Riecken, H. W., & Schachter, S. (1956). *When prophecy fails*. New York, NY: Harper & Row.
Fishbach, A., & Ferguson, M. F. (2007). The goal construct in social psychology. In A. W. Kruglanski & E. T. Higgins (Eds.), *Social psychology: Handbook of basic principles* (pp. 490–515). New York, NY: Guilford Press.
Förster, J., Liberman, N., & Friedman, R. (2007). Seven principles of goal activation: A systematic approach to distinguishing goal priming from priming of non-goal constructs. *Personality and Social Psychology Review, 11(3)*, 211–233.
Fried, C. B., & Aronson, E. (1995). Hypocrisy, misattribution, and dissonance reduction. *Personality and Social Psychology Bulletin, 21(9)*, 925–933.
Gilbert, D. T., & Malone, P. S. (1995). The correspondence bias. *Psychological Bulletin, 117(1)*, 21–38.
Greenwald, A. G., & Ronis, D. L. (1978). Twenty years of cognitive dissonance: Case study of the evolution of a theory. *Psychological Review, 85(1)*, 53–57.
Heider, F. (1946). Attitudes and cognitive organization. *Journal of Psychology, 21(1)*, 107–111.
——(1958). *The psychology of interpersonal relations*. New York, NY: Wiley.
Heine, S. J., Proulx, T., & Vohs, K. D. (2006). The meaning maintenance model: On the coher-

ence of human motivations. *Personality and Social Psychology Review, 10(2)*, 88–110.

Kahneman, D., Knetsch, J. L., & Thaler, R. H. (1990). Experimental tests of the endowment effect and the Coase theorem. *Journal of Political Economy, 98(6)*, 1325–1348.

Klaaren, K. J., Hodges, S. D., & Wilson, T. D. (1994). The role of affective expectations in subjective experience and decision-making. *Social Cognition, 12(2)*, 77–101.

Liberman, N., & Dar, R. (2009). Normal and pathological consequences of encountering difficulties in monitoring progress toward goals. In G. B. Moskowitz & H. Grant (Eds.), *The psychology of goals* (pp. 277–303). New York, NY: Guilford.

Lord, C. G., Ross L., & Lepper, M. R. (1979). Biased assimilation and attitude polarization: The effects of prior theories on subsequently considered evidence. *Journal of Personality and Social Psychology, 37(11)*, 2098–2109.

McGregor, I., Zanna, M. P., Holmes, J. G., & Spencer, S. J. (2001). Compensatory conviction in the face of personal uncertainty: Going to extremes and being oneself. *Journal of Personality and Social Psychology, 80(3)*, 472–488.

McGuire, W. J. (1968). Personality and attitude change: An information processing theory. In A. G. Greenwald, T. C. Brock, & T. M. Ostrom (Eds.), *Psychological foundations of attitudes* (pp. 171–196). San Diego, CA: Academic Press.

Miller, G. A., Galanter, E., & Pribram, K. H. (1960). *Plans and the structure of behavior*. New York, NY: Holt, Rinehart & Winston.

Nail, P. R., Bedell, K. E., & Little, C. D. (2003). Should President Clinton be prosecuted for perjury? The effects of preference for consistency, self-esteem, and political party affiliation. *Personality and Individual Differences, 35(8)*, 1821–1823.

Neely, J. H. (1991). Semantic priming effects in visual word recognition: A selective review of current findings and theories. In D. Besner & G. W. Humphreys (Eds.), *Basic processes in reading: Visual word recognition* (pp. 264–336). Hillsdale, NJ: Erlbaum.

Newcomb, T. T. (1953). An approach to the study of communicative acts. *Psychological Review, 60(6)*, 393–404.

Nickerson, R. S. (2008). *Aspects of rationality: Reflections on what it means to be rational and whether we are*. New York, NY: Psychology Press.

Novick, L. R., & Sherman, S. J. (2003). On the nature of insight solutions: Evidence from skill differences in anagram solution, *The Quarterly Journal of Experimental Psychology, 56(2)*, 351–382.

Osgood, C. E., & Tannenbaum, P. H. (1955). The principle of congruity in the prediction of attitude change. *Psychological Review, 62(1)*, 42–55.

Read, S. J., & Miller, L. C. (1994). Dissonance and balance in belief systems: The promise of parallel constraint satisfaction processes and connectionist modeling approaches. In R. C. Schank & E. J. Langer (Eds.), *Beliefs, reasoning, and decision making: Psycho-logic in honor of Bob Abelson* (pp. 209–235). Hillsdale, NJ: Erlbaum.

Russo, J. E., Carlson, K. A., Meloy, M. G., & Yong, K. (2008). The goal of consistency as a cause of information distortion. *Journal of Experimental Psychology, 137(3)*, 456–470.

Russo, J. E., & Chaxel, A. S. (2010). How persuasive messages can influence behavior without awareness. *Journal of Consumer Psychology, 20(3)*, 338–342.

Russo, J. E., Meloy, M. G., & Medvec, V. H. (1996). The distortion of information during decisions. *Organizational Behavior and Human Decision Processes, 66(1)*, 102–111.

Sela, A., & Shiv, B. (2009). Unraveling priming: When does the same prime activate a goal versus a trait? *Journal of Consumer Research, 36(3)*, 418–433.

Shultz, T. R., & Lepper, M. R. (1996). Cognitive dissonance reduction as constraint satisfaction. *Psychological Review, 103(2)*, 219–240.

Simon, D., & Holyoak, K. J. (2002). Structural dynamics of cognition: From consistency theories to constraint satisfaction. *Personality and Social Psychology Review, 6(4)*, 283–294.

Spellman, B. A., Ullman, J. B., & Holyoak, K. J. (1993). A coherence model of cognitive consistency: Dynamics of attitude change during the Persian Gulf War. *Journal of Social*

Issues, *49(4)*, 147–165.
Steele, C. M. (1988). The psychology of self-affirmation: Sustaining the integrity of the self. In L. Berkowitz (Ed.), *Advances in experimental social psychology* (pp. 261–302). San Diego, CA: Academic Press.
Stone, J., Aronson, E., Crain, L., Winslow, M., & Fried, C. (1994). Creating hypocrisy as a means of inducing young adults to purchase condoms. *Personality and Social Psychology Bulletin, 20(1)*, 116–128.
Stone, J., & Cooper, J., (2001). A self-standards model of cognitive dissonance. *Journal of Experimental Social Psychology, 37(3)*, 228–243.
Tannenbaum, P. (1968). Summary: Is anything special about consistency? In R. P. Abelson, E. Aronson, W. J. McGuire, T. M. Newcomb, M. J. Rosenberg, & P. H. Tannenbaum (Eds.), *Theories of cognitive consistency: A sourcebook* (pp. 343–346). Chicago, IL: Rand McNally.
Tedeschi, J. T., Schlenker, B. R., & Bonoma, T. V. (1971). Cognitive dissonance: Private ratiocination or public spectacle? *American Psychologist, 26(8)*, 685–695.
Thagard, P. (1989). Explanatory coherence. *Behavioral and Brain Sciences, 12(3)*, 435–467.
――(2006). Evaluating explanations in law, science and everyday life. *Current Directions in Psychological Science, 15(3)*, 141–145.
Thibodeau, R., & Aronson, E. (1992). Taking a closer look: Reasserting the role of the self-concept in dissonance theory. *Personality and Social Psychology Bulletin, 18(5)*, 591–602.
Walster, E., & Berscheid, E. (1968). The effects of time on cognitive consistency. In R. P. Abelson, E. Aronson, W. J. McGuire, T. M. Newcomb, M. J. Rosenberg, & P. H. Tannenbaum (Eds.), *Theories of cognitive consistency: A sourcebook,* Chicago, IL: Rand McNally.
Wertheimer, M. (1922). Untersuchungen zur Lehre von der Gestalt I. Prinzipielle Bemerkungen. *Psychologische Forschung, 1*, 47–58.
――(1923). Untersuchungen zur Lehre von der Gestalt II. *Psychologische Forschung, 4*, 301–350.
Wyer, R. S., & Xu, A. J. (2010). The role of behavioral mind-sets in goal-directed activity: Conceptual underpinnings and empirical evidence. *Journal of Consumer Psychology, 20(2)*, 107–112.
Xu, A. J., & Wyer, R. S. (2008). The comparative mind-set: From animal comparisons to increased purchase intentions. *Psychological Science, 19(9)*, 859–864.
Zanna, M. P., & Cooper, J. (1974). Dissonance and the pill: An attributional approach to studying the arousal properties of dissonance. *Journal of Personality and Social Psychology, 29(5)*, 703–709.
Zeigarnik, B. V. (1967). On finished and unfinished tasks. In W. D. Ellis (Ed.), *A sourcebook of Gestalt psychology*. New York, NY: Humanities Press.

◆ 3 章

Adolphs, R., Denburg, N. L., & Tranel, D. (2001). The amygdala's role in long-term declarative memory for gist and detail. *Behavioral Neuroscience, 115(5)*, 983–992.
Adolphs, R., Tranel, D., & Buchanan, T. W. (2005). Amygdala damage impairs emotional memory for gist but not details of complex stimuli. *Nature Neuroscience, 8(4)*, 512–518.
Andrews, F. M., & Withey, S. B. (1976). *Social indicators of well-being*. New York, NY: Plenum Press.
Asato, M. R., Terwilliger, R., Woo, J., & Luna, B. (2010). White matter development in adolescence: A DTI study. *Cerebral Cortex, 20(9)*, 2122–2131.
Baird, A. A., & Fugelsang, J. A. (2004). The emergence of consequential thought: Evidence from neuroscience. *Philosophical Transactions of the Royal Society of London, Series B: Biological Sciences 359(1451)*, 1797–1804.

Brainerd, C. J., & Gordon, L. L. (2004). Development of verbatim and gist memory for numbers. *Developmental Psychology, 30(2)*, 163–177.

Brainerd, C. J., Holliday, R. E., & Reyna, V. F. (2004). Behavioral measurement of remembering phenomenologies: So simple a child can do it. *Child Development, 75(2)*, 505–522.

Brainerd, C. J., & Reyna, V. F. (1998). Fuzzy-trace theory and children's false memories. *Journal of Experimental Child Psychology, 71(2)*, 81–129.

——(2004). Fuzzy trace theory and memory development. *Developmental Review, 24(4)*, 396–439.

——(2005). *The science of false memory.* New York, NY: Oxford University Press.

Brainerd, C. J., Reyna, V. F., & Kneer, R. (1995). False-recognition reversal: When is similarity distinctive? *Journal of Memory and Language, 34(2)*, 157–185.

Brainerd, C. J., Reyna, V. F., & Zember, E. (2011). Theoretical and forensic implications of developmental studies of the DRM illusion. *Memory and Cognition, 39(3)*, 365–380.

Brainerd, C. J., Wright, R., Reyna, V. F., & Mojardin, A. H. (2001). Conjoint recognition and phantom recollection. *Journal of Experimental Psychology: Learning, Memory, and Cognition, 27(2)*, 307–327.

Casey, B. J., Getz, S., & Galvan, A. (2008). The adolescent brain. *Developmental Review, 28(1)*, 42–77.

Ceci, S. J., & Bruck, M. (1998). The ontogeny and durability of true and false memories: A fuzzy trace account. *Journal of Experimental Child Psychology, 71(2)*, 165–169.

Chick, C. F., & Reyna, V. F. (2012) A fuzzy-trace theory of adolescent risk-taking: Beyond self-control and sensation seeking. In V. F. Reyna, S. Chapman, M. Dougherty, & J. Confrey (Eds.), *The adolescent brain: Learning, reasoning, and decision making* (pp. 379–428). Washington, DC: American Psychological Association.

Davidson, D. (1995). The representativeness heuristic and conjunction fallacy effect in children's decision-making. *Merrill-Palmer Quarterly, 41(3)*, 328–346.

Deese, J. (1959). On the prediction of occurrence of particular verbal intrusions in immediate recall. *Journal of Experimental Psychology, 58(1)*, 17–22.

Diener, E. (2000). Subjective well-being: The science of happiness and a proposal for a national index. *American Psychologist, 55(1)*, 34–43.

Dijksterhuis, A., Bos, M. W., Nordgren, L. F., & van Baaren, R. B. (2006). On making the right choice: The deliberation-without-attention effect. *Science, 311(5763)*, 1005–1007.

Dunn, E. W., Wilson, T. D., & Gilbert, D. T. (2003). Location, location, location: The misprediction of satisfaction in housing lotteries. *Personality and Social Psychology Bulletin, 29(11)*, 1421–1432.

Figner, B., Knoch, D., Johnson, E. J., Krosch, A. R., Lisanby, S. H., Fehr, E., et al. (2010). Lateral prefrontal cortex and self-control in intertemporal choice. *Nature Neuroscience, 13(5)*, 538–539.

Fischer, G. W., & Hawkins, S. A. (1993). Strategy compatibility, scale compatibility, and the prominence effect. *Journal of Experimental Psychology: Human Perception and Performance, 19(3)*, 580–597.

Fukukura, J., Ferguson, M. J., & Fujita, K. (2013). Psychological distance can improve decision making under information overload via gist memory. *Journal of Experimental Psychology: General, 142(3)*, 658–665.

Galvan, A., Hare, T., Voss, H., Glover, G., & Casey, B. J. (2007). Risk-taking and the adolescent brain: Who is at risk? *Developmental Science, 10(2)*, F8–F14.

Giedd, J. N., Stockman, M., Weddle, C., Liverpool, M., Wallace, G. L., Lee, N. R., Lalonde, F., & Lenroot, R. K. (2012). Anatomic magnetic resonance imaging of the developing child and adolescent brain. In V. F. Reyna, S. B. Chapman, M. R. Dougherty, & J. Confrey (Eds.), *The adolescent brain: Learning, reasoning, and decision making* (pp. 15–35). Washington, DC: American Psychological Association.

Gilbert, D. T., & Wilson, T. D. (2009). Why the brain talks to itself: Sources of error in emotional prediction. *Philosophical Transactions of the Royal Society of London. Series B, Biological Sciences, 364(1521),* 1335–1341.

Gilovich, T., Griffin, D. W., & Kahneman, D. (2002). *The psychology of intuitive judgment: Heuristic and biases*. Cambridge: Cambridge University Press.

Green, L., Myerson, J., Lichtman, D., Rosen, S., & Fry, A. (1996). Temporal discounting in choice between delayed rewards: The role of age and income. *Psychology and Aging, 11(1),* 79–84.

Hsee, C. K., Zhang, J., Cai, C. F., & Zhang, S. (2013). Overearning. *Psychological Science, 24(6),* 852–859.

Jacobs, J. E., & Klaczynski, P. A. (2002). The development of judgment and decision making during childhood and adolescence. *Current Directions in Psychological Science, 11(4),* 145–149.

Jacobs, J. E., & Potenza, M. (1991). The use of judgment heuristics to make social and object decisions: A developmental perspective. *Child Development, 62(1),* 166–178.

Kahneman, D. (2011). *Thinking, fast and slow*. New York, NY: Farrar, Straus & Giroux.

Kahneman, D., & Deaton, A. (2010). High income improves evaluation of life but not emotional well-being. *Proceedings of the National Academy of Sciences of the United States of America, 107(38),* 16489–16493.

Kahneman, D., & Tversky, A. (1973). On the psychology of prediction. *Psychological Review, 80(4),* 237–251.

Kensinger, E. A., Garoff-Eaton, R. J., & Schacter, D. L. (2006). Memory for specific visual details can be enhanced by negative arousing content. *Journal of Memory and Language, 54(1),* 99–112.

—— (2007). How negative emotion enhances the visual specificity of a memory. *Journal of Cognitive Neuroscience, 19(11),* 1872–1887.

Kermer, D. A., Driver-Linn, E., Wilson, T. D., & Gilbert, D. T. (2006). Loss aversion is an affective forecasting error. *Psychological Science, 17(8),* 649–653.

Killingsworth, M. A., & Gilbert, D. T. (2010). A wandering mind is an unhappy mind. *Science, 330(6006),* 932.

Klingberg, T., Vaidya, C. J., Gabrieli, J. D. E., Moseley, M. E., & Hedehus, M. (1999). Myelination and organization of the frontal white matter in children: A diffusion tensor MRI study. *NeuroReport, 10(13),* 2817–2821.

Kühberger, A., & Tanner, C. (2010). Risky choice framing: Task versions and a comparison of prospect theory and fuzzy-trace theory. *Journal of Behavioral Decision Making, 23(3),* 314–329.

Lazar, A. N. (2012). Desirable deviations in medical decision making in the pre-hospital setting: A fuzzy-trace theory approach. Unpublished master thesis. Cornell University, Ithaca, NY.

Liberman, N., Sagristano, M. D., & Trope, Y. (2002). The effect of temporal distance on level of mental construal. *Journal of Experimental Social Psychology, 38(6),* 523–534.

Mellers, B. A., & McGraw, A. P. (2001). Anticipated emotions as guides to choice. *Current Directions in Psychological Science, 10(6),* 210–214.

Miller, G. A. (1956). The magical number seven, plus or minus two: Some limits on our capacity for processing information. *Psychological Review, 63(2),* 81–97.

Mills, B., Reyna, V. F., & Estrada, S. (2008). Explaining contradictory relations between risk perception and risk taking. *Psychological Science, 19(5),* 429–433.

Mitchell, J. P., Schirmer, J., Ames, D. L., & Gilbert, D. T. (2011). Medial prefrontal cortex predicts intertemporal choice. *Journal of Cognitive Neuroscience, 23(4),* 1–10.

Monahan, J. L., Murphy, S. T., & Zajonc, R. B. (2000). Subliminal mere exposure: Specific, general, and diffuse effects. *Psychological Science, 11(6),* 462–466.

Mukherjee, P., & McKinstry, R. C. (2006). Diffusion tensor imaging and tractography of human brain development. *Neuroimaging Clinics of North America, 16(1),* 19–43.

Odegard, T. N., Holliday, R. E., Brainerd, C. J., & Reyna, V. F. (2008). Attention to gobalgist processing eliminates age effects in false memories. *Journal of Experimental Child Psychology, 99(2),* 96–113.

Osgood, C. E., Suci, G., & Tannenbaum, P. (1957). *The measurement of meaning.* Champaign, IL: University of Illinois Press.

Reyna, V. F. (1991). Class inclusion, the conjunction fallacy, and other cognitive illusions. *Developmental Review, 11(4),* 317–336.

—— (2008). A theory of medical decision making and health: Fuzzy trace theory. *Medical Decision Making, 28(6),* 850–865.

—— (2012). A new intuitionism: Meaning, memory, and development in fuzzy trace theory. *Judgment and Decision Making, 7(3),* 332–359.

Reyna, V. F., & Adam, M. B. (2003). Fuzzy-trace theory, risk communication, and product labeling in sexually transmitted diseases. *Risk Analysis: An Official Publication of the Society for Risk Analysis, 23(2),* 325–342.

Reyna, V. F., & Brainerd, C. J. (1993). Fuzzy memory and mathematics in the classroom. In G. M. Davies & R. H. Logie (Eds.), *Memory in everyday life* (pp. 91–119). Amsterdam: North-Holland/Elsevier Science Publishers.

—— (1994). The origins of probability judgment: A review of data and theories. In G. Wright & P. Ayton (Eds.), *Subjective probability* (pp. 239–272). New York, NY: Wiley.

—— (1995) Fuzzy-trace theory: An interim synthesis. *Learning and Individual Differences, 7(1),* 1–75.

—— (2011). Dual process in decision making and developmental neuroscience: A fuzzy-trace model. *Developmental Review, 31(2–3),* 180–206.

Reyna, V. F., Chapman, S. B., Dougherty, M., & Confrey, J. (2012). *The adolescent brain: Learning, reasoning and decision making.* Washington, DC: American Psychological Association.

Reyna, V. F., Chick, C. F., Corbin, J. C., & Hsia, A. N. (2013). Developmental reversals in risky decision making: Intelligence agents show larger decision biases than college students. *Psychological Science, 25(1),* 76–84.

Reyna, V. F., & Ellis, S. C. (1994). Fuzzy trace theory and framing effects in children's risky decision making. *Psychological Science, 5(5),* 275–279.

Reyna, V. F., Estrada, S. M., DeMarinis, J. A., Myers, R. M., Stanisz, J. M., & Mills, B. A. (2011). Neurobiological and memory models of risky decision making in adolescents versus young adults. *Journal of Experimental Psychology: Learning, Memory, and Cognition, 37(5),* 1125–1142.

Reyna, V. F., & Farley, F. (2006). Risk and rationality in adolescent decision making: Implications for theory, practice, and public policy. *Psychological Science in the Public Interest, 7(1),* 1–44.

Reyna, V. F., & Kiernan, B. (1994). Development of gist versus verbatim memory in sentence recognition: Effects of lexical familiarity, semantic content, encoding instructions and retention interval. *Developmental Psychology, 30(2),* 178–191.

—— (1995). Children's memory and metaphorical interpretation. *Metaphor and Symbolic Activity, 10(4),* 309–331.

Reyna, V. F., & Lloyd, F. J. (2006). Physician decision making and cardiac risk: Effects of knowledge, risk perception, risk tolerance and fuzzy processing. *Journal of Experimental Psychology: Applied, 12(3),* 179–195.

Reyna, V. F., Mills, B. A., Estrada, S. M., & Brainerd, C. J. (2007). False memory in children: Data, theory, and legal implications. In M. P. Toglia, J. D. Read, D. F. Ross, & R. C. L. Lindsay (Eds.), *The handbook of eyewitness psychology: Memory for events* (pp. 473–510). Mahwah, NJ: Erlbaum.

Richard, R. J., Van der Plight, J., & De Vries, N. K. (1996), Anticipated affect and behavioral choice. *Basic and Applied Social Psychology, 18(2),* 111–129.

Rivers, S. E., Reyna, V. F., & Mills, B. (2008). Risk taking under the influence: A fuzzy-trace theory of emotion in adolescence. *Developmental Review, 28(1),* 107–144.

Robinson, M. D., & Clore, G. L. (2001). Simulation, scenarios, and emotional appraisal: Testing the convergence of real and imagined reactions to emotional stimuli. *Personality and Social Psychology Bulletin, 27(11),* 1520–1532.

Roediger, H. L., III, & McDermott, K. B. (1995). Creating false memories: Remembering words not presented on lists. *Journal of Experimental Psychology: Learning, Memory, and Cognition, 21(4),* 803–814.

Romer, D. (2003). *Reducing adolescent risk: Toward an integrated approach.* Thousand Oaks, CA: Sage Publications.

Rosenzweig, E., & Gilovich, T. (2012). Buyer's remorse or missed opportunity? Differential regrets for material and experiential purchases. *Journal of Personality and Social Psychology, 102(2),* 215–223.

Schacter, D. L., Addis, D. R., & Buckner, R. L. (2008). Episodic simulation of future events: concepts, data, and applications. *Annals of the New York Academy of Sciences, 1124(1),* 39–60.

Schacter, D. L., Addis, D. R., Hassabis, D., Martin, V. C., Spreng, R. N., & Szpunar, K. K. (2012). The future of memory: Remembering, imagining, and the brain. *Neuron, 76(4),* 677–694.

Shiv, B., & Huber, J. (2000). The impact of anticipating satisfaction on consumer choice. *Journal of Consumer Research, 27(2),* 202–216.

Somerville, L. H., Jones, R. M., & Casey, B. J. (2010). A time of change: Behavioral and neural correlates of adolescent sensitivity to appetitive and aversive environmental cues. *Brain and Cognition, 72(1),* 124–133.

Steinberg, L., Albert, D., Cauffman, E., Banich, M., Graham, S., & Woolard, J. (2008). Age differences in sensation seeking and impulsivity as indexed by behavior and self-report: Evidence for a dual systems model. *Developmental Psychology, 44(6),* 1764–1778.

Trope, Y., & Liberman, N. (2003). Temporal construal. *Psychological Review, 110(3),* 403–421.

Tversky, A. (1969). Intransitivity of preferences. *Psychological Review, 76(1),* 31–48.

Tversky, A., & Kahneman, D. (1983). Extensional versus intuitive reasoning: The conjunction fallacy in probability judgment. *Psychological Review, 90(4),* 293–315.

——(1986). Rational choice and the framing of decisions. *Journal of Business, 59(4),* 251–278.

Watson, D., Clark, L. A., & Tellegen, A. (1988). Development and validation of brief measures of positive and negative affect: The PANAS scales. *Journal of Personality and Social Psychology, 54(6),* 1063–1070.

Wilhelms, E. A., Corbin, J. C., & Reyna, V. F. (in press). Gist memory in reasoning and decision making: Age, experience, and expertise. In V. Thompson & A. Feeney (Eds.), *Reasoning as memory.* New York, NY: Psychology Press.

Wilhelms, E. A., & Reyna, V. F. (2013). Fuzzy trace theory and medical decisions by minors: Differences in reasoning between adolescents and adults. *Journal of Medicine and Philosophy, 38(3),* 268–282.

Wilson, T. D., & Gilbert, D. T. (2003). Affective forecasting. *Advances in Experimental Social Psychology, 35,* 345–411.

——(2013). The impact bias is alive and well. *Journal of Personality and Social Psychology, 105(5),* 740–748.

Wilson, T. D., Meyers, J., & Gilbert, D. T. (2001). Lessons from the past: Do people learn from experience that emotional reactions are short-lived? *Personality and Social Psychology Bulletin, 27(12),* 1648–1661.

Wilson, T. D., Wheatley, T. P., Kurtz, J. L., Dunn, E. W., & Gilbert, D. T. (2004). When to fire: Anticipatory versus postevent reconstrual of uncontrollable events. *Personality and Social Psychology Bulletin, 30(3),* 340–351.

Wilson, T. D., Wheatley, T., Meyers, J. M., Gilbert, D. T., & Axsom, D. (2000). Focalism: A source of durability bias in affective forecasting. *Journal of Personality and Social Psychology, 78(5)*, 821–836.

Woodzicka, J. A., & LaFrance, M. (2001). Real versus imagined gender harassment. *Journal of Social Issues, 57(1)*, 15–30.

Zajonc, R. B. (2001). Mere exposure: A gateway to the subliminal. *Current Directions in Psychological Science, 10(6)*, 224–228.

4 章

Aron, A. R., Robbins, T. W., & Poldrack, R. A. (2004). Inhibition and the right inferior frontal cortex. *Trends in Cognitive Sciences, 8(4)*, 170–177.

Brainerd, C. J., Aydin, C., & Reyna, V. F. (2012). Development of dual-retrieval processes in recall: Learning, forgetting, and reminiscence. *Journal of Memory and Language, 66(4)*, 763–788.

Brainerd, C. J., & Reyna, V. F. (1990). Inclusion illusions: Fuzzy-trace theory and perceptual salience effects in cognitive development. *Developmental Review, 10(4)*, 365–403.

Bruine de Bruin, W., Parker, A.M., & Fischhoff, B. (2007). Individual differences in adult decision-making competence. *Journal of Personality and Social Psychology, 92(5)*, 938–956.

Corbin, J., McElroy, T., & Black, C. (2010). Memory reflected in our decisions: Higher working memory capacity predicts greater bias in risky choice. *Judgment and Decision Making, 5(2)*, 110–115.

Davidson, D. (1995). The representativeness heuristic and the conjunction fallacy effect in children's decision making. *Merrill-Palmer Quarterly, 41(3)*, 328–346.

De Martino, B., Kumaran, D., Seymour, B., & Dolan, R. J. (2006). Frames, biases, and rational decision making in the human brain. *Science, 313(5787)*, 684–687.

De Neys, W. (2012). Bias and conflict: A case for logical intuitions. *Perspectives on Psychological Science, 7(1)*, 28–38.

De Neys, W., & Vanderputte, K. (2011). When less is not always more: Stereotype knowledge and reasoning development. *Developmental Psychology, 47(2)*, 432–441.

De Neys, W., Vartanian, O., & Goel, V. (2008). Smarter than we think: When our brains detect that we are biased. *Psychological Science, 19(5)*, 483–489.

Del Missier, F., Mäntylä, T., Hansson, P., Bruine de Bruin, W., Parker, A., & Nilsson, L. G. (2013). The multifold relationship between memory and decision making: An individual-differences study. *Journal of Experimental Psychology: Learning, Memory, and Cognition, 39(5)*, 1344–1364.

Dempster, F. N. (2002). The rise and fall of the inhibitory mechanism: Toward a unified theory of cognitive development and aging. *Developmental Review, 12(1)*, 45–75.

Dempster, F. N., & Corkill, A. J. (1999). Individual differences in susceptibility to interference and general cognitive ability. *Acta Psychologica, 101(2)*, 395–416.

Denes-Raj, V., & Epstein, S. (1994). Conflict between intuitive and rational processing: When people behave against their better judgment. *Journal of Personality and Social Psychology, 66(5)*, 819–829.

Frederick, S. (2005). Cognitive reflection and decision making. *Journal of Economic Perspectives, 19(4)*, 25–42.

Gorfein, D. S., & MacLeod, C. M. (2007). *Inhibition in cognition*. Washington, DC: APA Press.

Handley, S. J., Capon, A., Beveridge, M., Dennis, I., & Evans, J. S. B. T. (2004). Working memory, inhibitory control and the development of children's reasoning. *Thinking and Reasoning, 10(2)*, 175–195.

Jacobs, J. E., & Potenza, M. (1991). The use of judgment heuristics to make social and object decisions: A developmental perspective. *Child Development, 62(1)*, 166–178.

Kahneman, D., & Tversky, A. (1973). On the psychology of prediction. *Psychological Review, 80(4)*, 237–251.

Kirkpatrick, L. A., & Epstein, S. (1992). Cognitive-experiential self-theory and subjective probability: Further evidence for two conceptual systems. *Journal of Personality and Social Psychology, 63(4)*, 534–544.

Klaczynski, P. A. (2001). Analytic and heuristic processing influences on adolescent reasoning and decision-making. *Child Development, 72(3)*, 844–861.

Kokis, J. V., Macpherson, R., Toplak, M. E., West, R. F., & Stanovich, K. E. (2002). Heuristic and analytic processing: Age trends and associations with cognitive ability and cognitive styles. *Journal of Experimental Child Psychology, 83(1)*, 26–52.

Kühberger, A., & Tanner, C. (2010). Risky choice framing: Task versions and a comparison of prospect theory and fuzzy-trace theory. *Journal of Behavioral Decision Making, 23(3)*, 314–329.

Levin, I. P., Schneider, S. L., & Gaeth, G. J. (1998). All frames are not created equal: A typology and critical analysis of framing effects. *Organizational Behavior and Human Decision Processes, 76(2)*, 149–188.

Liberali, J. M., Reyna, V. F., Furlan, S., Stein, L. M., & Pardo, S. T. (2012). Individual differences in numeracy, with implications for biases and fallacies in probability judgment. *Journal of Behavioral Decision Making, 25(4)*, 361–381.

Pacini, R., & Epstein, S. (1999). The relation of rational and experiential information processing style, basic beliefs, and the ratio-bias phenomenon. *Journal of Personality and Social Psychology, 76(6)*, 972–987.

Parker, A. M., & Fischhoff, B. (2005). Decision-making competence: External validation through an individual-differences approach. *Journal of Behavioral Decision Making, 18(1)*, 1–28.

Rabinowitz, F. M., Howe, M. L., & Lawrence, J. A. (1989). Class inclusion and working memory. *Journal of Experimental Child Psychology, 48(3)*, 379–409.

Reyna, V. F. (1991). Class inclusion, the conjunction fallacy, and other cognitive illusions. *Developmental Review, 11(4)*, 317–336.

——(1995). Interference effects in memory and reasoning: A fuzzy-trace theory analysis. In F. N. Dempster & C. J. Brainerd (Eds.), *Interference and inhibition in cognition* (pp. 29–59). San Diego, CA: Academic Press, Inc.

——(2004). How people make decisions that involve risk: A dual process approach. *Current Directions in Psychological Science, 13(3)*, 60–66.

——(2008). Theories of medical decision making and health: An evidence-based approach. *Medical Decision Making, 28(6)*, 829–833.

——(2012). A new intuitionism: Meaning, memory, and development in fuzzy-trace theory. *Judgment and Decision Making, 7(3)*, 332–359.

——(2013). Intuition, reasoning, and development: A fuzzy-trace theory approach. In P. Barrouillet & C. Gauffroy (Eds.), *The development of thinking and reasoning* (pp.193–220). Hove: Psychology Press.

Reyna, V. F., & Brainerd, C. J. (1994). The origins of probability judgment: A review of data and theories. In G. Wright & P. Ayton (Eds.), *Subjective probability* (pp. 239–272). Oxford: Wiley.

——(1995). Fuzzy-trace theory: An interim synthesis. *Learning and Individual Differences, 7(1)*, 1–75.

——(2008). Numeracy, ratio bias, and denominator neglect in judgments of risk and probability. *Learning and Individual Differences, 18(1)*, 89–107.

——(2011). Dual processes in decision making and developmental neuroscience: A fuzzy-trace model. *Developmental Review, 31(2)*, 180–206.

Reyna, V. F., Chick, C. F., Corbin, J. C., & Hsia, A. N. (2013). Developmental reversals in risky decision-making: Intelligence agents show larger decision biases than college students. *Psychological Science, 25(2)*, 76–84.

Reyna, V. F., Estrada, S. M., DeMarinis, J. A., Myers, R. M., Stanisz, J. M., & Mills, B. A. (2011). Neurobiological and memory models of risky decision making in adolescents versus young adults. *Journal of Experimental Psychology: Learning, Memory, and Cognition, 37(5)*, 1125–1142.

Reyna, V. F., & Farley, F. (2006). Risk and rationality in adolescent decision-making: Implications for theory, practice, and public policy. *Psychological Science in the Public Interest, 7(1)*, 1–44.

Reyna, V. F., & Lloyd, F. J. (2006). Physician decision-making and cardiac risk: Effects of knowledge, risk perception, risk tolerance, and fuzzy processing. *Journal of Experimental Psychology: Applied, 12(3)*, 179–195.

Reyna, V. F., & Mills, B. A. (2007). Interference processes in fuzzy-trace theory: Aging, Alzheimer's disease, and development. In C. MacLeod & D. Gorfein (Eds.), *Inhibition in cognition* (pp. 185–210). Washington, DC: APA Press.

Reyna, V. F., Mills, B. A., Estrada, S. M., & Brainerd, C. J. (2006). False memory in children: Data, theory, and legal implications. In M. P. Toglia, J. D. Read, D. F. Ross, & R. C. L. Lindsay (Eds.), *The handbook of eyewitness psychology: Memory for events* (pp. 473–510). Mahwah, NJ: Erlbaum.

Reyna, V. F., & Zayas, V. (2014). *The neuroscience of risky decision making*. Washington, DC: APA Press.

Robinson, K. J., & Roediger, H. L., III (1997). Associative processes in false recall and false recognition. *Psychological Science, 8(3)*, 231–237.

Sloman, S., Rottenstreich, Y., Wisniewski, E., Hadjichristidis, C., & Fox, C. R. (2004). Typical versus atypical unpacking and superadditive probability judgment. *Journal of Experimental Psychology: Learning, Memory, and Cognition, 30(3)*, 573–582.

Stanovich, K. E., & West, R. F. (1998). Individual differences in framing and conjunction effects. *Thinking and Reasoning, 4(4)*, 289–317.

—— (1999). Individual differences in reasoning and the heuristics and biases debate. In P. Ackerman, P. Kyllonen, & R. Roberts (Eds.), *Learning and individual differences: Process, trait, and content determinants* (pp. 389–407). Washington, DC: APA Press.

—— (2008). On the relative independence of thinking biases and cognitive ability. *Journal of Personality and Social Psychology, 94(4)*, 672–695.

Toplak, M. E., West, R. F., & Stanovich, K. E. (2013). Rational thinking and cognitive sophistication: Development, cognitive abilities, and thinking dispositions. *Developmental Psychology*.

Tversky, A., & Kahneman, D. (1973). Availability: A heuristic for judging frequency and probability. *Cognitive Psychology, 5(2)*, 207–232.

—— (1983). Extensional versus intuitive reasoning: The conjunction fallacy in probability judgment. *Psychological Review, 90(4)*, 293–315.

—— (1986). Rational choice and the framing of decisions. *Journal of Business, 59(4)*, S251–S278.

Tversky, A., & Koehler, D. J. (1994). Support theory: A nonextensional representation of subjective probability. *Psychological Review, 101(4)*, 547–567.

Wechsler, D. (1999). *Wechsler Abbreviated Scale of Intelligence (WASI)*. San Antonio, TX: The Psychological Corporation.

Wolfe, C. R., & Reyna, V. F. (2010). Semantic coherence and fallacies in estimating joint probabilities. *Journal of Behavioral Decision Making, 23(3)*, 203–223.

Zheng, H., Wang, X. T., & Zhu, L. (2010). Framing effects: Behavioral dynamics and neural basis. *Neuropsychologia, 48(11)*, 3198–3204.

5章

Anderson, N. H. (1971). Two more tests against change in meaning in adjective combinations. *Journal of Verbal Learning and Verbal Behavior, 10(1),* 75–85.
——(1973). Serial position curves in impression formation. *Journal of Experimental Psychology, 97(1),* 8–12.
Blanchard, S., Carlson, K. A., & Meloy, M. G. (2014). Biased predecisional processing of leading and non-leading alternatives. *Psychological Science, 25(3),* 812–816.
Bond, S. D., Carlson, K. A., Meloy, M. G., Russo, J. E., & Tanner, R. J. (2007). Information distortion in the evaluation of a single option. *Organizational Behavior and Human Decision Processes, 102(2),* 240–254.
Boulding, W., Kalra, A., & Staelin, R. (1999). The quality double whammy. *Marketing Science, 18(4),* 463–484.
Boyle, P. J., Hanlon, D., & Russo, J. E. (2012). The value of task conflict to group decisions. *Journal of Behavioral Decision Making, 25(3),* 217–227.
Boyle, P. J., Russo, J. E., & Kim, Y. (2014). The act of decision making as a source of entrepreneurs' unwarranted confidence. Working paper, January.
Carlson, K. A., & Guha, A. (2011). Leader-focused search: The impact of an emerging preference on information search. *Organizational Behavior and Human Decision Processes, 115(1),* 133–141.
Carlson, K. A., Meloy, M. G., & Lieb, D. (2009). Benefits leader reversion: How a once preferred product recaptures its standing. *Journal of Marketing Research, 46(6),* 788–797.
Carlson, K. A., Meloy, M. G., & Miller, E. G. (2013). Goal reversion in consumer choice. *Journal of Consumer Research, 39(5),* 918–930.
Carlson, K. A., Meloy, M. G., & Russo, J. E. (2006). Leader-driven primacy: Using attribute order to affect consumer choice. *Journal of Consumer Research, 32(4),* 513–518.
Carlson, K. A., & Pearo, L. (2004). Limiting predecisional distortion by prior valuation of attribute components. *Organizational Behavior and Human Decision Processes, 94(1),* 48–59.
Carlson, K. A., & Russo, J. E. (2001). Jurors' distortion of evidence in legal trials. *Journal of Experimental Psychology: Applied, 7(2),* 91–103.
Carlson, K. A., Tanner, R. J., Meloy, M. G., & Russo, J. E. (2014). Catching goals in the act of decision making, *Organizational Behavior and Human Decision Processes, 123(1),* 65–76.
Chaxel, A.-S., Russo, J. E., & Kerimi, N. (2013). Preference-driven biases in decision makers' information search and evaluation. Manuscript submitted for publication, Desautels Faculty of Management, McGill University.
DeKay, M. L., Patino-Echeverri, D., & Fischbeck, P. S. (2009). Distortion of probability and outcome information in risky decisions. *Organizational Behavior and Human Decision Processes, 109(1),* 79–92.
DeKay, M. L., Stone, E. R., & Miller, S. A. (2011). Leader-driven distortion of probability and payoff information affects choices between risky prospects. *Journal of Behavioral Decision Making, 24(4),* 394–411.
DeKay, M. L., Stone, E. R., & Sorenson, C. M. (2012). Sizing up information distortion: Quantifying its effect on the subjective values of choice options. *Psychonomic Bulletin and Review, 19(2),* 349–356.
Ericsson, K. A., & Moxley, J. (2011). Thinking aloud protocols: Concurrent verbalizations of thinking during performance on tasks involving decision making. In M. Schulte-Mecklenbeck, A. Kuehberger, & R. Ranyard (Eds.), *A handbook of process methods for decision research* (pp. 89–114). New York, NY: Psychology Press.
Festinger, Leon (1957). *A theory of cognitive dissonance.* Evanston, IL: Row, Peterson.
——(1964). *Conflict, decision and dissonance.* Palo Alto, CA: Stanford University Press.

Fischer, P., & Greitemeyer, T. (2010). A new look at selective-exposure effects. *Psychological Science, 19(6)*, 384–389.

Fischer, P., Lea, S., Kastenmuller, A., Greitemeyer, T., Fischer, J., & Frey, D. (2011). The process of selective exposure: Why confirmatory information search weakens over time. *Organizational Behavior and Human Decision Processes, 114(1)*, 37–48.

Fraser-Mackenzie, P., & Dror, I. E. (2009). Selective information sampling: Cognitive coherence in evaluation of a novel item. *Judgment and Decision Making, 4(4)*, 307–316.

Frey, D. (1986). Recent research on selective exposure to information. In L. Berkowitz (Ed.), *Advances in Experimental Social Psychology* (pp. 41–80). New York, NY: Academic Press.

Glöckner, A., & Betsch, T. (2008). Modeling option and strategy choices with connectionist networks: Towards an integrative model of automatic and deliberative decision making. *Judgment and Decision Making, 3(3)*, 215–228.

Hamilton, D. L., & Zanna, M. P. (1974). Context effects in impression formation: Changes in connotative meaning. *Journal of Personality and Social Psychology, 29(5)*, 649–654.

Hart, W., Albarracin, D., Eagly, A., Brechan, I., Lindberg, M. J., & Merrill, L. (2009). Feeling validated versus being correct: A meta-analysis of selective exposure to information. *Psychological Bulletin, 135(4)*, 555–588.

Holyoak, K. J., & Simon, D., (1999). Bidirectional reasoning in decision making by constraint satisfaction. *Journal of Experimental Psychology: General, 128(1)*, 3–31.

Jahn, G., & Braatz, J. (2012). Memory indexing of sequential symptom processing in diagnostic reasoning. Unpublished manuscript, Department of Psychology, University of Greifswald.

Johnson, E. J., Schulte-Mecklenbeck, M., & Willemsen, M. C. (2008). Process models deserve process data: Comment on Brandstatter, Gigerenzer, and Hertwig (2006). *Psychological Review, 115(1)*, 263–273.

Keren, G., & Schul, Y. (2009). Two is not always better than one: A critical evaluation of two-system theories. *Perspectives on Psychological Science, 4(6)*, 533–550.

Kostopoulou, O., Russo, J. E., Keenan, G., Delaney, B. C., & Douiri, A. (2012). Information distortion in physicians' diagnostic judgments. *Journal of Medical Decision Making, 32(6)*, 831–839.

Kunda, Z. (1990). The case for motivated reasoning. *Psychological Bulletin, 108(3)*, 480–498.

Lazarsfeld, P., Berelson, B., & Gaudet, H. (1944). *The people's choice: How the voter makes up his mind in a presidential campaign.* New York, NY: Columbia University Press.

Lichtenstein, S., & Slovic, P. (2006). *The construction of preferences.* Cambridge: Cambridge University Press.

Luce, M. F., Bettman, J. R., & Payne, J. W. (1997). Choice processing in emotionally difficult decisions. *Journal of Experimental Psychology: Learning, Memory, and Cognition, 23(2)*, 384–405.

Meloy, M. G., & Russo, J. E. (2004). Binary choice under instructions to select versus reject. *Organizational Behavior and Human Decision Processes, 93(2)*, 114–128.

Meloy, M. G., Russo, J. E., & Miller, E. G. (2006). Monetary incentives and mood. *Journal of Marketing Research, 43(2)*, 267–275.

Miller, S. A., DeKay, M. L., Stone, E. R., & Sorenson, C. M. (2013). Assessing the sensitivity of information distortion to four potential influences in studies of risky choice. *Judgment and Decision Making, 8(6)*, 662–677.

Payne, J. W., Bettman, J. R., & Johnson, E. J. (1993). *The adaptive decision-maker.* Cambridge: Cambridge University Press.

Polman, E., & Russo, J. E. (2012). Commitment to a developing preference and predecisional distortion of information. *Organizational Behavior and Human Decision Processes, 119(1)*, 78–88.

Read, S. J., & Simon, D. (2012). Parallel constraint satisfaction as a mechanism for cognitive consistency. In B. Gawronski & F. Strack (Eds.), *Cognitive consistency: A fundamental principle in social cognition* (pp. 66–86). New York, NY: Guilford Press.

Russo, J. E. (2011). Eye fixations as a process trace. In M. Schulte-Mecklenbeck, A. Kuehberger, & R. Ranyard (Eds.), *A handbook of process methods for decision research* (pp. 43–64). New York, NY: Psychology Press.

Russo, J. E., & Carlson, K. A. (2002). Individual decision making. In R. Wensley & B. Weitz (Eds.), *Handbook of marketing* (pp. 371–408). Thousand Oaks, CA: Sage.

Russo, J. E., Carlson, K. A., & Meloy, M. G. (2006). Choosing an inferior alternative. *Psychological Science, 17(10)*, 899–904.

Russo, J. E., Carlson, K. A., Meloy, M. G., & Yong, K. (2008). The goal of consistency as a cause of information distortion. *Journal of Experimental Psychology: General, 137(3)*, 456–470.

Russo, J. E., & Chaxel, A.-S. (2010). How persuasive messages can influence choice without awareness. *Journal of Consumer Psychology, 20(3)*, 338–342.

Russo, J. E., & Dosher, B. A. (1983). Strategies for multiattribute binary choice. *Journal of Experimental Psychology: Learning, Memory and Cognition, 9(4)*, 676–696.

Russo, J. E., Medvec, V. H., & Meloy, M. G. (1996). The distortion of information during decisions. *Organizational Behavior and Human Decision Processes, 66(1)*, 102–110.

Russo, J. E., Meloy, M. G., & Medvec, V. H. (1998). The distortion of product information during brand choice. *Journal of Marketing Research, 35(4)*, 438–452.

Russo, J. E., Meloy, M. G., & Wilks, T. J. (2000). Predecisional distortion of information by auditors and salespersons. *Management Science, 46(1)*, 13–27.

Russo, J. E., & Yong, K. (2011). The distortion of information to support an emerging evaluation of risk. *Journal of Econometrics, 162(1)*, 132–139.

Schulte-Mecklenbeck, M., Kuehberger, A., & Ranyard, R. (Eds.) (2011). *A handbook of process methods for decision research*. New York, NY: Psychology Press.

Svenson, O. (1992). Differentiation and consolidation theory of human decision making: A frame of reference for the study of pre- and post-decision processes. *Acta Psychologica, 80(1–3)*, 143–168.

Van Osselaer, S. M. J., Suresh, R., Campbell, M. C., Cohen, J. B., Dale, J. K., Herr, P.M., Janiszewski, C., & Tavassoli, N. T. (2005). Choice based on goals. *Marketing Letters, 16(1)*, 335–346.

Wallsten, T. J. (1981). Physician and medical student bias in evaluating diagnostic information. *Journal of Medical Decisions Making, 2(2)*, 145–164.

Whitman, J. C., & Woodward, T. S. (2011). Evidence affects hypothesis judgments more if accumulated gradually than if presented instantaneously. *Psychonomic Bulletin and Review, 18(6)*, 1156–1165.

Willemsen, M., & Johnson, E. J. (2011). Visiting the decision factory: Observing cognition with MouselabWeb and other information acquisition methods. In M. Schulte-Mecklenbeck, A. Kuehberger, & R. Ranyard (Eds.), *A handbook of process methods for decision research* (pp. 21–42). New York, NY: Psychology Press.

Young, M. J., Tiedens, L. Z., Jung, H., & Tsai, M. (2011). Mad enough to see the other side: Anger and the search for disconfirming information. *Cognition and Emotion, 25(1)*, 10–21.

◆ 6章

Alter, A. L., Oppenheimer, D. M., Epley, N., & Eyre, R. N. (2007). Overcoming intuition: Metacognitive difficulty activates analytic reasoning. *Journal of Experimental Psychology: General, 136(4)*, 569–576.

Bagchi, R., & Davis, D. F. (2012). $29 for 70 items or 70 items for $29? How presentation order affects package perceptions. *Journal of Consumer Research, 39(1)*, 62–73.

Bless, H., & Forgas, J. P. (2000). The message within: Toward a social psychology of subjective experiences. In H. Bless & J. P. Forgas (Eds.), *The message within: The role of subjective experience in social cognition and behavior* (pp. 372–392). Philadelphia, PA: Psychology Press.

Coulter, K. S., & Norberg, P. (2009). The effects of physical distance between regular and sale prices on numeric difference perceptions. *Journal of Consumer Psychology, 19(2)*, 144–157.

Dehaene, S. (1997). *The number sense: How the mind creates mathematics.* New York, NY: Oxford University Press.

Dehaene, S., & Mehler, J. (1992). Cross-linguistic regularities in the frequency of number words. *Cognition, 43(1)*, 1–29.

Denes-Raj, V., & Epstein, S. (1994). Conflict between intuitive and rational processing: When people behave against their better judgment. *Journal of Personality and Social Psychology, 66(5)*, 819–829.

Grice, H. (1975). Logic and conversation. In P. Cole & J. Morgan (Eds.), *Syntax and semantics*, vol. III: *Speech acts* (pp. 41–58). New York, NY: Academic Press.

Huang, Y., & Zhang, Y. C. (2013). Does a better product weigh 9.7 ounce or 10? Cross-dimensional consumer inference from quantitative expressions. Working paper.

Jacoby, L. L., Kelley, C., Brown, J., & Jasechko, J. (1989). Becoming famous overnight: Limits on the ability to avoid unconscious influences of the past. *Journal of Personality and Social Psychology, 56(3)*, 326–338.

Janiszewski, C., & Uy, D. (2008). Precision of the anchor influences the amount of adjustment. *Psychological Science, 19(2)*, 121–127.

Jansen, C. J. M., & Pollmann, M. M. W. (2001). On round numbers: Pragmatic aspects of numerical expressions. *Journal of Quantitative Linguistics, 8(3)*, 187–201.

Kahneman, D., & Frederick, S. (2002). Representativeness revisited: Attribute substitution in intuitive judgment. In T. Gilovich, D. Griffin, & D. Kahneman (Eds.), *Heuristics and biases: The psychology of intuitive judgment* (pp. 49–81). New York, NY: Cambridge University Press.

Kahneman, D., & Tversky, A. (1982). Variants of uncertainty. *Cognition, 11(2)*, 143–157.

Kelley, C. M., & Jacoby, L. L. (1998). Subjective reports and process dissociation: Fluency, knowing, and feeling. *Acta Psychologica, 98(2)*, 127–140.

Monga, A., & Bagchi, R. (2012). Years, months, and days versus 1, 12, and 365: The influence of units versus numbers. *Journal of Consumer Research, 39(1)*, 185–198.

Moyer, R. S., & Landauer, T. K. (1967). Time required for judgment of numerical inequality. *Nature, 215(5109)*, 1519–1520.

Pelham, B. W., Sumarta, T. T., & Myaskovsky, L. (1994). The easy path from many to much: The numerosity heuristic. *Cognitive Psychology, 26(2)*, 103–133.

Peters, E., Västfjäll, D., Slovic, P., Mertz, C. K., Mozzocco, K., & Dickert, S. (2006). Numeracy and decision making. *Psychological Science, 17(5)*, 406–413.

Pope, D., & Simonsohn, U. (2011). Round numbers as goals: Evidence from baseball, SAT takers, and the lab. *Psychological Science, V22(1)*, 71–79.

Schley, D. R., & Peters, E. (2013). Precise numbers are more believable. Working paper.

Schwarz, N. (2004). Metacognitive experiences in consumer judgment and decision making. *Journal of Consumer Psychology, 14(4)*, 332–348.

Thomas, M., & Morwitz, V. (2005), Penny wise and pound foolish: The left digit effect in price cognition, *Journal of Consumer Research, 32(1)*, 54–64.

——(2009). The ease of computation effect: The interplay of metacognitive experiences and naïve theories in judgments of price difference. *Journal of Marketing Research, 46(1)*, 81–91.

Thomas, M., Simon, D., & Kadiyali, V. (2010). The price precision effect: Evidence from laboratory and market data. *Marketing Science, 29(1)*, 175–190.

Whittlesea, B. W. A. (1993). Illusions of familiarity. *Journal of Experimental Psychology:*

Learning, Memory, and Cognition, 19(6), 1235–1253.

Whittlesea, B. W. A., & Williams, L. D. (2000). The source of feelings of familiarity: The discrepancy-attribution hypothesis. *Journal of Experimental Psychology: Learning, Memory, and Cognition, 26(3)*, 547–565.

―― (2001a). The discrepancy-attribution hypothesis: I. The heuristic basis of feelings and familiarity. *Journal of Experimental Psychology: Learning, Memory, and Cognition, 27(3)*, 3–13.

―― (2001b). The discrepancy-attribution hypothesis: II. Expectation, uncertainty, surprise, and feelings of familiarity. *Journal of Experimental Psychology: Learning, Memory, and Cognition, 27(1)*, 14–33.

Wilson, D., & Gilbert, D. T. (1998). Explaining away: A model of affective adaptation. *Perspectives on Psychological Science, 3(5)*, 170–386.

Yaniv, I., & Foster, D. P. (1997). Precision and accuracy of judgmental estimation. *Journal of Behavioral Decision Making, 10(1)*, 21–32.

Zhang, Y. C., & Schwarz, N. (2012). How and why 1 year differs from 365 days: A conversational logic analysis of inferences from the granularity of quantitative expressions. *Journal of Consumer Research, 39(2)*, 248–259.

―― (2013). The power of precise numbers: A conversational logic analysis. Working paper.

◆ 7 章

Bauer, A. S., Timpe, J. C., Edmonds, E. C., Bechara, A., Tranel, D., & Denburg, N. L. (2013). Myopia for the future or hyposensitivity to reward? Age-related changes in decision making on the Iowa Gambling Task. *Emotion, 13(1)*, 19–24.

Bechara, A. (2007). *Iowa Gambling Task (IGT) professional manual*. Lutz: Psychological Assessment Resources.

Bechara, A., Damasio, A. R., Damasio, H., & Anderson, S. W. (1994). Insensitivity to future consequences following damage to human prefrontal cortex. *Cognition, 50(1)*, 7–15.

Bechara, A., Damasio, H., Tranel, D., & Damasio, A. R. (1997). Deciding advantageously before knowing the advantageous strategy. *Science, 275(5304)*, 1293–1295.

Bernoulli, D. (1954). Exposition of a new theory on the measurement of risk. *Econometrica, 22*, 23–36. First published 1738.

Bodenhausen, G. Y. (1990). Stereotypes as judgmental heuristics: Evidence of circadian variations in discrimination. *Psychological Science, 1(5)*, 319–322.

Braun, K. A., Gaeth, G. J., & Levin, I. P. (1997). Framing effects with differential impact: The role of attribute salience. In M. Brucks & D. J. Mac Innis (Eds.), *Advances in Consumer Research, XXIV* (pp. 405–411). New York, NY: Association for Consumer Research.

Brown, S. C., & Park, D. C. (2003). Theoretical models of cognitive aging and implications for translational research. *The Gerontologist, 43(1)*, 57–67.

Bruine de Bruin, W., Parker, A. M., & Fischhoff, B. (2007). Individual differences in adult decision-making competence. *Journal of Personality and Social Psychology, 92(5)*, 938–956.

―― (2012). Explaining adult age differences in decision-making competence. *Journal of Behavioral Decision Making, 25(4)*, 352–360.

Casey, B. J., Giedd, J. N., & Thomas, K. M. (2000). Structural and functional brain development and its relation to cognitive development. *Biological Psychology, 54(1)*, 241–257.

Christman, S. D., Jasper, J. D., Sontam, V., & Cooil, B. (2007). Individual differences in risk perception versus risk taking: Handedness and interhemispheric interaction. *Brain and Cognition, 63(1)*, 51–58.

Crone, E. A., & van der Molen, M. W. (2004). Developmental changes in real life decision making: Performance on a gambling task previously shown to depend on the ventromedial prefrontal cortex. *Developmental Neuropsychology, 25(3),* 251–279.

Damasio, A. R. (1994). *Descartes' error: Emotion, reason, and the human brain.* New York, NY: Putnam.

Deakin, J., Aitken, M., Robbins, T., & Shahakian, B. J. (2004). Risk taking during decision-making in normal volunteers changes with age. *Journal of International Neuropsychological Society, 10(4),* 590–598.

De Martino, B., Kumaran, D., Seymour, B., & Dolan, R. J. (2006). Frames, biases, and rational decision-making in the human brain. *Science, 313(5787),* 684–687.

De Martino, B., Harrison, N. A., Knafo, S., Bird, G., & Dolan, R. J. (2008). Explaining enhanced logical consistency during decision making in autism. *Journal of Neuroscience, 28(42),* 10746–10750.

Denburg, N. L., Tranel, D., & Bechara, A. (2005). The ability to decide advantageously declines in some normal older persons. *Neuropsychologia, 43(7),* 1099–1106.

Dickinson, D. L., & McElroy, T. (2010). Paper airplane producers: Morning types vs. evening types. *Annals of Improbable Research, 16(1),* 10–12.

—— (2012). Circadian effects on strategic reasoning. *Experimental Economics, 15(3),* 444–459.

Edwards, W. (1954). The theory of decision making. *Psychological Bulletin, 51(4),* 380–417.

Epstein, S., Lipson, A., Holstein, C., & Huh, E. (1992). Irrational reactions to negative outcomes: Evidence for two conceptual systems. *Journal of Personality and Social Psychology, 62(2),* 328–339.

Figner, B., Mackinlay, R. J., Wilkening, F., & Weber, E. U. (2009). Affective and deliberative processes in risky choice: Age differences in risk taking in the Columbia Card Task. *Journal of Experimental Psychology: Learning, Memory, and Cognition, 35(3),* 709–730.

Figner, B., & Weber, E. U. (2011). Who takes risks when and why? Determinants of risk taking. *Current Directions in Psychological Science, 20(4),* 211–216.

Galvan, A., Hare, T. A., Parra, C. E., Penn, J., Voss, H., Glover, G., & Casey, B. J. (2006). Earlier development of the accumbens relative to orbitofrontal cortex might underlie risk taking behavior in adolescents. *Journal of Neuroscience, 26(25),* 6885–6892.

Gamliel, E., & Peer, E. (2006). Positive versus negative framing affects justice judgments. *Social Justice Research, 19(3),* 307–322.

—— (2010). Attribute framing affects the perceived fairness of allocation principles. *Judgment and Decision Making, 5(1),* 11–20.

Gilbert, D. T. (1991). How mental systems believe. *American Psychologist, 46(2),* 107–119.

Gross, J. J., & Levenson, R. W. (1993). Emotion suppression: Physiology, self-report, and expressive behavior. *Journal of Personality and Social Psychology, 64(6),* 970–986.

Hare, T. A., & Casey, B. J. (2005). The neurobiology and development of cognitive and affective control. *Cognition, Brain, & Behavior, 3(3),* 273–286.

Hasher, L., & Zacks, R. T. (1988). Working memory, comprehension, and aging: A review and a new view. *The Psychology of Learning and Motivation, 22,* 193–225.

Hedgcock, W., Denburg, N., Levin, I. P., & Halfmann, K. (2012). Why older adults are impaired on some decision making tasks but not on others: Behavioral and neuroimaging evidence. Paper presented at the Annual Meeting of the Society for Judgment and Decision Making, Minneapolis, MN.

Huettel, S. (2010). Ten challenges for decision neuroscience. *Frontiers in Neuroscience, 4(171),* 1–7.

Huettel, S. A., Stowe, C. J., Gordon, E. M., Warner, B. T., & Platt, M. L. (2006). Neural signatures of economic preferences for risk and ambiguity. *Neuron, 49(5),* 765–775.

Jasper, J. D., Barry, K., & Christman, S. D. (2008). Individual differences in counterfactual production. *Personality and Individual Differences, 45(6),* 488–492.

Jasper, J. D., & Christman, S. (2005). A neuropsychological dimension for anchoring effects. *Journal of Behavioral Decision Making, 18(5)*, 343–369.

Jasper, J. D., Fournier, C., & Christman, S. D. (2013). Handedness differences in information framing. *Brain and Cognition, 84(1)*, 85–89.

Jasper, J. D., Goel, R., Einarson, A., Gallo, M., & Koren, G. (2001). Effects of framing on teratogenic risk perception in pregnant women. *Lancet, 358(9289)*, 1237–1238.

Johnson, S. A., Yechiam, E., Murphy, R. R., Queller, S., & Stout, J. C. (2006). Motivational processes and autonomic responsivity in Asperger's disorder: Evidence from the Iowa Gambling Task, *Journal of International Neuropsychology Society, 12(5)*, 668–676.

Kahneman, D. (2003). Perspective on judgment and choice: Mapping bounded rationality. *American Psychologist, 58(9)*, 697–720.

——(2011). *Thinking, fast and slow*. New York, NY: Farrer, Straus & Giroux.

Kahneman, D., & Frederick, S. (2002). Representativeness revisited: Attribute substitution in intuitive judgment. In T. Gilovich, D. Griffin, & D. Kahneman (Eds.), *Heuristics and biases: The psychology of intuitive judgment* (pp. 49–81). New York, NY: Cambridge University Press.

Kahneman, D., & Tversky, A. (1979). Prospect theory: Analysis of decision under risk. *Econometrica, 47(2)*, 263–291.

Kovalchik, S., Camerer, C. F., Grether, D. M., Plott, C. R., & Allman, J. M. (2005). Aging and decision making: A comparison between neurologically healthy elderly and young individuals. *Journal of Economic Behavior and Organization, 58(1)*, 79–94.

Kühberger, A. (1998). The influence of framing on risky decisions: A meta-analysis. *Organizational Behavior and Human Decision Processes, 75(1)*, 23–55.

Kühberger, A., & Tanner, C. (2010). Risky choice framing: Task versions and a comparison of prospect theory and fuzzy-trace theory. *Journal of Behavioral Decision Making, 23(3)*, 314–329.

Kuhnen, C. M., & Knutson, B. (2005). The neural basis of financial risk taking. *Neuron, 47(5)*, 763–770.

La Fleur, S. E. (2003). Daily rhythms in glucose metabolism: Suprachiasmatic nucleus output to peripheral tissue. *Journal of Neuroendocrinology, 15(3)*, 315–322.

Lauriola, M., & Levin, I. P. (2001). Personality traits and risky decision making in a controlled experimental task: An exploratory study. *Personality and Individual Differences, 31(2)*, 215–226.

Lauriola, M., Panno, A., Levin, I. P., & Lejuez, C. W. (2014). Individual differences in risky decision making: A meta-analysis of sensation seeking and impulsivity with the balloon analogue risk task. *Journal of Behavioral Decision Making, 27(10)*, 20–36.

LeDoux, J. E. (2000). Emotion circuits in the brain. *Annual Review of Neuroscience, 2*, 155–184.

Lejuez, C. W., Aklin, W. M., Jones, H. A., Richards, J. B., Strong, D. R., Kahler, C. W., et al. (2003a). The Balloon Analogue Risk Task (BART) differentiates smokers and nonsmokers. *Experimental and Clinical Psychopharmacology, 11(1)*, 26–33.

Lejuez, C. W., Aklin, W. M., Zvolensky, M. J., & Pedulla, C. M. (2003b). Evaluation of the Balloon Analogue Risk Task (BART) as a predictor of adolescent real-world risk-taking behaviours. *Journal of Adolescence, 26(4)*, 475–479.

Lejuez, C. W., Read, J. P., Kahler, C. W., Richards, J. B., Ramsey, S. E., Stuart, G. L., et al. (2002). Evaluation of a behavioral measure of risk-taking: The Balloon Analogue Risk Task (BART). *Journal of Experimental Psychology: Applied, 8(2)*, 75–84.

Levin, I. P. (1987). Associative effects of information framing. *Bulletin of the Psychonomic Society, 25(2)*, 85–86.

——(1999). Why do you and I make difference decisions? Tracking individual differences in decision making. Presidential Address for Society for Judgment and Decision Making, Los Angeles, CA.

Levin, I. P., & Gaeth, G. J. (1988). How consumers are affected by the framing of attribute information before and after consuming the product. *Journal of Consumer Research, 15(3),* 374–378.

Levin, I. P., Gaeth, G. J., Schreiber, J., & Lauriola, M. (2002). A new look at framing effects: Distribution of effect sizes, individual differences, and independence of types of effects. *Organizational Behavior and Human Decision Processes, 88(1),* 411–429.

Levin, I. P., Gui, X., Weller, J. A., Reimann, M., Lauriola, M., & Bechara, A. (2012). A neuropsychological approach to understanding risk-taking for potential gains and losses. *Frontiers in Neuroscience, 6(15),* 1–11.

Levin, I. P., & Hart, S. S. (2003). Risk preferences in young children: Early evidence of individual differences in reaction to potential gains and losses. *Journal of Behavioral Decision Making, 16(5),* 397–413.

Levin, I. P., Schneider, S. L., & Gaeth, G. J. (1998). All frames are not created equal: A typology and critical analysis of framing effects. *Organizational Behavior and Human Decision Processes, 76(2),* 149–188.

Mahoney, K. T., Buboltz, W., Levin, I. P., Doverspike, D., & Svyantek, D. J. (2011). Individual differences in a within-subjects risky-choice framing study. *Personality and Individual Differences, 51(3),* 248–257.

Manly, T., Lewis, G. H., Robertson, I. H., Watson, P. C., & Datta, A. K. (2002). Coffee in the cornflakes: Time of day as a modulator of executive response control. *Neuropsychologia, 40(1),* 1–6.

Masicampo, E. J., & Baumeister, R. F. (2008). Toward a physiology of dual-process reasoning and judgment: Lemonade, willpower, and expensive rule-based analysis. *Psychological Science, 19(3),* 255–260.

McElroy, T., & Dickinson, D. L. (2010). Thoughtful days and valenced nights: How much will you think about the problem? *Judgment and Decision Making, 5(7),* 516–523.

McElroy, T., Dickinson, C., Corbin, J., & Beck, H. (2013). Tracking risky decisions: Comparing fuzzy-trace theory and prospect theory through eye-tracking. Manuscript submitted for publication.

McElroy, T., & Seta, J. (2003). Framing effect: An analytic-holistic perspective. *Journal of Experimental Social Psychology, 39(6),* 610–617.

——(2004). On the other hand am I rational? Hemispheric activation and the framing effect. *Brain and Cognition, 55(3),* 572–580.

McMahon, A. J., & Scheel, M. H. (2010). Glucose promostes controlled processing: Matching, maximizing, and root beer. *Judgment and Decision Making, 5(6),* 450–457.

McNeil, B., Pauker, S. G., Sox, H. C., & Tversky, A. (1982). On the elicitation of preferences for alternative therapies. *New England Journal of Medicine, 306(21),* 1259–1262.

Northoff, G., & Bermpohl, F. (2004). Cortical midline structures and the self. *Trends in Cognitive Science, 8(3),* 102–107.

Ornstein, R. (1972). *The psychology of consciousness.* New York, NY: Harcourt Brace Jovanovich.

Pardo, J. V., Lee, J. T., Sheikh, S. A., et al. (2007). Where the brain grows old: Decline in anterior cingulate and medial prefrontal function with normal aging. *Neuroimage, 35(3),* 1231–1237.

Parker, A. M., & Fischhoff, B. (2005). Decision-making competence: External validation through an individual-differences approach. *Journal of Behavioral Decision Making, 18(1),* 1–27.

Payne, J. W., Sagara, N., Shu, S. B., Appelt, K. C., & Johnson, E. J. (2012). Life expectancy as a constructed belief: Evidence of a live-to or die-by framing effect. Columbia Business School Research Paper No. 12–10.

Peters, E., & Levin, I. P. (2008). Dissecting the risky-choice framing effect: Numeracy as an individual difference factor in weighting risky and riskless options. *Judgment and Decision Making, 3(6),* 435–448.

Phelps, E. A. (2006). Emotion and cognition: Insights form studies of the human amygdala. *Annual Review of Psychology, 57,* 27–53.

Resnick, S. M., Pham, D. L., Kraut, M. A., Zonderman, A. B., & Davatzikos, C. (2003). Longitudinal magnetic resonance imaging studies of older adults: A shrinking brain. *Journal of Neuroscience, 23(8),* 3295–3301.

Reyna, V. F. (2012). A new intuitionism: Meaning, memory, and development in fuzzy-trace theory. *Judgment and Decision Making, 7(3),* 332–359.

Reyna, V. F., & Brainerd, C. J. (1991). Fuzzy-trace theory and framing effects in choice: Gist extraction, truncation, and conversion. *Journal of Behavioral Decision Making, 4(4),* 249–262.

——(2011). Dual processes in decision making and developmental neuroscience: A fuzzy-trace model. *Developmental Review, 31(2),* 180–206.

Reyna, V. F., & Ellis, S. C. (1994). Fuzzy-trace theory and framing effects in children's risky decision-making. *Psychological Science, 5(5),* 275–279.

Reyna, V. F., Estrada, S. M., Demarinis, J. A., Myers, R. M., Stanisz, J. M., & Mills, B. A. (2011). Neurobiological and memory models of risky decision making in adolescents versus young adults. *Journal of Experimental Psychology: Learning, Memory, and Cognition, 37(5),* 1125–1142.

Sanfey, A. G., Rilling, J. K., Aronson, J. A., Nystrom, L. E., & Cohen, J. D. (2003). The neural basis of economic decision-making in the Ultimatum Game. *Science, 300(5626),* 1755–1758.

Schmidt, C., Collette, F., Cajochen, C., & Peigneux, P. (2007) A time to think: Circadian rhythms in human cognition. *Cognitive Neuropsychology, 24(7),* 755–789.

Schneider, W., & Shiffrin, R. M. (1977). Controlled and automatic human information processing: 1. Detection, search, and attention. *Psychological Review, 84(1),* 1–66.

Sevy, S., Visweswaraial, H., Abdelmessih, S., Lukin, M., Yechiam, E., & Bechara, A. (2007). Iowa Gambling Task in schizophrenia: A review and new data in patients with schizophrenia and co-occurring cannabis use disorders. *Schizophrenia Research, 92(1),* 74–84.

Simon, A. F., Fagley, N. S., & Halleran, J. G. (2004). Decision framing: Moderating effects of individual differences and cognitive processing. *Journal of Behavioral Decision Making, 17(2),* 77–93.

Sloman, S. A. (1996). The empirical case for two systems of reasoning. *Psychological Bulletin, 119(1),* 3–22.

Smith, S. M., & Levin, I. P. (1996). Need for cognition and choice framing effects. *Journal of Behavioral Decision Making, 9(4),* 283–290.

Stanovich, K. E. (1999). *Who is rational? Studies of individual differences in reasoning.* Mahwah, NJ: Erlbaum.

Stanovich, K. E., & West, R. F. (1998a). Cognitive ability and variation in selection task performance. *Thinking and Reasoning, 4(3),* 193–230.

——(1998b). Individual differences in rational thought. *Journal of Experimental Psychology: General, 127(2),* 161–188.

——(2000). Individual differences in reasoning: Implications for the rationality debate? *The Behavioral and Brain Sciences, 23(5),* 645–726.

Tom, S. M., Fox, C. R., Trepel, C., & Poldrack, R. A. (2007). The neural basis of loss aversion in decision-making under risk. *Science, 315(5811),* 515–518.

Trepel, C., Fox, C. R., & Poldrak, R. A. (2005). Prospect theory on the brain? Toward a cognitive neuroscience of decisions under risk. *Brain Research of the Cognitive Brain, 23(1),* 34–50.

Tversky, A., & Kahneman, D. (1981). The framing of decisions and the psychology of choice. *Science, 211(4481),* 453–458.

——(1992). Advances in prospect theory: Cumulative representation of uncertainty. *Journal of Risk and Uncertainty, 5(4)*, 297–323.

Wang, X. T., & Dvorak, R. D. (2010). Sweet future: Fluctuating blood glucose levels affect future discounting. *Psychological Science, 21(2)*, 183–188.

Weller, J. A., Levin, I. P., & Denburg, N. L. (2011). Trajectory of risky decision making for potential gains and losses from ages 5 to 85. *Journal of Behavioral Decision Making, 9(4)*, 331–344.

Weller, J. A., Levin, I. P., Rose, J. P., & Bossard, E. (2012). Assessment of decision-making competence in preadolescence. *Journal of Behavioral Decision Making, 25(4)*, 414–426.

Weller, J. A., Levin, I. P., Shiv, B., & Bechara, A. (2007). Neural correlates of adaptive decision making in risky gains and losses. *Psychological Science, 18(11)*, 958–964.

——(2009). The effects of insula damage on decision-making for risky gains and losses. *Social Neuroscience, 4(4)*, 347–358.

West, R. L. (1996). An application of prefrontal cortex function theory to cognitive aging. *Psychological Bulletin, 120(2)*, 272–292.

——(2000). In defense of the frontal lobe hypothesis of cognitive aging. *Journal of the International Neuropsychological Society, 6(6)*, 727–729.

West, R., Murphy, K. J., Armilio, M. L., Craik, F. I. M., & Stuss, D. (2002). Lapses of intention and performance variability reveal age-related increases in fluctuations of executive control. *Brain and Cognition, 49(3)*, 402–419.

White, T. L., Lejuez, C. W., & de Wit, H. (2007). Personality and gender differences in effects of d-amphetamine on risk-taking. *Experimental and Clinical Psychopharmacology, 15(6)*, 599–609.

Wood, S., Busemeyer, J., Kolings, A., Cox, C. R., & Davis, H. (2005). Older adults as adaptive decision makers: Evidence from the Iowa gambling task. *Psychology and Aging, 20(2)*, 220–225.

8章

Abelson, R. P. (1963). Computer simulation of "hot cognition." In S. Tomkins & S. Messick (Eds.), *Computer simulation of personality* (pp. 277–302). New York, NY: Wiley.

Bargh, J. A. (1994). The four horsemen of automaticity: Awareness, intention, efficiency and control in social cognition. In R. Wyer & T. Srull (Eds.), *Handbook of social cognition* (2nd ed., pp. 1–40). Hillsdale, NJ: Erlbaum.

Bechara, A. (2005). Decision making, impulse control and loss of willpower to resist drugs: a neurocognitive perspective. *Nature Neuroscience, 8(11)*, 1458–1463.

Bechara, A., Damasio, A. R., Damasio, H., & Anderson, S. W. (1994). Insensitivity to future consequences following damage to human prefrontal cortex. *Cognition, 50(1–3)*, 7–15.

Benarroch, E. E. (1993). The central autonomic network: Functional organization, dysfunction, and perspective. *Mayo Clinic Proceedings, 68(10)*, 988–1001.

Berridge, K. C., & Robinson, T. E. (1998). What is the role of dopamine in reward: Hedonic impact, reward learning, or incentive salience? *Brain Research Reviews, 28(3)*, 309–369.

Bjork, J. M., Knutson, B., Fong, G. W., Caggiano, D. M., Bennett, S. M., & Hommer, D. W. (2004). Incentive-elicited brain activation in adolescents: Similarities and differences from young adults. *Journal of Neuroscience: The Official Journal of the Society for Neuroscience, 24(8)*, 1793–1802.

Bjork, J. M., Smith, A. R., Chen, G., & Hommer, D. W. (2010). Adolescents, adults and rewards: Comparing motivational neurocircuitry recruitment using fMRI. *PLoS ONE, 5(7)*, e11440.

Blakemore, S.-J., & Robbins, T. W. (2012). Decision-making in the adolescent brain. *Nature Neuroscience, 15(9)*, 1184–1191.

Blanton, H., & Jaccard, J. (2006). Postscript: Perspectives on the reply by Greenwald, Rudman, Nosek, and Zayas (2006). *Psychological Review, 113(1)*, 166–169.

Boileau, I., Dagher, A., Leyton, M., Welfeld, K., Booij, L., Diksic, M., & Benkelfat, C. (2007). Conditioned dopamine release in humans: A positron emission tomography [11C]raclopride study with amphetamine. *Journal of Neuroscience: The Official Journal of the Society for Neuroscience, 27(15)*, 3998–4003.

Bracha, H. S. (2004). Freeze, flight, fight, fright, faint: Adaptationist perspectives on the acute stress response spectrum. *CNS Spectrums, 9(9)*, 679–685.

Bunge, S. A., Burrows, B., & Wagner, A. D. (2004). Prefrontal and hippocampal contributions to visual associative recognition: Interactions between cognitive control and episodic retrieval. *Brain and Cognition, 56(2)*, 141–152.

Burnett, S., Bault, N., Coricelli, G., & Blakemore, S.-J. (2010). Adolescents' heightened risk-seeking in a probabilistic gambling task. *Cognitive Development, 25(2)*, 183–196.

Cabanac, M. (1992). Pleasure: The common currency. *Journal of Theoretical Biology, 155(2)*, 173–200.

Carter, R., Meyer, J., & Huettel, S. (2010). Functional neuroimaging of intertemporal choice models: A review. *Journal of Neuroscience, Psychology, and Economics, 3(1)*, 27–45.

Cersosimo, M. G., & Benarroch, E. E. (2013). Central control of autonomic function and involvement in neurodegenerative disorders. In R. M. Buijs and D. F. Swaab (Eds.), *Autonomic nervous system: Handbook of clinical neurology 117* (pp. 45–57). San Diego, CA: Elsevier Science & Technology Books.

Chein, J., Albert, D., O'Brien, L., Uckert, K., & Steinberg, L. (2011). Peers increase adolescent risk taking by enhancing activity in the brain's reward circuitry. *Developmental Science, 14(2)*, F1–10.

Chick, C. F. & Reyna, V. F. (2011). A fuzzy-trace theory of adolescent risk taking: Beyond self-control and sensation seeking. In V. F. Reyna, S. Chapman, M. Dougherty, & J. Confrey (Eds.), *The adolescent brain: Learning, reasoning, and decision making* (pp. 379–428). Washington, DC: American Psychological Association.

Cohen, J. R., Asarnow, R. F., Sabb, F. W., Bilder, R. M., Bookheimer, S. Y., Knowlton, B. J., & Poldrack, R. A. (2010). A unique adolescent response to reward prediction errors. *Nature Neuroscience, 13(6)*, 669–671.

Collet, C., Vernet-Maury, E., Delhomme, G., & Dittmar, A. (1997). Autonomic nervous system response patterns specificity to basic emotions. *Journal of the Autonomic Nervous System, 62(1–2)*, 45–57.

Conrey, F. R., Sherman, J. W., Gawronski, B., Hugenberg, K., & Groom, C. J. (2005). Separating multiple processes in implicit social cognition: The quad model of implicit task performance. *Journal of Personality and Social Psychology, 89(4)*, 469–487.

Crone, E. A., & Dahl, R. E. (2012). Understanding adolescence as a period of social-affective engagement and goal flexibility. *Nature Reviews: Neuroscience, 13(9)*, 636–650.

Cunningham, W. A., Zelazo, P. D., Packer, D. J., & Van Bavel, J. J. (2007). The iterative reprocessing model: A multilevel framework for attitudes and evaluation. *Social Cognition, 25(5)*, 736–760.

Dalton, K. M., Kalin, N. H., Grist, T. M., & Davidson, R. J. (2005). Neural-cardiac coupling in threat-evoked anxiety. *Journal of Cognitive Neuroscience, 17(6)*, 969–980.

Day, J. J., & Carelli, R. M. (2007). The nucleus accumbens and Pavlovian reward learning. *The Neuroscientist: A Review Journal Bringing Neurobiology, Neurology and Psychiatry, 13(2)*, 148–159.

Dayan, P., Niv, Y., Seymour, B., & Daw, N. D. (2006). The misbehavior of value and the discipline of the will. *Neural Networks: The Official Journal of the International Neural Network Society, 19(8)*, 1153–1160.

De Wit, S., & Dickinson, A. (2009). Associative theories of goal-directed behaviour: A case for animal–human translational models. *Psychological Research, 73(4)*, 463–476.

Delgado, M. R., Miller, M. M., Inati, S., & Phelps, E. A. (2005). An fMRI study of reward-related probability learning. *NeuroImage, 24(3)*, 862–873.

Deutsch, R., & Strack, F. (2006). Duality models in social psychology: From dual processes to interacting systems. *Psychological Inquiry, 17(3),* 166–172.

Diamond, A., Barnett, W. S., Thomas, J., & Munro, S. (2007). Preschool program improves cognitive control. *Science, 318(5855),* 1387–1388.

Dickinson, A., & Balleine, B. (2011). Motivational control of instrumental action motivational action control of instrumental. *Current Directions in Psychological Science, 4(5),* 162–167.

Enter, D., Colzato, L. S., & Roelofs, K. (2012). Dopamine transporter polymorphisms affect social approach-avoidance tendencies. *Genes, Brain, and Behavior, 11(6),* 671–676.

Eriksen, B. A., & Eriksen, C. W. (1974). Effects of noise letters upon the identification of a target letter in a nonsearch task. *Perception and Psychophysics, 16(1),* 143–149.

Evans, J. S. B. T. (2008). Dual-processing accounts of reasoning, judgment, and social cognition. *Annual Review of Psychology, 59,* 255–278.

Fiedler, K., Messner, C., & Bluemke, M. (2006). Unresolved problems with the "I," the "A," and the "T": A logical and psychometric critique of the Implicit Association Test (IAT). *European Review of Social Psychology, 17(1),* 74–147.

Field, M., Caren, R., Fernie, G., & De Houwer, J. (2011). Alcohol approach tendencies in heavy drinkers: Comparison of effects in a relevant stimulus–response compatibility task and an approach/avoidance Simon task. *Psychology of Addictive Behaviors, 25(4),* 697–701.

Field, M., Kiernan, A., Eastwood, B., & Child, R. (2008). Rapid approach responses to alcohol cues in heavy drinkers. *Journal of Behavior Therapy and Experimental Psychiatry, 39(3),* 209–218.

Field, M., Mogg, K., Zetteler, J., & Bradley, B. P. (2004). Attentional biases for alcohol cues in heavy and light social drinkers: The roles of initial orienting and maintained attention. *Psychopharmacology, 176(1),* 88–93.

Figner, B., Knoch, D., Johnson, E. J., Krosch, A. R., Lisanby, S. H., Fehr, E., & Weber, E. U. (2010). Lateral prefrontal cortex and self-control in intertemporal choice. *Nature Neuroscience, 13(5),* 538–539.

Figner, B., Mackinlay, R. J., Wilkening, F., & Weber, E. U. (2009a). Affective and deliberative processes in risky choice: Age differences in risk taking in the Columbia Card Task. *Journal of Experimental Psychology: Learning, Memory, and Cognition, 35(3),* 709–730.

——(2009b). Risky choice in children, adolescents, and adults: Affective versus deliberative processes and the role of executive functions. In *Proceedings of the Society for Research in Child Development.* Denver, CO: Society for Research in Child Development, National Research Council.

Figner, B., & Weber, E. U. (2011). Who takes risks when and why? Determinants of risk taking. *Current Directions in Psychological Science, 20(4),* 211–216.

Finn, P. R. (2002). Motivation, working memory, and decision making: A cognitive-motivational theory of personality vulnerability to alcoholism. *Behavioral and Cognitive Neuroscience Reviews, 1(3),* 183–205.

Frank, M. J., Loughry, B., & O'Reilly, R. C. (2001). Interactions between frontal cortex and basal ganglia in working memory: A computational model. *Cognitive, Affective and Behavioral Neuroscience, 1(2),* 137–160.

Fregni, F. F., Boggio, P. S., Nitsche, M. A., Bermpohl, F., Antal, A., Feredoes, E., et al. (2005). Anodal transcranial direct current stimulation of prefrontal cortex enhances working memory. *Experimental Brain Research, 166(1),* 23–30.

Frings, C., Englert, J., Wentura, D., & Bermeitinger, C. (2010). Decomposing the emotional Stroop effect. *Quarterly Journal of Experimental Psychology (2006), 63(1),* 42–49.

FWI Channel (2012). Diamond—Day Night Presentation.mpg [video file]. Retrieved April 11, 2013 from www.youtube.com/watch?v=DbszNVN3OO4, June 20.

Geurts, H. M., van der Oord, S., & Crone, E. A. (2006). Hot and cool aspects of cognitive control in children with ADHD: Decision-making and inhibition. *Journal of Abnormal Child Psychology, 34(6)*, 813–824.

Giedd, J. N. (2008). The teen brain: Insights from neuroimaging. *Journal of Adolescent Health: Official Publication of the Society for Adolescent Medicine, 42(4)*, 335–343.

Gladwin, T. E., 't Hart, B. M., & de Jong, R. (2008). Dissociations between motor-related EEG measures in a cued movement sequence task. *Cortex, 44(5)*, 521–536.

Gladwin, T. E., den Uyl, T. E., & Wiers, R. W. (2012). Anodal tDCS of dorsolateral prefontal cortex during an Implicit Association Test. *Neuroscience Letters, 517(2)*, 82–86.

Gladwin, T. E., Figner, B., Crone, E. A., & Wiers, R. W. (2011). Addiction, adolescence, and the integration of control and motivation. *Developmental Cognitive Neuroscience, 1(4)*, 364–376.

Gladwin, T. E., Lindsen, J. P., & de Jong, R. (2006). Pre-stimulus EEG effects related to response speed, task switching and upcoming response hand. *Biological Psychology, 72(1)*, 15–34.

Gladwin, T. E., den Uyl, T., Fregni, F. F., & Wiers, R. W. (2012). Enhancement of selective attention by tDCS: Interaction with interference in a Sternberg task. *Neuroscience Letters, 512(1)*, 33–37.

Gladwin, T. E., & Wiers, R. W. (2011). How do alcohol cues affect working memory? Persistent slowing due to alcohol-related distracters in an alcohol version of the Sternberg task. *Addiction Research and Theory, 20(4)*, 284290.

——(2012). Alcohol-related effects on automaticity due to experimentally manipulated conditioning. *Alcoholism: Clinical and Experimental Research, 36(5)*, 895–899.

Greenwald, A. G., McGhee, D. E., & Schwartz, J. L. (1998). Measuring individual differences in implicit cognition: The implicit association test. *Journal of Personality and Social Psychology, 74(6)*, 1464–1480.

Greenwald, A. G., Poehlman, T. A., Uhlmann, E. L., & Banaji, M. R. (2009). Understanding and using the Implicit Association Test: III. Meta-analysis of predictive validity. *Journal of Personality and Social Psychology, 97(1)*, 17–41.

Grenard, J., Ames, S. L., Wiers, R. W., Thush, C., Sussman, S., & Stacy, A. W. (2008). Working memory capacity moderates the predictive effects of drug-related associations on substance use. *Psychology of Addictive Behaviors, 22(3)*, 426–432.

Hazy, T. E., Frank, M. J., & O'Reilly, R. C. (2006). Banishing the homunculus: Making working memory work. *Neuroscience, 139(1)*, 105–118.

——(2007). Towards an executive without a homunculus: Computational models of the prefrontal cortex/basal ganglia system. *Philosophical Transactions of the Royal Society of London. Series B, Biological Sciences, 362(1485)*, 1601–1613.

Hermans, E. J., Henckens, M. J. A. G., Roelofs, K., & Fernández, G. (2012). Fear bradycardia and activation of the human periaqueductal grey. *NeuroImage, 66C*, 278–287.

Hofmann, W., Friese, M., & Strack, F. (2009). Impulse and self-control from a dual-systems perspective. *Perspectives on Psychological Science, 4(2)*, 162–176.

Hofmann, W., Friese, M., & Wiers, R. W. (2008). Impulsive versus reflective influences on health behavior: A theoretical framework and empirical review. *Health Psychology Review, 2(2)*, 111–137.

Hongwanishkul, D., Happaney, K. R., Lee, W. S. C., & Zelazo, P. D. (2005). Assessment of hot and cool executive function in young children: Age-related changes and individual differences. *Developmental Neuropsychology, 28(2)*, 617–644.

Houben, K., & Wiers, R. W. (2009). Response inhibition moderates the relationship between implicit associations and drinking behavior. *Alcoholism, Clinical and Experimental Research, 33(4)*, 626–633.

Jarvik, L. F., & Russell, D. (1979). Anxiety, aging and the third emergency reaction. *Journal* of *Gerontology, 34*(2), 197–200.

Jensen, O., & Lisman, J. (1998). An oscillatory short-term memory buffer model can account for data on the Sternberg task. *Journal of Neuroscience, 18*(24), 10688–10699.

Kahneman, D. (2003). A perspective on judgment and choice: Mapping bounded rationality. *American Psychologist, 58*(9), 697–720.

Keren, G., & Schul, Y. (2009). Two is not always better than one: A critical evaluation of two-system theories. *Perspectives on Psychological Science, 4*(6), 533–550.

Knoch, D., Gianotti, L. R. R., Pascual-Leone, A., Treyer, V., Regard, M., Hohmann, M., & Brugger, P. (2006). Disruption of right prefrontal cortex by low-frequency repetitive transcranial magnetic stimulation induces risk-taking behavior. *Journal of Neuroscience, 26*(24), 6469–6472.

Knutson, B., & Wimmer, G. E. (2007). Splitting the difference: How does the brain code reward episodes? *Annals of the New York Academy of Sciences, 1104*(1), 54–69.

Kouneiher, F., Charron, S., & Koechlin, E. (2009). Motivation and cognitive control in the human prefrontal cortex. *Nature Neuroscience, 12*(7), 939–945.

Kreibig, S. D. (2010). Autonomic nervous system activity in emotion: A review. *Biological Psychology, 84*(3), 394–421.

LeDoux, J. (2012). Rethinking the emotional brain. *Neuron, 73*(4), 653–676.

Lengfelder, A., & Gollwitzer, P. M. (2001). Reflective and reflexive action control in patients with frontal brain lesions. *Neuropsychology, 15*(1), 80–100.

Levy, D. J., & Glimcher, P. W. (2012). The root of all value: A neural common currency for choice. *Current Opinion in Neurobiology, 22*(6), 1027–1038.

Lieberman, M. D. (2007). The X- and C-systems: The neural basis of automatic and controlled social cognition. In E. Harmon-Jones and P. Winkielman (Eds.), *Social neuroscience: Integrating biological and psychological explanations of social behavior* (pp. 290–315). New York: Guilford Press.

Marvel, C. L., & Desmond, J. E. (2010). The contributions of cerebro-cerebellar circuitry to executive verbal working memory. *Cortex, 46*(7), 880–895.

Metcalfe, J., & Mischel, W. (1999). A hot/cool-system analysis of delay of gratification: Dynamics of willpower. *Psychological Review, 106*(1), 3–19.

Moors, A., & De Houwer, J. (2006). Automaticity: A theoretical and conceptual analysis. *Psychological Bulletin, 132*(2), 297–326.

Napadow, V., Dhond, R., Conti, G., & Makris, N. (2008). Brain correlates of autonomic modulation: Combining heart rate variability with fMRI. *Neuroimage, 42*(1), 169–177.

Noël, X., Colmant, M., Van Der Linden, M., Bechara, A., Bullens, Q., Hanak, C., & Verbanck, P. (2006). Time course of attention for alcohol cues in abstinent alcoholic patients: The role of initial orienting. *Alcoholism, Clinical and Experimental Research, 30*(11), 1871–1877.

O'Doherty, J. P., Hampton, A., & Kim, H. (2007). Model-based fMRI and its application to reward learning and decision making. *Annals of the New York Academy of Sciences, 1104*(1), 35–53.

Ohn, S. H., Park, C.-I., Yoo, W.-K., Ko, M.-H., Choi, K. P., Kim, G.-M., et al. (2008). Time-dependent effect of transcranial direct current stimulation on the enhancement of working memory. *Neuroreport, 19*(1), 43–47.

Olson, M. A., & Fazio, R. H. (2004). Reducing the influence of extrapersonal associations on the Implicit Association Test: Personalizing the IAT. *Journal of Personality and Social Psychology, 86*(5), 653–667.

Paulsen, D. J., Carter, R. M., Platt, M. L., Huettel, S. A., & Brannon, E. M. (2011). Neurocognitive development of risk aversion from early childhood to adulthood. *Frontiers in Human Neuroscience, 5*, 1–17.

Persson, J., Larsson, A., & Reuter-Lorenz, P. A. (2013). Imaging fatigue of interference control reveals the neural basis of executive resource depletion. *Journal of Cognitive*

Neuroscience, 25(3), 338–351.
Pessoa, L. (2009). How do emotion and motivation direct executive control? Trends in Cognitive Sciences, 13(4), 160–166.
Peters, E., Västfjäll, D., Gärling, T., & Slovic, P. (2006). Affect and decision making: A "hot" topic. Journal of Behavioral Decision Making, 19(2), 79–85.
Pfeifer, J. H., & Allen, N. B. (2012). Arrested development? Reconsidering dual-systems models of brain function in adolescence and disorders. Trends in Cognitive Sciences, 16(6), 322–329.
Posner, M. I., & Petersen, S. E. (1990). The attention system of the human brain. Annual Review of Neuroscience, 13, 25–42.
Prencipe, A., Kesek, A., Cohen, J., Lamm, C., Lewis, M., & Zelazo, P. (2011). Development of hot and cool executive function during the transition to adolescence. Journal of Experimental Child Psychology, 108(3), 621–637.
Reisenzein, R., Meyer, W., & Schutzwohl, A. (1995). James and the physical basis of emotion: A comment on Ellsworth, Psychological Review, 102(4), 757–761.
Reyna, V. F., & Brainerd, C. J. (1995). Fuzzy-trace theory: An interim synthesis. Learning and Individual Differences, 7(1), 1–75.
Reyna, V. F., & Ellis, S. C. (1994). Fuzzy-trace theory and framing effects in children's risky decision making. Psychological Science, 5(5), 275–279.
Reyna, V. F., Estrada, S. M., DeMarinis, J. A., Myers, R. M., Stanisz, J. M., & Mills, B. A. (2011). Neurobiological and memory models of risky decision making in adolescents versus young adults. Journal of Experimental Psychology: Learning, Memory, and Cognition, 37(5), 1125–1142.
Reyna, V. F., & Farley, F. (2006). Risk and rationality in adolescent decision making: Implications for theory, practice, and public policy. Psychological Science in the Public Interest, 7(1), 1–44.
Richards, J. M., Plate, R. C., & Ernst, M. (2013). A systematic review of fMRI reward paradigms used in studies of adolescents vs. adults: The impact of task design and implications for understanding neurodevelopment. Neuroscience and Biobehavioral Reviews, 37(5), 976–991.
Rinck, M., & Becker, E. S. (2007). Approach and avoidance in fear of spiders. Journal of Behavior Therapy and Experimental Psychiatry, 38(2), 105–120.
Rivers, S. E., Reyna, V. F., & Mills, B. A. (2008). Risk taking under the influence: A fuzzy-trace theory of emotion in adolescence. Developmental Review, 28(1), 107–144.
Robbins, T. W. (2007). Shifting and stopping: Fronto-striatal substrates, neurochemical modulation and clinical implications. Philosophical Transactions of the Royal Society of London. Series B, Biological Sciences, 362(1481), 917–932.
Robbins, T. W., & Everitt, B. J. (1999). Drug addiction: Bad habits add up. Nature, 398(6728), 567–570.
Robinson, T. E., & Berridge, K. C. (1993). The neural basis of drug craving: An incentive-sensitization theory of addiction. Brain Research Reviews, 18(3), 247–291.
—— (2008). Review. The incentive sensitization theory of addiction: Some current issues. Philosophical Transactions of the Royal Society of London. Series B, Biological Sciences, 363(1507), 3137–3146.
Roelofs, K., Hagenaars, M. A., & Stins, J. (2010). Facing freeze: Social threat induces bodily freeze in humans. Psychological Science, 21(11), 1575–1581.
Satpute, A. B., & Lieberman, M. D. (2006). Integrating automatic and controlled processes into neurocognitive models of social cognition. Brain Research, 1079(1), 86–97.
Schneider, W., & Shiffrin, R. M. (1977). Controlled and automatic human information processing: I. Detection, search, and attention. Psychological Review, 84(1), 1–66.
Seger, C. A. (2008). How do the basal ganglia contribute to categorization? Their roles in generalization, response selection, and learning via feedback. Neuroscience and Biobe-

havioral Reviews, 32(2), 265–278.
Shiffrin, R. M., & Schneider, W. (1977). Controlled and automatic human information processing: II. Perceptual learning, automatic attending and a general theory. *Psychological Review, 84(2),* 127–190.
Simon, J. R., & Rudell, A. P. (1967). Auditory S–R compatibility: The effect of an irrelevant cue on information processing. *Journal of Applied Psychology, 51(3),* 300–304.
Somerville, L. H., Jones, R. M., & Casey, B. J. (2010). A time of change: Behavioral and neural correlates of adolescent sensitivity to appetitive and aversive environmental cues. *Brain and Cognition, 72(1),* 124–133.
Spear, L. P. (2011). Rewards, aversions and affect in adolescence: Emerging convergences across laboratory animal and human data. *Developmental Cognitive Neuroscience, 1(4),* 392–400.
Stacy, A. W., Ames, S. L., & Knowlton, B. J. (2004). Neurologically plausible distinctions in cognition relevant to drug use etiology and prevention. *Substance Use and Misuse, 39(10–12),* 1571–1623.
Steinberg, L. (2010). A dual systems model of adolescent risk-taking. *Developmental Psychobiology, 52(3),* 216–224.
Stephens, C. L., Christie, I. C., & Friedman, B. H. (2010). Autonomic specificity of basic emotions: Evidence from pattern classification and cluster analysis. *Biological Psychology, 84(3),* 463–473.
Strack, F., & Deutsch, R. (2004). Reflective and impulsive determinants of social behavior. *Personality and Social Psychology Review, 8(3),* 220–247.
Stroop, J. (1935). Studies of interference in serial verbal reactions. *Journal of Experimental Psychology, 18(6),* 643–662.
Thayer, J. F., & Lane, R. D. (2000). A model of neurovisceral integration in emotion regulation and dysregulation. *Journal of Affective Disorders, 61(3),* 201–216.
Thush, C., Wiers, R. W., Ames, S. L., Grenard, J., Sussman, S., & Stacy, A. W. (2008). Interactions between implicit and explicit cognition and working memory capacity in the prediction of alcohol use in at-risk adolescents. *Drug and Alcohol Dependence, 94(1–3),* 116–124.
Tiffany, S. T. (1990). A cognitive model of drug urges and drug-use behavior: Role of automatic and nonautomatic processes. *Psychological Review, 97(2),* 147–168.
Townshend, J. M., & Duka, T. (2007). Avoidance of alcohol-related stimuli in alcohol-dependent inpatients. *Alcoholism, Clinical and Experimental Research, 31(8),* 1349–1357.
Van den Wildenberg, W., & Crone, E. (2005). Development of response inhibition and decision-making across childhood: A cognitive neuroscience perspective. In J. R. Marrow (Ed.), *Focus on child psychology research* (pp. 23–42). Hauppauge, NY: Nova Science Publishers.
Van Hecke, J., Gladwin, T. E., Coremans, J., Destoop, M., Hulstijn, W., & Sabbe, B. (2010). Prefrontal, parietal and basal activation associated with the reordering of a two-element list held in working memory. *Biological Psychology, 85(1),* 143–148.
Vink, M., Pas, P., Bijleveld, E., Custers, R., & Gladwin, T. E. (2013). Ventral striatum is related to within-subject learning performance. *Neuroscience, 250,* 408–16.
Vollstädt-Klein, S., Loeber, S., von der Goltz, C., Mann, K., & Kiefer, F. (2009). Avoidance of alcohol-related stimuli increases during the early stage of abstinence in alcohol-dependent patients. *Alcohol and Alcoholism, 44(5),* 458–463.
Volman, I., Roelofs, K., Koch, S., Verhagen, L., & Toni, I. (2011). Anterior prefrontal cortex inhibition impairs control over social emotional actions. *Current Biology, 21(20),* 1766–1770.
Wickens, J. R., Budd, C. S., Hyland, B. I., & Arbuthnott, G. W. (2007). Striatal contributions to reward and decision making: Making sense of regional variations in a reiterated processing matrix. *Annals of the New York Academy of Sciences, 1104(1),* 192–212.
Wiers, R. W., Bartholow, B. D., van den Wildenberg, E., Thush, C., Engels, R. C. M. E.,

Sher, K. J., et al. (2007). Automatic and controlled processes and the development of addictive behaviors in adolescents: A review and a model. *Pharmacology, Biochemistry, and Behavior, 86(2)*, 263–283.

Wiers, R. W., Beckers, L., Houben, K., & Hofmann, W. (2009). A short fuse after alcohol: Implicit power associations predict aggressiveness after alcohol consumption in young heavy drinkers with limited executive control. *Pharmacology, Biochemistry, and Behavior, 93(3)*, 300–305.

Wiers, R. W., Gladwin, T. E., Hofmann, W., Salemink, E., & Ridderinkhof, K. R. (2013). Cognitive bias modification and cognitive control training in addiction and related psychopathology: Mechanisms, clinical perspectives, and ways forward. *Clinical Psychological Science, 1(2)*, 192–212.

Wiers, R. W., Rinck, M., Dictus, M., & van den Wildenberg, E. (2009). Relatively strong automatic appetitive action-tendencies in male carriers of the OPRM1 G-allele. *Genes, Brain, and Behavior, 8(1)*, 101–106.

Williams, J. M., Mathews, A., & MacLeod, C. (1996). The emotional Stroop task and psychopathology. *Psychological Bulletin, 120(1)*, 3–24.

◆ 9 章

Andreoni, J. (2006). Philanthropy. In S.-C. Kolm & J. M. Mercier (Eds.), *Handbook of the economics of giving, altruism and reciprocity* (pp. 1201–1269). Amsterdam: Elsevier/North-Holland.

Balleine, B. W., Daw, N. D., & O'Doherty, J. P. (2009). Multiple forms of value learning and the function of dopamine. In P. W. Glimcher, C. F. Camerer, E. Fehr, & R. A. Poldrack (Eds.), *Neuroeconomics: Decision making and the brain* (pp. 367–389). London: Elsevier.

Baron, J. (2008). *Thinking and deciding* (4th ed.). Cambridge: Cambridge University Press.

Baron, J., & Spranca, M. (1997). Protected values. *Organizational Behavior and Human Decision Processes, 70(1)*, 1–16.

Bartels, D. M. (2006). Proportion dominance: The generality and variability of favoring relative savings over absolute savings. *Organizational Behavior and Human Decision Processes, 100(1)*, 76–95.

Batson, C. D. (1990). How social an animal? The human capacity for caring. *American Psychologist, 45(3)*, 336–346.

Bechara, A., Damasio, H., Tranel, D., & Damasio, A. R. (1997). Deciding advantageously before knowing the advantageous strategy. *Science, 275(5304)*, 1293–1295.

Beer, J. S., Knight, R. T., & D'Esposito, M. (2006). Controlling the integration of emotion and cognition: The role of frontal cortex in distinguishing helpful from hurtful emotional information. *Psychological Science, 17(5)*, 448–453.

Bekkers, R., & Wiepking, P. (2011). A literature review of empirical studies of philanthropy: Eight mechanisms that drive charitable giving. *Nonprofit and Voluntary Sector Quarterly, 40(5)*, 924–973.

Bush, G., Luu, P., & Posner, M. (2000). Cognitive and emotional influences in anterior cingulate cortex. *Trends in Cognitive Sciences, 4(6)*, 215–221.

Campbell, D. T. (1958). Common fate, similarity, and other indices of the status of aggregates of persons as social entities. *Behavioral Science, 3(1)*, 14–25.

Chaiken, S., & Trope, Y. (1999). *Dual-process theories in social psychology*. New York, NY: Guilford Press.

Cialdini, R. B., Schaller, M., Houlihan, D., Arps, K., Fultz, J., & Beaman, A. L. (1987). Empathy-based helping: Is it selflessly or selfishly motivated? *Journal of Personality and Social Psychology, 52(4)*, 749–758.

Cryder, C., & Loewenstein, G. (2012). Responsibility: The tie that binds. *Journal of Experimental Social Psychology, 48(1),* 441–445.

Cryder, C., Loewenstein, G., & Scheines, R. (2013). The donor is in the details. *Organizational Behavior and Human Decision Processes, 120(1),* 15–23.

Damasio, A. R. (1994). *Descartes' error: Emotion, reason, and the human brain.* New York, NY: Avon.

Desvouges, W. H., Johnson, F., Dunford, R., Hudson, S., Wilson, K., & Boyle, K. (1993). Measuring natural resource damages with contingent valuation: Tests of validity and reliability. In J. A. Hausman (Ed.), *Contingent valuation: A critical assessment* (pp. 91–164). Amsterdam: North Holland.

Dickert, S. (2008). Two routes to the perception of need: The role of affective and deliberative information processing in pro-social behavior. Doctoral dissertation, University of Oregon, OR.

Dickert, S., Kleber, J., Peters, E., & Slovic, P. (2011). Numeric ability as a precursor to pro-social behavior: The impact of numeracy and presentation format on the cognitive mechanisms underlying donations. *Judgment and Decision Making, 6(7),* 638–650.

Dickert, S., Sagara, N., & Slovic, P. (2011). Affective motivations to help others: A two-stage model of donation decisions. *Journal of Behavioral Decision Making, 24(4),* 361–376.

Dickert, S., & Slovic, P. (2009). Attentional mechanisms in the generation of sympathy. *Judgment and Decision Making, 4(4),* 297–306.

Dickert, S., Västfjäll, D., Kleber, J., & Slovic, P. (2012). Valuations of human lives: Normative expectations and psychological mechanisms of (ir)rationality. *Synthese, 189(1),* 95–105.

Dunn, E. W., Aknin, L. B., & Norton, M. I. (2008). Spending money on others promotes happiness. *Science, 319(5870),* 1687–1688.

Epstein, S. (1994). Integration of the cognitive and the psychodynamic unconscious. *American Psychologist, 49(8),* 709–724.

Erlandsson, A., Björklund, F., & Bäckström, M. (2013). Perceived utility (not sympathy) mediates the proportion dominance effect in helping decisions. *Journal of Behavioral Decision Making, 27(1),* 37–47.

Evans, J. St. B. T. (2008). Dual-processing accounts of reasoning, judgment, and social cognition. *Annual Review of Psychology, 59,* 255–278.

Fehr, E., & Schmidt, K. M. (1999). A theory of fairness, competition, and cooperation. *The Quarterly Journal of Economics, 114(3),* 817–868.

Fetherstonhaugh, D., Slovic, P., Johnson, S. M., & Friedrich, J. (1997). Insensitivity to the value of human life: A study of psychophysical numbing. *Journal of Risk and Uncertainty, 14(3),* 283–300.

Frederick, S. W., & Fischhoff, B. (1998). Scope (in)sensitivity in elicited valuations. *Risk, Decision, and Policy, 3(2),* 109–123.

Genevsky, A., Västfjäll, D., Slovic, P., & Knutson, B. (2013). Neural underpinnings of the identifiable victim effect: Affect shifts preferences for giving. *Journal of Neuroscience, 33(43),* 17188–17196.

Gong, M., & Baron, J. (2011). The generality of the emotion effect on magnitude sensitivity. *Journal of Economic Psychology, 32(1),* 17–24.

Greene, J. D., Nystrom, L. E., Engell, A.D., Darley, J. M., & Cohen, J. D. (2004) The neural bases of cognitive conflict and control in moral judgment. *Neuron, 44(2),* 389–400.

Greene, J. D., Sommerville, R. B., Nystrom, L. E., Darley, J. M., & Cohen, J. D. (2001). An fMRI investigation of emotional engagement in moral judgment. *Science 14(5537),* 2105–2108.

Harbaugh, W. T., Mayr, U., & Burghart, D. R. (2007). Neural responses to taxation and voluntary giving reveal motives for charitable donations. *Science, 316(5831),* 1622.

Hare, T. A., Camerer, C. F., Knoepfle, D. T., & Rangel, A. (2010). Value computations in ventral medial prefrontal cortex during charitable decision making incorporate input from regions involved in social cognition. *Journal of Neuroscience, 30(2)*, 583–590.

Hsee, C. K., & Rottenstreich, Y. (2004). Music, pandas, and muggers: On the affective psychology of value. *Journal of Experimental Psychology-General, 133(1)*, 23–30.

Jenni, K. E., & Loewenstein, G. (1997). Explaining the "identifiable victim effect." *Journal of Risk and Uncertainty, 14(3)*, 235–257.

Kahneman, D. (2003). A perspective on judgment and choice: Mapping bounded rationality. *American Psychologist, 58(9)*, 697–720.

——(2011). *Thinking, fast and slow*. New York, NY: Farrar, Straus & Giroux.

Kahneman, D., & Frederick, S. (2002). Representativeness revisited: Attribute substitution in intuitive judgment. In T. Gilovich, D. Griffin, & D. Kahneman (Eds.), *Heuristics and biases: The psychology of intuitive judgment* (pp. 49–81). New York, NY: Cambridge University Press.

——2005. *A model of heuristic judgment*. In K. J. Holyoak & R. G. Morrison (Eds.), *The Cambridge handbook of thinking and reasoning* (pp. 267–293). New York, NY: Cambridge University Press.

Karlan, D., List, J. A., & Shafir, E. (2011). Small matches and charitable giving: Evidence from a natural field experiment. *Journal of Public Economics, 95(5)*, 344–350.

Knutson, B., & Cooper, J. C. (2005). Functional magnetic resonance imaging of reward prediction. *Current Opinion in Neurology, 18(4)*, 411–417.

Knutson, B., Taylor, J., Kaufman, M., Peterson, R., & Glover, G. (2005). Distributed neural representation of expected value. *Journal of Neuroscience, 25(19)*, 4806–4812.

Koenigs, M., Young, L., Adolphs, R., Tranel, D., Cushman, F., Hauser, M., & Damasio, A. (2007). Damage to the prefrontal cortex increases utilitarian moral judgements. *Nature, 446(7138)*, 908–911.

Kogut, T. (2011). Someone to blame: When identifying a victim decreases helping. *Journal of Experimental Social Psychology, 47(4)*, 748–755.

Kogut, T., & Ritov, I. (2005a). The "identified victim" effect: An identified group, or just a single individual? *Journal of Behavioral Decision Making, 18(3)*, 157–167.

——(2005b). The singularity effect of identified victims in separate and joint evaluations. *Organizational Behavior and Human Decision Processes, 97(2)*, 106–116.

——(2007). "One of us": Outstanding willingness to help save a single identified compatriot. *Organizational Behavior and Human Decision Processes, 104(2)*, 150–157.

Lazarus, R. S. (1991). Cognition and motivation in emotion. *American Psychologist, 46(4)*, 352–367.

Li, M., Vietri, J., Galvani, A. P., & Chapman, G. B. (2010). How do people value life? *Psychological Science, 21(2)*, 163–167.

Loewenstein, G., & Small, D. A. (2007). The scarecrow and the tin man: The vicissitudes of human sympathy and caring. *Review of General Psychology, 11(11)*, 112–126.

Loewenstein, G., Thompson, L., & Bazerman, M. (1989). Social utility and decision making in interpersonal contexts. *Journal of Personality and Social Psychology, 57(3)*, 426–441.

Majdandžić, J., Bauer, H., Windischberger, C., Moser, M., Engl, E., & Lamm, C. (2012). The human factor: Behavioral and neural correlates of humanized perception in moral decision making. *PLoS ONE, 7(10)*, 1–14.

Mayr, U., Harbaugh, W., & Tankersley, D. (2009). Neuroeconomics of charitable giving and philanthropy. In P. W. Glimcher, C. F. Camerer, E. Fehr, & R. A. Poldrack (Eds.), *Neuroeconomics: Decision making and the brain* (pp. 303–320). London: Elsevier.

Mitchell, R. C., & Carson, R. T. (1989). *Using surveys to value public goods: The contingent valuation method*. Washington, DC: Resource for the Future.

Moll, J., Krueger, F., Zahn, R., Pardini, M., de Oliveira-Souza, R., & Grafman, J. (2006). Human fronto-mesolimbic networks guide decisions about charitable donation. *Proceedings of the National Academy of Sciences, 103(42)*, 15623–15628.

Montague, P., & Berns, G. (2002). Neural economics and the biological substrates of valuation. *Neuron*, 36(2), 265–284.

National Philanthropic Trust (2012). *Charitable giving statistics*. Retrieved December 10, 2013, from www.nptrust.org/philanthropic-resources/charitable-giving-statistics.

O'Doherty, J. P. (2004). Reward representations and reward-related learning in the human brain: Insights from neuroimaging. *Current Opinion in Neurobiology, 14(6)*, 769–776.

Peters, E., & Slovic, P. (2000). The springs of action: Affective and analytical information processing in choice. *Personality and Social Psychology Bulletin, 26(12)*, 1465–1475.

Posner, M. I., & Raichle, M. E. (1994). *Images of mind*. New York, NY: Scientific American Books.

Reyna, V. F. (2004). How people make decisions that involve risk: A dual-processes approach. *Current Directions in Psychological Science, 13(2)*, 60–66.

Reyna, V. F., & Brainerd, C. J. (1995). Fuzzy-trace theory: An interim synthesis. *Learning and Individual Differences, 7(1)*, 1–75.

Reyna, V. F., & Casillas, W. (2009). Development and dual processes in moral reasoning: A fuzzy-trace theory approach. In B. H. Ross (Series Ed.) & D. M. Bartels, C. W. Bauman, L. J. Skitka, & D. L. Medin (Eds.), *Psychology of learning and motivation*, vol. L: *Moral judgment and decision making* (pp. 207–239). San Diego, CA: Elsevier Academic Press.

Rubaltelli, E., & Agnoli, S. (2012). The emotional cost of charitable donations. *Cognition and Emotion, 26(5)*, 769–785.

Sanfey, A. G., Rilling, J. K., Aronson J. A., Nystrom L. E., & Cohen, J. D. (2003). The neural basis of economic decision making in the Ultimatum Game. *Science, 300(5626)*, 1755–1758.

Schaller, F., & Cialdini, R. B. (1988). The economics of empathic helping: Support for a mood management motive. *Journal of Experimental Social Psychology, 24(2)*, 163–181.

Schelling, T. C. (1968). The life you save may be your own. In S. B. Chase (Ed.), *Problems in public expenditure analysis* (pp. 127–176). Washington, DC: The Brookings Institute.

Schultz, W. (2009). Midbrain dopamine neurons: A retina of the reward system. In P. W. Glimcher, C. F. Camerer, E. Fehr, & R. A. Poldrack (Eds.), *Neuroeconomics: Decision making and the brain* (pp. 323–330). London: Elsevier.

Shang, J., Reed, A., & Croson, R. (2008). Identity congruency effects on donations. *Journal of Marketing Research, 45(3)*, 351–361.

Shenhav, A., & Greene, J. D. (2010). Moral judgments recruit domain-general valuation mechanisms to integrate representations of probability and magnitude. *Neuron, 67(4)*, 667–677.

Sloman, S. (1996). The empirical case for two systems of reasoning. *Psychological Bulletin, 119(1)*, 3–22.

Slovic, P. (2007). "If I look at the mass I will never act": Psychic numbing and genocide. *Judgment and Decision Making, 2(2)*, 79–95.

——(2010). The more who die, the less we care. In E. Michel-Kerjan & P. Slovic (Eds.), *The irrational economist: Making decisions in a dangerous world* (pp. 30–40). New York, NY: Public Affairs.

Slovic, P., Finucane, M., Peters, E., & MacGregor, D. G. (2002). The affect heuristic. In T. Gilovich, D. Griffin, & D. Kahneman (Eds.), *Heuristics and biases: The psychology of intuitive judgment* (pp. 397–420). New York, NY: Cambridge University Press.

——(2004). Risk as analysis and risk as feelings: Some thoughts about affect, reason, risk, and rationality. *Risk Analysis, 24(2)*, 311–322.

Small, D. A., & Loewenstein, G. (2003). Helping a victim or helping the victim: Altruism and identifiability. *Journal of Risk and Uncertainty, 26(1)*, 5–16.

Small, D. A., Loewenstein, G., & Slovic, P. (2007). Sympathy and callousness: The impact of deliberative thought on donations to identifiable and statistical victims. *Organizational*

Behavior and Human Decision Processes, 102(2), 143–153.

Smith, R. W., Faro, D., & Burson, K. A. (2013). More for the many: The influence of entitativity on charitable giving. *Journal of Consumer Research, 39(5),* 961–976.

Stanovich, K. E., & West, R. F. (2000). Individual differences in reasoning: Implications for the rationality debate? *Behavioral and Brain Sciences, 23(5),* 645–665.

Västfjäll, D., & Slovic, P. (2011). Pseudo-inefficacy: When awareness of those we cannot help demotivates us from aiding those we can help. Working paper.

Vedantam, S. (2010). *The hidden brain: How our unconscious minds elect presidents, control markets, wage war, and save our lives.* New York, NY: Random House Publishing Group.

Venkatachalam, L. (2004). The contingent valuation method: A review. *Environmental Impact Assessment Review, 24(1),* 89–124.

Zajonc, R. B. (1980). Feeling and thinking: Preferences need no inferences. *American Psychologist, 35(2),* 151–175.

―― (2000). Feeling and thinking: Closing the debate over the independence of affect. In J. P. Forgas (Ed.), *Feeling and thinking: The role of affect in social cognition* (pp. 31–58). New York, NY: Cambridge University Press.

◆10章

Albert, D., Chein, J., & Steinberg, L. (2013). The teenage brain peer influences on adolescent decision making. *Current Directions in Psychological Science, 22(2),* 114–120.

Albert, D., & Steinberg, L. (2011). Judgment and decision making in adolescence. *Journal of Research on Adolescence, 21(1),* 211–224.

Berns, G. S., Moore, S., & Capra, C. M. (2009). Adolescent engagement in dangerous behaviors is associated with increased white matter maturity of frontal cortex. *PLoS ONE, 4(8),* e6773.

Bjork, J. M., Knutson, B., Fong, G. W., Caggiano, D. M., Bennett, S. M., & Hommer, D. W. (2004). Incentive-elicited brain activation in adolescents: Similarities and differences from young adults. *Journal of Neuroscience, 24(8),* 1793–1802.

Bjork, J. M., Knutson, B., & Hommer, D. W. (2008). Incentive-elicited striatal activation in adolescent children of alcoholics. *Addiction, 103(8),* 1308–1319.

Brandstätter, E., Gigerenzer, G., & Hertwig, R. (2006). The priority heuristic: Making choices without tradeoffs. *Psychological Review, 113(2),* 409–432.

Camerer, C. F. (2008). Neuroeconomics: Opening the gray box. *Neuron, 60(3),* 416–419.

Carlson, S., Zayas, V., & Guthormsen, A. (2009). Neural correlates of decision making on a gambling task. *Child Development, 80(4),* 1076–1096.

Casey, B. J., Getz, S., & Galvan, A. (2008). The adolescent brain. *Developmental Review, 28(1),* 62–77.

Cohen, J. R., Asarnow, R. F., Sabb, F. W., Bilder, R. M., Bookheimer, S. Y., Knowlton, B. J., & Poldrack, R. A. (2010). A unique adolescent response to reward prediction errors. *Nature Neuroscience, 13(6),* 669–671.

Crone, E. A. (2009). Executive functions in adolescence: Inferences from brain and behavior. *Developmental Science, 12(6),* 825–830.

Crone, E. A., Bunge, S. A., Latenstein, H., & van der Molen, M. W. (2005). Characterization of children's decision making: Sensitivity to punishment frequency, not task complexity. *Child Neuropsychology, 11(3),* 245–263.

Crone, E. A., & Dahl, R. E. (2012). Understanding adolescence as a period of social-affective engagement and goal flexibility. *Nature Reviews Neuroscience, 13(9),* 636–650.

Dahl, R. E. (2004). Adolescent brain development: A period of vulnerabilities and opportunities. Keynote address. *Annals of the New York Academy of Sciences, 1021(1),* 1–22.

De Martino, B., Kumaran, D., Seymour, B., & Dolan, R. J. (2006). Frames, biases, and rational decision-making in the human brain. *Science, 313(5787)*, 684–687.

De Neys, W., Vartanian, O., & Goel, V. (2008). Smarter than we think when our brains detect that we are biased. *Psychological Science, 19(5)*, 483–489.

De Water, E., Braams, B. R., Crone, E. A., & Peper, J. S. (2013). Pubertal maturation and sex steroids are related to alcohol use in adolescents. *Hormones and Behavior, 63(2)*, 392–397.

Engelmann, J. B., Moore, S., Capra, C. M., & Berns, G. S. (2013). Differential neurobiological effects of expert advice on risky choice in adolescents and adults. *Social, Cognitive, Affective Neuroscience, 7(5)*, 557–567.

Eppinger, B., Mock, B., & Kray, J. (2009). Developmental differences in learning and error processing: Evidence from ERPs. *Psychophysiology, 46(5)*, 1043–1053.

Ernst, M., & Fudge, J. L. (2009). A developmental neurobiological model of motivated behavior: Anatomy, connectivity and ontogeny of the triadic nodes. *Neuroscience and Biobehavioral Reviews, 33(3)*, 367–382.

Fehr, E., & Rangel, A. (2011). Neuroeconomic foundations of economic choice: Recent advances. *Journal of Economic Perspective, 25(4)*, 3–30.

Figner, B., Mackinlay, R., Wilkening, F., & Weber, E. (2009). Affective and deliberative processes in risky choice: Age differences in risk taking in the Columbia Card Task. *Journal of Experimental Psychology: Learning, Memory and Cognition, 35(3)*, 709–730.

Figner, B., & Weber, E. (2011). Who takes risk when and why? Determinants of risk taking. *Current Directions in Psychological Science, 20(4)*, 211–216.

Fraley, C., & Raftery, A. E. (2002). Model-based clustering, discriminant analysis, and density estimation. *Journal of the American Statistical Association, 97(458)*, 611–631.

Galvan, A. (2010). Adolescent development of the reward system. *Frontiers in Human Neuroscience, 4(6)*. www.ncbi.nlm.nih.gov/pmc/articles/PMC2826184/ Dec 1, 2013.

Galvan, A., Hare, T. A., Parra, C. E., Penn, J., Voss, H., Glover, G., & Casey, B. J. (2006). Earlier development of the accumbens relative to orbitofrontal cortex might underlie risk-taking behavior in adolescents. *Journal of Neuroscience, 26(25)*, 6885–6892.

Galvan, A., Hare, T., Voss, H., Glover, G., & Casey, B. J. (2007). Risk-taking and the adolescent brain: Who is at risk? *Developmental Science, 10(2)*, F8–F14.

Garon, N., Bryson, S., & Smith, I. (2008). Executive function in preschoolers: A review using an integrative framework. *Psychological Bulletin, 134(1)*, 31–60.

Geier, C., & Luna, B. (2009). The maturation of incentive processing and cognitive control. *Pharmacology Biochemistry and Behavior, 93(3)*, 212–221.

Geier, C., Terwilliger, R., Teslovich, T., Velanova, K., & Luna, B. (2010). Immaturities in reward processing and its influence on inhibitory control in adolescence. *Cerebral Cortex, 20(7)*, 1613–1629.

Gigerenzer, G., & Gaissmaier, W. (2011). Heuristic decision making. *Annual Review of Psychology, 62*, 451–482.

Gigerenzer, G., & Goldstein, D. G. (1996). Reasoning the fast and frugal way: Models of bounded rationality. *Psychological Review, 103(4)*, 650–669.

Gogtay, N., Giedd, J., Lusk, L., Hayashi, K., Greenstein, D., Vaituzis, A., et al. (2004). Dynamic mapping of human cortical development during childhood through early adulthood. *Proceedings of the National Academy of Sciences, 101(21)*, 8174–8179.

Hämmerer, D., & Eppinger, B. (2012). Dopaminergic and prefrontal contributions to reward-based learning and outcome monitoring during child development and aging. *Developmental Psychology, 48(3)*, 862–874.

Huizinga, M., Dolan, C., & van der Molen, M. (2006). Age-related change in executive function: Developmental trends and a latent variable analysis. *Neuropsychologia, 44(11)*, 2017–2036.

Jacobs, J. E., & Klaczynski, P. A. (2002). The development of judgment and decision-making during childhood and adolescence. *Current Directions in Psychological Science, 11(4)*, 145–149.

Jansen, B. R. J., & van der Maas, H. (2002). The development of children's rule use on the balance scale task. *Journal of Experimental Child Psychology, 81(4)*, 383–416.

Jansen, B. R. J., van Duijvenvoorde, A. C. K., & Huizenga, H. M. (2013). Development and gender related differences in response switches after non-representative negative feedback. *Developmental Psychology, 50(1)*, 237–246.

——(2012). Development of decision making: Sequential versus integrative rules. *Journal of Experimental Child Psychology, 111(1)*, 87–100.

Kahneman, D., & Tversky, A. (1979). Prospect theory: An analysis of decision under risk. *Econometrica, 47(2)*, 263–292.

Khader, P. H., Pachur, T., Meier, S., Bien, S., Jost, K., & Rösler, F. (2011). Memory-based decision-making with heuristics: Evidence for a controlled activation of memory representations. *Journal of Cognitive Neuroscience, 23(11)*, 3540–3554.

Klaczynski, P. A. (2001). Analytic and heuristic processing influences on adolescent reasoning an decision-making. *Child Development, 72(3)*, 844–861.

—— (2005). Metacognition and cognitive variability: A dual-process model of decision making and its development. In J. Jacobs & P. Klaczynski (Eds.), *The development of judgment and decision making in children and adolescents* (pp. 39–76). Mahwah, NJ: Erlbaum.

Knutson, B., Taylor, J., Kaufman, M., Peterson, R., & Glover, G. (2005). Distributed neural representation of expected value. *Journal of Neuroscience, 25(19)*, 4806–4812.

Liston, C., Matalon, S., Hare, T. A., Davidson, M. C., & Casey, B. J. (2006). Anterior cingulate and posterior parietal cortices are sensitive to dissociable forms of conflict in a task-switching paradigm. *Neuron, 50(4)*, 643–653.

Loewenstein, G. F., Weber, E. U., Hsee, C. K., & Welch, N. (2001). Risk as feelings. *Psychological Bulletin, 127(2)*, 267–286.

May, J. C., Delgado, M. R., Dahl, R. E., Stenger, V. A., Ryan, N. D., Fiez, J. A., & Carter, C. S. (2004). Event-related functional magnetic resonance imaging of reward-related brain circuitry in children and adolescents. *Biological Psychiatry, 55(4)*, 359–366.

McCutcheon, A. C. (1987). *Latent class analysis*. Beverly Hills, CA: Sage.

Miller, E., & Cohen, J. (2001). An integrative theory of prefrontal cortex function. *Annual Review of Neuroscience, 24(1)*, 167–202.

Mohr, P. N., Biele, G., & Heekeren, H. R. (2010). Neural processing of risk. *Journal of Neuroscience, 30(19)*, 6613–6619.

Paulsen, D. J., Carter, R. M., Platt, M. L., Huettel, S. A., & Brannon, E. M. (2011). Neurocognitive development of risk aversion from early childhood to adulthood. *Frontiers in Human Neuroscience, 5*. http://journal.frontiersin.org/Journal/10.3389/fnhum.2011.00178/full Dec 1, 2013.

Payne, J. W., Bettman, J. R., & Johnson, E. J. (1988). Adaptive strategy selection in decision making. *Journal of Experimental Psychology: Learning, Memory, and Cognition, 14(3)*, 534–552.

Peper, J. S., Mandl, R. C. W., Braams, B. R., De Water, E., Heijboer, A. C., Koolschijn, P. C. M. P., & Crone, E. A. (2013). Delay discounting and frontostriatal fiber tracts: A combined DTI and MTR study on impulsive choices in healthy young adults. *Cerebral Cortex, 23(7)*, 1695–1702.

Piaget, J., & Inhelder, B. (1975). *The origin of the idea of chance in children*. Oxford: Norton.

Preuschoff, K., Bossaerts, P., & Quartz, S. R. (2006). Neural differentiation of expected reward and risk in human subcortical structures. *Neuron, 51(3)*, 381–390.

Rangel, A., Camerer, C., & Montague, P. R. (2008). A framework for studying the neurobiology of value-based decision making. *Nature Reviews Neuroscience, 9(7)*, 545–556.

Reyna, V. F., & Brainerd, C. J. (1995). Fuzzy-trace theory: An interim synthesis. *Learning and Individual Differences, 7(1),* 1–75.

―― (2011). Dual processes in decision making and developmental neuroscience: A fuzzy-trace model. *Developmental Review, 31(2),* 180–206.

Reyna, V., & Farley, F. (2006). Risk and rationality in adolescent decision making: Implications for theory, practice, and public policy. *Psychological Science in the Public Interest, 7(1),* 1–44.

Richards, J. M., Plate, R. C., & Ernst, M. (2013). A systematic review of fMRI reward paradigms in adolescents versus adults: The impact of task design and implications for understanding neurodevelopment. *Neuroscience and Biobehavioral Reviews, 37(5),* 976–991.

Rivers, S., Reyna, V., & Mills, B. (2008). Risk taking under the influence: A fuzzy-trace theory of emotion in adolescence. *Developmental Review, 28(1),* 107–144.

Rushworth, M., Mars, R. B., & Summerfield, C. (2012). General mechanisms for making decisions? *Current Opinion in Neurobiology, 19(1),* 75–83.

Rushworth, M., Noonan, M. P., Boorman, E. D., Walton, M. E., & Behrens, T. E. (2011). Frontal cortex and reward-guided learning and decision-making. *Neuron, 70(6),* 1054–1069.

Russo, J. E., & Dosher, B. A. (1983). Strategies for multiattribute binary choice. *Journal of Experimental Psychology:Learning, Memory and Cognition, 9(4),* 676–696.

Schultz, W., Dayan, P., & Montague, P. R. (1997). A neural substrate of prediction and reward. *Science, 275(5306),* 1593–1599.

Sharp, C., Monterosso, J., & Montague, P. R. (2012). Neuroeconomics: A bridge for translational research. *Biological Psychiatry, 72(2),* 87–92.

Siegler, R. (1981). Developmental sequences within and between concepts. *Monographs of the Society for Research in Child Development, 46* (Serial No. 189).

―― (1996). *Emerging minds: The process of change in chidren's thinking.* New York, NY: Oxford University Press.

Somerville, L. H., Jones, R. M., & Casey, B. J. (2010). A time of change: Behavioral and neural correlates of adolescent sensitivity to appetitive and aversive environmental cues. *Brain and Cognition, 72(1),* 124–133.

Spear, L. P. (2011). Rewards, aversions and affect in adolescence: Emerging convergences across laboratory animal and human data. *Developmental Cognitive Neuroscience, 1(4),* 392–400.

Steinberg, L. (2008). A social neuroscience perspective on adolescent risk taking. *Developmental Review, 28(1),* 78–106.

Tamnes, C. K., Østby, Y., Fjell, A. M., Westlye, L. T., Due-Tønnessen, P., & Walhovd, K. B. (2010). Brain maturation in adolescence and young adulthood: Regional age-related changes in cortical thickness and white matter volume and microstructure. *Cerebral Cortex, 20(3),* 534–548.

Tom, S. M., Fox, C. R., Trepel, C., & Poldrack, R. A. (2007). The neural basis of loss aversion in decision-making under risk. *Science, 315(5811),* 515–518.

Trepel, C., Fox, C. R., & Poldrack, R. A. (2005). Prospect theory on the brain? Toward a cognitive neuroscience of decision under risk. *Brain Research Cognitive Brain Research, 23(1),* 34–50.

Tversky, A., & Kahneman, D. (1974). Judgment under uncertainty: Heuristics and biases. *Science, 185(4157),* 1124–1131.

―― (1981). The framing of decisions and the psychology of choice. *Science, 211(4481),* 453–458.

Tversky, A., & Slovic, P. (1988). Contingent weighting in judgment and choice. *Psychological Review, 95(3),* 371–384.

Tymula, A., Belmaker, L. A. R., Roy, A. K., Ruderman, L., Manson, K., Glimcher, P. W., & Levy, I. (2012). Adolescents' risk-taking behavior is driven by tolerance to ambiguity. *Proceedings of the National Academy of Sciences, 109(42),* 17135–17140.

Van den Bos, W., Cohen, M. X., Kahnt, T., & Crone, E. A. (2012). Striatum-medial prefrontal cortex connectivity predicts developmental changes in reinforcement learning. *Cerebral Cortex, 22(6)*, 1247–1255.

Van Duijvenvoorde, A. C. K., Jansen, B. R. J., Bredman, J. C., & Huizenga, H. M. (2012). Age-related changes in decision making: Comparing informed and noninformed situations. *Developmental Psychology, 48(1)*, 192–203.

Van Duijvenvoorde, A. C. K., Jansen, B. R. J., Griffioen, E., van der Molen, M. W., & Huizenga, H. M. (2013). Decomposing developmental differences in probabilistic feedback learning: Indices of heart-rate and behavior. *Biological Psychology, 93(3)*, 175–183.

Van Duijvenvoorde, A. C. K., Jansen, B. R. J., Visser, I., & Huizenga, H. M. (2010). Affective and cognitive decision-making in adolescents. *Developmental Neuropsychology, 35(5)*, 539–554.

Van Duijvenvoorde, A. C. K., Op de Macks, Z. A., Overgaauw, S., Gunther Moor, B., Dahl, R. E., & Crone, E. A. (2014). A cross-sectional and longitudinal analysis of reward-related brain activation: Effects of age, pubertal stage and reward sensitivity, *Brain and Cognition*.

Van Leijenhorst, L., Gunther Moor, B., Op de Macks, Z. A., Rombouts, S. A., Westenberg, P. M., & Crone, E. A. (2010). Adolescent risky decision-making: Neurocognitive development of reward and control regions. *Neuroimage, 51(1)*, 345–355.

Venkatraman, V., & Huettel, S. A. (2012). Strategic control in decision-making under uncertainty. *European Journal of Neuroscience, 35(7)*, 1075–1082.

Venkatraman, V., Payne, J. W., Bettman, J. R., Luce, M. F., & Huettel, S. A. (2009). Separate neural mechanisms underlie choices and strategic preferences in risky decision making. *Neuron, 62(4)*, 593–602.

Vlaev, I., Chater, N., Stewart, N., & Brown, G. D. (2011). Does the brain calculate value? *Trends in Cognitive Sciences, 15(11)*, 546–554.

Von Neumann, J., & Morgenstern, O. (1944). *Theory of games and economic behavior*. Princeton, NJ: Princeton University Press.

Weber, E. U., Shafir, S., & Blais, A. R. (2004). Predicting risk sensitivity in humans and lower animals: Risk as variance or coefficient of variation. *Psychological Review, 111(2)*, 430–445.

◆11章

Appelt, K. C., Milch, K. F., Handgraaf, M. J. J., & Weber, E. U. (2011). The decision making individual differences inventory and guidelines for the study of individual differences in judgment and decision making research. *Judgment and Decision Making, 6(3)*, 252–262.

Arkes, H. R., & Ayton, P. (1999). The sunk cost and Concorde effects: Are humans less rational than lower animals? *Psychological Bulletin, 5(5)*, 591–600.

Arkes, H. R., & Blumer, C. (1985). The psychology of sunk cost. *Organizational Behavior and Human Decision Processes, 35(1)*, 124–140.

Beyth-Marom, R., Austin, L., Fischhoff, B., Palmgren, C., & Jacobs-Quadrel, M. J. (1993). Perceived consequences of risky behaviors: Adults and adolescents. *Developmental Psychology, 29(3)*, 549–563.

Beyth-Marom, R., & Fischhoff, B. (1997). Adolescents' decisions about risks: A cognitive perspective. In J. Schulenburg, J. L. Maggs, & K. Hurrelmann (Eds.), *Health risks and developmental transitions during adolescence* (pp. 110–135). New York, NY: Cambridge University Press.

Beyth-Marom, R., Fischhoff, B., Quadrel, M. J., & Furby, L. (1991). Teaching adolescents decision making. In J. Baron & R. Brown (Eds.), *Teaching decision making to adolescents* (pp. 19–60). Hillsdale, NJ: Erlbaum.

Bruine de Bruin, W. (2012). Judgment and decision making in adolescents. In M. K.

Dhami, A. Schlottmann, & M. Waldmann (Eds.), *Judgment and decision making as a skill: Learning, development, and evolution* (pp. 85–112). New York, NY: Cambridge University Press.

Bruine de Bruin, W., Downs, J. S., Murray, P. M., & Fischhoff, B. (2010). Can female adolescents tell whether they will test positive for Chlamydia infection? *Medical Decision Making, 30(2),* 189–193.

Bruine de Bruin, W., Parker, A. M., & Fischhoff, B. (2012). Explaining adult age differences in decision-making competence. *Journal of Behavioral Decision Making, 25(4),* 352–360.

—— (2007a). Individual differences in adult decision-making competence. *Journal of Personality and Social Psychology, 92(5),* 938–956.

—— (2007b). Can teens predict significant life events? *Journal of Adolescent Health, 41(2),* 208–210.

Centers for Disease Control and Prevention (2004). Youth risk behavior surveillance: United States, 2003. *Morbidity and Mortality Weekly Report, 53(2),* 1–96.

Cohn, L., Macfarlane, S., Yanez, C., & Imai, W. (1995). Risk-perception: Differences between adolescents and adults. *Health Psychology, 14(3),* 217–222.

Crawford, J. D., & Stankov, L. (1996). Age differences in the realism of confidence judgments: A calibration study using tests of fluid and crystallized intelligence. *Learning and Individual Differences, 2(2),* 83–103.

Del Missier, F., Mäntylä, T., & Bruine de Bruin, W. (2010). Executive functions in decision making: An individual differences approach. *Thinking and Reasoning, 16(2),* 69–97.

—— (2012). Decision-making competence, executive functioning, and general cognitive abilities. *Journal of Behavioral Decision Making, 25(4),* 331–351.

Del Missier, F., Mäntylä, T., Hansson, P., Bruine de Bruin, W., & Parker, A. M. (2013). The multifold relationship between memory and decision making: An individual differences study. *Journal of Experimental Psychology: Learning, Memory, and Cognition, 39(5),* 1344–1364.

Downs, J. S., Murray, P. J., Bruine de Bruin, W., White, J. P., Palmgren, C., & Fischhoff, B. (2004). Interactive video behavioral intervention to reduce adolescent females' STD risk: A randomized controlled trial. *Social Science and Medicine, 59(8),* 1561–1572.

Edwards, W. (1954). The theory of decision making. *Psychological Bulletin, 51(4),* 380–417.

Finucane, M. L., & Gullion, C. M. (2010). Developing a tool for measuring the decision-making competence of older adults. *Psychology and Aging, 25(2),* 271–288.

Finucane, M. L., Mertz, C. K., Slovic, P., & Schmidt, E. S. (2005). Task complexity and older adults' decision-making competence. *Psychology and Aging, 20(2),* 71–84.

Finucane, M. L., Slovic, P., Hibbard, J. H., Peters, E., Mertz, C. K., & Macgregor, D. G. (2002). Aging and decision-making competence: An analysis of comprehension and consistency skills in older versus younger adults. *Journal of Behavioral Decision Making, 15(2),* 141–164.

Fischhoff, B. (1996). The real world: What good is it? *Organizational Behavior and Human Decision Processes, 65(3),* 232–248.

—— (2008). Assessing adolescent decision-making competence. *Developmental Review, 28(1),* 12–28.

Fischhoff, B., Bruine de Bruin, W., Parker, A. M., Millstein, S. G., & Halpern-Felsher, B. L. (2010). Adolescents' perceived risk of dying. *Journal of Adolescent Health, 46(3),* 265–269.

Fischhoff, B., Parker, A. M., Bruine de Bruin, W., Downs, J. S., Palmgren, C., Dawes, R., & Manski, C. (2000). Teen expectations for significant life events. *Public Opinion Quarterly, 64(2),* 189–205.

Gerrard, M., Gibbons, F. X., Houlihan, A. E., Stock, M. L., & Pomery, E. A. (2008). A dual-process approach to health risk decision making: The prototype willingness model. *Developmental Review, 28(1),* 29–61.

Grant, B. F., & Dawson, D. A. (1997). Age at drinking onset and its association with DSM-IV alcohol use and problem behavior in late adolescence: Results from the National Longitudinal Alcohol Epidemiologic Survey. *Journal of Substance Abuse, 9,* 103–110.

Halpern-Felsher, B. L., & Cauffman, E. (2001). Costs and benefits of a decision: Decision-making competence in adolescents and adults. *Journal of Applied Developmental Psychology, 22(3),* 257–273.

Halpern-Felsher, B. L., Millstein, S. G., Ellen, J. M., Adler, N. E., Tschann, J. M., & Biehl, M. (2001). The role of behavioral experience in judging risks. *Health Psychology, 20(2),* 120–126.

Hansson, P., Rönnlund, M., Juslin, P., & Nilsson, L. G. (2008). Adult age differences in the realism of confidence judgments: Overconfidence, format dependence, and cognitive predictors. *Psychology and Aging, 23(3),* 531–544.

Hurd, M. D. (2009). Subjective probabilities in household surveys. *Annual Review of Economics, 1,* 543–562.

Jacobs, J. E., & Potenza, M. (1991). The use of judgment heuristics to make social and object decisions: A developmental perspective. *Child Development, 62(1),* 166–178.

Jacobson, D., Parker, A., Spetzler, C., Bruine de Bruin, W., Hollenbeck, K., Heckerman, D., & Fischhoff, B. (2012). Improved learning in U.S. history and decision competence with decision-focused curriculum. *PLoS ONE, 7(9),* 1–3.

Johnson, M. M. (1990). Age differences in decision making: A process methodology for examining strategic information processing. *Journal of Gerontology, 45(2),* 75–78.

Kahneman, D., Slovic, P., & Tversky, A. (1982). *Judgment under uncertainty: Heuristics and biases.* New York, NY: Cambridge University Press.

Keren, G., & Bruine de Bruin, W. (2003). On the assessment of decision quality: Considerations regarding utility, conflict, and accountability. In D. Hardman & L. Macchi (Eds.), *Thinking: Psychological perspectives on reasoning, judgment and decision making* (pp. 347–363). New York, NY: Wiley.

Kim, S., Goldstein, D., Hasher, L., & Zacks, R. T. (2005). Framing effects in younger and older adults. *Journal of Gerontology: Psychological Sciences, 60B(4),* 215–218.

Kim, S., & Hasher, L. (2005). The attraction effect in decision making: Superior performance by older adults. *Quarterly Journal of Experimental Psychology, 58A(1),* 120–133.

Klaczynski, P. A. (2001). Analytic and heuristic processes influences on adolescent reasoning and decision making. *Child Development, 72(3),* 844–861.

Klaczynski, P. A., & Cottrell, J. M. (2004). A dual-process approach to cognitive development: The case of children's understanding of sunk cost decisions. *Thinking and Reasoning, 10(2),* 147–174.

Klayman, J., Soll, J. B., González-Vallejo, C., & Barlas, S. (1999). Overconfidence: It depends on how, what and whom you ask. *Organizational Behavior and Human Decision Processes, 79(3),* 216–247.

Koriat, A., Lichtenstein, S., & Fischhoff, B. (1980). Reasons for confidence. *Journal of Experimental Psychology: Human Learning and Memory, 6(2),* 107–118.

Kruger, J., & Burrus, J. (2004). Egocentrism and focalism in unrealistic optimism. *Journal of Experimental Social Psychology, 40(3),* 332–340.

Larrick, R. P., Nisbett, R. E., & Morgan, J. N. (1993). Who uses the cost-benefit rules of choice? Implications for the normative status of microeconomic theory. *Organizational Behavior and Human Decision Processes, 56(3),* 331–347.

LeBoeuf, R. A., & Shafir, E. (2003). Deep thoughts and shallow frames: On the susceptibility to framing effects. *Journal of Behavioral Decision Making, 16(2),* 77–92.

Levin, I. P., & Gaeth, G. J. (1988). How consumers are affected by the framing of attribute information before and after consuming the product. *Journal of Consumer Research, 15(3),* 374–378.

Levin, I. P., Gaeth, G. J., Schreiber, J., & Lauriola, M. (2002). A new look at framing effects:

Distribution of effect sizes, individual differences, and independence of types of effects. *Organizational Behavior and Human Decision Processes, 88(1)*, 411–429.

Levin, I. P., Schnittjer, S. K., & Thee, S. L. (1988). Information framing effects in social and personal decisions. *Journal of Experimental Social Psychology, 24(6)*, 520–529.

Levin, I. P., Weller, J. A., Pederson, A. A., & Harshman, L. A. (2007). Age-related differences in adaptive decision making: Sensitivity to expected value in risky choice. *Judgment and Decision Making, 2(4)*, 225–233.

Mayhorn, C. B., Fisk, A. D., & Whittle, J. D. (2002). Decisions, decisions: Analysis of age, cohort, and time of testing on framing of risky decision options. *Human Factors, 44(4)*, 515–521.

McKenzie, C. R. M. (2004). Framing effects in inference tasks—and why they are normatively defensible. *Memory and Cognition, 32(6)*, 874–885.

Mikels, J. A., & Reed, A. E. (2009). Monetary losses do not loom large in later life: Age differences in the framing effect. *Journal of Gerontology: Psychological Sciences, 64B(4)*, 457–460.

Park, D. C., Morwell, R. W., Frieske, D., & Kincaid, D. (1992). Medication adherence behaviors in older adults: Effects of external cognitive supports. *Psychology and Aging, 7(2)*, 252–256.

Parker, A. M., Bruine de Bruin, W., & Fischhoff, B. (2007). Maximizers vs. satisficers: Decision-making styles, competence, and outcomes. *Judgment and Decision Making, 2(6)*, 342–350.

Parker, A. M., Bruine de Bruin, W., Yoong, J., & Willis, R. (2012). Inappropriate confidence and retirement planning: Four studies with a national sample. *Journal of Behavioral Decision Making, 4(4)*, 382–389.

Parker, A. M., & Fischhoff, B. (2005). Decision-making competence: External validation through an individual-differences approach. *Journal of Behavioral Decision Making, 18(1)*, 1–27.

Payne, J. W., Bettman, J. R., & Johnson, E. J. (1993). *The adaptive decision maker*. New York, NY: Cambridge University Press.

Persoskie, A. (2013). How well can adolescents really judge risk? Simple, self reported risk factors out-predict teens' self estimates of personal risk. *Judgment and Decision Making, 8(1)*, 1–6.

Peters, E. M., & Bruine de Bruin, W. (2012). Aging and decision skills. In M. K. Dhami, A. Schlottmann, & M. Waldmann (Eds.), *Judgment and decision making as a skill: Learning, development, and evolution* (pp. 113–140). New York, NY: Cambridge University Press.

Poulton, E. C. (1989). *Bias in quantifying judgment*. Hillsdale, NJ: Lawrence Erlbaum.

Price, P. C., & Stone, E. R. (2003). Intuitive evaluation of likelihood judgment producers: Evidence for a confidence heuristic. *Journal of Behavioral Decision Making, 17(1)*, 39–57.

Reyna, V. F. (2004). How people make decisions that involve risk: A dual-processes approach. *Current Directions in Psychological Science, 13(2)*, 60–66.

Reyna, V. F., & Ellis, S. C. (1994). Fuzzy-trace theory and framing effects in children's risky decision making. *Psychological Science, 5(5)*, 275–279.

Reyna, V. F., Estrada, S. M., DeMarinis, J. A., Myers, R. M., Stanisz, J. M., & Mills, B. A. (2011). Neurobiological and memory models of risky decision making in adolescents versus young adults. *Journal of Experimental Psychology: Learning, Memory, and Cognition, 37(5)*, 1125–1142.

Reyna, V. F., & Farley, F. (2006). Risk and rationality in adolescent decision making: Implications for theory, practice and public policy. *Psychological Science in the Public Interest, 7(1)*, 1–44.

Rönnlund, M., Karlsson, E., Laggnäs, E., Larsson, L., & Lindström, T. (2005). Risky decision making across three arenas of choice: Are younger and older adults differently susceptible to framing effects? *Journal of General Psychology, 132(1)*, 81–92.

Rothman, A. J., Klein, W. M., & Weinstein, N. D. (1996). Absolute and relative biases in estimations of personal risk. *Journal of Applied Social Psychology, 26(14)*, 1213–1236.

Schwartz, B., Ward, A., Monterosso, J., Lyubomirsky, S., White, K., & Lehman, D. R. (2002). Maximizing versus satisficing: Happiness is a matter of choice. *Journal of Personality and Social Psychology, 83(5)*, 1178–1197.

Scott, S. G., & Bruce, R. A. (1995). Decision making style: The development and assessment of a new measure. *Educational and Psychological Measurement, 55(5)*, 818–831.

Smith, S. M., & Levin, I. P. (1996). Need for cognition and choice framing effects. *Journal of Behavioral Decision Making, 9(4)*, 283–290.

Strough, J., McKarns, T. E., & Schlossnagle, L. (2011). Decision-making heuristics and biases across the life span. *Annals of the New York Academy of Sciences, 1235(1)*, 57–74.

Strough, J., Mehta, C. M., McFall, J. P., & Schuller, K. L. (2008). Are older adults less subject to the sunk-cost fallacy than younger adults? *Psychological Science, 19(7)*, 650–652.

Tentori, K., Osherson, D., Hasher, L., & May, C. (2001). Wisdom and aging: Irrational preferences in college students but not older adults. *Cognition, 81(3)*, 87–96.

Thorne, D., Warren, E., & Sullivan, T. A. (2009). Increasing vulnerability of older Americans: Evidence from the bankruptcy court. *Harvard Law and Policy Review, 3*, 87–101.

Turner, C., & McClure, R. (2003). Age and gender differences in risk taking behaviour as an explanation for high incidence of motor vehicle crashes as a driver in young males. *Injury Control and Safety Promotion, 10(3)*, 123–130.

Tversky, A., & Koehler, D. J. (1994). Support theory: A nonexistensional representation of subjective probability. *Psychological Review, 101(4)*, 547–567.

Weller, J. A., Levin, I. P., & Denburg, N. (2011). Trajectory of adaptive decision making for risky gains and losses from ages 5 to 85. *Journal of Behavioral Decision Making, 24(4)*, 331–344.

Yates, J. F. (2003). *Decision management: How to assure better decisions in your company.* San Francisco, CA: Jossey-Bass.

Zarnoth, P., & Sniezek, J. A. (1997). The social influence of confidence in group decision making. *Journal of Experimental Social Psychology, 33(4)*, 345–366.

◆12章

Acquisti, A. (2004). Privacy in electronic commerce and the economics of immediate gratification. In *Proceedings of the 5th ACM Conference on Electronic Commerce* (pp. 21–29). New York, NY: Association for Computing Machinery.

Acquisti, A., & Gross, R. (2006). Imagined communities: Awareness, information sharing, and privacy on Facebook. In G. Danezis and P. Golle (Eds.), *Proceedings of Privacy Enhancing Technologies Workshop (PET)* (pp. 36–58). Berlin: Springer.

Acquisti, A., & Grossklags, J. (2005). Privacy and rationality in decision making. *IEEE Security and Privacy, 3(1)*, 26–33.

Ajzen, I. (2002). Perceived behavioral control, self-efficacy, locus of control, and the theory of planned behavior. *Journal of Applied Social Psychology, 32(4)*, 665–683.

Albrechtsen, E., & Hovden, J. (2010). Improving information security awareness and behaviour through dialogue, participation and collective reflection: An intervention study. *Computer and Security, 29(4)*, 432–445.

Asgharpour, F., Liu, D., & Camp, L. J. (2007). Mental models of computer security risks. In R. Sion (Ed.), *Financial cryptography and data security* (pp. 367–377). New York, NY: Springer.

Awad, N. F., & Krishnan, M. S. (2006). The personalization privacy paradox: An empirical evaluation of information transparency and the willingness to be profiled online for personalization. *MIS Quarterly*, *30(1)*, 13–28.

Barnes, S. B. (2006). A privacy paradox. *First Monday*, *11(9)*, http://firstmonday.org/article/view/1394/131211/22/2013.

Bellovin, S. (2008). Security by checklist. *IEEE Security and Privacy*, *6(2)*, 88.

Bhatnagar, A., Misra, S., & Rao, H. R. (2000). On risk, convenience, and Internet shopping behavior. *Communications of the ACM*, *43(11)*, 98–105.

Brewer, N., Weinstein, N. D., Cuite, C. L., Herrington, J., & Hayes, N. (2004). Measuring risk perception and its relation to risk behavior. *Annals of Behavioral Medicine*, *27(4)*, 125–130.

Cranor, L. F., & Garfinkel, S. (2005). *Security and usability: Designing secure systems that people can use*. Sebastopol, CA: O'Reilly Media.

Cranor, L. F., Reagle, J., & Ackerman, M. S. (1999). Beyond concern: Understanding net users' attitudes about online privacy. AT&T Labs Research Technical Report, TR99.4.3. Retrieved November 14, 2013, from www.research.att.com.

D'Arcy, J., Hovav, A., & Galletta, D. (2009). User awareness of security countermeasures and its impact on information systems misuse: A deterrence approach. *Information Systems Research*, *20(1)*, 79–98.

Davis, F. D. (1989). Perceived usefulness, perceived ease of use, and user acceptance of information technology. *MIS Quarterly*, *13(3)*, 319–340.

Dhamija, R., & Tygar, J. D. (2005). The battle against phishing: Dynamic security skins. In *Proceedings of the 2005 Symposium on Usable Privacy and Security, Pittsburgh, PA, July 6–8, 2005* (vol. 93, pp. 77–88). New York, NY: Association for Computing Machinery.

Dhamija, R., Tygar, J. D., & Hearst, M. (2006). Why phishing works. In *Proceedings of the SIGCHI Conference on Human Factors in Computing Systems (CHI '06)* (pp. 581–590). New York, NY: Association for Computing Machinery.

Dinev, T., & Hart, P. (2006). An extended privacy calculus model for e-commerce transactions. *Information Systems Research*, *17(1)*, 61–80.

Dinev, T., & Hu, Q. (2007). The centrality of awareness in the formation of user behavioral intention toward protective information technologies. *Journal of the Association for Information Systems*, *8(7)*, 386–408.

Downs, J. S., Bruine de Bruin, W., Murray, P. J., & Fischhoff, B. (2004). When "it only takes once" fails: Perceived infertility predicts condom use and STI acquisition. *Journal of Pediatric and Adolescent Gynecology*, *17(3)*, 224.

Downs, J. S., Holbrook, M., & Cranor, L. F. (2006). Decision strategies and susceptibility to phishing. In *Proceedings of the Second Symposium on Usable Privacy and Security, Pittsburgh, PA, July 12–14, 2006* (vol. 149, pp. 79–90). New York, NY: Association for Computing Machinery.

——(2007). Behavioral response to phishing risk. In *Proceedings of the Anti-Phishing Working Groups Second Annual eCrime Researchers Summit, Pittsburgh, PA, October 4–5, 2007)* (vol. 269, pp. 37–44). New York, NY: Association for Computing Machinery.

Eraut, M. (1994). *Developing professional knowledge and competence*. London and New York: Routledge.

Fahs, P. S., Smith, B. E., Atav, A. S., Britten, M. X., Collins, M. S., Lake Morgan, L. C., & Spencer, G. A. (1999). Integrative research review of risk behaviors among adolescents in rural, suburban, and urban areas. *Journal of Adolescent Health*, *24(4)*, 230–243.

Ferguson, A. J. (2005). Fostering e-mail security awareness: The West Point carronade. *EDUCASE Quarterly*, *28(1)*, 54–57.

Fette, I., Sadeh, N., & Tomasic, A. (2007). Learning to detect phishing emails. In *Proceedings of the Sixteenth International Conference on the World Wide Web* (pp. 649–656). New York, NY: Association for Computing Machinery.

Fishbein, M., & Ajzen, I. (1980). *Understanding attitudes and predicting social behavior*. Englewood Cliffs, NJ: Prentice-Hall.

Furnell, S. M., Bryant, P., & Phippen, A. D. (2007). Assessing the security perceptions of personal internet users. *Computer and Security, 26(5)*, 410–417.

Gorling, S. (2006). The myth of user education. In *Proceedings of the Sixteenth Virus Bulletin International Conference, October 2006* (vol. 11, pp. 13–16). Abingdon: Virus Bulletin Ltd.

Hann, I., Hui, K., Lee, S., & Png, I. (2007). Overcoming online information privacy concerns: An information-processing theory approach. *Journal of Management Information Systems, 24(2)*, 13–42.

Herath, T., & Rao, H. R. (2009). Encouraging information security behaviors in organizations: Role of penalties, pressures and perceived effectiveness. *Decision Support Systems, 47(2)*, 154–165.

Herley, C. (2009). So long, and no thanks for the externalities: The rational rejection of security advice by users. In *Proceedings of the 2009 Workshop on New Security Paradigms Workshop, Oxford, September 8–11, 2009* (pp. 133–144). New York, NY: Association for Computing Machinery.

Jacobsen, G. D., & Jacobsen, K. H. (2011). Health awareness campaigns and diagnosis rates: Evidence from National Breast Cancer Awareness Month. *Journal of Health Economics, 30(1)*, 55–61.

Jagatic, T., Johnson, N., Jakobsson, M., & Menczer, F. (2007). Social phishing. *Communications of the ACM, 50(10)*, 94–100.

Joinson, A. N., Paine, C., Buchanan, T., & Reips, U. D. (2008). Measuring self-disclosure online: Blurring and non-response to sensitive items in web-based surveys. *Computers in Human Behavior, 24(5)*, 2158–2171.

Krasnova, H., & Veltri, N. F. (2010). Privacy calculus on social networking sites: Explorative evidence from Germany and USA. In *Proceedings of the Forty-Third Hawaii International Conference on System Sciences, January 2010* (pp. 1–10). Los Alamitos, CA: IEEE Computer Society Press.

Kumaraguru, P., Acquisti, A., & Cranor, L. F. (2006). Trust modelling for online transactions: A phishing scenario. In *Proceedings of the 2006 International Conference on Privacy, Security and Trust: Bridge the Gap between PST Technologies and Business Services* (vol. 380, pp. 1–9). New York, NY: Association for Computing Machinery.

Malhotra, N. K., Sung, S., Kim, S. S., & Agarwal, J. (2004). Internet users' information privacy concerns (IUIPC): The construct, the scale, and a causal model. *Information Systems Research, 15(4)*, 336–355.

McCoy, C., & Fowler, R. T. (2004). "You are the key to security": Establishing a successful security awareness program. In *Proceedings of the Thirty-Second Annual ACM SIGUCCS Conference on User Services, Baltimore, MD, October 10–13, 2004* (pp. 346–349). New York, NY: Association for Computing Machinery.

McIlwraith, A. (2006). *Information security and employee behaviour: How to reduce risk through employee education, training and awareness*. Aldershot and Burlington, VT: Gower.

New York State Office of Cyber Security and Critical Infrastructure Coordination (2005). Gone phishing . . . A briefing on the anti-phishing exercise initiative for New York State government: Aggregate exercise results for public release.

Ng, B. Y., Kankanhalli, A., & Xu, Y. (2009). Studying users' computer security behavior: A health belief perspective. *Decision Support Systems, 46(4)*, 815–825.

Norberg, P. A., Horne, D. R., & Horne, D. R. (2007). The privacy paradox: Personal information disclosure intentions versus behaviors. *Journal of Consumer Affairs, 41(1)*, 100–126.

Organisation for Economic Co-operation and Development (2002). *OECD guidelines for the security of information systems and networks: Towards a culture of security*. Paris: Organisation for Economic Co-operation and Development.

Pavlou, P. A., & Fygenson, M. (2006). Understanding and predicting electronic commerce adoption: An extension of the theory of planned behavior. *Management Information Systems Quarterly, 30(1)*, 115–143.

Reyna, V. F. (2008). A theory of medical decision making and health: Fuzzy trace theory. *Medical Decision Making, 28(6)*, 850–865.

Reyna, V. F., & Adam, M. B. (2003). Fuzzy-trace theory, risk communication, and product labeling in sexually transmitted diseases. *Risk Analysis, 23(2)*, 325–342.

Rosenstock, I. M. (1966). Why people use health services. *Milbank Memorial Fund Quarterly, 44(3)*, 94–127.

Schechter, S. E., Dhamija, R., Ozment, A., & Fischer, I. (2007). The emperor's new security indicators. In *Proceedings of the 2007 IEEE Symposium on Security and Privacy, May 20–23, 2007, Washington, DC*, pp. 51–65.

Schoenbachier, D. D., & Gordon, G. L. (2002). Trust and customer willingness to provide information in database-driven relationship marketing. *Journal of Interactive Marketing, 16(3)*, 2–16.

Schwartz, B. (1968). The social psychology of privacy. *American Journal of Sociology, 73(6)*, 741–752.

Shaw, R. S., Chen, C. C., Harris, A. L., & Huang, H. (2009). The impact of information richness on information security awareness training effectiveness. *Computers and Education, 52(1)*, 92–100.

Sheeran, P. (2002). Intention–behavior relations: A conceptual and empirical review. *European Review of Social Psychology, 12(1)*, 1–36.

Sheeran, P., & Abraham, C. (2003). Mediator of moderators: Temporal stability of intention and the intention–behavior relation. *Personality and Social Psychology Bulletin, 29(2)*, 205–215.

Sheng, S., Magnien, B., Kumaraguru, P., Acquisti, A., Cranor, L. F., Hong, J., & Nunge, E. (2007). Anti-Phishing Phil: The design and evaluation of a game that teaches people not to fall for phish. In *Proceedings of the Third Symposium on Usable Privacy and Security, Pittsburgh, PA, July 18–20, 2007* (vol. 229, pp. 88–89). New York, NY: Association for Computing Machinery.

Sipponen, M. T. (2000). A conceptual foundation for organizational information security awareness. *Information Management and Computer Security, 8(1)*, 31–41.

Slovic, P. (2000). *The perception of risk*. Sterling, VA: Earthscan Publications Ltd.

Spagat, E. (2009). Justice department hoaxes employees. Retrieved January 29, 2009 from http://news.yahoo.com/s/ap/20090129/ap on go ca st pe/justice hoax.

Stanton, H., Back, K. W., & Litwak, E. (1956). Role-playing in survey research. *American Journal of Sociology, 62(2)*, 172–176.

Srikwan, S., & Jakobsson, M. (2008). Using cartoons to teach internet security. *Cryptologia, 32(2)*, 137–154.

Sutter, M. (2007). Outcomes versus intentions: On the nature of fair behavior and its development with age. *Journal of Economic Psychology, 28(1)*, 69–78.

Sutton, S. (1998). Predicting and explaining intentions and behavior: How well are we doing? *Journal of Applied Social Psychology, 28(15)*, 1317–1338.

Williams, P. A. (2008). In a "trusting" environment, everyone is responsible for information security. *Information Security Technical Report, 13(4)*, 207–215.

Witte, K. (1992). Putting the fear back into fear appeals: The extended parallel process model. *Communications Monographs, 59(4)*, 329–349.

Witte, K., & Allen, M. (2000). A meta-analysis of fear appeals: Implications for effective public health campaigns. *Health Education and Behavior, 27(5)*, 591–615.

Wu, M., Miller, R. C., & Garfinkel, S. L. (2006). Do security toolbars actually prevent phishing attacks? In R. Grinter, T. Rodden, P. Aoki, E. Cutrell, R. Jeffries, & G. Olson (Eds.), *Proceedings of the SIGCHI Conference on Human Factors in Computing Systems, Montréal, April 22–27, 2006* (pp. 601–610). New York, NY: Association for Computing

Machinery.

13章

Brunswik, E. (1952). *The conceptual framework of psychology*. Chicago, IL: University of Chicago Press.

Ericsson, K. A., & Charness, N. (1994). Expert performance: Its structure and acquisition. *American Psychologist, 49(8)*, 725–747.

Evans, J. S. B., Handley, S. J., Perham, N., Over, D. E., & Thompson, V. A. (2000). Frequency versus probability formats in statistical word problems. *Cognition, 77(3)*, 197–213.

Friedman, D. (1998). Monty Hall's three doors: Construction and deconstruction of a choice anomaly. *American Economic Review, 88(4)*, 933–946.

Gigerenzer, G., Gaissmaier, W., Kurz-Milcke, E., Schwartz, L. M., & Woloshin, S. (2007). Helping doctors and patients make sense of health statistics. *Psychological Science in the Public Interest, 8(2)*, 53–96.

Gigerenzer, G., & Hoffrage, U. (1995). How to improve Bayesian reasoning without instructions: Frequency formats. *Psychological Review, 102(4)*, 684–704.

Gigerenzer, G., Todd, P. M., & The ABC Research Group. (1999). *Simple heuristics that make us smart*. New York, NY: Oxford University Press.

Goldstein, D. G., & Gigerenzer, G. (2002). Models of ecological rationality: The recognition heuristic. *Psychological Review, 109(1)*, 75–90.

Goldstein, D. G., Johnson, E. J., & Sharpe, W. F. (2008). Choosing outcomes versus choosing products: Consumer-focused retirement investment advice. *Journal of Consumer Research, 35(3)*, 440–456.

Hasher, L., & Zacks, R. T. (1979). Automatic and effortful processes in memory. *Journal of Experimental Psychology: General, 108(3)*, 356–388.

——(1984). Automatic processing of fundamental information: The case of frequency occurrence. *American Psychologist, 39(12)*, 1372–1388.

Hertwig, R., Barron, G., Weber, E. U., & Erev, I. (2004). Decisions from experience and the effect of rare events in risky choice. *Psychological Science, 15(8)*, 534–539.

Hogarth, R. M. (2001). *Educating intuition*. Chicago, IL: University of Chicago Press.

——(2010). Intuition: A challenge for psychological research on decision making. *Psychological Inquiry, 21(4)*, 338–353.

Hogarth, R. M., & Einhorn, H. J. (1992). Order effects in belief updating: The belief-adjustment model. *Cognitive Psychology, 24(1)*, 1–55.

Hogarth, R. M., & Soyer, E. (2011). Sequentially simulated outcomes: Kind experience vs. non-transparent description. *Journal of Experimental Psychology: General, 140(3)*, 434–463.

——(in press). Communicating forecasts: The simplicity of simulated experience. *Journal of Business Research*.

Hogarth, R. M., Mukherjee, K., & Soyer, E. (2013). Assessing the chances of success: Naïve statistics versus kind experience. *Journal of Experimental Psychology: Learning, Memory, and Cognition, 39(1)*, 14–32.

Kahneman, D., Slovic, P., & Tversky, A. (Eds.) (1982). *Judgment under uncertainty: Heuristics and biases*. New York, NY: Cambridge University Press.

Kaufmann, C., Weber, M., & Haisley, E. (2013). The role of experience sampling and graphical displays on one's investment risk appetite. *Management Science, 59(2)*, 323–340.

Koehler, J. J., & Macchi, L. (2004). Thinking about low-probability events: An exemplar-cuing theory. *Psychological Science, 15(8)*, 540–546.

Krauss, S., & Wang, X. T. (2003). The psychology of the Monty Hall problem: Discovering psychological mechanisms for solving a tenacious brain teaser. *Journal of Experimental*

Psychology: General, 132(1), 3–22.

Moore, D. A., & Healy, P. J. (2008). The trouble with overconfidence. *Psychological Review, 115(2),* 502–517.

Plous, S. (1993). *The psychology of judgment and decision making.* New York, NY: McGraw-Hill.

Reyna, V. F. (2012). A new intuitionism: Meaning, memory, and development in fuzzy-trace theory. *Judgment and Decision Making, 7(3),* 332–359.

Simon, H. A. (1956). Rational choice and the structure of environments. *Psychological Review, 63(2),* 129–138.

—— (1996). *The sciences of the artificial* (3rd ed.). Cambridge, MA: MIT Press.

Sloman, S. A., Over, D., Slovak, L., & Stibel, J. M. (2003). Frequency illusions and other fallacies. *Organizational Behavior and Human Decision Processes, 91(2),* 296–309.

Soyer, E., & Hogarth, R. M. (2012). The illusion of predictability: How regression statistics mislead experts. *International Journal of Forecasting, 28(3),* 695–711.

Toda, M. (1962). The design of a fungus eater: A model of human behavior in an unsophisticated environment. *Behavioral Science, 7(2),* 164–183.

Tversky, A., & Kahneman, D. (1974). Judgment under uncertainty: Heuristics and biases. *Science, 185(4157),* 1124–1131.

—— (1981). The framing of decisions and the psychology of choice. *Science, 211(4481),* 453–458.

—— (1983). Extensional versus intuitive reasoning: The conjunction fallacy in probability judgment. *Psychological Review, 90(4),* 293–315.

Yechiam, E., & Busemeyer, J. R. (2005). Comparison of basic assumptions embedded in learning models for experience-based decision making. *Psychonomic Bulletin and Review, 12(3),* 387–402.

Zacks, R. T., & Hasher, L. (2002). Frequency processing: A twenty-five year perspective. In P. Sedlmeier & T. Bestch (Eds.), *Etc.: Frequency processing and cognition* (pp. 21–36). New York, NY: Oxford University Press.

Zakay, D., & Block, R. A. (1997). Temporal cognition. *Current Directions in Psychological Science, 6(1),* 12–16.

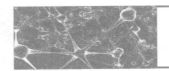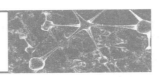

人名索引

●A
Abelson, R. P. 162
Acquisti, A. 7, 234
Aronson, E. 39, 43
Artman, J. T. 21
Ashton, R. H. 20, 21, 26

●B
Bagchi, R. 123
Bamber, E. M. 23
Barbagallo, D. 7, 234
Batson, C. D. 186, 194
Bechara, A. 139
Bentley, M. 16
Berscheid, E. 48
Bettman, J. R. 203, 206
Biddle, G. C. 26
Blumenthal, A. L. 16
Boring, E. G. 3, 10, 13, 16–18
Bosart, L. F. 20
Brainerd, C. J. 59, 84, 86, 88, 92, 94
Braun, K. A. 143
Brown, G. D. 203
Bruce, R. A. 230
Bruine de Bruin, W. 6, 156, 214
Brust-Renck, P. G. 4, 82

●C
Carlson, K. A. 50, 109, 111
Cattell, J. M. 3, 10, 11
Chater, N. 203
Chaxel, A.-S. 3, 34, 103, 111, 114
Cialdini, R. B. 41, 194
Cooper, J. 39
Corbin, J. C. 4, 82

●D
Dallenbach, K. M. 16
Damasio, A. R. 137, 185, 196
Davis, D. F. 123
Dawes, R. M. 22
Deakin, J. 156
DeKay, M. 101
DeMartino, B. 154
Denburg, N. L. 5, 136, 156
Desvouges, W. H. 189, 190
Dickert, S. 6, 181, 187, 191
Dickinson, D. L. 149
Doherty, M. E. 22
Dosher, B. A. 203
Downs, J. S. 7, 234
Dvorak, R. D. 150

●E
Ebbesen, E. 22
Edwards, W. 3, 10, 13, 18, 28–30, 216
Einhorn, H. 20
Epstein, S. 184
Ettenson, R. T. 21, 23

●F
Farley, F. 173
Fazio, R. H. 39
Fehr, E. 194
Festinger, L. 37
Figner, B. 5, 161
Fischhoff, B. 6, 156, 214, 216
Frederick, S. 189
Frey, D. 97

●G
Gaeth, G. 23
Gaeth, G. J. 5, 136, 143
Gigerenzer, G. 30, 31, 203, 250, 251
Gilbert, D. T. 121
Gladwin, T. E. 5, 161
Goldberg, L. R. 19, 22
Goldsten, D. G. 203
Greene, J. D. 196

Greenwald, A. G. 47, 55, 171
Grice, H. 129, 131
Griffin, T. 27
Gross, J. J. 147
Guha, A. 111

● H

Hammond, K. R. 21
Harbaugh, W. T. 194
Hebb, D. O. 17
Hedgcock, W. 5, 136, 147, 157
Heider, F. 36–38
Heine, S. J. 40
Helm, R. K. 3, 57
Hoffman, P. J. 21, 22
Hoffrage, U. 251
Hogarth, R. M. 7, 247, 251, 255
Hsee, C. K. 189, 190
Huang, Y. 129
Huettel, S. A. 206
Huizenga, H. M. 6, 200, 204

● J

James, W. 145, 165
Janiszewski, C. 132
Jansen, B. R. J. 6, 200, 204
Johnson, E. J. 203
Joyce, E. J. 26

● K

Kahneman, D. 24, 25, 85, 87, 121, 143, 151, 189, 203, 247, 249
Keren, G. 112
Kida, T. 26
Kinney, W. R. 26
Kogut, T. 190
Konecni, V. 22
Kostopoulou, O. 104
Krogstad, J. L. 21, 23
Kühberger, A. 88, 153

● L

Lazarsfeld, P. 113
Lazarus, R. S. 185
Lejuez, C. W. 140
Levenson, R. W. 147
Levin, I. P. 5, 136, 143–145, 156

Libby, R. 21
Liberali, J. M. 4, 82
Lloyd, F. J. 68
Luce, M. F. 206

● M

Mayr, U. 195
McElroy, T. 5, 136, 149, 151, 153
McGuire, W. J. 45
McMahon, A. J. 149
Meloy, M. G. 109, 111
Metcalfe, J. 162
Miller, E. G. 109
Miller, S. A. 101, 103, 110
Mills, B. 59
Mischel, W. 162
Monahan, J. 27
Morgenstern, O. 202
Morwitz, V. 122–124

● N

Newcomb, T. T. 37, 38
Newsom, T. J. 41

● O

Osgood, C. E. 37, 38
Oskamp, S. 19, 21

● P

Park, J. 5, 115
Parker, A. M. 6, 156, 214, 216
Payne, J. W. 144, 203, 206
Peters, E. 128, 185
Piaget, J. 203
Polman, E. 110
Proulx, T. 40

● R

Ramsey, R. J. 23
Reilly, B. A. 22
Reyna, V. F. i, 1, 3, 4, 57, 59, 68, 82, 84, 86, 88, 91, 92, 94, 173
Ritov, I. 190
Rivers, S. E. 59
Roebber, P. J. 20
Ronis, D. L. 47, 55
Rorer, L. 22

Rottenstreich, Y. 189, 190
Russo, J. E. 3, 4, 34, 96, 102, 103, 107, 109–113, 203

● S

Samelson, F. 30
Sanfey, A. G. 197
Sceel, M. H. 149
Schley, D. R. 128
Schul, Y. 112
Schwartz, S. 27
Schwarz, N. 130, 131
Scott, S. G. 230
Seta, J. 151
Setton, R. A. 3, 57
Sevy, S. 155
Shanteau, J. 3, 10, 21, 23, 26
Siegler, R. 203
Sloman, S. 184
Slovic, P. 6, 22, 27, 181, 185, 188, 192, 247
Smith, J. F. 26
Soyer, E. 7, 247, 255
Stanovich, K. E. 89, 144, 146, 184
Steele, C. M. 39
Stewart, N. 203
Stewart, T. R. 20, 21

● T

Tannenbaum, P. H. 37, 38
Tanner, C. 88, 153
Tanner, R. J. 111
Thomas, M. 5, 115, 122–125, 127
Titchener, E. B. 3, 10, 13–18, 31
Toda, M. 248
Todd, P. M. 250
Tranel, D. 5, 136
Trost, M. R. 41

Tubbs, R. M. 23
Tversky, A. 24, 25, 85, 87, 121, 143, 151, 203, 247, 249
Tymula, A. 209

● U

Uecker, W. 26
Uy, D. 132

● V

van Duijvenvoorde, A. C. K. 6, 200, 204, 211
Västfjäll, D. 6, 181, 192
Venkatraman, V. 206
Vlaev, I. 203
Vohs, K. D. 40
Von Neumann, J. 202

● W

Walster, E. 48
Wang, X. T. 150
Washburn, M. F. 16
Weller, J. A. 156
West, R. F. 89, 144, 146, 184
Whittlesea, B. W. A. 118, 119
Wilhelms, E. A. i, 1, 3, 57
Williams, L. D. 118
Willingham, J. J. 21
Wilson, D. 121
Wundt, W. 3, 10–16, 28–31

● Y

Yates, J. F. 227

● Z

Zajonc, R. B. 185
Zhang, Y. C. 129–131

事項索引

●あ
アイオワギャンブリングタスク　139, 155–157, 160, 185, 204
アジアの病気問題　142
アスペルガー症候群（ASP）　154, 155
熱い（感情的な）意思決定　137
熱い実行機能　163
熱い認知　162
アンカリング（係留）　26
アンカリング（係留）効果　116

●い
意思決定　62
意思決定支援　214
意思決定スタイル　230
意思決定能力　220, 221, 225, 227, 229
意思決定能力の個人差　215
意思決定の改善　247
意思決定バイアス　82
意思決定プロセス　102
意思決定方略の違い　210
1次元的なヒューリスティック　203
一貫性プライミング　54
一貫性目標　45
一貫性要求　41
一貫性理論　35, 41, 45, 46
一般化された普通の成人の心（GNAHM）　17, 22
意味維持　36
意味的プライミング　47
意味の変容　108
印象管理理論　39
インパクトバイアス　75

●う
ウェルビーイング　57, 71, 76, 80

●え
fMRI研究　206

●か
概日リズム　149, 150
外側眼窩前頭皮質　206
外側前頭皮質　156
確証バイアス　113
確信　110
確率推論　262
確率的課題　210
確率判断　24, 84
確率判断課題　85
課題　157
価値関数　202
価値の評価　217, 218, 222, 223
カップタスク　139
過程追跡技法　203
過程的目標　105
眼窩前頭皮質　156
感情　195, 210
感情システム　145, 208
感情状態　75
干渉処理　85
感情的情報処理過程　181
感情的な過程　176
感情予想　58, 74
関与　97

●き
疑似無効力　181, 187, 191, 192
技術受容モデル　237
記述的理論　231
犠牲者の効果　197
帰属処理　119, 120
基礎比率　24, 25, 32
期待効用　202
機能性磁気共鳴画像　5
機能的磁気共鳴画像法（fMRI）　160, 206
規範的アプローチ　187
規範的理論　231
寄付　182

事項索引

規模の感受性の鈍麻　181, 187, 189, 197
偽無効果　197
ギャンブル課題　58, 101
強化　177
強化学習モデル　210
強化モデル　177
共感　186
共感的情動　186
競争的行動　260
協力的コミュニケーション　132
虚記憶　63
距離の効果　124
均衡　35

●く

グライスの会話格率仮説　132
グライスの会話の格率　129, 131
グルコース　150
グルコースレベル　149, 159

●け

計画的行動理論　237
計算容易性効果　122
経頭蓋直流刺激　179
係留（アンカリング）　132
係留値（アンカー）　129
ゲシュタルト理論　36
結合　218
決定結果目録　227
決定後のバイアス　104
決定ヒューリスティック　203
決定方略　200, 206
決定方略の適用　226
決定前のバイアス　105
言語プロトコル　111
言語プロトコルデータ　107

●こ

交感 ANS 活動　165
向社会性　192
向社会的行動　183, 186
構成主義　15
公正世界仮説　187
行動経済学　i, 94
行動的プライミング　48
行動賦活系尺度　210
幸福度　57, 71, 78

効用モデル　152, 152
効用理論　202
合理性　108, 202
効力感　191
高齢者　223
"心の道具" アプローチ　179
個人差　36, 200, 210, 225, 226
誤謬　2
コロンビアカードタスク　141, 209
コンピュータセキュリティ　243

●さ

サイモン課題　170
授かり効果　55, 160
サンクコスト課題　228, 229
サンクコスト効果　160, 229
サンクコストへの抵抗性　226
サンクコストルール　223, 225
参照点　202

●し

GNAHM の議論　32
時間依存的活動　178
時間価値割引　58
時間割引率　150
自己一貫性理論　40, 42
自己概念　38
自己確証理論　39, 40
自己制御　67
自己知覚理論　39
自己理論　36, 38, 42
辞書編纂型ヒューリスティック　203
自信過剰　226, 247
自信過小　226
システム　116
システム1　184
システム2　184
事前確率　108
慈善的寄付　182, 185, 186, 192, 197
慈善的行為　191
視線分析　5, 136, 147, 153, 159, 160
視線分析技術　153
自動的か，制御的か　169
自動的システム　146
自閉症　155
シミュレーション　266
シミュレーションツール　265

シミュレーションの経験　264
シミュレーション法　264
シミュレーションモデル　262
尺度　132
自由選択パラダイム　37
集団意思決定　104
主観的ウェルビーイング（SWB）　63, 65, 67, 71, 78
熟達化　18
熟達者　10, 18, 19, 28
熟慮　195
熟慮的な過程　176
主旨（的）処理　4, 63
主旨的　184
主旨的表象　4
主旨表象　57, 63, 72, 82, 83, 92
熟考の行動　178
熟考の処理　178, 179
出力干渉　83
情動システム　153, 208
情動ストループ課題　171
衝動的行動　178
情報の歪曲　97-99, 102-108, 110, 112, 113
情報利用仮説　22
初頭効果　106, 107
処理資源　120
親近性バイアス　97
親近性判断　118
神経経済学　2, 5, 6, 82, 84, 90, 181, 192, 205, 234, 235, 246
信念システム　45, 55
信念の評価　216, 218, 223
信念反証パラダイム　38
信用可能性　128
信頼区間　130
心理物理的な感受性の低下　187, 197
心理物理的な無感覚　188

● す
推論　62
数学的処理能力　187
数的精密性　130
ステレオタイプ　94
ストループ　185

● せ
制御　210

制御過程　146
制御的過程　174
制御的処理　172
制御の変化　200
成人期　221
青年期　221
精密性　128, 130
精密性効果　115, 119, 130, 132
責任感　191
接近忌避課題（AAT）　168
線形回帰法　21
線形モデル　22
選言錯誤　86, 87
選言事象　86
宣言的知識　242
選好逆転現象　72, 187
先行信念効果　55, 113
先行する信念　97
選好の段階的発生　98
潜在連想テスト（IAT）　171
線条体　167
前帯状皮質　206
全体性心理学　14
選択フレーミング　159, 160
前頭葉仮説　156, 157
全般的なウェルビーイング　78
前部帯状皮質（ACC）　93, 206

● そ
ソーシャルネットワーキング　243
属性フレーミング　143-148, 150, 157, 159, 160
属性フレーミング効果　143, 144
素朴理論　124, 126, 128, 133
素朴理論の役割　123
損失忌避　202

● た
対応バイアス　55
対称性理論　3, 36
代表性ヒューリスティック　24, 63
タクシー問題　24
探索バイアス　111
短縮版刺激欲求尺度　210

● ち
知覚される感受性　242
逐語情報　63, 77

逐語的　184
逐語的解釈　4
逐語的情報　85
逐語的処理　63
逐語（的）表象　4, 57, 72, 83, 91
注視データ　111
調整ヒューリスティック　26
直観　82
直観的　146

●つ
冷たい（感情のない）意思決定　137
冷たい実行機能　163
冷たい認知　162

●て
DSM-IV　155
テイクザベストヒューリスティクス　203
適合性理論　3, 36, 37
手続き的知識　242, 243

●と
統合　217, 222
統合失調症　155, 156
統合失調症患者　155
同定可能性　181, 187, 191, 192
統合的な方略　202
道徳ジレンマ　183, 195
ドーパミン　166, 167, 192, 206, 207
ドーパミン欠乏　166
特異性効果　197

●に
2次元的なヒューリスティック　203
二重過程　150, 161, 162, 172, 180, 183–185, 192, 198
二重過程の根拠　170
二重過程モード　185
二重過程モデル　170, 172–174, 176, 181, 205, 207
二重過程理論　5, 6, 112, 136, 145, 146, 151, 176
二重システム　161
ニュールック理論　39, 40
認知資源　150
認知システム　249
認知制御システム　208
認知的一貫性　34, 36, 41, 44, 46, 50, 55, 105

認知的一貫性理論　35, 36, 38
認知的制御過程　210
認知的制御のメカニズム　66
認知的整合性　3
認知的努力　105
認知的不協和　37, 39, 113
認知的不協和理論　36, 39, 42

●の
脳画像　159
脳画像研究　118
脳機能イメージング　64
脳機能画像　200
脳機能画像研究　6, 200, 201

●は
バイアス　2–5, 24, 27, 82, 84, 94, 97, 110, 116, 145, 158, 187, 192, 202
背外側前頭前皮質　155
背外側前頭前野　163
背内側前頭皮質　206, 207
発達　200, 201, 205, 207, 214, 220
パブロフの条件づけ　167
パブロフ派　169
バランス理論　3, 36
バルーンアナログリスクタスク　140
ハロー効果　113
判断と意思決定　6, 18, 28, 111, 115, 200, 201, 247
判断バイアス　83
判断や意思決定　82, 84
反応時間　11, 51
反応潜時測定　49

●ひ
PANAS　71
非一貫性　37
非補償型方略　206
ヒューリスティクス　2, 3, 5, 24–27, 115–117, 203, 205, 206, 249
ヒューリスティック　123, 202, 204, 207
比率バイアス　89, 116
比率バイアス問題　92

●ふ
ファジートレース理論（FTT）　3, 4, 57–59, 63, 65, 67, 69, 76, 79, 82, 86, 88, 89, 91, 94, 151–153,

170, 184, 205
フィッシング攻撃　234, 235, 243
フィッシング詐欺　240, 242, 244
不一致帰属　118, 132
不一致帰属仮説　118, 122, 132
不一致帰属過程　119
不一致帰属の役割　123
不一致帰属モデル　115, 119, 125, 128, 133
不一致処理　115, 119
不一致処理感　132
不協和　35, 36, 37, 40, 42
不協和理論　41, 43, 47, 55
副交感 ANS 活動　165
服従パラダイム　39, 48
腹内側前頭前皮質　145, 155
腹内側前頭前皮質　206
プライバシーのパラドックス　237
プライミング　34, 77, 186, 187
プライミング課題　51
プライミング手法　49, 50
プライミング操作　34
プライム　47
ブランド選択　57
フレーミング　138, 147, 148, 157, 223
フレーミング課題　64, 66, 92, 151
フレーミング効果　87, 88, 90, 91, 94, 116, 136, 137, 142, 145, 147, 151, 153, 154, 158-160, 187, 226, 229
フレーミングの誤り　229
フレーミングバイアス　63
フレーミングへの抵抗性　226
プロスペクト理論　151, 152, 202, 210
プロポーション優越性　181, 187, 191, 192, 197
文脈　208
文脈効果　106

●へ
ベイズ更新　251
ベイズ推定　107, 108
ベイズの定理　24, 30
扁桃体　145

●ほ
防衛行動　245
防御のための行動　239
報酬センター　192
報酬に対する感受性　210

報酬メカニズム　66
保健信念モデル　237
ポジティブ感情　71

●ま
マインドセット　46, 50, 51, 53, 54, 56
マインドセット活性化　52

●み
右外側前頭前野（rlPFC）　21
ミネソタ多面人格目録（MMPI）　21

●め
メタ認知　120, 217-219, 223, 225

●も
目標（の）活性化　48, 49, 52
モニタリング　82, 120

●や
薬物暴露効果　167

●ゆ
誘因顕著性　167-169, 172
優越選択肢　101, 102, 105, 106, 108, 110
誘導された服従パラダイム　38
尤度比　24

●よ
要求効果　102
要求バイアス　113
抑制メカニズム　83, 91
予測エラーシグナル　210

●ら
楽観主義　218

●り
利己性　183
利己的な寄付　194
リスク回避　142
リスク下の意思決定　90, 201, 210
リスク行動　209
リスク志向　87
リスク志向性　200
リスク選択フレーミング　146, 147, 150, 157
リスク選択フレーミング効果　151, 153

事項索引

リスク態度　142, 266
リスク追求的　147
リスクテイキング　65
リスクテイキング行動　210
リスク認知の一貫性　226
リスク評価　57
理性的行動理論　237
利他性　183
利他的な寄付　194
利他的な行動　182
流動性認知能力　228
流動的補償（fluid compensation）　40
臨床家　22
リンダ問題　85

●れ
劣加法性　87
連言錯誤　90
連言錯誤課題　89, 91
連想時間　11

●ろ
労力正当化パラダイム　38

●わ
ワーキングメモリ　82, 145

監訳者あとがき

　本書は，Evan A. Wilhelms and Valerie F. Reyna(Eds.)(2015). "*Neuroeconomics, Judgment, and Decision Making*"(New York, NY: Psychology Press)の翻訳である。翻訳書のタイトルは意訳して，『神経経済学と意思決定―心理学，神経科学，行動経済学からの総合的展望』とした。本書は，Frontiers of Cognitive Psychologyシリーズのなかの1冊でもある。

　本書は，人々の広義の意味での経済行動の意思決定の背後にあるメカニズムを社会心理学，発達心理学，認知心理学，神経経済学，行動経済学という幅広い観点から考察したものであり，主として心理学のバックグラウンドをもちながらもいろいろな分野にわたる研究者が各章を担当している。これまでの意思決定の研究は，経済学，経営学，認知心理学，社会心理学といった分野で個別になされる傾向があったが，Daniel Kahnemanの2002年度のノーベル経済学賞の受賞以来，この分野を「行動経済学」あるいは「行動意思決定論」とした分野の総称が広く認知されるようになり，特に近年の意思決定の神経科学的研究を「神経経済学」としても記述することによって，いろいろな分野の文理融合的統一アプローチが採用されやすくなり，"*Science*"のような自然科学系雑誌にこの分野の論文が多数採用されるようになった。本書が，また，認知心理学のなかのシリーズの一冊であることは，神経経済学，行動経済学，行動意思決定論という研究分野が認知心理学のなかにも位置づけられてきた証左かもしれない。これまでは，意思決定の研究は，認知心理学のなかに位置づけられることもあったが，ヒューリスティクスやバイアスの研究が中心であり，他の広い意味での意思決定現象は，社会心理学や経済学の領域で個別に扱われる傾向があり，本書のような幅広い観点での専門書がでることは，意思決定研究や教育のうえでも望ましいことだと思われる。

　編者者の紹介は，本書にも書かれているが新しい情報を追記したい。編者のひとり，Evan A. Wilhelms教授はコーネル大学で発達心理学で編著者のひとりのValerie F. Reynaの指導のもとにPhDを2015年に取得後，College of Woosterの心理学部で2017年度からVisiting Assistant Professorの地位にあり，意思決定や応用心理学，発達心理学の科目を担当している。Valerie F. Reyna教授はコーネル大学発達科学部の教授であり，1981年に実験心理学でRockefeller UniversityからPhDを取得している。特に彼女は，夫でもあるCharles Brainerdコーネル大学発達科学部教授と

監訳者あとがき

の共同研究を通じて，本書でも紹介されているファジートレース理論や心的表象の二重過程モデルなどを提唱して数多くの研究を行っている。また，各章の執筆者については，いちいち全員紹介はしないが，意思決定の研究をしている人ならまずは知っている大御所が名を連ねている。たとえば，行動意思決定論の創始者ともいえる Ward Edwards 教授，ヒューリスティック研究だけでなくリスク認知研究でも有名な Baruch Fischhoff 教授や Paul Slovic 教授，マーケティングでも有名な J. Edward Russo 教授，Gary E. Gaeth 教授，Irwin P. Levin 教授，意思決定の心理学研究で有名な Robin M. Hogarth 教授，James Shanteau 教授など多彩な顔ぶれである。また，Julie J. Downs 教授，Wändi Bruine de Bruin 教授，Andrew M. Parker 博士は，監訳者のひとりの竹村が20年前にフルブライト上級研究員としてカーネギーメロン大学の Fischhoff 教授のもとにお世話になったときに彼の研究グループで活躍されていたが，今もなお盛んに共同研究を続けられていることが本書や近年の HP からもよくわかる。

　本書は，北大路書房若森乾也氏から本書の翻訳書の刊行を打診され，意思決定の神経科学的研究については高橋が主に，他の意思決定の研究は竹村が監訳を担当することになった。本書の翻訳者は，認知心理学，社会心理学，経済学，医学等幅広い分野にわたっている。本書の翻訳はいったん翻訳ができてから井出野尚氏担当の学部ゼミ（早稲田大学）で学生のみなさんに各翻訳を読んでもらい，わかりにくいところをチェックしてもらってから監訳者や訳者がその箇所の修正を行った。また，本書の編集にあたっては，北大路書房薄木敏之氏ら編集部の方々にも大変お世話になった。これらの方々に記して感謝したい。

2019年8月

竹村和久・高橋英彦

【訳者一覧】(執筆順)　　＊は監訳者

竹村　和久＊　(早稲田大学文学学術院)……………………………………序章
井出野　尚　(東京理科大学経営学部経営学科)……………………第1章, 第13章
林　　幹也　(明星大学心理学部心理学科)…………………………………第2章
上田　卓司　(早稲田大学教育・総合科学学術院)…………………第3章, 第4章
森井　真広　(東海大学経営学部経営学科)…………………………………第5章
若山　大樹　(駒澤大学経営学部市場戦略学科)……………………………第6章
髙橋　英彦＊　(東京医科歯科大学大学院医歯学総合研究科)………第7章, 第8章, 第9章
玉利　祐樹　(静岡県立大学経営情報学部経営情報学科)…………………第10章
村上　　始　(北海学園大学経営学部経営情報学科)………………………第11章
藤森　裕美　(内閣府経済社会総合研究所)…………………………………第12章

【監訳者紹介】

竹村　和久（たけむら　かずひさ）

1960年　京都府に生まれる
1988年　同志社大学大学院文学研究科博士課程単位取得退学
現　在　早稲田大学文学学術院教授　博士（医学），博士（学術）

〈主著・論文〉
Behavioral decision theory : Psychological and mathematical representations of human choice behavior. Springer. 2014年
Foundations of economic psychology : Behavioral and mathematical approach. Springer. 印刷中
フロンティア実験社会科学5　選好形成と意思決定（編著）　勁草書房　2018年

高橋　英彦（たかはし　ひでひこ）

1971年　滋賀県に生まれる
1997年　東京医科歯科大学医学部医学科卒業
現　在　東京医科歯科大学医歯薬総合研究科主任教授　博士（医学）

〈主著・論文〉
Molecular neuroimaging of emotional decision-making. Neuroscience Research, 75 (4), 269-274. 2013年
なぜ他人の不幸は蜜の味なのか　幻冬舎　2014年

認知心理学のフロンティア

神経経済学と意思決定
心理学，神経科学，行動経済学からの総合的展望

2019年9月20日　初版第1刷発行	定価はカバーに表示してあります。
2022年7月20日　初版第2刷発行	

編　著　者　　E. A. ウィルヘルムス
　　　　　　　V. F. レイナ
監　訳　者　　竹　村　和　久
　　　　　　　高　橋　英　彦
発　行　所　　㈱北大路書房
　　　　　〒603-8303　京都市北区紫野十二坊町128
　　　　　　　　　　　電　話　(075) 431-0361㈹
　　　　　　　　　　　Ｆ Ａ Ｘ　(075) 431-9393
　　　　　　　　　　　振　替　01050-4-2083

ⓒ2019　　　　　　　印刷・製本／亜細亜印刷㈱
　　　　検印省略　落丁・乱丁本はお取り替えします。
　　　ISBN978-4-7628-3076-1　　Printed in Japan

・ JCOPY 〈㈳出版者著作権管理機構 委託出版物〉
本書の無断複写は著作権法上での例外を除き禁じられています。
複写される場合は，そのつど事前に，㈳出版者著作権管理機構
（電話 03-5244-5088, FAX 03-5244-5089, e-mail: info@jcopy.or.jp）
の許諾を得てください。